The Political Philosophy
of Capital and Its Manuscripts

《资本论》
及其手稿的政治哲学

李福岩 著

中国社会科学出版社

图书在版编目（CIP）数据

《资本论》及其手稿的政治哲学 / 李福岩著.
北京：中国社会科学出版社，2024.11. -- ISBN 978-7-5227-3982-3

Ⅰ．A811.23

中国国家版本馆 CIP 数据核字第 2024WG0320 号

出 版 人	赵剑英	
责任编辑	杨晓芳	
责任校对	王　龙	
责任印制	张雪娇	

出　　版	中国社会科学出版社
社　　址	北京鼓楼西大街甲 158 号
邮　　编	100720
网　　址	http://www.csspw.cn
发 行 部	010-84083685
门 市 部	010-84029450
经　　销	新华书店及其他书店
印　　刷	北京明恒达印务有限公司
装　　订	廊坊市广阳区广增装订厂
版　　次	2024 年 11 月第 1 版
印　　次	2024 年 11 月第 1 次印刷
开　　本	710×1000　1/16
印　　张	22.25
插　　页	2
字　　数	343 千字
定　　价	138.00 元

凡购买中国社会科学出版社图书，如有质量问题请与本社营销中心联系调换
电话：010-84083683
版权所有　侵权必究

前　言

　　《资本论》及其手稿对现代性资本主义社会的系统性批判，以及对未来理想共产主义社会的科学性构想，深刻影响了现代人类文明的实践进程与未来走向。伴随着西方现代性社会矛盾问题的充分展开，以及中国式现代化这一人类文明新形态的世界历史发展，《资本论》这部人类解放的真经、关乎人类历史发展命运的划时代巨著愈益迸发出璀璨的真理光芒与实践哲学智慧。

　　150多年来，国外学界对《资本论》及其手稿的哲学研究与论争持续不断，不同政治价值观论域下的《资本论》及其手稿的哲学研究也在一定程度上论及马克思主义政治哲学问题，但都没有对《资本论》及其手稿的政治哲学展开系统而具体的研究，且存在着诸多误解偏见及歪曲攻击。100多年来，《资本论》及其手稿在中国的译介传播与理解阐释，紧密关涉着中国式现代化发展进程中的重大社会政治理论与实践问题。70余年来，尤其是近20年来，新中国几代学者逐渐拉开《资本论》及其手稿政治哲学研究的序幕，敞开马克思主义政治哲学与历史唯物主义研究的新视域，但并未对《资本论》及其手稿的政治哲学展开系统而具体的研究，且存在一些理解上的偏差。

　　因此，从理论、时代与实践发展的主客观要求来看，都需要对《资本论》及其手稿的政治哲学思想内容进行系统、全面、深入的挖掘，需要对其中所蕴含的政治哲学方法，与现代性西方政治哲学的关系、当代价值等进行系统完整且具体深入的新阐释。如此才能有力推动马克思主义政治哲学、历史唯物主义的阐释创新与发展，也才能有效回应当代西方学界对马克思主义政治哲学的诘难，为新时代中国特色社会主义现代化经济政治发展构建起科学的理论支撑。

本书以《资本论》及其手稿的政治哲学问题为研究对象，依据逻辑与历史相统一、理论与实践相结合的历史唯物主义方法论原则，从抽象到具体地阐释《资本论》及其手稿的政治哲学，系统完整、深入具体地阐释《资本论》政治哲学研究的时代兴起、思想内容、方法、与现代性西方政治哲学的关系及其当代价值。

第一，《资本论》及其手稿政治哲学研究的时代兴起。《资本论》由于对资本主义社会的深刻猛烈批判，遭到资产阶级维护者以及小资产阶级社会改良家的联合"围剿"。150余年来，围绕《资本论》及其手稿，国外马克思主义者与形形色色的反马克思主义者、非马克思主义者之间进行了持久而广泛的研讨论争。从政治哲学视角来看，这场持久研讨论争主要围绕劳动价值论的科学性、阶级斗争与社会革命、政治经济学批判的规范性基础、《资本论》及其手稿的政治哲学方法四个方面展开。当代中国哲学界在批判现代与后现代西方政治哲学对《资本论》及其手稿的歪曲否定，回应与评析国外学界对《资本论》及其手稿相关政治哲学问题研讨论争的同时，更加关注当代中国及世界现代化实践发展中的问题，并注重紧密联系马克思政治经济学批判的系列文本，形成对《资本论》及其手稿政治哲学研究的中国问题域，尤其对所有权与自由、平等、正义、意识形态、市民社会、自由人联合体以及马克思主义政治哲学建构等问题展开更为深入的研讨。从国外到国内理论界对《资本论》及其手稿相关政治哲学问题研究的百余年历史与现实状况来看，《资本论》及其手稿政治哲学研究在当代中国的兴起，同政治哲学这一传统实践智慧的当代复兴有关。更确切地说，这是创新当代中国马克思主义政治哲学的内在要求，也是书写当代中国马克思主义政治经济学的内在必然逻辑，更是推动当代中国特色民主政治稳定发展的实践需要。

第二，《资本论》及其手稿的政治哲学思想内容。紧紧围绕资本与劳动这个现代性社会矛盾关系体系赖以旋转的轴心，《资本论》及其手稿批判揭示了所有权与自由、平等、正义、意识形态、市民社会、阶级斗争与社会革命、自由人联合体美好社会图景等重要政治哲学思想内容。通过对所有权与自由关系问题的全新经济科学、历史科学批判研究，马克思揭开了现代社会劳动自由观念的神秘面纱，揭示了雇佣劳动与资本的对抗性矛盾，以及财富、所有权与资本主义私有制的秘密，提出彻底解决所有权与自由关系问题的科学方案。马克思辩证历史地批判指出现代抽象平等观念集中表现为等价交换原则，即从商品交换关系上的等价交换到等量资本获得等量利润，揭开现代资本主义社会形式平等与实质不平等之谜，指出无产阶级只有通过社会革命彻底消灭私有制与阶级，才能具体实现实质的平等。马克思以唯物史观与剩余价值理论深刻批判并揭示了资本主义社会正义问题的实质，审慎阐发了辩证、历史、超越性的正义观，为现代人类文明前行树立起科学性与价值性相统一的新路标。《资本论》及其手稿对商品、货币与资本三大拜物教的深刻批判，意味着马克思对现代性社会居于统治地位的资产阶级意识形态批判的完成，从而深刻诠释了意识形态概念的社会政治哲学之维。马克思对市民社会概念的批判揭示了经过市民社会概念的抽象萌发、批判确立、创造性转换与创新性发展三个阶段，赋予市民社会概念辩证统一的三重蕴含：泛指资产阶级赖以产生的私人报刊、私人工商业、社会组织等私人生活领域，特指资产阶级社会，一般指构成社会关系基础的生产关系、经济基础。就阶级斗争与社会革命的唯物史观结论来说，它与马克思的政治经济学批判内在相连，《资本论》更是成为无产阶级革命的科学理论基石。马克思通过对自由人联合体概念进行经济科学改造，使其具有全新历史科学内涵，即从抽象的理性仰望变成现实性的理想追求，进而为无产阶级变革旧世界、创建新世界提供了科学指引。

第三，《资本论》及其手稿的政治哲学方法。《资本论》及其手稿的政治哲学方法，即《资本论》及其手稿在对现代性社会政治展开系统深刻批判的过程中，所运用的具体研究方法。这些方法包括对现代性政治的宏观与微观分析相结合的总体性方法，以资本与劳动的矛盾为轴心的阶级分析方法，对现代性政治的事实分析、理性分析、价值判断、审美判断的综合分析判断法，对现代性政治批判与重建相统一的辩证历史方法等内在一致、紧密相连的方法论体系。这一系列方法是唯物辩证法、历史唯物主义方法论在现代社会经济政治批判过程中的具体运用与丰富发展，成为经济科学伟大发现、历史科学丰富发展以及人类解放的社会政治哲学完整阐释的科学方法论，并最终为无产阶级及其政党赢得科学上的胜利起到重要的保障作用。

第四,《资本论》及其手稿与现代性西方政治哲学的关系。伴随现代性资本主义社会历史的逐步展开,西方政治哲学从近代到现代的继承、发展与嬗变,与西方政治经济学从近代到现代的继承、发展与嬗变始终保持着协调一致的同构关系。正如为自由竞争资本主义制度辩护的庸俗政治经济学是对古典政治经济学的庸俗化,为垄断资本主义制度辩护的现代西方政治哲学也是对近代西方政治哲学的庸俗化。逐渐庸俗化的现代西方政治哲学所倡导的政治解放观,始终无法逾越马克思人类解放的社会政治哲学高峰。后现代政治哲学在对近现代西方政治哲学展开批判改造的同时,也与马克思主义政治哲学发生复杂微妙的关系。后现代政治哲学认同《资本论》对现代性社会政治的批判,同时把政治解放与人类解放都视为宏大叙事、虚幻的乌托邦,还试图以新的概念话语替换马克思人类解放的社会政治哲学,甚至走向反马克思人类解放的社会政治哲学理路。后现代政治哲学把人的解放寄托在依稀渺茫、不确定的未来,试图超越马克思人类解放的社会政治哲学,却始终无法逾越马克思人类解放的社会政治哲学高峰。即是说,《资本论》及其手稿的社会政治哲学始终保持着对现代性西方政治哲学的超越性,《资本论》依然站在现代性社会政治批判的制高点。

第五,《资本论》及其手稿的政治哲学对当代中国政治经济发展的意义。《资本论》及其手稿不仅有对现代资本主义社会政治的政治经济学批判,还有对未来新社会政治的历史科学、经济科学建构。面对新时代中国特色社会主义现代化发展中的新问题,迫切需要建构起中国特色的马克思主义政治哲学思想及其话语体系,也迫切需要建构起中国特色社会主义的政治经济学体系。这就需要我们始终坚持以马克思主义政治哲学人类解放的科学世界观与方法论为指导,不断推进《资本论》及其手稿的政治哲学立场、观点与方法中国化时代化。即是说,《资本论》及其手稿的政治哲学对当代中国马克思主义政治哲学的建构,以及中国特色社会主义政治经济学建构等,都具有重要的世界观与方法论意义。

作为首部专题、直面研究《资本论》及其手稿政治哲学的学术理论著作,本书对系统具体探讨《资本论》及其手稿的政治哲学问题做出了前所未有的尝试,其学术价值、应用价值与影响主要体现在以下三个方面。

第一，本书从政治哲学视域去系统深入解读《资本论》及其手稿，充分综合运用国内外相关研究文献资料，把对问题的全面系统研究与典型分析相结合，在比较分析、理论紧密联系现实的基础上，系统完整、深入具体创新阐释《资本论》及其手稿政治哲学的研究合法性、主要思想内容、具体方法、与现代性西方政治哲学的关系及其当代价值，对深化与拓展《资本论》及其手稿的政治哲学研究，以及深化与推进马克思主义政治哲学与历史唯物主义的研究等，具有重要的学术理论价值。

第二，本书以翔实的文本资料为支撑，以马克思主义哲学的科学世界观与方法论为指导，正本清源，系统深入考察分析国内外《资本论》及其手稿的相关政治哲学研究历史与现状，并紧密联系新时代中国特色社会主义现代化经济政治发展的实际，对批判吸收现代性西方政治哲学有价值的研究成果，构建当代中国马克思主义政治哲学与中国特色社会主义政治经济学等，具有重要的现实应用价值。

第三，本书系统深入阐释《资本论》及其手稿的政治哲学，对推动《资本论》的政治哲学、马克思主义政治哲学以及历史唯物主义的学术研究会产生较大较好的理论影响。

此外，还请读者注意两点：一是本书从马克思政治经济学批判、《资本论》创作史的长视角出发，来理解《资本论》及其手稿的文本范围，即不局限于马克思1850年后创作的四卷《资本论》及"四大手稿"等系列政治经济学批判文本，还包括马克思1843年退出《莱茵报》编辑部至1849年逃亡伦敦之间所创作的一系列政治经济学批判文本；二是本书对《资本论》及其手稿的政治哲学探讨，无疑含有对马克思政治哲学的探讨，因为，透过马克思主义的百科全书《资本论》的政治哲学，我们才能更深刻而全面地理解马克思政治哲学的精髓要义。

目　录 contents

第一章　《资本论》及其手稿政治哲学研究的时代兴起 …………… 1
　第一节　《资本论》及其手稿政治哲学问题的国外论争 ………… 2
　第二节　《资本论》及其手稿政治哲学问题的国内研讨 ………… 57
　第三节　《资本论》及其手稿政治哲学研究的当代兴起 ………… 73

第二章　《资本论》及其手稿的政治哲学思想内容 ………………… 83
　第一节　资本与劳动矛盾斗争中的所有权与自由 ………………… 83
　第二节　《资本论》及其手稿的辩证历史平等观 ………………… 116
　第三节　《资本论》及其手稿的正义观 …………………………… 128
　第四节　《资本论》及其手稿的意识形态观 ……………………… 147
　第五节　《资本论》及其手稿对市民社会概念的批判揭示 ……… 165
　第六节　《资本论》及其手稿对无产阶级革命的科学阐发 ……… 189
　第七节　《资本论》及其手稿中的自由人联合体思想 …………… 208

第三章　《资本论》及其手稿的政治哲学方法 ……………………… 224
　第一节　对现代性政治宏观与微观分析相结合的
　　　　　总体性方法 ………………………………………………… 225
　第二节　以资本与劳动的矛盾为轴心的阶级分析法 ……………… 230
　第三节　对现代性政治的综合分析判断法 ………………………… 235
　第四节　将现代性政治批判与重建相统一的辩证历史方法 ……… 246

第四章　《资本论》及其手稿与现代性西方政治哲学的关系 …… 253
第一节　《资本论》及其手稿对近现代西方政治哲学的超越性 …… 254
第二节　《资本论》及其手稿与后现代西方政治哲学的关系 …… 272

第五章　《资本论》及其手稿政治哲学的时代价值 …… 300
第一节　对当代中国马克思主义政治哲学建构的意义 …… 301
第二节　对当代中国特色社会主义政治经济学建构的意义 …… 311

参考文献 …… 338

后　记 …… 346

第一章
《资本论》及其手稿政治哲学研究的时代兴起

　　1843年夏，马克思在克罗茨纳赫通过对黑格尔法哲学的批判，介入政治经济批判研究领域。1844年4—8月，马克思在巴黎撰写政治经济学批判的首部手稿，由此开始，马克思写下大量政治经济学批判、《资本论》创作的手稿。自1867年《资本论》第一卷出版，并逐渐在世界范围内传播开来，至今已有150余年的历史了。这部划时代的思想理论巨著不仅掀起了一场伟大的科学革命，而且深刻影响了从19世纪末至今的人类社会历史发展走向。伴随《资本论》第二、三卷及其手稿的出版传播，劳动价值论、剩余价值论等政治经济学理论，以及唯物史观和科学社会主义思想日益渗透到有觉悟的先进知识分子以及广大民众的头脑之中，有力地推动了国际工人运动的蓬勃发展，并随时代与实践发展而不断闪耀着璀璨的真理光芒，照亮了现代人类文明的前行方向。

　　150余年来，学界对《资本论》及其手稿的学术思想理论探究持续不断。其中，国外学界围绕《资本论》及其手稿中的政治哲学层面问题而展开的深入论争与研讨，日益成为挖掘《资本论》的思想宝库，创新阐释马克思主义时代价值的一条非常重要的线索。循着这条线索考察，可以发现国外学界围绕《资本论》及其手稿政治哲学问题的探究，随时代社会政治变迁而不断前行的轨迹以及研究动态。百余年来，伴随中国式现代化、马克思主义哲学中国化的历史发展进程，《资本论》及其手稿在中国的译介传播与阐释研究也迅速发展起来。尤其是近20年来，伴随马克思主义政治哲学研究在中国的兴起，众多国内学者开始从不同维度关注并阐释《资本论》及其手稿的政治哲学问题。国内学界在不断推进《资本论》及其手稿等经典著作文本研究与当代中国社会政治发展研究相结合的过程中，不仅回应了国外的相关研究，更回应了时代与中国实践发展的需要，同时进一步推动了马克思主义政治哲学研究的发展。

第一节 《资本论》及其手稿政治哲学问题的国外论争

《资本论》对资本主义私有制与生产方式的深刻猛烈批判，强力镇静了资产阶级不断自我喧嚣膨胀的发热头脑，极大震惊了资产阶级的思想意识，深深刺痛了资本主义追逐私利的敏感神经，同时也刺痛了小资产阶级的改良幻想。由此，《资本论》及其相关著作必然遭到资产阶级维护者以及小资产阶级社会改良家的联合围剿。150余年来，围绕《资本论》及其手稿，马克思主义者与形形色色的反马克思主义者、非马克思主义之间进行了持久而广泛的研讨论争。从社会政治哲学的视角来看，这场持久研讨论争主要围绕劳动价值论的科学性、《资本论》及其手稿的阶级斗争与社会革命思想、政治经济学批判的规范性基础、《资本论》及其手稿的政治哲学方法四个方面而展开。

一 围绕劳动价值论科学性问题的论争

马克思的劳动价值论是剩余价值论及整个马克思主义政治经济学的科学理论基石。否定劳动价值论的科学性，意味着对剩余价值论及整个马克思主义政治经济学科学性的否定，也意味着对历史唯物主义、科学社会主义的否定，还意味着对资本主义生产方式及其社会制度合理性的肯定。就是说，围绕劳动价值论科学性问题的论争，紧密关涉到马克思人类解放社会政治哲学理想的科学理论基石问题。若从19世纪70年代西方经济学复活效用论，宣扬主观边际效用递减理论，并以之否定劳动价值论算起，围绕马克思劳动价值论科学性问题的论争至今已有150余年历史了。

（一）恩格斯晚年对劳动价值论科学性的捍卫

自《资本论》第一卷问世四年后的1871年起，杰文斯（又译金蓬斯）、门格尔和瓦尔拉斯（又译瓦尔拉）等资产阶级经济学家试图用建立在使用价值基础上的价格理论——效用论来批判古典政治经济学的劳动价值理论，其中含有对马克思劳动价值论的批判攻击，并由此走上反马克思主义理论的道路。

奥地利学派的创始人门格尔于1871年出版《经济学原理》一书，试图推翻古典政治经济学的劳动价值论，攻击马克思的经济学说"没有独创性"。门格尔写作此书的主要目的是"彻底驳倒劳动价值论，代之以紧紧围绕着个体选择的价值理论"①。1886年，门格尔又出版《十足劳动收入权的历史探讨》的小册子，宣扬唯心史观的法权观念，并以之来歪曲社会主义。1874年，瓦尔拉斯在《纯粹政治经济学要义》一书中，用对经济现象数量关系的分析来代替对社会经济关系性质的分析，用函数关系代替经济关系，以此来掩盖资本主义社会矛盾，攻击马克思主义政治经济学及科学社会主义的基本原理。

面对攻击，1886年11月，恩格斯抱病指导考茨基撰写《法学家的社会主义》一文，以唯物史观与马克思劳动价值论、剩余价值论为依据，对以门格尔为代表的错误思潮展开反击。恩格斯和考茨基批判地指出，门格尔歪曲马克思剩余价值理论，把"马克思的价值理论"歪曲成"未来社会的分配标准"；其所论的"社会主义的价值理论"更是以歪曲方式所表达的小资产阶级法权社会理想，即在未来社会主义社会里"劳动力"依然"作为商品出卖"，只不过问题转变为是应当保持"劳动价格"的增长，还是应当"对劳动价格作出全新的规定"②。1894年10月，恩格斯在《资本论》第三卷序言中进一步批判指出："就像在英国这里在杰文斯—门格尔的使用价值论和边际效用论的基础上建立起庸俗社会主义"③。就是说，门格尔非但不懂马克思劳动价值论与社会政治理想，其"法学家的社会主义"更是一种小资产阶级的社会空想。《资本论》第二、三卷出版后，意大利庸俗政治经济学代表洛里亚又以所谓《资本论》第一卷与第二、三卷的矛盾，即所谓价值理论、劳动

---

① ［美］卡伦·沃恩：《奥地利学派经济学在美国：一个传统的迁入》，朱全红等译，浙江大学出版社2008年版，第18页。
② 《马克思恩格斯全集》第28卷，人民出版社2018年版，第618页。
③ 《马克思恩格斯文集》第7卷，人民出版社2009年版，第14页。

价值论与生产价格、平均利润理论的矛盾为借口,攻击马克思的价值与价值规律理论;德国学者桑巴特、施米特等也否定马克思的价值与价值规律理论的客观性。对此,恩格斯于 1895 年撰写并发表《价值规律与利润率》一文予以批判回击,捍卫了马克思劳动价值论与价值规律学说的客观性与科学性。

(二)庞巴维克等边际效用论对劳动价值论的猛烈攻击

19 世纪末到 20 世纪 20 年代,为应对资本主义时代发展的现实危机,继续论证资本主义生产方式及其制度的永恒合理性与合法性,以庞巴维克为代表的庸俗政治经济学承袭第一代边际主义的衣钵,先后发表三部著作,试图复活主观价值论,以所谓边际效用价值论充当攻击马克思劳动价值论及科学社会主义的理论先锋。

1884 年,庞巴维克出版《资本与利息》一书,开始继承和完善边际主义的主观价值论,创立所谓边际效用论。他貌似是采取价值中立态度、追求真理的研究者,自称要把利息理论问题的研究与社会政治问题的研究相分离,提出企图掩盖剩余价值与剥削的所谓永恒经济法则与时差"贴水"利息论。由此,他展开对马克思劳动价值论、剩余价值论及社会主义合理合法性的攻击,认为马克思劳动价值论"并没有提供任何积极的论证"[①]。他试图从主观价值论出发,否定劳动价值论及剩余价值论的科学性,进而妄图从根本上彻底打倒社会主义,让现存资本社会的价值法则、生产方式及制度秩序永恒。由此可以看出庞巴维克边际效用论的社会政治哲学用意与理论实质。

1889 年,庞巴维克又出版《资本实证论》一书,继续完善其边际效用论。他根据戈森的"效用递减规律",仿照维塞尔的"最小效用"论,提出:"决定物品价值的不是它的最大效用,也不是它的平均效用,而是它的最小效用……因此,决定价值量的规律,可以用下面的公式来表达:一件物品的价值是由它的边际效用量来决定的。"[②] 以时差

[①] [奥地利] 欧根·冯·庞巴维克:《资本与利息》,何崑曾、高德超译,商务印书馆 2011 年版,第 394 页。

[②] [奥地利] 庞巴维克:《资本实证论》,陈端译,商务印书馆 1964 年版,第 169—170 页。

"贴水"利息论、边际效用论为依据，他要解释和解决现代社会资本与劳动、资本主义与社会主义的对抗性矛盾。进而，他要论证资本获得利息是合理合法的，因为资本不是源于"预先储存的劳动"，而是源于人的"储蓄"与"勤奋"——"劳动生产率"；而工人由于缺乏"储蓄""勤奋"，只能靠劳动工资过活也是必然且合理的。而且，无论是资本主义社会还是社会主义社会，抑或是任何社会组织形态，资本获得利息的法则是永恒的，只不过它们各自的分配均衡程度不同而已。

1896年，庞巴维克发表《卡尔·马克思体系的终结》一文，集中反对马克思劳动价值论。贬低劳动价值论，否认剩余价值论，否认利润转化为平均利润，推崇资本利息论、边际效用论，庞巴维克试图推翻马克思主义"两个必然"的科学结论，来证明资本主义生产方式及其财富分配制度等在事实与逻辑上的必然性、合法性与永恒性，进而为论证资本主义制度永恒合法性服务。

同时，美国经济学家克拉克在1886年出版《财富的哲学：新经济学原理》一书，把古典政治经济学的劳动理论与效用理论加以调和，自称独自发现边际效用理论，以此分析生产和分配问题，提出动态利润说与边际生产率说。克拉克否认剩余价值论与剥削的存在，目的在于论证资本主义社会生产与财富分配公平合理。集19世纪下半叶西方主流经济学之大成的马歇尔于1890年出版《经济学原理》一书，把传统生产费用论、供求论与边际效用论结合在一起，提出均衡价格论，构成现代西方主流经济学价值论的基础。

庞巴维克等的主观价值论对马克思劳动价值论科学性的攻击，对国际工人运动造成一定不良影响，更对第二国际理论家伯恩施坦的思想转变带来直接影响。伯恩施坦也因此把劳动价值论视为"以假说为根据的公式""理论模型"，试图用边际效用论来折中调和马克思劳动价值论，并以此来分析资本对劳动的剥削程度问题，进而企图证明现代资本主义社会的剩余价值率与剥削程度并没有《资本论》中所说的那样高、那样严重。由此分析得出的政治判断、价值判断为：现代资本主义社会两大阶级间的矛盾日渐缓和，阶级斗争与社会革命也应该趋于缓和，因此要走改良主义的道路。

（三）希法亭与布哈林对庞巴维克边际效用论的猛烈批判

率先系统批驳庞巴维克对马克思劳动价值论攻击的，是奥地利马克思主义代表人物希法亭。1902年，希法亭撰写了《驳庞巴维克对马克思的批判》一文，发表在1904年《马克思研究》丛刊创刊号上，试图消除庞巴维克对工人运动的错误理论影响，进而客观完整地阐释马克思劳动价值论及政治经济学的立场、观点与方法。

希法亭首先通过对价值范畴的分析，批驳庞巴维克对马克思劳动价值论的攻击，指出马克思与庞巴维克在政治经济学上的根本不同在于以社会为核心还是以价格为核心，提出"马克思高扬劳动价值论不是为了探明价格，而是为了发现整个资本主义社会的运行规律"[①]；其次通过对价值转形问题的阐述，批驳庞巴维克所谓《资本论》第一卷与第三卷在价值论上对立以及价值转形问题上的谬论；最后通过对马克思政治经济学方法论的阐释，批驳庞巴维克思想方法论的错误。他指出，庞巴维克的效用价值论是建立在心理学基础上的主观唯心论，也是建立在抽象人性论基础上的历史唯心论，与马克思唯物、辩证、历史的方法有本质上的区别。

批驳庞巴维克效用价值论对马克思劳动价值论的攻击，消除其对第二国际及工人运动的消极理论影响，也成为第二国际正统派考茨基、左派理论家卢森堡，以及俄国布尔什维克党人列宁和布哈林等的一项重要思想理论任务、政治任务。其中，系统批驳庞巴维克效用价值论的是布哈林。1914年，布哈林创作完成《食利者政治经济学》一书，对以庞巴维克为代表的奥地利学派边际效用价值论的观点与方法展开系统具体批判。

布哈林首先鲜明地指出，奥地利学派与马克思主义政治经济学是两种截然对立的理论工具。他一针见血地指出："奥地利学派成为国际食利资产阶级的科学工具。""对于马克思主义政治经济学来说，甚至价

[①] Rudolf Hilferding, *Bohm-Bawerk's Criticism of Marx*, Paul M. Sweezy ed., New York: Augustus M. Kelley, 1966, p.139.

值规律也是揭示整个资本主义机制运动规律的认识工具。"① 其次，布哈林批判庞巴维克效用价值论的错误观点，指出庞巴维克把价格分析的基础界定为使用价值，是在重复马克思在《资本论》第一卷中所批判过的古典政治经济学的错误观念，如孔狄亚克就认为"物的价值只在于物和我们的需要的关系"②。这种与马克思客观价值论直接对立的主观价值论无法正确反映客观的社会关系，遇到现实的问题就会破产。最后，布哈林还深入地批判了庞巴维克边际效用价值论的严重方法论错误。布哈林指出，庞巴维克从脱离特定历史与社会的抽象人性论出发来阐述其永恒普适的利息与价值理论，试图推翻马克思主义有机整体性的社会历史方法论，以恢复原子论方法，其实质是非社会、非历史主义的抽象论证。

（四）对马克思劳动价值论的反对、支持与调和

20世纪30—70年代，围绕马克思劳动价值论的论争出现了反对、支持与调和三种不同的主张。一种是明确反对的主张，凯恩斯、萨缪尔森、弗里德曼等现代西方主流经济学家，继承了古典政治经济学与边际效用价值论的思想理论元素，提出了宏观经济论、自由市场论等新主张，并拒斥马克思劳动价值论，为西方资本主义生产方式及社会制度摇旗呐喊。为恢复和应对西方资本主义世界的有效需求不足、经济危机、政治危机以及世界危机，英国经济学家凯恩斯于1936年出版《就业、利息与货币通论》一书，以边际消费倾向与资本边际效率、流动性偏好陷阱理论为基础创立宏观经济学，放弃自由放任的自由主义经济政策，主张国家直接干预经济，以实现对国家和社会的有效治理。新古典综合学派的创始人萨缪尔森，在《经济分析基础》《经济学》等著作中，以数学为工具进行理论与方法表述的统一，在边际价值论基础上提出要素价值论，认为马克思劳动价值论"过时了"。主张自由放任资本主义的芝加哥经济学派的领军人物弗里德曼，在政治哲学上强调自由市

---

① ［俄］尼·布哈林：《食利者政治经济学》，郭连成译，商务印书馆2002年版，第26、178页。

② 《马克思恩格斯文集》第5卷，人民出版社2009年版，第185页。

场经济的优点,认为经济自由、市场自由最终导致政治自由,反对政府干预自由市场经济。他认为,在价值判断上,马克思的劳动价值论、剩余价值论及剥削理论是同资本主义的道德标准相背离的,是不可接受的;在事实判断上,马克思的劳动价值论、剩余价值论及剥削理论没有对劳动创造价值的意义给出充分的说明,事实上也无法说明,并未全面考虑形成总产品的各种共同资源要素,而且"在所有合作的资源的总产品和增添的产品——用经济学的术语说,边际产品——之间加以混淆"①。

一种是明确支持的主张,以研究马克思主义的经济学家,如英国的多布、米克、德赛,以及美国的斯威齐、巴兰等为代表。在多布批判效用论、论证劳动价值论成立的正式条件基础上,米克以《劳动价值学说的研究》一书证明了劳动价值论没有过时,是真正的科学,其转形理论不仅是逻辑运用,更是一个历史过程。米克指出,马克思没有把效用作为商品的共同属性,因为"商品的效用是不能直接测度的量",效用也"不可能当作独立决定的因素","购买商品的人对其效用所做的特殊估价,实际上是不能决定它的长期均衡价格的,这一点,用买主对其效用所作的估计的变化一般并不影响价格的事实就足以证明了"。②

另一种是客观上有偏向、主观上调和的主张,以熊彼特、斯拉法与罗宾逊夫人为代表。熊彼特以创新发展经济学而闻名,他受到奥地利学派与马克思主义的双重理论影响,既不赞成马克思的劳动价值论,也不完全支持庞巴维克的效用价值论,认为效用价值论优于劳动价值论,又认为随着经济的不断变动、创新发展与私人经济转向公有经济领域,资本主义不能存在下去,社会主义"当然行得通"③,但他并不同意马克思所断定的资本主义崩溃方式。斯拉法在复兴古典政治经济学的过程中出版了《用商品生产商品》一书,提出"标准商品""标准体系"

---

① [美]米尔顿·弗里德曼:《资本主义与自由》,张瑞玉译,商务印书馆2011年版,第180页。

② [英]罗纳德·米克:《劳动价值学说的研究》,陈彪如译,商务印书馆1979年版,第180—181页。

③ [美]约瑟夫·熊彼特:《资本主义、社会主义与民主》,吴良健译,商务印书馆1999年版,第257页。

理论——"斯拉法体系",证明商品价值转化为生产价格的图式,在客观上成为马克思劳动价值论科学性的分析证明工具。这也使得长久以来由斯威齐、温特尼茨、米克和塞顿等提出的价值转化为生产价格的各种解说得到证实。罗宾逊夫人在《不完全竞争经济学》《论马克思主义经济学》等著作中,得出不同于凯恩斯污蔑《资本论》的思想主张,把马克思视为独具匠心的"杰出的古典经济学家"。她认为斯拉法体系提出了关于生产价格的一个系统完整、逻辑严密的图式,使"转形问题"获得了"技术"上的解决。这也使得勇于坚持真理的罗宾逊夫人在客观上支援了马克思劳动价值论。当然,罗宾逊夫人的分配与剥削理论是以要素分配论为基础,不同于马克思的分配与剥削理论是以劳动价值论与剩余价值论为基础。① 日本数理经济学家森岛通夫用数理方法研究马克思与古典经济学理论,试图调和马克思主义经济学与非马克思主义经济学。他通过数理模型分析证明了"生产价格总额=价值总额""利润总额=剩余价值总额",在说明马克思劳动价值论与价值转形理论成立的同时,还试图说明庞巴维克等的效用价值论对马克思劳动价值论的攻击有效。因此,他提出了改良调和的方案,即劳动价值论与均衡生产价格相调和的方案,"将马克思经济学同作为它的根基的劳动价值论相剥离,并将它嫁接到冯-诺伊曼的株体上,从而开出马克思—冯-诺伊曼之花"②。

(五)劳动价值论科学性问题的论争还在延续

20世纪80年代以来,伴随着第三次科技革命、信息产业及生产自动化的发展,以托夫勒、奈斯比特、罗默等为代表的一些西方学者又提出了知识价值论、信息价值论来替代或否定马克思劳动价值论。

美国未来学家、社会思想家托夫勒以《未来的冲击》《第三次浪潮》《力量转移》三部作品阐述了知识经济、数字经济与信息社会的时代到来,预言了由财富、暴力与知识三块基石组成的现代社会权力框

---

① 赵茂林:《马克思和罗宾逊的剥削理论范式比较研究》,《经济问题》2008年第12期。

② [日]森岛通夫:《马克思经济学》,张循译,中国社会科学出版社2017年版,第185页。

架,在《再造新文明》中预言,以"知识储备"为财富工具的社会将占领战略性的制高点,"知产阶级"将成为社会的主流人群,这就是未来的新文明社会。在托夫勒看来,传统的土地、劳动、资本"劳动三要素"都有局限性,"马克思讲过'劳动价值说',我们现在大可以搞一套'信息价值说'"①。美国未来学家奈斯比特在《大趋势》一书中提出,工业社会正在发展成为信息社会,信息取代资本成为首要战略资源,信息正成为经济社会发展的驱动力。托夫勒与奈斯比特提出的知识、信息价值论对时代与社会的发展预测具有一定合理性和积极价值,但他们对知识与信息价值论的理解只有在马克思劳动价值论的框架下才是客观全面的。

罗默与卢卡斯等一方面重复萨缪尔森反马克思劳动价值观论的观点,另一方面又吸收熊彼特的创新发展价值论,于1986年提出内生经济增长理论模型。他们认为,经济增长来源于其内生的四要素:资本、非技术劳动、以受教育年限来衡量的人力资本、用专利来衡量的新思想,并以此来说明利润与经济增长。1990年,罗默又提出知识溢出模型来完善其内生经济增长理论,把知识生产与知识溢出作为理论基础,把公共知识和企业拥有专门知识看作内生变量。

东欧剧变与苏联解体后,西方自由主义知识界更是掀起反马克思列宁主义、反社会主义的理论与政治狂欢,在幻象中走向以福山等为代表的所谓当代资本主义终结历史论。然而,伴随着中国和平崛起,新时代中国特色社会主义人类文明新形态的蓬勃发展,以及2008年以来西方社会自身严重的金融危机、经济危机与政治危机,《资本论》与马克思主义政治经济学再度在西方资本主义世界沸腾起来。法国经济学家皮凯蒂以《21世纪资本论》再次批判以美国为代表的西方资本主义经济发展的巨大不平等、不公正,在一定程度上证明了马克思劳动价值论与剩余价值理论的科学性。

伴随着信息与通信技术、电子与信息产业以及数字经济的加速发展,关于数字经济与马克思劳动价值论的关系问题逐渐走上现时代理

---

① [美]阿尔温·托夫勒:《预测与前提》,粟旺等译,国际文化出版公司1984年版,第22页。

论论争的最前沿。在电子信息大数据时代，以维尔诺、哈特、奈格里、维赛龙等为代表的一些西方学者再次诘难马克思劳动价值论过时了。对此，英国学者福克斯运用《资本论》及其手稿的价值学说，通过对谷歌、脸书、推特、油管等社交媒体上的数字劳动的具体翔实分析，证明了马克思劳动价值论、剩余价值论仍然是适用于现时代的科学理论。福克斯批判当代数字劳动的异化与剥削性质，揭示以"脸书"为代表的社交媒体"所有者的财富和公司的利润都是基于剥削用户的劳动，而这是无偿的，也是总体全球信息和通讯技术（ICT）工人的一部分"①。

2020年以来，新冠病毒疫情全球大暴发，以美国为代表的西方资本主义国家在抗疫过程中的糟糕表现，再次暴露了西方资本主义社会政治的全面深层次的矛盾与危机，其新自由主义市场经济、资本价值论、虚拟经济与消费主义的严重危机也再次显现出来。这再次证明，马克思劳动价值论在现时代没过时，而且即使在未来劳动作为人的解放手段、各尽所能的共产主义社会，也依然有其存在的价值。正如恩格斯所预见的："在决定生产问题时对效用和劳动支出的衡量，正是政治经济学的价值概念在共产主义社会中所能余留的全部东西"②。

资本与劳动的矛盾对立是现代社会赖以旋转的轴心，围绕劳动价值论科学性问题的论争一直在进行着，它还会以各种新的话语方式反复出现，并将贯穿现代社会发展与人类解放的全过程。

二 围绕阶级斗争与社会革命问题的论争

革命性，是马克思和恩格斯历史唯物主义、社会政治哲学思想的本质特征与鲜明理论品格。《资本论》这部"工人阶级的圣经"③，更是以全新科学的方式有力地论证了无产阶级革命的历史合理性、必然性与策略，成为照耀20世纪以来世界无产阶级革命新历史航程的思想理论灯塔。围绕《资本论》及其手稿革命思想理论问题的论争，紧密关涉

---

① ［英］克里斯蒂安·福克斯：《数字劳动与卡尔·马克思》，周延云译，人民出版社2020年版，第371页。
② 《马克思恩格斯文集》第9卷，人民出版社2009年版，第327页。
③ 《马克思恩格斯文集》第5卷，人民出版社2009年版，第34页。

到马克思主义政治哲学的主题与本质特征。从 19 世纪末至今，伴随自由竞争与垄断、战争与革命、和平与发展的时代变奏，尤其是现代资本主义社会与现代社会主义社会两大实体的此消彼长、发展变化，围绕《资本论》及其手稿的阶级斗争与社会革命思想理论问题，国外理论界展开持续的政治哲学论争。

（一）第二国际内部的革命与改良之争

19 世纪末 20 世纪初，第二国际内部以伯恩施坦与考茨基等为代表的德国社会民主党理论家先后思想转变，开始提出改良资本主义与世界和平的小资产阶级社会幻想，放弃并修正马克思主义的阶级斗争、无产阶级革命以及世界革命的科学理论，逐渐蜕变为修正主义与机会主义。对此，以卢森堡、列宁等为代表的马克思主义理论家与之展开了持续的思想理论斗争，他们坚持把马克思主义的革命理论与资本主义发展的实际、世界无产阶级革命斗争的实际紧密结合，进一步丰富了《资本论》、马克思主义阶级斗争与革命思想理论和策略。

1. 对伯恩施坦修正主义改良思想的批判

从 1896 年 10 月到 1899 年，伯恩施坦接连在《新时代》杂志上发表《社会主义问题》系列文章，出版著作《社会主义的前提和社会民主党的任务》，提出改良资本主义、和平"长入"社会主义，公开反对、修正马克思主义的革命理论。他提出"目的是微不足道的，运动就是一切"的荒谬论调，即他对"'社会主义的最终目的'非常缺乏爱好和兴趣。这个目的无论是什么，对我来说都是毫不足道的，运动就是一切，所谓运动，我指的既是社会的总运动，即社会进步，也是为促成这一进步而进行的政治和经济上的宣传和组织工作"①。

他认为，以股份公司为代表的生产组织形式的发展变化带来了资本主义社会基本矛盾、两大阶级矛盾的缓和与解决，股份公司的发展使得普通工人也可以拥有财富，资本发展趋势正在从集聚走向分散，而且"股份公司的形式对于通过企业集中而实现财产集中的趋势在很显著的

---

① ［德］爱德华·伯恩施坦：《伯恩施坦文选》，殷叙彝编，人民出版社 2008 年版，第 68 页。

程度上起着对抗作用"①。进而，卡特尔、托拉斯、信用制度与交通网络的发展也使资本主义发展更趋完善和稳定，它们作为一个整体可以有效抵御来自各方面的冲击，资本主义制度具有巨大的"适应能力"，能够消除自身的经济及政治危机。而且，资本主义经济会自发、逐步、没有飞跃地"长入"社会主义。因此，革命的时代已经过去了，工人革命夺取政权实现社会主义革命已经丧失了必要性，工人阶级只需要进行合法的经济政治活动，即通过工会斗争和议会民主的方式逐步争取经济政治权利，资本主义就能和平地长入社会主义。为以改良思想修正马克思的阶级斗争与社会革命思想，伯恩施坦还在头脑中主观地设定了两个马克思、二元论的马克思，即一个是在《共产党宣言》中充满浪漫幻想、为革命思想所俘虏的马克思，另一个是在《资本论》中试图以科学方式证明阶级斗争与社会革命幻想的马克思。

对于伯恩施坦改良与反革命的修正主义思想，第二国际"左派"卢森堡、"正统派"考茨基，以及拉法格、普列汉诺夫等马克思主义理论家展开了针锋相对的理论批判。

率先站出来批判伯恩施坦修正主义改良思想的是卢森堡。

首先，卢森堡批判了伯恩施坦"目的是微不足道的，运动就是一切"的错误观点，指出"为了运动而运动"是没有意义的，但对于马克思主义、无产阶级革命政党来说，夺取政权仍然是最终目的，最终目的仍然是斗争的灵魂，"没有比最终目的的问题更加实际的问题了"②。而且，作为手段与目的相统一的社会改良与社会革命之间存在着不可分割的辩证关系，即"为社会改良而斗争是手段，而社会革命是目的"③。进而，她批判伯恩施坦的改良主义异想天开，没有看到"资本的利益，也就是社会改良的自然界限"④，指出马克思主义社会革命理论对于国

---

① [德] 爱德华·伯恩施坦:《伯恩施坦文选》，殷叙彝编，人民出版社2008年版，第186页。
② [德] 罗莎·卢森堡:《卢森堡文选》上卷，中央编译局国际共运史研究室编，人民出版社1984年版，第41页。
③ [德] 罗莎·卢森堡:《社会改良还是社会革命?》，徐坚译，生活·读书·新知三联书店1958年版，第1页。
④ [德] 罗莎·卢森堡:《社会改良还是社会革命?》，徐坚译，生活·读书·新知三联书店1958年版，第19页。

际无产阶级运动意义重大。

其次,卢森堡批判伯恩施坦对科学社会主义经济科学基石的攻击,指出其政治经济学的庸俗无知。卢森堡指出,科学社会主义建立在马克思对资本主义经济批判分析的基础之上,即建立在"资本主义经济的不断增长着的无政府状态,这使它的崩溃成为不可避免的后果"这一基石之上,而伯恩施坦对资本主义经济变化发展的评估与颂扬,则是要"拔掉"这一"科学社会主义的基石"①。伯恩施坦被资本主义经济变化发展的表面、暂时现象所迷惑,没有看到信用制度这一手段造成了资本主义经济的"一切矛盾发展到极顶",也没有看到股份公司以及资本主义国家的参与等无法解决资本主义社会固有的基本矛盾。

再次,卢森堡坚持"两个必然"、历史唯物主义的科学思想,尖锐地批判了伯恩施坦错误思想的本质。卢森堡批判了伯恩施坦否定资本主义必然灭亡的科学结论,高度评价了马克思主义政治经济学、历史唯物主义的伟大科学发现对人类历史发展的贡献,指出:"无产者的阶级斗争在发展过程中所获得的最大成就,就是在资本主义社会的经济关系中发现了实现社会主义的出发点。由于这个发现,社会主义就从几千年来人类所梦想的'理想',变成了历史的必然。"②

最后,卢森堡批判伯恩施坦把马克思分解为"二元论"的谬论。她指出,马克思"用历史的观点去观察资本主义经济",这种"二元论"无非是资本主义与社会主义、资产阶级和无产阶级、资本与劳动的二元论,即资本主义阶级矛盾对立在科学上的反映。而且,"直到马克思主义,才第一次建立了政治、经济间的正确关系"③,才使社会主义变为革命、科学的理论。而当伯恩施坦"把马克思的这个理论上的二元论看成空想主义的一种残余的时候,那么这不过是一张坦白的供状,说明他否认资本主义社会存在着的二元论,否认资本主义的阶级对

---

① [德] 罗莎·卢森堡:《社会改良还是社会革命?》,徐坚译,生活·读书·新知三联书店1958年版,第4页。
② [德] 罗莎·卢森堡:《社会改良还是社会革命?》,徐坚译,生活·读书·新知三联书店1958年版,第35页。
③ [德] 罗莎·卢森堡:《狱中书简》,傅惟慈等译,花城出版社2007年版,第256页。

立，说明社会主义本身对他已经变成'空想主义的残余'"①。

卢森堡对伯恩施坦修正主义改良思想的批判，捍卫了马克思主义的经济科学、历史唯物主义，以及奠定在此基础上的阶级斗争与社会革命理论及科学社会主义。卢森堡带动了第二国际理论家对伯恩施坦修正主义改良思想及机会主义的批判，使这场论争产生了持久的影响。改良还是革命，这依然是一个当代问题。20世纪30年代，美国实用主义的马克思主义学者胡克认为，"正是罗莎·卢森堡，从辩证的马克思主义的立场出发，对修正主义发出历史上值得纪念的攻击"②。阿伦特试图抱着客观态度，实则是从"右边"——自由主义的立场观点评价卢森堡，她把卢森堡看作一个追求抽象自由、公正的"书呆子"。进而，阿伦特非客观地评价卢森堡与伯恩施坦关于改良与革命的论争，认为卢森堡对伯恩施坦的批判是"违心"的，而伯恩施坦所说的许多是"实情"③。

依据资本主义社会具体翔实的统计材料，此时站在马克思主义立场观点上的考茨基，在1902年《社会革命》、1909年《取得政权的道路》等著作中批判了伯恩施坦修正主义改良思想。

首先，考茨基批驳伯恩施坦所说的阶级矛盾缓和、社会革命不再有必要的错误言论。考茨基认为无产阶级与资产阶级矛盾加剧的根本原因在于"剥削日益加剧的问题"，"谁对无产阶级遭受日益加剧的剥削这一事实提出异议，谁就首先必须首先对马克思的《资本论》提出反驳"④。考茨基用确凿的经济学统计数字证明：1893—1903年，同1860—1891年一样，剩余价值比工资增长得快，利润和工资之间的矛盾日益突出，资本家对工人的剥削日益加剧。⑤进而，作为阶级矛盾斗争尖锐化结果的社会革命是不可避免的，是资本主义经济内在矛盾发展

---

① [德] 罗莎·卢森堡：《社会改良还是社会革命？》，徐坚译，生活·读书·新知三联书店1958年版，第42页。
② [美] 悉尼·胡克：《对卡尔·马克思的理解》，徐崇温译，重庆出版社1989年版，第29页。
③ [美] 阿伦特：《罗莎·卢森堡（1871—1919）》，载 [德] 卢森堡《狱中书简》，傅惟慈等译，花城出版社2007年版，第318页。
④ [奥] 卡尔·考茨基：《考茨基文选》，王学东编，人民出版社2008年版，第111页。
⑤ [奥] 卡尔·考茨基：《考茨基文选》，王学东编，人民出版社2008年版，第116—117页。

的必然趋势与结果。

其次，考茨基批判伯恩施坦通过议会民主与社会改良取消革命的错误主张。考茨基批驳伯恩施坦试图以改良手段"使资本主义社会逐渐和平长入社会主义社会"的空想，指出："资本主义关系一天不消灭，两个阶级之间的斗争就不会也不可能结束。要在资本主义生产方式下求得社会和平，那只是一种空想，这种空想是根据知识分子的实际需要产生的，在现实生活中根本没有实现它的任何基础。资本主义逐步长入社会主义，这同样也是一种空想。"① 在1909年《取得政权的道路》一书中，考茨基还批判伯恩施坦所宣扬的可以通过资本主义经济发展成就，即通过保护劳动、工会和合作社的法律，不知不觉地剥夺资本家阶级，而无须社会革命和改变国家政权性质的空想，指出："这种从经济上长入未来国家的理论，不过是反政治的空想主义和蒲鲁东主义的旧词新唱而已。"②

最后，考茨基批驳伯恩施坦等以二元论对马克思主义理论的割裂，强调经济发展与革命意志的统一。考茨基认为，伯恩施坦和当时的自由主义者、无政府主义者一致认为马克思理论本身存在着"理论和实践之间的不可克服的矛盾"。考茨基反对伯恩施坦的社会改良思潮，强调社会革命是资本主义客观经济发展与无产阶级革命主观意志相统一的必然结果。他说，实现无产阶级统治的社会革命是"按照经济事实的逻辑而发展出来的"，"在实现社会主义的经济前提和心理前提都未充分准备之前，不可能出现无产阶级的统治，因而也不可能出现社会革命"。③

此外，法国的马克思主义者拉法格与俄国的马克思主义者普列汉诺夫也批判伯恩施坦改良主义的错误思想观点。拉法格批驳伯恩施坦关于垄断可以消除经济危机的谬论，指出垄断没有消除经济危机，反而加深加重了经济危机，还引起阶级矛盾与民族矛盾的扩大化与尖锐化。因

---

① [奥] 卡尔·考茨基：《考茨基文选》，王学东编，人民出版社2008年版，第139页。
② [奥] 卡尔·考茨基：《考茨基文选》，王学东编，人民出版社2008年版，第201页。
③ [奥] 卡尔·考茨基：《考茨基文选》，王学东编，人民出版社2008年版，第193、195页。

此，在资本主义制度界限内的改良是解决不了这些矛盾的，只有实行无产阶级革命、社会主义革命才能彻底解决矛盾与危机。普列汉诺夫通过对马克思和恩格斯关于暴力革命观点的历史发展过程的考察，对伯恩施坦妄图歪曲证明恩格斯晚年已经放弃关于暴力革命的观点是错误的，捍卫了马克思和恩格斯关于暴力革命是无产阶级争取解放的合法权利与基本途径的理论。

2. 对考茨基革命教条主义错误思想的批判

从20世纪初至第一次世界大战期间，以考茨基为代表的第二国际"正统派"教条主义地理解马克思主义的革命理论，以无产阶级革命的主客观条件不具备为借口，反对无产阶级革命运动，尤其反对俄国布尔什维克领导的十月革命，逐渐蜕变为机会主义者。"中间派"考茨基的机会主义思想，与伯恩施坦的修正主义改良思想等逐渐合流，造成了第二国际内部指导思想的混乱与分裂，严重影响了俄国及国际无产阶级革命运动的发展。以列宁与卢森堡为代表第二国际"左派"理论家坚持把马克思主义革命理论与国际工人运动相结合，创造性地提出了利用资本主义发展不平衡的规律，在资产阶级民主革命基础上继续无产阶级革命的理论，以及相对落后国家进行无产阶级革命与无产阶级专政的理论。

考茨基在表面上坚持无产阶级革命的客观与主观条件辩证论，反对主观臆造的革命论，也反对革命悲观论。但是，深入具体展开并分析考茨基关于无产阶级革命的一般性言论，尤其是其批判俄国十月革命的言论，就暴露出其之前对伯恩施坦修正主义改良思想批判的妥协性、不彻底性，其无产阶级革命理论是打着科学旗号的教条主义、实证主义与机会主义。

首先，考茨基把马克思和恩格斯关于无产阶级革命条件的论述实证化、绝对化、教条化，变成了一种革命"宿命论"，即一种没有无产阶级革命能动性的经济技术决定论、机械决定论。他把马克思和恩格斯早年曾预想的无产阶级革命在发达资本主义国家同时发生的话语实证化、教条化，特别强调无产阶级革命是建立在科学论证基础上的"不可避免性"。以此观之，在工业不发达、经济相对落后、农民居多数、无产阶级不成熟的俄国,列宁领导布尔什维克发动的十月革命的主客观条件不具备、不成熟,是不符合马克思主义社会革命理论的,苏联社会主义建设也注定是要失败的。因此,他坚决反对俄国十月革命及其新生苏维埃革命政权。他说:"一旦我在某种程度上看清楚俄国自 1917 年十月革命以来所发生的情况,我立即认为自己有义务出来反对它,不仅反对那种认为像俄国这样一个落后的国家能够在社会主义道路上超过工业的西方这一信念,而且也反对这种妄想:可以用几次强暴的打击把社会主义建设起来,而且是由一个享有特权的少数派在同人民大多数相对抗的情况下来建设社会主义"①,"那种指望在目前的俄国农业基础上能建立社会主义经济的想法是一种幻想"②。

其次,考茨基认为现代发达资本主义国家民主制的发展决定了暴力革命不可能,因此决定无产阶级及其政党要以民主、和平的方式逐渐进入社会主义。他认为,资产阶级民主制给无产阶级革命创造了新形式,"民主制使得这种革命有可能成为和平的、不流血的和没有暴力行为"③。进而,他否定在所谓资产阶级民主制的国家里宣传暴力革命,认为:"没有民主,就没有社会主义。""一个国家一方面愈是资本主义化,另一方面又愈是民主,那么它就愈接近社会主义。"④ 考茨基幻想可以直接在资本主义民主制基础上自动、和平地迎来社会主义,进而使其所主张的暴力革命思想进一步在其理论内部消解为文字中的寂静改良口号,为伯恩施坦的民主社会主义思想打开理论便门。进而,他攻击苏维埃国家政权为一党专政、落后农民专政的独裁专制,严重缺乏民主性与群众性,结果导致内战与被推翻的危机。他认为,由于布尔什维克忘记了马克思在《资本论》初版序言中的教导,"所宣扬和实行的无产阶级专政无非就是一种想要超越或者用法令来取消那些自然的发展阶段的

---

① [德] 卡尔·考茨基:《一个马克思主义者的成长》,叶至译,生活·读书·新知三联书店 1973 年版,第 31 页。
② [奥] 卡尔·考茨基:《考茨基文选》,王学东编,人民出版社 2008 年版,第 385 页。
③ 中央编译局资料室编:《考茨基言论》,生活·读书·新知三联书店 1966 年版,第 356 页。
④ [奥] 卡尔·考茨基:《考茨基文选》,王学东编,人民出版社 2008 年版,第 326、374 页。

大规模试验而已",试图使社会主义"缩短和减轻分娩的痛苦",这就如同一个怀孕的妇女,"她疯狂万分地猛跳,为了把她无法忍受的怀孕期缩短并引起早产。这样生下来的孩子,通常是活不成的"。①

最后,把《资本论》曲解为摇摆在改良与革命之间的"中派"立场。为证明自己在无产阶级革命问题上所持立场的客观性、科学性,摇摆在伯恩施坦与卢森堡之间的"中派分子"考茨基,在《帝国主义战争》一文中歪曲解读《资本论》。在他看来,《资本论》一方面"针对那些对议会制度和法律上的劳动保护唯恐重视得不够的人说明了争取标准劳动日斗争的全部意义";另一方面"清楚地指出了在工业资本主义范围内任何工业劳动保护所受到的限制,指出了尽管进行种种改良,阶级斗争仍旧必然日益加剧,这种斗争的出路是剥夺剥夺者"。所以,"马克思就这样在《资本论》中表现为一个地道的'中派分子'"②。

考茨基反十月革命的错误言论,立即遭到第二国际左派、真正的国际主义者,如"齐美尔瓦尔德左派""斯巴达克派"的李卜克内西与卢森堡等的激烈批判。

首先,卢森堡具体地分析了俄国十月期间革命的客观形势与无产阶级状况,指出十月革命是基于俄国革命内部条件"已经完全成熟"的必然结果,并非考茨基所谓"早产"的结果。卢森堡指出:"无论如何,夺权的开始,已经给了我们的社会民主党和整个昏聩的国际劈头一拳!除了用统计数据来证明,俄国的社会条件还不成熟,不能实行无产阶级专政以外,考茨基显然狗屁不懂!"③

其次,卢森堡热情讴歌列宁与布尔什维克党人所领导的十月革命的伟大历史功绩。十月革命爆发后,卢森堡高度评价列宁领导的布尔什维克党是"唯一真正实行社会主义政策的党","唯一理解一个真正革命党的使命和职责的党"。④ 卢森堡认为,布尔什维克党懂得革命的"真

---

① [奥]卡尔·考茨基:《考茨基文选》,王学东编,人民出版社2008年版,第375—376页。
② [奥]卡尔·考茨基:《考茨基文选》,王学东编,人民出版社2008年版,第314页。
③ [德]罗莎·卢森堡:《狱中书简》,傅惟慈等译,花城出版社2007年版,第250页。
④ 中央编译局国际共运史研究室编:《国际共运史研究资料——卢森堡专辑》,人民出版社1981年版,第66、68页。

正辩证法",挽救了俄国革命和国际社会主义的荣誉;真正的革命辩证法与考茨基"议会育儿室"所揭示的"平庸真理"恰恰相反。

最后,卢森堡批判考茨基对布尔什维克党实行无产阶级专政的诘难,为苏维埃无产阶级专政与民主国家政权的合理性、合法性而论证。她批判考茨基抽象地谈论民主问题,指出民主的阶级性,并没有超阶级的抽象民主,"无产阶级专政就是社会主义意义上的民主"①。无产阶级革命专政是实现真正民主的必然要求,而且要以社会主义革命法制的方式来保障真正民主的实现。当代比利时著名马克思主义理论家曼德尔也高度评价了卢森堡对马克思主义革命理论的贡献,他说:"卢森堡是第一个规定并开始解决革命马克思主义战略策略核心问题的马克思主义者,仅此一点,便可确保无产阶级革命在帝国主义的中心地带取得胜利。"②

列宁依据马克思和恩格斯的社会革命与无产阶级专政理论,结合国内外形势,以及俄国无产阶级革命与新生政权稳固发展的实际,对考茨基等错误思想主张展开政治理论批判,阐发无产阶级革命、无产阶级专政、民主与国家理论。

首先,列宁指明考茨基从坚持到背叛无产阶级革命理论的蜕变过程。列宁指出,自第一次世界大战爆发后,第二国际中间派考茨基的革命立场便向后倒退,直至背叛革命,与"左翼激进"派潘涅库克的论战表明,考茨基开始"无原则地摇摆于马克思主义和机会主义之间"③。最终,考茨基开始反对无产阶级暴力革命,站在机会主义立场上庸俗化马克思主义的革命理论,已蜕变成"庸俗的自由主义者","最害怕被压迫阶级的革命暴力","他也就在对马克思的思想作自由主义的歪曲方面打破了世界纪录。叛徒伯恩施坦同叛徒考茨基比较起来,简直就是小巫见大巫了"。④

其次,列宁批判考茨基对马克思主义所做出的机会主义曲解。列宁

---

① 中央编译局国际共运史研究室编:《国际共运史研究资料——卢森堡专辑》,人民出版社1981年版,第112页。
② [比]欧内斯特·曼德尔:《革命的马克思主义与20世纪社会现实》,颜岩译,中国人民大学出版社2016年版,第35页。
③ 《列宁选集》第3卷,人民出版社1995年版,第212页。
④ 《列宁选集》第3卷,人民出版社1995年版,第600页。

高度肯定马克思所提出的"暴力是每一个孕育着新社会的旧社会的助产婆"①的思想。列宁认为，无产阶级只有通过暴力革命打碎资产阶级专政的旧国家机器，才能建立无产阶级专政的新国家机器。而考茨基却在暴力革命问题上向机会主义者伯恩施坦做出让步，"这真是最纯粹最庸俗的机会主义，是口头上承认革命而实际上背弃革命。……一切都没有超出资产阶级议会制共和国的框子"②。列宁进一步批判考茨基以及普列汉诺夫等不能直面帝国主义战争的残酷现实，还在幻想以民主、和平的方式来逐渐达到社会变革的幻想与言论，实质是"用明显的诡辩阉割马克思主义的活生生的革命的灵魂"③。

最后，列宁批判考茨基对苏维埃无产阶级专政革命政权的攻击，创新性阐发无产阶级专政的国家理论。列宁批判考茨基把马克思主义局限于阶级斗争学说实质是阉割、歪曲了马克思主义，指出"只有承认阶级斗争、同时也承认无产阶级专政的人，才是马克思主义者"④。在理论上，考茨基不懂得"一切革命的根本问题是政权问题"这一马克思主义革命理论的真谛；在实践中，考茨基非但不能做到自觉参加革命，更谈不上领导革命，反倒成了革命的反对者。因此，考茨基只是一个口头上、教条的革命空谈者，一个民主与国家理论的抽象的教条论者，一个反对无产阶级革命与专政的敌人。

列宁深刻认识到，国家的自行消亡只有通过无产阶级专政国家政权的发展道路才能实现。同时，无产阶级专政的民主共和国还要坚持马克思和恩格斯所主张的"民主集中制"原则与"单一不可分的共和国"，坚持工农联盟，才能摆脱帝国主义掠夺、瓜分世界的战争与和平变奏。列宁批判考茨基与伯恩施坦的抽象民主观念，指出社会主义并不会在资本主义民主制发展的基础上自动生成；现实中具体的民主制度都是与具体的经济制度存在着辩证历史的联系；在任何阶级社会中的专政、民主、国家都是有组织的系统暴力，都具有阶级性、历史性。

---

① 《马克思恩格斯选集》第 2 卷，人民出版社 2012 年版，第 296 页。
② 《列宁选集》第 3 卷，人民出版社 1995 年版，第 218—219 页。
③ 《列宁选集》第 3 卷，人民出版社 1995 年版，第 588 页。
④ 《列宁选集》第 3 卷，人民出版社 1995 年版，第 139 页。

(二) 早期西方马克思主义理论家对革命的新理解

俄国十月革命胜利后,西欧各国的无产阶级革命运动相继失败。欧洲马克思主义者开始思考总结无产阶级革命失败的原因,对马克思主义阶级斗争与社会革命理论进行反思与新阐释,其主要代表是卢卡奇、柯尔施与葛兰西。他们在不同程度上受到卢森堡思想的影响,批判第二国际理论家在社会革命问题上的机械经济决定论及右倾机会主义、修正主义的理论偏差,批评苏联主导的共产国际对马克思主义的教条主义理解,探索社会革命的新路径,提出经济、政治、思想文化革命的"总体革命"观,强调培养无产阶级的革命意识。正如英国马克思主义者安德森所说,西方马克思主义是"第一次世界大战后欧洲先进地区无产阶级革命的产物"[①]。

1. 卢卡奇对马克思主义能动革命论的阐发

卢卡奇强调理论与实践相统一的无产阶级意识对社会革命的巨大历史作用。他把《资本论》视为马克思早期革命思想的逻辑延续,认为《资本论》为阶级斗争与社会革命实践提供了社会经济与政治关系辩证历史发展的必然性逻辑,指出要通过无产阶级政党的先导作用唤醒无产阶级能动的革命意识,进而通过无产阶级革命实践打破资本统治的物象化结构,实现人的解放。他认为,所谓无产阶级意识,是自觉意识到无产阶级历史使命的先进思想意识,是无产阶级革命理论意识与实践意识的统一,是人类历史上最后的阶级意识。无产阶级意识与物化的资本主义社会、无产阶级所处的经济地位密切相关,更与无产阶级政党的先进理论领导密切相关。无产阶级意识是总体性的革命意识,既是真理原则与价值原则、知与行的辩证统一体,又是经济斗争和政治斗争的辩证统一体,更是建立在经济因素之上的对无产阶级革命发动起决定性作用的因素。坚持能动的革命论,卢卡奇批判考茨基对马克思主义革命理论的"经济宿命论"理解、非辩证非总体性理解,号召无产阶级以能动的革

---

① [英] 佩里·安德森:《西方马克思主义探讨》,高铦等译,人民出版社1981年版,第117页。

命从"实践上打破存在的物化结构"。同时,卢卡奇也非常注意克服激进的"左"倾盲动的革命论。因此,要反对两种极端革命思想主张,"必须既摆脱合法性的胆小病又摆脱非法性的浪漫主义"①。

卢卡奇对马克思主义能动革命论的解读对后世学界影响较大。法国现象学家、存在主义者梅洛-庞蒂一方面高度评价《历史与阶级意识》为"西方共产主义的圣经",认为"在这里,革命的青春和马克思主义的青春又复活了"②;另一方面,他认为《历史与阶级意识》"过分投合了革命年代的乐观主义"③。法兰克福学派第三代理论家霍耐特评价"《历史与阶级意识》承载了卢卡奇当时对即将到来之革命的期盼",还认为其著作重心物化理论是对生活实践病变的社会存在论阐释,并由此提出物化、商品拜物教是对人的同情共感本真关系的遗忘,即"物化作为对承认之遗忘"④。也有对卢卡奇无产阶级革命意识及其政治立场的错误理解,如麦克莱伦就把卢卡奇对罗莎·卢森堡激进革命思想的批判继承说成"在一定程度上支持了工联主义倾向"⑤。

2. 柯尔施对马克思主义总体性社会革命观的恢复⑥

在 20 世纪上半叶世界政治历史背景与理论情势下,柯尔施以总体性社会革命观对马克思主义理论进行了新阐释。

首先,柯尔施批判第二国际正统派对马克思主义的歪曲阐释,恢复原初马克思主义总体性社会革命观,试图为无产阶级新的革命运动实践提供正确理论指导,这是柯尔施的理论初衷。柯尔施对马克思主义与哲

---

① [匈]卢卡奇:《历史与阶级意识——关于马克思主义辩证法的研究》,杜章智等译,商务印书馆1999年版,第371页。
② [法]梅洛-庞蒂:《辩证法的历险》,杨大春、张尧均译,上海译文出版社2009年版,第62页。
③ [法]梅洛-庞蒂:《辩证法的历险》,杨大春、张尧均译,上海译文出版社2009年版,第71页。
④ [德]阿克塞尔·霍耐特:《物化——承认理论探析》,罗名珍译,华东师范大学出版社2018年版,第6、79页。
⑤ [英]戴维·麦克莱伦:《马克思以后的马克思主义》,李智译,中国人民大学出版社2004年版,第181页。
⑥ 参见李福岩、李雨瞳《柯尔施对马克思主义总体性社会革命观的恢复》,《武陵学刊》2024年第3期。

学问题的阐释，直接针对第二国际对马克思主义的实证主义阐释，批判从伯恩施坦到考茨基等对马克思主义总体性社会革命观的背叛与肢解，即第二国际的理论家们"从来没有把马克思主义当作一个总的体系来采纳"①。从1938年的《卡尔·马克思》到1950年的《马克思主义十论》，再到晚年未完成的论文《关于"废除"的手稿》，柯尔施一直在坚持自己的原初马克思主义观，并试图结合时代实践发展，创新阐释与发展马克思主义。当代德国学者罗斯科尼认为，柯尔施尝试背离经典马克思主义的理论阐释方法去重塑其理想中的"马克思主义"，"重塑"马克思主义不是哲学问题，而是政治问题，是重新创造发达工业社会革命活动的政治理论②。

其次，柯尔施对马克思主义总体性社会革命观进行了新的阐释。柯尔施认为，原初的马克思主义体系在早期与后期发展过程中一直是理论与实践相统一的整体性社会革命理论。"最初形态""原初形式"马克思主义理论整体性著作的典型为《共产党宣言》，后期著作以《资本论》为代表，"仍然是社会革命理论的唯一整体"③。柯尔施特别阐述了《资本论》作为无产阶级革命的政治哲学著作的重要价值。他认为，政治经济学批判是马克思主义更为深刻、更为彻底的社会革命批判，"在理论上和实践上都是首位的"④，"《资本论》整个的、贯串于三卷中理论的论述与批判，以同样的方式最后归结为鼓动革命的阶级斗争"⑤。对此，英国学者郎德尔认为，通过对《资本论》的阐释，柯尔施把理论和实践的统一"表述为科学和阶级斗争的统一"⑥。

---

① ［德］卡尔·柯尔施：《马克思主义和哲学》，王南湜、荣新海译，重庆出版社1989年版，第65页。
② ［德］罗斯科尼：《柯尔施政治思想的发展》，崔媛媛等译，《广西大学学报》（哲学社会科学版）2016年第5期。
③ ［德］卡尔·柯尔施：《马克思主义和哲学》，王南湜、荣新海译，重庆出版社1989年版，第24页。
④ ［德］卡尔·柯尔施：《马克思主义和哲学》，王南湜、荣新海译，重庆出版社1989年版，第45页。
⑤ ［德］卡尔·柯尔施：《卡尔·马克思》，熊子云、翁廷真译，重庆出版社1993年版，第109页。
⑥ ［英］约翰·朗德尔：《卡尔·柯尔施：历史化的辩证法》，钱梦旦译，《广西大学学报》（哲学社会科学版）2016年第5期。

柯尔施坚持不懈恢复马克思主义总体性社会革命观的理论尝试，为创新阐释什么是马克思主义、怎样发展马克思主义等问题做出重要的时代贡献，得到科拉柯夫斯基、戈尔曼、施密特、布克米勒、哈利迪、凯尔纳等当代西方马克思主义学者的高度评价与理解。凯尔纳认为，柯尔施批判当时各种马克思主义流派"没能够代表无产阶级持续斗争需要"，反而"阻碍无产阶级的斗争理论和实践发展"，指出随着资本主义社会的不断发展，马克思主义也应当相应地发展自身以求理解时代。[①]

(三) 法兰克福学派的理论造反运动

"二战"后，西方资本主义社会经济、政治、文化秩序逐渐调整稳固，西方马克思主义学者的生存处境日益恶化，话语空间受到大大压缩。为适应变化的资本主义世界，众多西方马克思主义学者采取了对社会政治进行文化批判的生存策略，希求在广泛深层的文化革命中渐变全面异化的现代性社会。从《1844年经济学哲学手稿》的异化理论，到《资本论》及其手稿的辩证法与社会历史理论等，逐渐成为西方马克思主义构建社会政治批判理论的主要思想意向。其中，法兰克福学派就是承袭马克思现代性社会批判精神的代表，从霍克海默与阿多诺到马尔库塞、哈贝马斯等，逐渐放弃马克思主义的阶级斗争与暴力革命理论，对资本主义社会采取文化理论批判的生存策略，试图渐渐改良资本主义社会。

1. 霍克海默与阿多诺对启蒙的文化社会学批判反思

倡导人的理性和自由的近代启蒙精神为何走向实证论，倒退为新的迷信与神话，进而走向对人的新宰制？如何实现启蒙自身的启蒙，人如何走出这一现代性的囚徒困境？这是霍克海默与阿多诺对现代性社会政治问题进行哲学反思批判的主题。

首先，他们认为，现代社会导致人类新的野蛮状态。通过对20世纪30年代以来现代西方所主导的人类社会历史发展进程的考察，霍克海默与阿多诺发现现代世界与人类社会在不断进步的同时，也出现一系列自反性的矛盾问题。在以美国为代表的西方发达资本主义工业国家，

---

① Kellner, ed, *Karl Korsch-Revolutionary Theory*, University of Texas, 1977, pp. 174-175.

资本实现对自然、对人类的肉体与精神的全面控制与统治，导致整个人类社会日益全面商品拜物教化与异化。他们指出："人类没有进入真正的人性状态，反而深深地陷入了野蛮状态。"①

其次，他们认为，启蒙思想观念本身是人类陷入现代野蛮状态的根本原因。霍克海默与阿多诺认为启蒙倒退为实证论与神话，这是由近代启蒙理性以知识取代神话、技术主宰知识、绝对同一性的形而上学，以及近代启蒙理性工具主义所造成的。在近代启蒙所高扬的科学知识战胜迷信神话之后，宣扬概念和图景的偶然性科学知识逐渐臣服于高效必然性的技术，技术成了知识的核心与本质，进而技术主宰了现代社会思维，资本成了剥削他人劳动的绝对方法与新神话，"数字成了启蒙精神的准则"②。进而，推动近代启蒙哲学不断发展的批判与革命性的辩证法蜕变成宣扬同一性、肯定性的形而上学教条。由此，资本实现了对自然与人的全面控制与统治，人的精神世界也在商品化过程中走向消亡，导致现代性社会总体的物化。"资本已经变成了绝对的主人，被深深地印在了在生产线上劳作的被剥夺者的心灵之中"，"刚刚获得解放的人们却依附于与国家机器融为一体的垄断资本家"③。这就是近代启蒙思想观念的悲剧性结果。

最后，他们试图以反思批判精神追求自由理想的实现。对于如何走出现代人的囚徒困境，霍克海默与阿多诺把希望寄托于文化社会批判的精神层面。他们坚信"人类解放就是个性的解放，但它同时又是能够给人类带来解放的社会机制的结果"④。他们也理解"经济关系的革命"对整个社会革命的重要价值，但忽略并放弃了马克思实践哲学的彻底革命精神，希望以文化社会批判的理论精神、哲学的方式渐进地改良现代性社会问题。这种精神解放的方式倒退到德国古典哲学理性革命与自由

---

① ［德］马克斯·霍克海默、西奥多·阿多诺：《启蒙辩证法——哲学断片》，渠敬东、曹卫东译，上海人民出版社2006年版，前言第1页。
② ［德］马克斯·霍克海默、西奥多·阿多诺：《启蒙辩证法——哲学断片》，渠敬东、曹卫东译，上海人民出版社2006年版，第5页。
③ ［德］马克斯·霍克海默、西奥多·阿多诺：《启蒙辩证法——哲学断片》，渠敬东、曹卫东译，上海人民出版社2006年版，第111、183页。
④ ［德］马克斯·霍克海默、西奥多·阿多诺：《启蒙辩证法——哲学断片》，渠敬东、曹卫东译，上海人民出版社2006年版，第224页。

的怀抱,把哲学批判升华到美学艺术之中。这也如阿多诺所说:"哲学是音乐的一个真正的姐妹。"① 对此,安德森评价指出,在西方马克思主义理论逻辑演进的最后,出现"过度膨胀的美学研究","对未来的乌托邦想象和当前的道德准则,为过度的艺术沉思所取代,或者是其结晶,卢卡奇、阿多尔诺或是萨特,都以这种艺术沉思来构造其毕生的大部分著作"。②

2. 马尔库塞新感性革命的美学乌托邦想象

面对现代文明与人的生存新困境,马尔库塞兼收并蓄近代西方启蒙运动以来理性批判与自由解放的社会政治哲学传统,将弗洛伊德主义引入马克思主义,创造性地提出新感性革命、爱欲解放与人类解放的美学新乌托邦。此新乌托邦想象虽不能彻底革命性解决发达资本主义工业社会的顽瘴痼疾,也不能真正找到21世纪人类文明自由美好生存发展的新路,但其所散发出的激进理论批判精神与美学光芒确为洞悉解决现代性社会政治问题,实践探索现代社会人类文明发展的新路增添了些许思想光亮。

首先,马尔库塞认为宏大社会变革理论已过时。马尔库塞深入地批判揭示了发达工业社会人类生存的新困境,试图为现代人的自由发展找到一条新路。他认为,马克思社会革命与人类解放理论已不适应现代发达资本主义社会,以往的一切革命理论也都没能实现理性自由联合体的人类解放理想。一是发达工业社会革命的主客观条件不具备。从发达工业社会现实状况来看,无产阶级革命的物质与文化条件都不具备,"从资本主义向社会主义的转化不存在任何一点自然的必然性或自主的必然保证"③。二是苏联社会主义工业化及现代化发展道路也行不通。他认为,苏联社会主义工业化发展道路类似西方,也没有实现自由解放。苏联快速高效工业化过程中倡导的"共产主义精神",高度类似于韦伯所

---

① [德] 西奥多·阿多诺:《否定的辩证法》,张峰译,重庆出版社1993年版,第107页。
② [英] 佩里·安德森:《当代西方马克思主义》,余文烈译,东方出版社1989年版,第14页。
③ [美] 马尔库塞:《理性和革命:黑格尔和社会理论的兴起》,程志民等译,上海人民出版社2007年版,第269页。

论"归属于上升的资本主义文明的'资本主义精神'"①。究其错误的理论源头，在于苏联把马克思主义工具化、教条化为一种僵化的世界观与方法论，使马克思主义批判、革命的辩证法丧失了本真精神及现实伦理道德关怀。他把《1844年经济学哲学手稿》《德意志意识形态》等著作视为人道主义哲学的先导与完成，认为《资本论》中的"自由、平等和正义"等"关键术语"只不过是"要求证实人道主义伦理学的实现"②。三是宏大的理性革命首先需要人性、感性的革命。马尔库塞提出只有首先实现人性、感性的变革解放才能真正实现社会变革解放。

其次，马尔库塞认为微观新感性革命是一种新的超越性力量。马尔库塞主张，为从根本上中断奴役压迫制度一体化统治的恶性历史循环，"整体打碎"这个现代旧世界的锁链，真正稳步实现彻底社会变革与个体普遍解放的启蒙理想，就要在人的日常生活世界掀起一场新感性革命。因此，他提出"建立新感性"的著名口号，试图从微观心理层面，即从全面解放人的感性、内心深处的爱欲着手进行新的社会政治变革，铸牢为马克思所忽略的"个体解放的根基"③，全面释放每个人的自我超越潜能与力量。他认为，微观新感性革命是政治革命的前提，爱欲的解放是人类解放的唯一出路，伟大的拒绝斗争是新感性革命的现实力量。他充满激情地预言，在反抗现代消费社会的斗争中，"感性奋力于成为'实践的'感性，即成为彻底重建新的生活方式的工具。它已成为争取解放的政治斗争中的一种力量"④。他积极支持学生的激进造反运动，号召以伟大的拒绝斗争，进行一场反抗现代社会一切奴役压迫的总体性革命。马尔库塞从人本学、心理学角度出发，直接推出本能结构—社会统治结构的革命，以为"创造条件把性欲、生活本能从破坏本能的优势中解放出来"，就可以使"自由、和平和幸福的现有可能性

---

① ［美］赫伯特·马尔库塞：《苏联的马克思主义：一种批判的分析》，张翼星、万俊人译，中国人民大学出版社2012年版，第102页。
② ［美］赫伯特·马尔库塞：《苏联的马克思主义：一种批判的分析》，张翼星、万俊人译，中国人民大学出版社2012年版，第114页。
③ Herbert Marcuse, *Counter—Revolution and Revolt*, Boston: Beacon Press, 1972, p. 62.
④ ［美］赫伯特·马尔库塞：《审美之维：马尔库塞美学论著集》，李小兵译，生活·读书·新知三联书店1989年版，第109页。

化为现实"①。但是，这种激进的思想主张，只能是主观精神仰望的心理、文化革命，在现实层面无法变成超越性力量。

最后，马尔库塞激进美学乌托邦中的自由想象。20世纪60年代，马尔库塞开始总结反思学生造反运动失败的原因，继续完善其新感性革命与爱欲解放理论，最终走向激进美学自由想象的乌托邦。他沿着现代美学自由的思想理路前进，把审美艺术作为革命斗争的最佳武器，展望未来的艺术王国、自由王国，即一个把人从异化劳动中解放出来的新社会，走向社会政治革命的美学乌托邦。他认为，审美艺术能够筑就新感性革命的新境界。他说："艺术作品从其内在的逻辑结论中，产生出另一种理性、另一种感性，这些理性和感性公开对抗那些滋生在统治的社会制度中的理性和感性。"②"政治的'卷入'成了艺术的'技术'问题……不是把艺术（诗）引向现实中去，而是把现实变成一种新的美学形式。"③ 在马尔库塞的构想中，艺术新感性已经成为一种革命政治实践、人类解放的必经环节，能够开启现代人类文明发展的新境界。由此，人的自由解放过程变成追寻美的历程。

3. 哈贝马斯走向交往行为的社会进化论④

哈贝马斯在重构社会批判理论的过程中，逐渐告别激进的理论批判与社会政治变革理路，走向以交往行为渐进实现社会进化的改良理路。他通过把马克思政治经济学批判、历史唯物主义与自由资本主义社会、晚期资本主义社会两个发展阶段的实际加以对照研究，提出现代激进社会变革理论已不适应晚期资本主义变化的实际。为推进现代社会改良与人的自由解放，实现启蒙理性自由精神，渐进完成现代性这一事业，就要以交往行为、理性商谈的话语政治实践实现社会进化。哈贝马斯交往行为的社会进化论，是对激进批判与革命理论的倒退，试图重回政治解

---

① ［美］赫伯特·马尔库塞：《当代工业社会的攻击性》，伯幼、任荣译，《哲学译丛》1978年第6期。

② ［美］赫伯特·马尔库塞：《审美之维：马尔库塞美学论著集》，李小兵译，生活·读书·新知三联书店1989年版，第210—211页。

③ ［美］赫伯特·马尔库塞等：《工业社会与新左派》，任立编译，商务印书馆1982年版，第167页。

④ 参见李福岩《基于交往行为的现代性反思——哈贝马斯社会进化论探析》，《求索》2023年第3期。

放的乌托邦，实质上走向一种现代温和的理性自由主义。

首先，哈贝马斯阐释了现代激进社会变革理论的适用性与重建。他认为，马克思主义社会政治革命理论与自由资本主义社会实际相适应。但是，马克思主义社会政治革命理论已不适应有组织的资本主义社会实际。因为，随着资本主义从自由竞争向有组织、国家调节的改革发展及其组织原则的变化，马克思主义所论述的革命可能条件已不复存在，其危机理论已不能有效解释晚期资本主义社会系统的危机问题。因此，需重建历史唯物主义，"用新的形式重新加以组合，以便更好地达到这种理论所确立的目标"①。即重新组合成新的批判理论，把其变成单纯理性交流批判的新政治哲学工具。

其次，哈贝马斯以交往行动实现社会进化的新方案。他认为，现代资本主义社会出现的新变化新危机需要且应该以一种新的社会进化论替换马克思主义的革命理论，来实现解释世界、促进社会进步与人的自由发展。基于此，他提出"有一种社会进化理论应该成为社会理论的基础"，这就是"交往行为理论"②。告别马克思主义社会革命与人类解放理论，走向交往行动的社会进化论，重构新的社会批判理论，这实质上是哈贝马斯以新话语政治的形式重回现代性西方社会政治哲学的独特理论行动。

（四）现代与后现代政治哲学对革命理论的消解

《资本论》及其手稿的革命解放理论得到了很多当代西方马克思主义学者的认同与理解，如日本学者见田石介、柄谷行人，美国学者哈维、温迪·林恩·李等。同时，《资本论》及其手稿的革命解放理论也遭到资本主义的捍卫者、现代与后现代西方政治哲学家们的攻击与消解。

1. 现代西方政治哲学反《资本论》革命理论的喧嚣

以罗素、波普尔、哈耶克、杜威、罗尔斯、阿隆等为代表的现代英

---

① ［德］尤尔根·哈贝马斯：《重建历史唯物主义》，郭官义译，社会科学文献出版社2000年版，第3页。
② ［德］尤尔根·哈贝马斯：《合法化危机》，刘北成、曹卫东译，上海人民出版社2009年版，"前言"第1页。

美法著名理论家,一方面以不同的话语方式批判马克思的社会革命与人类解放理论为乌托邦、"开放社会的敌人",把马克思主义社会政治哲学视为柏拉图—黑格尔理性形而上学思想路线的结果,众口一词污蔑马克思主义在实践中只能走向暴力、专制与极权的斯大林主义与法西斯主义;另一方面又以新的强势话语方式接续传承改造近代西方政治革命与政治解放的思想主张,试图通过渐进改良资本主义社会政治,来实现近代西方启蒙理想中自由民主的"千年王国"梦想。

其中,阿伦特站在西方自由共和主义政治哲学立场上评价了马克思的革命解放理论。在她看来,深受法国大革命实践与理论影响的马克思,其社会革命思想经历了两个转化发展阶段。在早期著作中,马克思将社会问题政治化,把贫困视为首位的政治力量,将自由设定为革命目标,其充满革命性的思想假定只适合早期资本主义发展阶段,不久将被淹没在历史研究的风雨中。在马克思社会革命思想的第二个转化发展阶段,即在把政治问题经济科学化的阶段,他把革命的目标设定为富足。阿伦特说:"在《共产党宣言》之后的几乎所有著作中,运用经济术语来重新定义他年轻时赤诚的革命激情。……不是自由,而是富足,现在成了革命的目标。"[①] 社会革命目标追求从自由到富足的这种范畴转变、颠倒,是马克思试图将社会主义提升为科学,达到自然科学水准的理论追求的结果。进而,马克思社会革命思想在政治实践中导致自由屈从于必然性,重蹈罗伯斯庇尔的覆辙,既不能实现人的自由,也不能实现人的富足。

类似罗素、波普、阿隆等对马克思主义革命理论的批判,达仁道夫反对马克思对现代社会经济政治矛盾的历史必然性的揭示,指认马克思的革命理论是工业革命与法国革命时代"戴着黑格尔眼镜"的历史主义、过时的漂亮理论;提出现代社会的发展变化需要以新的社会冲突理论加以解释,进而代替马克思阶级斗争与社会革命理论。他认为,现代西方社会矛盾冲突已发生根本变化,工人阶级已转变为中产阶级或资产阶级化,阶级矛盾已缓冲消解,马克思主义的革命乌托邦终结了。他说:"现代的社会冲突是一种应得权利和供给、政治和经济、公民权利

---

① [美]汉娜·阿伦特:《论革命》,陈周旺译,译林出版社2007年版,第51—52页。

和经济增长的对抗。"① 就是说,现代社会的主要矛盾已转变为公民社会的矛盾,矛盾的解决方式不再是阶级斗争与社会革命,而是经济、政治权利的供给改良,以建立一个建筑在立宪国家、市场经济和公民社会三大支柱之上的和谐稳定的资本主义社会,即一个被洛克、康德、托克维尔等热望的自由主义社会。

此外,当代很多西方学者也一直在重复着批判马克思主义革命理论的现代性西方政治哲学话语。如美国学者贝尔认为,"革命的设想依然使某些人为之迷醉,但真正的问题都出现在'革命的第二天'。那时,世俗世界将重新侵犯人的意识。人们将发现道德理想无法革除倔强的物质欲望和特权的遗传。人们将发现革命的社会本身日趋官僚化,或被不断革命的动乱搅得一塌糊涂"②。英国学者卡尔佛特认为,至20世纪90年代,"革命"一词已被广泛应用于社会—技术领域,逐渐取代其在政治议程中的使用;由经济危机引发政治危机,进而爆发阶级斗争与社会革命,这是马克思和恩格斯及列宁对资本主义经济理性化批判分析所得出的马克思列宁主义革命模式,但是,关于阶级的现代观点早已不是马克思主义所论说的"实证主义模型","这个世界上不会再发生另一个法国革命了"③。匈牙利学者赫勒在《现代性理论》一书中认为,革命范式灾难性地崩塌了,进化的范式慢慢遭到侵蚀。日裔美国学者福山更是把法国大革命视为现代政治秩序的开端④,把西式自由民主制度视为历史的终结。

2. 转向微观革命的后现代政治哲学

对于时代变迁与政治哲学主题从现代到后现代的转换,尤其是对时代变迁与马克思主义政治哲学革命主题的时代转换,一些当代西方学者纷纷给出各自的描述与阐释。综观这些不同的描述与阐释,大致可以从

---

① [英]拉尔夫·达仁道夫:《现代社会冲突》,林荣远译,中国社会科学出版社2000年版,第3页。

② [美]丹尼尔·贝尔:《资本主义文化矛盾》,赵一凡、蒲隆、任晓晋译,生活·读书·新知三联书店1989年版,第75页。

③ [英]彼得·卡尔佛特:《革命与反革命》,张长东等译,吉林人民出版社2005年版,第42页。

④ 参见[美]弗朗西斯·福山《政治秩序的起源:从前人类时代到法国大革命》,毛俊杰译,广西师范大学出版社2014年版。

四个方面加以概括总结。

第一，后现代政治哲学研究拒斥现代政治哲学关于政治解放或人类解放的宏大叙事、元叙事，以此消解马克思主义的社会革命与人类解放理想。英国学者吉登斯认为，"进步主义的启蒙运动的普遍律令"、现代政治哲学宏大革命与"解放政治"叙事逐渐退场。美国学者德里克认为，至20世纪80年代中期，后现代主义拒斥元叙事、拒斥革命解放的宏大叙事。法国学者莫兰认为，世界正处于由野蛮生长的科技革命所主导的时代，"马克思主义的革命已经死去了"，"保守主义和改良主义的丧钟""也应该敲响"。①

第二，后现代政治哲学是对现代宏大理想信念退场所做出的理论反应。一方面，西方世界在现代化发展过程中并未兑现其政治解放诺言，反而出现更大的矛盾危机，自由主义宏大理想信念日益幻灭。伊格尔顿认为，后工业社会非但没有改变资本主义财产关系的性质，反而使包括白领工人、科技劳动者在内的越来越多的人进入无产阶级队伍，核战争和环境灾难的巨大风险已使世界出现末日景象，"如果我们现在不采取行动，资本主义就是我们的末日"②。另一方面，某些社会主义国家现代化发展也出现了严重的、类似西方现代性的问题，导致西方学界出现对马克思列宁主义革命解放叙事的怀疑。德里克提出，后现代主义"对社会主义和资本主义的叙事都提出质疑"，"此类叙事不再有效"。③

第三，以变革日常生活、改良微观政治的各种新方案替代激进社会革命理论。吉登斯提出，生活政治的种种方案开始出现，"'生活政治'，即关注个体和集体水平上人类的自我实现，开始从'解放政治'所投射的阴影中凸显出来"④。伊格尔顿提出"微观政治学在全球兴

---

① ［法］埃德加·莫兰：《人本政治导言》，陈一壮译，商务印书馆2010年版，第26页。
② ［英］特里·伊格尔顿：《马克思为什么是对的》，李杨等译，新星出版社2011年版，第233页。
③ ［美］阿里夫·德里克：《后革命氛围》，王宁等译，中国社会科学出版社1999年版，第96页。
④ ［英］安东尼·吉登斯：《现代性与自我认同》，赵旭东、方文译，生活·读书·新知三联书店1998年版，第10页。

起"①。温迪·林恩·李认为，马克思的无产阶级社会革命设想在现时代"需要编入生态学女权主义的经纬线之中"②。莫兰提出取代西方政治革命、马克思社会革命、弗洛伊德心理革命的"人本政治"革命时代已开启，"生活的意义将作为根本的因而是革命的问题被提出"③。

第四，列斐伏尔转向日常生活的微观革命论成为后现代政治哲学的重要理论先导。列斐伏尔把马克思主义的全面革命实践视为乌托邦，把日常生活批判视为现代社会变革的中心问题，从而转向日常生活批判的微观革命。在他看来，"日常生活已经包含了和构成了政治生活批判，因为日常生活批判就是政治生活批判"④。在他看来，《资本论》构建了一个阶级斗争与社会革命的模型，马克思预测伴随着资本积累与无产阶级贫困化的辩证历史发展，"革命的浪潮汹涌澎湃"⑤，资本主义社会的丧钟就要敲响了，但发达工业化国家却一直都没有发生革命。虽然马克思所构想的宏大社会革命理论没有变成现实，但马克思主义却是有效批判改造与重建日常生活的建设性工具。因为，在马克思社会革命理论中含有"道德秩序计划""审美性质计划"两个改造日常生活的计划。⑥这两个计划意味着一个完备的革命实践，既可以保留马克思主义社会革命理论的理想性，又可以使马克思主义社会革命理论变为现实。

3. 后现代政治哲学批判《资本论》革命理论的三种形态

自 20 世纪 60 年代末以来，福柯、德里达、德勒兹、利奥塔、鲍德里亚、詹姆逊、罗蒂等后现代政治哲学家，以及自称为"建设性后现代主义"的格里芬，开始以不同理论方式与话语体系解构批判现代西方政治哲学与马克思政治哲学。他们对《资本论》的现代性批判思想有不同程度的理解与认同，但他们都毫无例外地以各种理论方式批判马

---

① [英] 特里·伊格尔顿：《理论之后》，商正译，商务印书馆 2009 年版，第 45 页。
② [美] 温迪·林恩·李：《马克思》，陈文庆译，中华书局 2002 年版，第 126 页。
③ [法] 埃德加·莫兰：《人本政治导言》，陈一壮译，商务印书馆 2010 年版，第 28 页。
④ [法] 亨利·列斐伏尔：《日常生活批判》（全 3 卷），叶齐茂、倪晓晖译，社会科学文献出版社 2018 年版，第 86 页。
⑤ [法] 亨利·列斐伏尔：《日常生活批判》（全 3 卷），叶齐茂、倪晓晖译，社会科学文献出版社 2018 年版，第 515 页。
⑥ [法] 亨利·列斐伏尔：《日常生活批判》（全 3 卷），叶齐茂、倪晓晖译，社会科学文献出版社 2018 年版，第 266—267 页。

克思主义的社会革命理论。就他们批判《资本论》革命理论的形态来说,大体上可以划分为三种。

其一,福柯、德里达、德勒兹、利奥塔等走向微观革命的后现代政治哲学。

他们都认同马克思对政治解放理论的现代性批判,并借用《资本论》的概念话语对现代西方社会政治展开新的批判。但他们都不同程度地远离马克思人类解放的宏大理想,不赞同马克思以阶级斗争与社会革命实现人类解放的方式。

福柯拒绝、远离、批判历史唯物主义的社会革命与阶级斗争理论。他说:"要以最大的诚心去了解革命是否是一种需要。但是对这个可怕的鼹鼠窝进行探险的时候,政治可能遇到塌方的危险。""也许我们正在经历政治的终结。因为政治这个领域需要革命来打开它,如果革命的问题不再以以往的形式提出来,政治就有湮灭的危险。"① 这表明,他除了对革命的游移之外,更多的是对革命的拒绝,认为试图砸碎旧锁链而彻底挣脱所有锁链的阶级"斗争"应被"忽略"②。

德里达以守候马克思政治哲学理想性、弥赛亚性的名义,反对人类解放确定的理想性、"弥赛亚主义"。他认为,应该把固定在马克思精神遗产上的非遗产拆解下来,如固定在马克思精神遗产上的辩证法、无产阶级专政的国家机器,"固定在它的有关劳动、生产方式、社会阶级等基本概念中"③。

德勒兹后现代政治哲学反对马克思对必然生成美好未来的暴力革命的呼唤,他声称包括马克思在内的人们的革命观念是含混的,"革命的观念自身就是含混的;当它指向一种国家形态的转化之时,它是西方的;而当它构想着国家的毁灭和废黜之时,它又是东方的"④。继而,

---

① [法]米歇尔·福柯:《权力的眼睛——福柯访谈录》,严锋译,上海人民出版社1997年版,第46页。
② [法]米歇尔·福柯:《权力的眼睛——福柯访谈录》,严锋译,上海人民出版社1997年版,第47页。
③ [法]雅克·德里达:《马克思的幽灵》,何一译,中国人民大学出版社2008年版,第85页。
④ [法]吉尔·德勒兹、费列克斯·加塔利:《资本主义与精神分裂(卷2):千高原》,姜宇辉译,上海书店出版社2010年版,第555页。

他认为人们应区分"历史中的革命的前途和人们的革命的生成"①，前者的前途是黯淡无光的，后者是人类的唯一机会。就是说，他不赞同历史唯物主义的社会革命，只对偶然自发的人的革命生成改造新人寄予希望。

利奥塔怀疑地批判了马克思实现人类解放的中介与手段，不相信通过阶级斗争与暴力革命能够一劳永逸地消灭旧分工、异化劳动、私有制、阶级与国家。他说："今天，我们知道十月革命在马克思主义的神盾下，只不过——任何革命都只能和将只能如此——捅开了同一个伤口。定位和诊断可以改变，但在这些重写中出现的总是同一种病症。马克思主义者曾经以为已经为人类的非异化工作过，然而人的异化又一次重复，只是稍稍换了换地点。"② 这即是说着许多后现代政治哲学家共有的话语：砸碎的只是旧锁链，获得的只是新锁链。

他们以不同的概念话语方式走向后现代的微观革命范式。福柯的后现代政治哲学在总体上远离马克思，要永远不断地对微观权力领域进行批判与斗争，以获取非理性主体的、个性多样的生命自由与权利。德里达后现代政治哲学采取了对一切进行解构的策略，尤其要使马克思的批判精神与现实政党政治分离开来。这样，马克思批判精神的在场方式，就只能存在于带有政治色彩的激进化做法——解构策略性言辞或者语言游戏之中。德勒兹创造出了政治哲学新概念"界域"与"解域"，去非法替换马克思社会革命与人类解放的概念。

其二，鲍德里亚与罗蒂走向彻底反马克思革命理论的后现代政治哲学。

在后现代政治哲学家族中，从修改马克思的政治经济学批判入手，试图彻底颠覆马克思主义政治经济学及其社会革命理论的典型是法国后现代思想家鲍德里亚。虽然鲍德里亚在《物体系》《消费社会》等早期著作中对马克思政治经济学批判及其社会革命的政治哲学思想也有所修正，但其总体上没有背离马克思。鲍德里亚以《符号政治经济学批判》

---

① [法] 吉尔·德勒兹：《哲学与权力的谈判——德勒兹访谈录》，刘汉全译，商务印书馆2000年版，第194—195页。

② [法] 让-弗朗索瓦·利奥塔：《非人——时间漫谈》，罗国祥译，商务印书馆2000年版，第75页。

中的一些概念话语替换马克思政治经济学批判及其社会政治革命理论，标志着他迈出了反马克思的第一步；《生产之镜》标志着他逐步走向反马克思政治经济学批判及其社会政治革命的理路；《象征交换与死亡》则是系统批判马克思政治经济学的大全，彻底走上反马克思社会政治哲学革命理论的不归路。由于鲍德里亚始终没理解现代性符号幻像不过是《资本论》所揭示的资本与劳动的矛盾运动所呈现的时代景观，因此他在同现代性符号幻像的斗争中彻底迷失了方向，最终跌入语言文化造反的超真实乌托邦幻像之中。

与鲍德里亚站在同一立场，反对马克思社会革命理论的还有美国后现代政治哲学家罗蒂。在罗蒂看来，当代资本主义的发展已使马克思主义乌托邦的光荣梦想过时，尤其是马克思主义社会政治哲学实现其乌托邦理想的方式为自由主义者所不容。他认为，马克思试图以革命党人的计划根本变革资本主义社会的宏大理论，宣扬阶级斗争、暴力革命与消灭私有制，而不是试图进行零碎改革。因此，必须放弃马克思主义"结束非正义的大理论方法"，而采用"小的实验方法"①，"不同专业的成员可以在特定时候对特定项目提供零星的忠告而为改革主义的社会民主政治服务"②。罗蒂建议，当今西方民主国家中的左派激进主义者如女权主义者等应当停止讨论"反对资本家的斗争"，而应像拉克拉、墨菲、瑞安等美国左派激进主义者那样，"满足于社会民主制度"，寄希望于"一种带有人类面孔的福利资本主义"，"领会弗朗西斯·福山在其名篇《历史的终结》中提出的见解"，不能"渴望总体的革命"，"除了尝试通过再分配由市场共同体创造的剩余价值从而产生资产阶级民主福利国家和在那些国家公民中间平等化生活机遇以外，在左派面前已经没有别的前景可言"③。因此，在理论上必须从实用主义原则出发构建自由主义的乌托邦；在现实中树立好美国社会政治模式普世性的样板，重振美国梦，以实际效果引领整个世界人权政治的发展。

---

① [美]理查德·罗蒂：《真理与进步》，杨玉成译，华夏出版社2003年版，第201页。
② [美]理查德·罗蒂：《后哲学文化》，黄勇译，上海译文出版社2009年版，第43页。
③ [美]理查德·罗蒂：《后形而上学希望》，张国清译，上海译文出版社2009年版，第336—337页。

其三，詹姆逊对《资本论》的非政治革命性阅读。

詹姆逊对《资本论》的重读，充分体现了其现代性社会政治批判的文化语境及其后现代解读模式。詹姆逊把《资本论》视为一部关于失业的著作，而非政治革命性著作，其对《资本论》的非政治再现只是后现代"认知测绘"的一个基本操作。通过对《资本论》第一卷的微观考察，他认为马克思没有阐述政治革命性问题，或者马克思把其间隐含或突然出现的政治革命性观点由对立统一的严谨论证表达方式自我否定了，而其中最有政治革命性的历史预言则是一次"更重要的断裂"。通过对《资本论》第一卷的时间、空间与辩证法三个维度的专门透视，詹姆逊确认其中没有政治革命性的内容，总结得出《资本论》第一卷没有政治结论的政治哲学结论。詹姆逊对《资本论》的非政治再现，意在告别宏大的社会政治革命理论，是对马克思主义非整体性的理解，也是其对马克思主义理想信仰幻灭，走向后现代微观政治文化批判的生存策略的再现。

此外，还有自称建设性后现代主义的美国学者格里芬。他认为，随着现代科技、工业化与经济的发展，社会生活各领域日益被技术所控制，实用主义的道德文化盛行，暴力革命思想终结了，取而代之的是一种超越个人主义、民族主义、人类中心论、男性中心论的有机主义的后现代精神。后现代精神非常推崇生态主义的绿色运动，"后现代思想是彻底的生态主义的"①。格里芬的建设性后现代主义倡导一种开放的社会、创造的进化，并以之代替社会政治革命理论。

三 围绕政治经济学批判规范性基础问题的论争

《资本论》及其手稿在对资本主义生产方式进行科学批判的同时，也深刻批判并超越了近代西方政治哲学的自由、平等、民主、正义与意识形态等政治解放的价值观念，构筑起人类解放这一理想性与现实性相统一的规范性政治哲学。然而，自《资本论》问世以来，从欧陆到英美的国外学界却对马克思政治经济学批判的规范性问题，即对马克思政

---

① [美]大卫·雷·格里芬编：《后现代精神》，王成兵译，中央编译出版社1998年版，第227页。

治哲学的基础性问题展开了持久的探索论争,由此展开各自的政治哲学言说。围绕马克思政治经济学批判的规范性基础问题的探索论争,紧密关涉马克思政治经济学批判、《资本论》的政治哲学有无,以及有什么样的规范性基础问题。这是进一步深入探讨马克思主义政治哲学自由、平等、民主、法治、正义、人类解放诸思想范畴的前提性、基础性问题。

(一) 伯恩施坦道德化解读与考茨基实证化解读之争

19世纪70年代初,在德、法两国资产阶级学者中开始出现对《资本论》第一卷的哲学与实证主义两种相互对立理解的错误倾向。对《资本论》的道德原则与科学性进行二元对立理解,正式肇始于第二国际修正主义者伯恩施坦与正统派考茨基。伯恩施坦把马克思主义道德化、康德化;考茨基及希法亭则把马克思主义实证化、科学化,他们割裂了作为科学与价值整体统一典范的《资本论》。

1890年后,在新康德主义影响下的伯恩施坦开始对社会主义进行道德伦理论证,成为对马克思主义进行二元对立理解的始作俑者。他否认马克思历史唯物主义、劳动价值论与剩余价值论的科学性与客观真理性,并试图对科学社会主义的内涵进行重构,宣扬伦理社会主义。他宣称,真正的科学必须建立在充足的经验之上,而马克思的科学社会主义理论却是一种未来的形态,是缺乏经验支撑的空论,故此不能被称为科学。以伯恩施坦为代表的改良主义者把道德观念视为"实在的东西",提出应从道德原则的角度来定义社会主义,把社会主义理解为要实现自由、平等、公正、仁爱等道德伦理要求的运动,否定马克思主义的科学性。

与伯恩施坦截然不同,考茨基在对《资本论》进行阐释宣传的过程中,强调马克思主义的实证性、科学性。为批判当时流行的伦理社会主义思潮,他在1906年出版的《伦理学与唯物史观》一书中强调社会主义的科学性,拒斥社会主义的伦理性,认为科学社会主义只与认识必然性有关,是一种经验的科学,无所谓道德与不道德,科学社会主义的道德目标已转变为经济目标。由此,考茨基在社会达尔文主义庸俗进化论影响下,逐渐形成对《资本论》、马克思主义理解的机械经济决定论。

德国马克思主义理论家梅林坚持马克思主义科学性与价值性的统一，批判新康德主义的伦理社会主义思潮，同时也批判对马克思主义进行非道德性理解的错误观念。他认为，一方面，康德关于人是目的而不是手段的思想主张是自由主义的伦理依据，而马克思关于人的自由全面发展的思想主张是科学社会主义的伦理依据，也就是说二者只是形似而神不似；另一方面，伦理道德并不是孤立存在的，它与经济、政治、阶级斗争有着某种联系。

为捍卫马克思政治经济学与科学社会主义的科学性，卢森堡针锋相对地批判伯恩施坦伦理社会主义的解说对马克思主义的歪曲。其一，卢森堡批判伯恩施坦诉诸公平分配渐进实现社会主义生产方式的唯心史观空想。在卢森堡看来，马克思在政治经济学批判中进一步阐明一定时代的分配方式不过是一定时代的生产方式的自然、合乎规律的结果。其二，马克思的剩余价值论为阶级斗争与社会主义变革提供了科学基础。其三，社会主义革命运动的不竭动力来自马克思对历史发展规律的科学揭示，而非正义性。她说："难道是我们进行的事业的正义性使我们成为如此不可制服吗？……如果说今天的工人运动不顾敌人的种种镇压行动仍旧战无不胜地抖动它的鬃毛，那么，这首先是因为它冷静地认识到客观历史发展的规律性，认识到这样的事实：'资本主义生产由于自然过程的必然性，造成了对自身的否定'，也就是造成了对剥夺者的剥夺——社会主义革命。它通过这种认识看到了最终胜利的绝对保证，他从这种认识不仅汲取了激情，而且也汲取了耐心，行动的力量和坚持的勇气。"[①]

为批判第二国际对马克思主义的康德主义解释，拉布里奥拉在1894—1896年发表《纪念〈共产党宣言〉》《关于历史唯物主义》等卓越著作，捍卫马克思主义的科学性。他指出，《共产党宣言》"对哲学神话中的两位女神——正义和平等——没有一句赞扬或叹赏、崇拜或抱怨的言辞……历史并不是建立在真实同虚假、正义同非正义的区别上"[②]；在1860—1870年成熟起来的马克思主义的整个学说是对客观历

---

① [德]罗莎·卢森堡：《卢森堡文选》，李宗禹编，人民出版社2012年版，第109页。
② [意]安·拉布里奥拉：《关于历史唯物主义》，杨启潾等译，人民出版社1984年版，第4页。

史的整体揭示。拉布里奥拉的学生、意大利哲学家克罗齐对马克思主义科学性与伦理价值做出独特解读,他承认社会主义的伦理价值,否认历史唯物主义以及马克思政治经济学的科学性。这种对马克思主义科学性与伦理价值的双重维度误解,既不同于考茨基对马克思主义的科学主义解读,也不同于伯恩施坦对科学社会主义的伦理学解读。

受到19世纪末以洛里亚、费里、屠拉蒂等为代表的意大利实证主义者的影响,葛兰西对马克思主义的理解也带有实证主义色彩。他认为,马克思并没能免于19世纪科学大发展时代实证主义的"塞壬歌声",并在《反〈资本论〉的革命》一文中说:"马克思也沾染了实证主义的和自然主义的色彩。"① 但从根本上说,葛兰西没有偏离马克思主义科学与价值整体统一的正确轨道,他在强调马克思主义实践哲学的科学性的同时,还指出马克思主义实践哲学"既是一种政治的哲学,也是一种哲学的政治"②。

卢卡奇从马克思主义总体性视野出发,强调马克思主义科学性与道德性的整体统一,谴责康德严格区分事实与价值假设的合理性,由此也批判了伯恩施坦的伦理社会主义与考茨基的经济决定论对马克思主义的片面理解。柯尔施发现第二国际理论家希法亭等对马克思主义的解说存在着科学性与价值性的分裂,即"在希法亭看来,马克思主义是一种理论,这种理论在逻辑上是'科学的、客观的和自由的科学,并没有价值判断'"③。对此,柯尔施提出马克思理论发展有从哲学到实证科学两个时期,且马克思主义是总体一致的革命理论。

美国实用主义的马克思主义学者胡克强调马克思主义的阶级性、革命性与战斗性以及无产阶级革命意识的能动作用,否认其科学性,既反对考茨基消极被动的经济决定论,又反对伯恩施坦的新康德主义解说。

---

① [意]安东尼奥·葛兰西:《葛兰西文选》,李鹏程编,人民出版社2008年版,第9页。
② [意]安东尼奥·葛兰西:《葛兰西文选》,李鹏程编,人民出版社2008年版,第228页。
③ [德]卡尔·柯尔施:《马克思主义和哲学》,王南湜、荣新海译,重庆出版社1989年版,第26页。

他认为:"马克思主义既不是科学,也不是神话,而是一种实在主义的社会行动方法。""在《资本论》中,马克思的主要兴趣在于分析产生革命的阶级意识的条件和社会制度的机制。"[①]

"二战"后,对马克思主义的解释产生了两大相互对立的学术倾向,即人本主义的马克思主义和科学主义的马克思主义。人本主义的马克思主义把人的自由全面发展当作核心问题,强调对资本主义进行全面批判,凸显对马克思主义的人道主义理解,拒绝"经济决定论",如弗洛伊德学派、存在主义学派等。科学主义的马克思主义则强调通过认真阅读马克思的文献来分析马克思主义,恢复它的科学本质,如结构主义、新实证主义、分析的马克思主义等。如意大利新实证主义的马克思主义的开创者德拉-沃尔佩则坚持对马克思主义的科学主义解读,他把《资本论》视为探讨经济社会规律的科学,认为马克思整个经济学说与道德学说使用了科学分析的辩证法即"科学辩证法",不同于黑格尔"先验的抽象的辩证法","正是在历史—科学或关于历史的唯物主义科学这个特定意义上,我们在1857年《〈政治经济学批判〉导言》中发现了马克思第一次概括阐述的作为科学的经济学的认识论—科学的基础。这完全可以说是对马克思主义特有的道德的伽利略主义;也就是说,传统的'道德科学'实际上而且无一例外地是最严格意义上的科学"[②]。随后,德拉-沃尔佩的学生科莱蒂对马克思主义的解读则摇摆于实证主义与黑格尔主义之间。

哈贝马斯则认为,马克思的政治经济学批判没有解决好理论理性与实践理性的关系,"以至于马克思主义理论的规范基础至今模糊不清。马克思主义的模糊内容不是被回避了,就是被遮蔽了,因而还没有得到彻底的清理:被回避了,是因为马克思的社会理论分解成了社会研究和道德社会主义(阿德勒);被遮蔽了,既是因为正统派用黑格尔来限定马克思(卢卡奇,柯尔施),也是由于马克思主义被等同于19世纪的

[①] [美]悉尼·胡克:《对卡尔·马克思的理解》,徐崇温译,重庆出版社1989年版,第96、326页。

[②] [意]德拉-沃尔佩:《卢梭与马克思》,赵培杰译,重庆出版社1993年版,第197、199页。

第一章 《资本论》及其手稿政治哲学研究的时代兴起 43

自然主义发展理论（恩格斯、考茨基）"①。德国哲学家布洛赫"以抽象心理的、人本主义的人道主义的精神来加以不正确理解的《1844年经济学哲学手稿》的内容绝对化，企图借以从人的心理特性和情感推演出人的历史的全部运动。……因此，整个马克思主义被他解释成跟马克思主义毫不相干的人本主义思想。这种情况使布洛赫的'希望'概念不可避免地同现代资产阶级非理性主义哲学的各种反动思潮结合起来"②。法国学者吕贝尔认为，马克思是人本主义者、空想社会主义者，在马克思思想中含有世界大同的乌托邦理想及使此理想实现的康德般的"绝对命令"③。

为回应马克思主义与哲学及意识形态的关系问题，首先，列斐伏尔提出不能单纯地从经济学理论的角度来理解《资本论》，因为《资本论》"并非一本政治经济学的专著"④，更"不能把马克思主义降低成不过一个关于世界的良知"⑤。其次，他提出我们必须在马克思的经济学和政治学中去重新发现马克思的哲学，指认马克思主义既积极开创意识形态批判，又是一种意识形态的典型。

（二）阿尔都塞对《资本论》规范性基础的症候式阅读

阿尔都塞从对马克思主义的"认识论断裂"解说入手，"症候"式地研究《资本论》及其手稿，对《资本论》做出哲学与科学相统一的"双重阅读"，捍卫了《资本论》及马克思主义的科学性。

首先，以"认识论断裂"说把马克思思想发展的总过程划分为断裂前的"意识形态"与断裂后的"科学"两大阶段、四小阶段。他认为马克思的思想发展过程中存在着"认识论断裂"，根据"这种'认识

---

① [德] 尤尔根·哈贝马斯：《交往行为理论：行为合理性与社会合理化》，曹卫东译，上海人民出版社2004年版，第148页。
② [苏] 列·尼·巴日特诺夫：《哲学中革命变革的起源》，刘丕坤译，中国社会科学出版社1981年版，第18页。
③ 转引自黄楠森、庄福龄、林利主编《马克思主义哲学史》第8卷，北京出版社1989年版，第366页。
④ [法] 亨利·列斐伏尔：《马克思主义的社会学》，谢永康、毛林林译，北京师范大学出版社2013年版，第10页。
⑤ [法] 亨利·列斐伏尔：《日常生活批判》（全3卷），叶齐茂、倪晓晖译，社会科学文献出版社2017年版，第167页。

论断裂'把马克思的思想分成两大阶段：1845 年断裂前是'意识形态'阶段，1845 年断裂后是'科学'阶段"①。阿尔都塞对马克思主义"认识论断裂"的解说，是为了保卫马克思主义的科学性及其完整性，也是为了回击把马克思主义早期著作思想与成长成熟时期著作思想都解释成意识形态、人道主义、人本主义的错误理解。但其以 1845 年为界把马克思著作思想截然划分为"意识形态"与"科学"两个阶段是否合理稳妥？有无造成马克思主义意识形态性与科学性、价值判断与事实判断的分裂？这也是至今学界诟病阿尔都塞断裂解说的瑕疵之处。

其次，"症候"式地研究《资本论》及其手稿，从哲学与科学的双重视角回击了对《资本论》所做的人道主义、伦理学归结。阿尔都塞注意到，自《资本论》出版以来，一方面"遭到资产阶级经济学家和历史学家从意识形态方面和政治方面彻底的围剿"；另一方面，从列宁到拉布里奥拉、普列汉诺夫、葛兰西、罗森塔尔、沃尔佩、列斐伏尔等，以哲学阅读的方式对《资本论》进行科学捍卫。在列宁等以马克思主义哲学方式阅读《资本论》思想的影响下，阿尔都塞反对单纯以经济学方式、教条主义地阅读《资本论》，更"反对时刻威胁着马克思主义理论、并且今天在深深浸透着它的资产阶级和小资产阶级世界观，这种世界观的一般形式是：经济主义（今天的'技术统治'）及其'精神补充'伦理唯心主义（今天的'人道主义'）"②。因此，他提出唯有以"症候"式双重阅读《资本论》，才能发现马克思以全新方式所发动的哲学革命、科学革命，及其所创立的全新历史科学、新的哲学实践。他坚决反对把《资本论》归结为伦理学、人道主义，认为："把《资本论》归结为伦理学的构想是一种儿戏，因为这仅仅是以《1844 年手稿》中的激进的人本主义作依据。"③ "马克思主义之所以能够创立历史科学并写出《资本论》，只是因为他跟所有这些五花八门的人道主义

---

① [法] 路易·阿尔都塞：《保卫马克思》，顾良译，中央编译出版社 2010 年版，第 16 页。
② [法] 路易·阿尔都塞：《哲学是革命的武器》，《马克思研究资料》1983 年第 5 期。
③ [法] 路易·阿尔都塞、艾蒂安·巴里巴尔：《读〈资本论〉》，李其庆、冯文光译，中央编译出版社 2017 年版，第 155 页。

理论企图进行了决裂。"①

最后,为破除对《资本论》的非科学理解,并为无产阶级世界革命锻造意识形态斗争的一般理论,阿尔都塞初步阐发意识形态的国家机器思想。他认为,无产阶级战胜资本主义意识形态的国家机器、取得政权的斗争,"只能是一场阶级的持久战"②,而且意识形态的阶级斗争总是处于斗争的最前沿,为最重要的经济斗争以及最终的政治进攻做充分准备。由此来看,波兰学者沙夫对阿尔都塞的理解不够妥当,他说:"把意识形态与科学对立起来,高举科学的旗帜讨伐意识形态是阿尔都塞思想体系的核心。"③

不同于阿尔都塞对马克思主义的科学理解,阿隆自认为比阿尔都塞更理解马克思。在阿隆看来,从1848年开始,马克思表面上看已不是一个哲学家,而是经由社会学研究转向经济学研究,成为一个社会学家、经济学家。但是,他反对马克思的经济学、社会学观点,否认马克思劳动价值论的科学性,认为劳动价值论属于形而上学或者道德哲学范畴的观念,因为"观念学家和道德家可能会声称,只有劳动成果才具有经济价值,劳动是财富或服务的实体或最终原因"④。同时,他又偏颇地认为马克思政治经济学批判的威力源于科学与道义的主观心理混合,"剩余价值理论具有科学的和道义的两种作用。这两种因素结合在一起使马克思主义具有一种无与伦比的威力。理性主义从中得到满足,唯心主义者或反叛者们也如此,而这种满足又是互为补充的"⑤。

(三) 英语世界对马克思与正义及道德的关系问题的探索论争

从20世纪六七十年代至今,伴随着英语世界马克思主义及政治哲

---

① [法] 路易·阿尔都塞:《哲学与政治:阿尔都塞读本》,陈越编译,吉林人民出版社2003年版,第213页。
② [法] 路易·阿尔都塞:《论再生产》,吴子枫译,西北大学出版社2019年版,第302页。
③ [波兰] 亚当·沙夫:《结构主义与马克思主义》,袁晖、李绍明译,山东大学出版社2009年版,第33页。
④ [法] 雷蒙·阿隆:《想象的马克思主义》,姜志辉译,上海译文出版社2012年版,第181页。
⑤ [法] 雷蒙·阿隆:《社会学主要思潮》,葛志强、胡秉诚、王沪宁译,上海译文出版社2013年版,第142页。

学研究的兴起,围绕着马克思与正义及道德的关系问题,即马克思主义政治哲学的规范性基础问题的论辩研讨,逐渐成为当代英美分析马克思主义等学派论争的热点与前沿问题。这就是著名的"塔克—伍德命题"。对此,美国学者佩弗指出:"那种马克思并未以不正义来谴责资本主义或正义来赞扬社会主义的总体观点,以及与此相关的(隐含的)认为马克思主义者如果这么做就是背离原则的那些主张,就逐渐被公认为'塔克—伍德命题'。"① 由此,形成了四种不同看法。

第一种看法,即"塔克—伍德命题",认为马克思主义非正义、非道德论,持此种看法的有塔克、伍德、米勒、卢克斯、布坎南等分析学派的马克思主义学者,持类似观点的还有英国学者伊格尔顿、博托莫等。第二种看法,即反"塔克—伍德命题",认为马克思主义有正义论与道德论,持此种看法的有科亨、格拉斯、埃尔斯特、佩弗、尼尔森、诺曼等分析学派的马克思主义学者,持类似观点的还有美国学者图克尔、宾克莱,印度学者阿玛蒂亚·森等。第三种看法,认为马克思主义是科学判断与道德价值判断的统一,持此种看法的主要有英国马克思主义学者塞耶斯和比利时马克思主义理论家曼德尔。第四种看法,认为马克思主义属于超越正义的正义论,持此种看法的主要有美国政治哲学家罗尔斯与加拿大学者金里卡,以及美国分析学派的德布拉·萨茨。

四 围绕《资本论》及其手稿政治哲学方法的论争

《资本论》是内容与方法统一的有机整体。150余年来,国外学者对《资本论》及其手稿的方法论展开大量研究,深刻揭示了《资本论》及其手稿中的唯物辩证法、历史唯物主义方法论,以及从抽象到具体、逻辑与历史相统一、分析与综合、归纳与演绎等辩证思维方法。这为进一步深入探索《资本论》及其手稿的政治哲学方法提供了思想资源与理论前提。还有些学者在阐释马克思现代性社会政治批判理论,或运用马克思社会政治哲学思想展开现代性批判的过程中,也论及《资本论》及其手稿的政治哲学方法。如有些国外马克思主义学者在一定程度上揭

---

① [美] R.G. 佩弗:《马克思主义、道德与社会正义》,吕梁山等译,高等教育出版社2010年版,第340页。

示了《资本论》及其手稿中对现代性政治宏观与微观分析相结合的总体性方法、阶级分析方法、综合分析判断法、对现代性政治批判与重建相统一的辩证历史方法等。

（一）围绕《资本论》总体性方法的研讨

《资本论》及其手稿的总体性方法，得到了列宁以及西方马克思主义者卢卡奇、柯尔施、葛兰西、列斐伏尔、詹姆逊等的高度理解与认同。

卢卡奇在《历史与阶级意识》中阐释了马克思主义的革命辩证法与总体性方法。虽然卢卡奇没能做到对马克思主义革命辩证法与总体性方法进行客观全面的理解，但其对马克思主义理论革命本质的方法论解读，进一步拓展和深化了人们对马克思主义辩证法与革命理论的理解，对批判克服机会主义、教条主义的错误理论影响起到积极作用。45年后，经过对自己著作的批判反思，卢卡奇中肯地评价《历史与阶级意识》的理论成就与价值："在于使那曾被社会民主党机会主义的'科学性'打入冷宫的总体（Totalität）范畴，重新恢复了它在马克思全部著作中一向占有的方法论核心地位。""代表了当时想要通过更新和发展黑格尔的辩证法和方法论来恢复马克思理论的革命本质的也许是最激进的尝试。"[①]

卢卡奇强调总体性方法是马克思主义革命方法论的支柱。他把马克思主义所阐发的新世界观视为一个不可分割的内在统一的有机整体，认为总体性方法是马克思批判发展黑格尔而获得的方法精髓，从而使辩证法成为"革命的代数学"。他说："无产阶级科学的彻底革命性不仅仅在于它以革命的内容同资产阶级社会相对立，而且首先在于方法本身的革命本质。总体范畴的统治地位，是科学中的革命原则的支柱"[②]。

卢卡奇对马克思主义总体性方法的揭示，深刻挖掘出《资本论》现代性批判的理论威力，深深影响了西方马克思主义学者对《资本论》及马克思主义方法论的解读。从卢卡奇到柯尔施及葛兰西等早期西方马

---

① [匈] 卢卡奇：《历史与阶级意识——关于马克思主义辩证法的研究》，杜章智等译，商务印书馆1999年版，第15—16页。

② [匈] 卢卡奇：《历史与阶级意识——关于马克思主义辩证法的研究》，杜章智等译，商务印书馆1999年版，第79页。

克思主义者，逐步确立起对马克思主义的总体性理解。柯尔施也紧紧抓住总体性革命观来创新理解马克思主义，批判各种对马克思主义理论的歪曲肢解与教条化理解。葛兰西基于马克思主义的总体性而把马克思主义理解为一元论的实践哲学。列斐伏尔与詹姆逊也把马克思《资本论》视为对资本主义进行批判分析以及建构的总体。捷克新马克思主义学者卡莱尔·科西克延续卢卡奇《历史与阶级意识》中的总体性分析方法，认为"资本主义是一个总体物象化和异化的动力系统"①。

在对现代性社会政治进行批判反思的过程中，后马克思主义、后现代政治哲学把现代西方政治解放，以及马克思人类解放的社会政治理想都视为宏观总体理性分析设计的乌托邦而加以拒斥，并以各自的理论话语方式走向对现代性社会政治的微观分析批判。然而，哈贝马斯坦言现代性是"一项未完成的设计"。倡导微观生活政治的吉登斯则认为："解放政治不会走向死路，因为生活政治会要求获得更多的整体政治议事日程；实际上，所有的生活政治问题也会出现解放政治的那种问题。"②福柯在对监狱、学校、医院、工厂、性等微观生活领域的批判分析过程中，也坦言其借用了《资本论》的微观分析方法，《规训与惩罚》"驯服肉体"一章中同样借鉴了《资本论》第一卷关于资本对劳动规训的微观批判分析方法。因此，英国学者莱姆克指认，《规训与惩罚》是福柯与马克思"相互影响的最有力的见证。福柯并没有忘记强调他的惩罚概念受到过《资本论》中对制造行业劳动的分析的启发"③。凯尔纳、贝斯特相信，"微观理论与政治同宏观理论与政治之间的结合可以提供探索当代社会发展的最佳框架，有利于实现激进社会变革"④。

---

① ［捷］卡莱尔·科西克：《具体的辩证法——关于人与世界问题的研究》，傅小平译，社会科学文献出版社1989年版，第137页。

② ［英］安东尼·吉登斯：《现代性与自我认同》，赵旭东等译，生活·读书·新知三联书店1998年版，第267页。

③ ［英］莱姆克等：《马克思与福柯》，陈元等译，华东师范大学出版社2007年版，第1页。

④ ［美］道格拉斯·凯尔纳、斯蒂文·贝斯特：《后现代理论：批判性的质疑》，张志斌译，中央编译出版社2004年版，第380页。

（二）围绕《资本论》阶级分析方法的研讨

《资本论》及其手稿通过对阶级的经济科学与历史科学分析，得出了科学社会主义结论，从而开创了马克思主义政治哲学的阶级分析方法。150 余年来，国外学界对《资本论》及其手稿的阶级分析方法出现了三种不同看法。

一是始终坚持和捍卫马克思主义阶级斗争与社会革命理论的马克思主义理论家，如列宁、卢卡奇、柯尔施、葛兰西、卢森堡、拉法格、梅林、阿尔都塞、曼德尔、见田石介、赖特等，都以不同理论话语方式阐释《资本论》及其手稿的阶级分析方法，并运用阶级分析方法来考察变动中的资本主义社会的阶级斗争与社会革命问题。如曼德尔用阶级分析方法来阐释法国 1968 年五月事件、意大利 1969 年秋季事件，认为"在这两次事件中，工人表现出的自发倾向超出了一种纯粹经济罢工的'经济主义'"①。但是，由于缺乏密切联系群众的工人政党的强有力的组织领导，而没能推翻资产阶级国家机器和资本主义生产方式，他借用托洛茨基在《俄国革命史》中的隐喻说："强有力的蒸汽因为缺乏一个在决定性时刻压缩它的活塞而只能蒸发。"② 英国学者赖特"聚焦于剥削和支配机制的阶级分析方法"③，来综合分析当代资本主义社会阶级结构的新变化及特点。美国学者迈克尔·茨瓦格在《阶级六论》一文中对 21 世纪初美国社会工人阶级、中产阶级、资本家阶级的比例进行了调研分析，指出关于中产阶级占大多数的现代社会结构说站不住脚。④

二是现代与后现代西方政治哲学对马克思阶级分析方法的拒斥与消解。杜威拒斥马克思阶级斗争理论方法为黑格尔主义、古典政治经济学

---

① ［比］欧内斯特·曼德尔：《革命的马克思主义与 20 世纪社会现实》，颜岩译，中国人民大学出版社 2013 年版，第 81 页。

② Leon Trotsky, *The History of the Russian Revolution*, Ann Arbor: University of Michigan Press, 1957, p. xix.

③ ［英］埃里克·奥林·赖特：《理解阶级：建构一个综合性分析框架》，陈雪琴译，《国外理论动态》2011 年第 10 期。

④ 转引自王金林《美国马克思主义研究的新动向》，《学术月刊》2007 年第 11 期。

的抽象形而上学方法，不利于自由民主的社会进化，进而主张以实验主义的"理智方法"、民主自由的新价值理念为指导，调节改良富人与穷人间的平等问题，达成社会利益共识共享。哈耶克从资本主义自由市场经济"自发秩序"和"扩展秩序"的所谓自然永恒进化论出发，批判马克思阶级分析方法为自负的理性建构，否定马克思的劳动价值论与剩余价值论，认为"资本主义使无产者生存"①。波普尔在《开放社会及其敌人》一书中延续了杜威、哈耶克等对马克思阶级分析方法的否定路线。罗尔斯虽然较为客观地理解了《资本论》及其手稿的阶级分析方法，却试图以其所谓公平的正义论批判马克思劳动价值论与剩余价值论，以公平正义的反思平衡法、"重叠共识"消解马克思阶级分析方法。贝尔否定马克思阶级分析方法，把知识技术作为划分阶级的基础②，把资产阶级社会矛盾解释为"经济、政治和文化三个领域各自拥有相互矛盾的轴心原则：掌管经济的是效益原则，决定政治运转的是平等原则，而引导文化的是自我实现（或自我满足）原则"③。此外，以福柯、德里达、利奥塔、德勒兹、鲍德里亚、詹姆逊等为代表的后现代政治哲学也逐渐放弃、非法替换与消解马克思的阶级分析方法。正如帕尔默所说："后现代主义对马克思经典论述的否定也就付出了极高的代价，即阶级的重要性几乎丧失殆尽了。……'放弃阶级观'：这是一种倒退。"④

三是一批西方马克思主义理论家逐渐背离马克思的阶级分析方法。伯恩施坦借口垄断资本主义的新发展，否定马克思的阶级分析方法，认为《资本论》试图以科学方式证明阶级斗争是一种幻想。在

---

① ［英］哈耶克：《致命的自负》，冯克利、胡晋华等译，中国社会科学出版社 2000 年版，第 150 页。
② ［美］丹尼尔·贝尔：《后工业社会的来临》，高铦译，商务印书馆 1984 年版，第 361 页。
③ ［美］丹尼尔·贝尔：《资本主义文化矛盾》，赵一凡、蒲隆、任晓晋译，生活·读书·新知三联书店 1989 年版，第 41—42 页。
④ ［美］布莱恩·D. 帕尔默：《老主张与新需求：历史、阶级与马克思主义经典论述》，载 ［美］伍德、福斯特主编《保卫历史：马克思主义与后现代主义》，郝名玮译，社会科学文献出版社 2009 年版，第 83 页。

对马克思主义进行教条化、实证化与机会主义理解的过程中，考茨基把《资本论》曲解为介于改良与革命之间的折中主义，曲解《资本论》的阶级立场、观点与方法，逐渐背离了马克思阶级分析方法。"二战"后，法兰克福学派重要理论家霍克海默、阿多诺、马尔库塞、哈贝马斯等逐渐放弃马克思阶级分析方法，走上了对资本主义社会采取文化批判改良的理性变革的道路。马尔库塞以弗洛伊德的精神分析方法取代马克思的阶级分析方法。哈贝马斯认为马克思的阶级分析方法已不适应有组织的资本主义社会，"无产阶级自行消失了"[①]，应以交往行为、理性商谈的新范式渐进实现社会进化。拉克劳与墨菲"采取一种文化政治，在形成认同的话语条件上展开斗争，以此作为激进民主运动的先决条件"[②]。

（三）围绕《资本论》综合分析判断法的研讨

《资本论》及其手稿既有对现代性经济与政治的事实分析、理性分析，也有对现代性经济与政治的价值判断、审美判断。可以说，《资本论》及其手稿在对现代性社会政治批判过程中，运用了综合分析判断方法。百余年来，国外理论家也曾从各种视角出发，对《资本论》及其手稿的综合分析判断法做出一定程度的揭示，为完整理解《资本论》现代性社会政治批判的综合分析判断法提供了可供批判借鉴、合理吸收的一些思想资源。

与伯恩施坦、考茨基对事实与价值相统一的马克思主义的片面理解不同，梅林坚持对马克思主义事实分析方法与价值判断方法的综合统一。在《伦理学和阶级斗争》《康德和社会主义》《康德和马克思》等文章中，梅林一方面批判新康德主义者对科学社会主义的道德化理解，反对把从康德到马克思的学术研究变成回归康德的"学术游戏"，指出科学社会主义并不是对现代社会的道德裁判；另一方面批判把马克思对

---

① ［德］尤尔根·哈贝马斯：《理论与实践》，郭官义、李黎译，社会科学文献出版社2004年版，第241页。

② ［美］道格拉斯·凯尔纳、斯蒂文·贝斯特：《后现代理论：批判性的质疑》，张志斌译，中央编译出版社2004年版，第259页。

历史和经济的科学研究与伦理道德截然分开的错误理解,指出阶级斗争离不开伦理道德、伦理学与经济政治有密切的联系。

从列宁、布哈林到苏联马克思主义学界都普遍肯定《资本论》对综合分析方法的运用。列宁还进一步坚持运用综合分析法,展开对帝国主义的分析批判。布哈林认为:"马克思在他的所有著作中都出色地运用了这种辩证的方法(既是分析,同时又是综合)。例如关于资本循环的学说(《资本论》卷二)。"① 巴日特诺夫批判资产阶级政治经济学的形而上学研究方法,认为马克思政治经济学批判"对黑格尔辩证法的批判的尖锐性,也决定了他对一系列科学方法问题的实证研究的深度"②。此外,日本学者见田石介尤其重点研究了《资本论》的分析与综合方法,强调综合分析方法是《资本论》最大的特色,指出《资本论》"所谓分析就是分析事实,这是从开始就一直贯彻马克思研究生涯的精神"③。

法国学者列斐伏尔在批判伯恩施坦对《资本论》进行片面伦理道德解读的同时,也批判了考茨基把《资本论》片面理解成一种纯粹经验的科学,而非哲学,认为这种理解导致马克思主义"掉入孔德的实证主义的行列中。马克思主义思想被削减,失去了锋芒"④。进而,他还批判了苏联官方马克思主义以实证科学解读的方式把马克思主义变成教条,即"官方的马克思主义在哲学措辞的掩盖下,采取了一种经验主义、实证主义的态度"⑤。阿尔都塞则试图以"断裂说""实践哲学"来合理安放《资本论》的伦理道德判断与科学判断,但也无法圆满。他认为:"马克思主义是非人道主义和非历史主义。我有意识地使用反

---

① [苏]尼·布哈林:《哲学彩屏(辩证法概述)》,子樱等译,伊丛校,《世界哲学》1994年第1期。

② [苏]列·尼·巴日特诺夫:《哲学中革命变革的起源——马克思的〈1844年经济学—哲学手稿〉》,刘丕坤译,中国社会科学出版社1981年版,第81页。

③ [日]见田石介:《资本论的方法研究》,张小今等译,中国书籍出版社2012年版,第12—13页。

④ [法]亨利·列斐伏尔:《马克思主义的社会学》,谢永康、毛林林译,北京师范大学出版社2013年版,第13页。

⑤ [法]亨利·列斐伏尔:《马克思主义的社会学》,谢永康、毛林林译,北京师范大学出版社2013年版,第23页。

人道主义和反历史主义是为了强调断裂的全部意义。"① 英国学者麦克莱伦认为，马克思的经济学手稿表明其"经济学和伦理学是不可分割地联系在一起的"②。

卢卡奇与马尔库塞等早期西方马克思主义学者从审美判断视角解读马克思的现代性批判方法，深深影响了当代西方马克思主义学者对马克思主义的理解。如图克说："马克思的终极的共产主义概念根本上具有美学的特征。……经济活动将转变为艺术活动，而工业成为最高的创造的渠道，这个星球本身将变成人类的崭新的艺术品。异化的世界让位于美学的世界。"③

（四）围绕《资本论》辩证历史方法的研讨

《资本论》把对现代性社会政治的批判与建构辩证历史地统一起来，既是马克思丰富发展并运用其唯物辩证法的典范之作，也是马克思丰富发展并运用其历史唯物主义的典范之作。150多年来，国外学界曾围绕《资本论》中的辩证法与历史唯物主义问题展开过大量的理论探讨论争。在这些探讨论争中涉及对《资本论》政治哲学辩证历史方法的探讨。

列宁曾指出钻研理解黑格尔逻辑学是完全理解马克思《资本论》的一把密钥，他说："虽说马克思没有留下'逻辑'（大写字母的），但他遗留下《资本论》的逻辑，应当充分地利用这种逻辑来解决这一问题。在《资本论》中，唯物主义的逻辑、辩证法和认识论［不必要三个词：它们是同一个东西］都应用于一门科学，这种唯物主义从黑格尔那里吸收了全部有价值的东西并发展了这些有价值的东西。"④ 他还指出马克思主义是欧洲整个历史科学、经济科学和哲学科学的最高延

---

① ［法］路易·阿尔都塞、艾蒂安·巴里巴尔：《读〈资本论〉》，李其庆、冯文光译，中央编译出版社2017年版，第131页。
② ［英］戴维·麦克莱伦：《马克思传》，王珍译，中国人民大学出版社2016年版，第297页。
③ Tucker, *Philosophy and Myth in Karl Marx*, London: Cambridge University Press, 1972, p. 158.
④ 《列宁专题文集·论辩证唯物主义和历史唯物主义》，人民出版社2009年版，第145页。

展、发展了辩证方法并将其用于社会生活,"马克思的哲学和政治经济学结成了一个完整的唯物主义世界观"①。列宁对《资本论》辩证法与唯物史观的经典解读,深刻影响了苏联学界对《资本论》的辩证法、唯物史观的理解。如卢森贝的《〈资本论〉注释》、伊利延科夫的《马克思〈资本论〉中抽象和具体的辩证法》、费多谢耶夫的《唯物辩证法理论概要》、凯德洛夫的《论辩证法的叙述方式》等著作,都延续了列宁对《资本论》辩证法的解读思想路线,并在一定程度上具体深化了对马克思《资本论》辩证方法的理解。

既为破除对历史唯物主义、辩证法的教条化理解,更为恢复马克思辩证法的批判与革命本性及创新精神,卢卡奇、霍克海默、阿多诺、梅洛-庞蒂、马尔库塞、阿尔都塞等早期西方马克思主义者对马克思《资本论》的辩证法进行了新的阐释。卢卡奇以带有黑格尔绝对精神概念辩证法的方式来阐释马克思主义的革命辩证法,着重阐明阶级意识在无产阶级革命及其社会历史发展过程中的能动作用。他强调唯物辩证法是马克思主义的根本方法论,马克思主义方法的钥匙即"方法的命脉"是辩证法,一种"具体的、历史的辩证法","唯物主义辩证法是一种革命的辩证法"。②他还指出,要彻底祛除现代性资本主义意识形态的幻影,唯有马克思主义的革命辩证法。

霍克海默与阿多诺在对现代性社会政治与资本的文化批判过程中,指认出推动现代启蒙运动不断发展的宝贵思想武器——批判精神与革命性辩证法发生蜕变。他们认为,从康德到黑格尔,再到马克思所坚持的批判精神与革命性辩证法逐渐蜕变为宣扬绝对肯定性、同一性的形而上学,"靠'自我纯一'、纯粹同一性的公式,客体的知识便被表现为'变戏法',因为这种知识不再是客体的知识,而是成了一种绝对化的……(智性)的同义反复"③。这正如梅洛-庞蒂所说,辩证法丧失革命性、创造性与创新性的思维内质而成了实证工具,"这

---

① 《列宁全集》第25卷,人民出版社2017年版,第39页。
② [匈]卢卡奇:《历史与阶级意识——关于马克思主义辩证法的研究》,杜章智等译,商务印书馆1999年版,第43、49页。
③ [德]西奥多·阿多诺:《否定的辩证法》,张峰译,重庆出版社1993年版,第158页。

第一章 《资本论》及其手稿政治哲学研究的时代兴起 55

是不折不扣的变戏法"①。梅洛-庞蒂坚持把马克思主义理解为一种反教条主义的历史哲学、革命哲学,并把马克思主义的革命辩证法视为一种创造、创新的辩证法。他在肯定卢卡奇对马克思主义革命辩证法新阐释的同时,也批评卢卡奇《历史与阶级意识》对马克思主义革命辩证法的阐释"太轻飘",不能表达历史的厚度。② 马尔库塞认同马克思对现代资本主义社会的辩证历史批判,他说:"资本主义社会的结构就是一个辩证的结构:经济过程的每个形式和制度都引起了它的决定性的否定,经济危机是矛盾最尖锐的表现形式。"③ 同时,他认为"马克思的辩证法,作为一种政治—历史的过程,也是一个认识的过程:无产阶级的真正意识(阶级意识)乃是解放的客观动因中的一个构成的因素"④。

现当代西方马克思主义理论家阿尔都塞、胡克、海尔布隆纳、科西克、广松涉、哈维等继续坚持对马克思主义辩证法的新阐释。阿尔都塞把马克思视为历史性"运动中的李嘉图",称赞"马克思的全部功绩就在于使李嘉图黑格尔化、辩证化"⑤。他认为"马克思没有给我们留下以理论状态出现的'辩证法'",但"辩证法在《资本论》中存在着,但它只是以实践状态存在着"⑥。胡克从实用主义出发解读马克思主义辩证法,虽然和许多早期西方马克思主义学者一样犯了否认自然辩证法与辩证法客观性的错误,但其对马克思辩证法也做出了有价值的新理解,如把辩证法理解为社会和历史的辩证法——"作为存在和变化范

---

① [法] 梅洛-庞蒂:《辩证法的历险》,杨大春、张尧均译,上海译文出版社 2009 年版,第 68 页。
② [法] 梅洛-庞蒂:《辩证法的历险》,杨大春、张尧均译,上海译文出版社 2009 年版,第 71 页。
③ [美] 赫伯特·马尔库塞:《理性和革命:黑格尔和社会理论的兴起》,程志民等译,上海人民出版社 2007 年版,第 264 页。
④ [美] 赫伯特·马尔库塞:《苏联的马克思主义:一种批判的分析》,张翼星、万俊人译,中国人民大学出版社 2012 年版,第 80 页。
⑤ [法] 路易·阿尔都塞、艾蒂安·巴里巴尔:《读〈资本论〉》,李其庆、冯文光译,中央编译出版社 2017 年版,第 99 页。
⑥ [法] 路易·阿尔都塞:《保卫马克思》,顾良译,中央编译出版社 2010 年版,第 167 页。

型的辩证法""作为一种了解变化的方法的辩证法"[①]，等等。海尔布隆纳高度评价《资本论》对资本主义模式的深刻批判分析"是以历史为导向的、对资本主义的特殊制度和信仰的辩证剖析"[②]。科西克认为，马克思主义所阐释的"具体的辩证法"不仅是对人与世界关系的新解释，也标志着对总体概念的又一创新性发展，"总体并不意味着一切事实。总体意味着实在是一个有结构的辩证的整体""一个处在形成过程中的整体"[③]。与列宁对马克思辩证法的理解类似，广松涉也认为"辩证法是存在论、认识论、逻辑学的三位一体的统一，而不光是方法论"[④]。哈维强调辩证法与《资本论》的互解性，指出："要理解马克思辩证法，你必须阅读《资本论》，因为那是在现实中进行实践的源泉；反过来，要理解《资本论》，你就必须理解马克思的辩证法。"[⑤] 哈维遵循马克思历史唯物主义与辩证法来分析批判资本主义的全面异化与矛盾，还独创性地提出资本主义是通过时间延迟和地理扩张的特殊方式来缓解危机。[⑥]

马克思《资本论》对现代性社会经济与政治批判的辩证历史方法，遭到现代西方自由主义理论家的曲解与批判，也遭到西方后现代政治哲学家的任意取舍与非法替换。以杜威、罗素、施米特、哈耶克、波普、萨缪尔森、罗尔斯等为代表的现代西方自由主义理论家，曲解并批判马克思的唯物史观与辩证法源自黑格尔神秘的历史哲学与理性形而上学思想方法论，属于抽象神秘的经济决定论与形而上学。如施米特认为，马克思主义的社会主义科学、政治学说源于黑格尔的历史辩证法，属于

[①] [美] 悉尼·胡克：《理性、社会神话和民主》，金克、徐崇温译，上海人民出版社1986年版，第252—262页。

[②] [美] 罗伯特·L. 海尔布隆纳：《马克思主义：赞成与反对》，马林梅译，东方出版社2016年版，第65页。

[③] [捷克] 卡莱尔·科西克：《具体的辩证法——关于人与世界问题的研究》，傅小平译，社会科学文献出版社1989年版，第23页。

[④] [日] 广松涉：《资本论的哲学》，邓习议译，南京大学出版社2013年版，第16页。

[⑤] [美] 大卫·哈维：《跟大卫·哈维读〈资本论〉》第1卷，刘英译，上海译文出版社2013年版，第13页。

[⑥] [英] 大卫·哈维：《新帝国主义》，初立忠、沈晓雷译，社会科学文献出版社2009年版，第72页。

"一种特殊类型的形而上学"①，这件比雅各宾党人手中的卢梭哲学更危险的黑格尔历史哲学武器"落入了马克思和恩格斯手中"②。萨缪尔森责难"科学社会主义以黑格尔式的肯定性预言资本主义运动的规律"③。福柯与德勒兹等法国后现代政治哲学家则任意取舍与非法替换马克思的历史唯物主义与辩证法。福柯"相信马克思的历史分析"④，继承了马克思的历史分析方法，但其对马克思关于人类社会辩证发展未来的论说缺乏信心，进而颂扬尼采"焚烧了辩证法和人类学之混杂的希望"⑤。德勒兹拒斥历史唯物主义，把辩证法视为反讽的技艺，即一种"问题和发问的技艺"⑥，进而把马克思政治经济学批判所阐述的辩证历史方法也视为一种发问的技艺，即把社会问题归结为经济问题，他说："经济便是社会的辩证法，亦即向一个既定社会，向这一社会的综合场域和问题场域提出的问题总体……从最为严格的意义上说，社会问题全都是经济问题。"⑦

第二节 《资本论》及其手稿政治哲学问题的国内研讨

《资本论》这部"关系人类历史命运的书"⑧ 来到中国已经110多年了，深刻影响了中国现代化发展的伟大历史进程，也正深刻影响着新时代中国特色社会主义发展的未来，以及整个人类社会发展的

---

① ［德］卡尔·施米特：《政治的浪漫派》，冯克利、刘峰译，上海人民出版社2004年版，第204页。
② ［德］卡尔·施米特：《政治的概念》，刘宗坤等译，上海人民出版社2004年版，第299页。
③ ［美］保尔·萨缪尔森：《经济学》下册，高鸿业译，商务印书馆1982年版，第316页。
④ ［法］米歇尔·福柯：《权力的眼睛——福柯访谈录》，严峰译，上海人民出版社1997年版，第211页。
⑤ ［法］米歇尔·福柯：《词与物》，莫伟民译，上海三联书店2002年版，第342页。
⑥ ［法］吉尔·德勒兹：《差异与重复》，安靖、张子岳译，华东师范大学出版社2019年版，第118页。
⑦ ［法］吉尔·德勒兹：《差异与重复》，安靖、张子岳译，华东师范大学出版社2019年版，第318页。
⑧ 王亚南：《〈资本论〉研究》，上海人民出版社1973年版，第43页。

未来。

新中国成立前40多年，《资本论》在中国的译介、传播与理解，无不与"中国向何处去"这一个十分重大的社会政治理论与实践问题密切相关。马一浮、李大钊、李汉俊、李达、毛泽东、胡汉民、侯外庐、王思华、吴半农、郭大力、王亚南等对《资本论》的译介、传播与初步阐释，蕴含着中国思想理论界不同的社会政治哲学理论与现实关切。新中国成立后60多年，几代学者的《资本论》哲学研究逐渐翻开学术自觉、自强与自信的新篇章，从方法论、辩证法、逻辑学、存在论、社会工程与技术哲学、意识形态与宗教批判、生态哲学、历史唯物主义与社会发展观等多维论域解读《资本论》，拓展了《资本论》研究的哲学空间，释放了《资本论》的时代价值，同时也论及规范的政治哲学研究命题。其中，冯景源、王南湜、孙正聿、张一兵、鲁品越、王东、孙成叔、仰海峰、王庆丰等关于《资本论》哲学研究的论著，不同程度地论及唯物史观与政治哲学、生产逻辑与资本逻辑、拜物教、人类解放、马克思与现代性西方政治哲学的理论关系等政治哲学问题。

近20多年来，随着政治哲学研究在国内的兴起，《资本论》及其手稿的政治哲学研究视域逐渐敞开，并成为马克思主义政治哲学与历史唯物主义研究新的增长点，陈晏清等老一代学者呼吁学界要密切结合中国现实来研究《资本论》中蕴含的政治哲学。在段忠桥、阎孟伟、李淑梅、张盾、王新生、王岩、张文喜、贺来、李佃来、刘同舫、臧锋宇、罗骞等一批学者研究马克思政治哲学的基本观念、历史发展、时代价值及当代构建问题时，《资本论》及其手稿所蕴含的资本与所有权、自由、平等、正义、国家、自由人联合体等政治哲学思想成为新阐释的基本依据。李佃来、姚顺良、欧阳英等学者围绕唯物史观与政治哲学的关系问题，对《资本论》及其手稿的相关论述进行了新的阐释。从作为大写的、对资本主义全新认识的政治哲学视域出发去解读《资本论》及其手稿，白刚、郗戈等初步阐释了马克思对近代西方政治哲学传统的批判与超越，以及人的个性自由全面发展、自由王国、自由的现实化等问题。围绕《资本论》中生产方式正义的热点问题，国内学界也展开了多视角解读与持续争论。

当代中国哲学界对《资本论》及其手稿的政治哲学研究逐渐走向理论自觉、自强与自信，学术自主意识与现实问题意识不断增强。当代中国哲学界站在历史唯物主义立场，以各自理论方式批判现代与后现代西方政治哲学对《资本论》及其手稿的歪曲否定，回应与评析国外学界对《资本论》及其手稿相关政治哲学问题的研讨论争。第一，对于马克思劳动价值论的科学性问题，我国学者高广旭①、付文军②、李无双与孙寿涛③、王一成④、郗戈⑤等展开了政治哲学研讨。第二，对于帝国主义问题，我国学者尚伟⑥、陈学明⑦、王南湜⑧、何萍⑨等学者展开了政治哲学研讨。第三，对于《资本论》及其手稿革命思想理论问题，我国学者薛汉伟与辛仲勤⑩、姚大志⑪、奚广庆⑫、谷方⑬、陈学明⑭、

---

① 高广旭：《马克思劳动价值论视域中的正义问题》，《哲学动态》2018年第7期。
② 付文军：《马克思劳动价值论的政治哲学意蕴》，《贵州师范大学学报》（社会科学版）2021年第6期。
③ 李无双、孙寿涛：《论马克思劳动价值论的政治哲学意蕴——从罗尔斯对马克思的质疑谈起》，《求是学刊》2021年第6期。
④ 王一成：《雅克·比岱对〈资本论〉的社会政治式解读及其评价——以劳动价值论为中心的考察》，《中国矿业大业学报》（社会科学版）2022年第4期。
⑤ 郗戈：《重释"劳动价值论"与"劳动所有权论"的关系问题》，《马克思主义理论学科研究》2022年第5期。
⑥ 尚伟：《布哈林帝国主义论解析及其现实意义》，《马克思主义研究》2007年第10期。
⑦ 陈学明：《批判与超越——"西马"学者及西方左翼思想家关于当代资本主义研究的启示》，《上海大学学报》（社会科学版）2018年第2期。
⑧ 王南湜：《剩余价值、全球化与资本主义——基于改进卢森堡"资本积累论"的视角》，《中国社会科学》2012年第12期。
⑨ 何萍：《罗莎·卢森堡的危机理论——重读〈资本积累论〉》，《北京大学学报》（哲学社会科学版）2014年第2期。
⑩ 薛汉伟、辛仲勤：《论马克思的不断革命思想》，《北京大学学报》（哲学社会科学版）1983年第1期。
⑪ 姚大志：《发达资本主义社会与无产阶级革命——西方马克思主义革命理论初探》，《吉林大学社会科学学报》1988年第3期。
⑫ 奚广庆：《"主题转变论"质疑》，《学习与探索》1990年第2期。
⑬ 谷方：《驳"告别革命"论》，《高校理论战线》1996年第6期。
⑭ 陈学明：《国家、阶级与革命：评"西方马克思主义"的政治理论》，《江苏行政学院学报》2003年第3期。

李毅[1]、王庆丰[2]、吴鑫[3]等展开了研讨。第四，对于马克思政治经济学批判的规范性基础问题，即"塔克—伍德命题"，我国学者林进平与徐俊忠[4]、李惠斌[5]、段忠桥[6]、王新生[7]、李佃来[8]、李义天[9]、阎孟伟[10]等展开了研讨。第五，对于《资本论》及其手稿政治哲学方法，我国学者李佃来[11]、李志[12]、白刚[13]、夏莹[14]等做出了一定程度的探讨，尤其是杨供法[15]、关晓丽[16]、王斌[17]、唐辉与张俭松[18]、糜海波[19]、张小龙[20]等学者对马克思主义阶级分析方法做出较为深入的研讨。

同时，当代中国哲学界更加密切关注当代中国与世界现代化实践发

---

[1] 李毅：《"告别革命"论三谬》，《高校理论战线》2005年第6期。
[2] 王庆丰：《〈资本论〉的再现》，中央编译出版社2015年版，第29页。
[3] 吴鑫：《革命历史主义及其限度——评柯尔施对马克思革命理论的误读》，《北京社会科学》2020年第1期。
[4] 林进平、徐俊忠：《伍德对胡萨米：马克思和正义问题之争》，《现代哲学》2005年第2期。
[5] 李惠斌、李义天：《马克思与正义理论》，中国人民大学出版社2010年版，第169—173页。
[6] 段忠桥：《马克思的分配正义观念》，中国人民大学出版社2018年版，第48页。
[7] 王新生：《马克思政治哲学研究》，科学出版社2018年版，第63页。
[8] 李佃来：《政治哲学视域中的马克思》，中央编译出版社2018年版，第159页。
[9] 李义天：《"塔克—伍德命题"的后半段》，《伦理学研究》2020年第4期。
[10] 阎孟伟：《政治哲学理论思维中的前提预设》，《武汉大学学报》（哲学社会科学版）2023年第3期。
[11] 李佃来：《论马克思政治哲学研究的历史主义方法》，《学术研究》2013年第11期。
[12] 李志：《论马克思政治哲学的方法》，《马克思主义哲学研究》2017年第2期。
[13] 白刚：《〈资本论〉："应用"还是"构建"了辩证法？》，《哲学研究》2022年第4期。
[14] 夏莹：《马克思社会政治哲学的研究进路与方法论问题》，《中国社会科学评价》2021年第2期。
[15] 杨供法：《从阶级分析到阶层分析社会分层方法的转换与意义》，《求实》2002年第3期。
[16] 关晓丽：《从阶级分析到阶层分析是历史与现实的选择》，《科学社会主义》2004年第6期。
[17] 王斌：《我国马克思主义阶级分析方法研究评述》，《西南大学学报》（社会科学版）2011年第3期。
[18] 唐辉、张俭松：《对马克思主义阶级分析方法"过时论"的批判性思考》，《马克思主义研究》2016年第4期。
[19] 糜海波：《当代西方马克思主义阶级分析方法辨误》，《理论月刊》2017年第6期。
[20] 张小龙：《阶级分析方法的复调式展现：马克思政治哲学的方法论深度》，《广西大学学报》（哲学社会科学版）2020年第4期。

展中的问题，并注重紧密联系马克思政治经济学批判的系列文本，形成对《资本论》及其手稿政治哲学研究的中国问题域。大体来说，当代中国哲学界对《资本论》及其手稿中的所有权与自由、平等、正义、意识形态、市民社会、自由人联合体等问题展开了较为深入的研讨。

一 关于所有权与自由问题的研讨

2000 年以来，我国市场经济与改革开放深入发展，我国哲学界对马克思自由观、劳动观、政治解放观与人类解放观的研究逐步深入展开，有力推动了马克思主义哲学界对《资本论》及其手稿中所有权与自由的关系、劳动与自由的关系以及"重建个人所有制"等问题的深入研讨。

在此研讨过程中，张盾提出，马克思对资产阶级财产权的历史性研究在《1857—1858 年经济学手稿》中充分展开，财产权是现代政治哲学与《资本论》及其手稿的核心问题，并构成马克思全部政治经济学批判的根本问题；历史唯物主义的一个核心政治观点认为资产阶级财产权关系不是永恒的，而是历史的、暂时的、必然灭亡的。[①] 郗戈认为，马克思的政治经济学批判是从自由、平等和所有权这三个关键概念来透视、辩证扬弃和超越启蒙主义政治哲学的。[②] 张文喜提出，颠覆以往所有权取得合理性的最终途径，只能从"每个人的自由发展是一切人的自由发展的条件"之共产主义基本原则中求索。[③] 刘奎君认为，马克思在《1857—1858 年经济学手稿》中通过分析所有权的发展历史，从自由的角度批判资本主义私人所有权，揭示资本带给劳动者的不自由，动摇了西方自由理论的道义基础，打破了资本主义对所有权的历史禁锢，把人的自由全面发展确立为未来社会的核心目标。[④] 萧诗美、肖超认为，马克思的所有权理论具有追求自由和拒绝异化的双重性质，这种辩

---

① 张盾：《财产权批判与〈资本论〉的主题》，《江海学刊》2011 年第 6 期。
② 郗戈：《自由、平等与所有权：〈资本论〉与近代政治哲学传统》，《马克思主义与现实》2015 年第 2 期。
③ 张文喜：《马克思所有权批判及相关的公平正义观》，《中国社会科学》2016 年第 8 期。
④ 刘奎君：《自由与所有权——基于〈政治经济学批判（1857—1858 年手稿）〉的研究》，《贵州社会科学》2017 年第 5 期。

证历史的所有权不是简单地否定一切所有权,而是只批判和否定所有权的异化,而批判所有权异化的目的正是实现所有权的自由本质;马克思不是以公有还是私有来判断所有制的好坏,而是以所有权的性质是自由的还是异化的来判断所有制的好坏。①

李淑梅、陈颖认为,罗尔斯的产权民主思想回应了马克思对古典自由主义抽象财产权观点的批判,分析了福利国家允许财产集中于少数人手中的弊端。② 于萍批判分析了科恩对马克思主义自我所有权问题的误读,认为科恩对马克思主义自我所有权的批判有违历史唯物主义的基本立场,提出马克思不仅反对自我所有权及自我所有本身,也没有把启蒙主义的自我所有权作为确定无疑的理论出发点而对资本主义剥削展开道德批判,而是超越了启蒙主义的所有权理论。③

同所有权与自由的关系问题紧密相连,国内很多学者对劳动与自由的关系以及"重建个人所有制"等问题进行了研讨。在研究马克思劳动与自由观的过程中,我国哲学界形成一种较为普遍的看法,那就是把马克思自由观阐释为"劳动自由观"。但能否从马克思政治经济学批判的系列文本中找到"劳动自由观"的文本支撑,这是一个需要加以探讨的问题。对《资本论》中的"重建个人所有制"问题,我国学界从重建公有制、维护公民个人合法财产权利的角度进行了新的阐释。

二 关于平等问题的研讨

平等问题是近现代西方政治哲学一直在探索的规范性命题,也是马克思主义政治哲学研究的规范性问题。《资本论》及其手稿从经济—政治批判的独特视角对平等问题进行辩证历史研究,超越了近代西方政治哲学对平等问题的狭隘法权言说。当代中国哲学界对马克思平等观做出持续不断的阐释,其中有些学者对《马克思政治经济学批判》《资本

---

① 萧诗美、肖超:《马克思论所有权的自由本质和自我异化》,《中国社会科学》2019年第2期。
② 李淑梅、陈颖:《罗尔斯产权民主思想的公平诉求及其局限性》,《哲学研究》2018年第11期。
③ 于萍:《自我所有权的问题与启示——评 G. A. 科恩对马克思主义自我所有权的批判》,《山西师大学报》(社会科学版)2019年第2期。

论》及其手稿中的平等观做出有价值的新探索。

胡贤鑫从"经济学批判"这一特定视角出发,探讨了马克思关于平等的起源、平等的实现和确证、劳动的等同性与人的平等关系以及资本主义条件下平等的异化等基本理论。①

王艳华、李迎春探讨了《资本论》中平等理性的生成机制及其当代价值,认为《资本论》深刻地揭示了现代社会中商品交换对市民平等理性的培育机制,为充分培育我国公民与现代社会相适应的平等理性,从而为我们在社会主义市场经济条件下重新认识商品、货币、资本的现代化意义提供了科学思路。②

邹平林认为马克思平等观具有三重意蕴,一是以自由为最终目标的价值规定性;二是受经济关系决定的现实制约性,即马克思认为平等的观念和形式以及平等的实现程度归根结底是由现实的物质生产方式决定的;三是在历史发展进程中不断变革并得以最终实现的发展辩证性,即按照马克思的平等观念,变革生产关系从而解放和发展生产力,是促进平等观念发生和形式变革并得以最终实现的根本途径。③

童萍认为,马克思的政治经济学批判指出资本主义社会商品生产关系中的平等悖论,即其中存在两种性质不同的平等观念:一方面,资本主义社会在商品交换的层面保留与劳动者个体私有制和简单商品生产相适应的平等观念;另一方面,资本主义社会在商品生产的层面又把这种平等推向自己的反面,从而形成与资本主义私有制及商品生产相适应且具有悖论性的平等观。④

刘礼从《资本论》及其手稿出发,对生产方式视域下的马克思平等观做出了新阐释,他认为对马克思平等思想的考察不能脱离一定的社会经济关系,在资本主义生产条件下,一方面,流通领域的平等具有普遍性与一般性;另一方面,在这种流通表象下的生产领域中,深层次的

---

① 胡贤鑫:《"经济学"批判中的平等理论——马克思经济学视域中的平等观》,《马克思主义研究》2006年第6期。

② 王艳华、李迎春:《〈资本论〉中的平等、独立、创造理性生成机制思想及其当代意义》,《理论探讨》2015年第4期。

③ 邹平林:《马克思平等观的三重意蕴》,《马克思主义与现实》2016年第6期。

④ 童萍:《平等的悖论——马克思论平等与商品生产的关系》,《马克思主义与现实》2016年第6期。

不平等正是通过表象的平等来确立的。①

吴猛认为，国内学界从价值观念、规范原则、社会机制等角度对马克思主义平等观的考察都存在各自的理论困难，因为这些考察脱离了马克思政治经济学批判，只从内容角度讨论马克思平等观，忽视了马克思关于平等问题讨论的形式维度，即马克思对价值形式分析的维度；资产阶级平等就是一种包含内在矛盾且在形式分析中不断呈现其复杂性的历史性结构的"表现"，而不是具有某种固定内容的实体性对象。②

钟锡进对马克思与皮凯蒂的经济平等观进行比较研究，认为皮凯蒂与马克思同样发现资本与不平等的关系，但他们却在经济不平等的根源与解决路径上存在本质不同，马克思站在人类解放的思想高度，从批判庸俗平等理论出发，指出了实现经济平等的根本路径。③

三 关于正义问题的研讨

正义问题是近现代西方政治哲学各派探讨的重要问题，也是近年来马克思主义政治哲学研究的热点问题。伴随着当代中国哲学界对马克思主义正义思想研讨的逐步深入，马克思《资本论》及其手稿中的正义思想愈益成为我国学者研讨的前沿问题。

关于《资本论》及其手稿中马克思正义思想的基础理论问题，我国学者进行了深入研讨。段忠桥提出，中央编译局《资本论》第三卷的一段译文存在误译，这导致对马克思正义观的误解，并且对那段译文存在的问题逐一做出文本分析。④ 王新生认为，马克思关于正义问题的讨论通过批判"国民经济学"完成，其立论前提是消灭私有制；用生产关系来解释分配关系，用生产劳动解释生产关系，这是马克思正义理论的基本逻辑。⑤ 孙亮提出，《资本论》中的正义概念只能在事物化限度内来谈论，但事物化在瓦解之后，正义便失去谈论的根基；物化所造

---

① 刘礼：《生产方式视域下马克思的自由平等观新释——基于〈资本论〉及其手稿的研究》，《当代中国价值观研究》2017 年第 6 期。
② 吴猛：《价值形式分析与平等问题》，《哲学研究》2019 年第 6 期。
③ 钟锡进：《马克思与皮凯蒂经济平等观的比较研究》，《伦理学研究》2020 年第 1 期。
④ 段忠桥：《马克思认为"与生产方式相适应，相一致就是正义的"吗?》《马克思主义与现实》2010 年第 6 期。
⑤ 王新生：《马克思正义理论的四重辩护》，《中国社会科学》2014 年第 4 期。

成的"正义拜物教"一旦嵌入事物化中就不攻自破，事物化正是划分马克思与自由主义正义概念的标志。① 高广旭认为，《资本论》把正义从一个道德二元抉择问题转化为政治经济学问题，从根本上瓦解了现代性正义理论的政治哲学基础，进而在批判资本主义社会正义危机的同时，开辟了一条超越现代"道德政治"的思想道路。② 牛小侠认为："马克思从社会发展阶段上肯定了'正义'存在的社会形态性，即是某一生产方式下的正义，但作为'生产方式下的正义'绝不是马克思所追求的社会正义，他所追求的社会正义是人类解放视域下的社会正义。"③ 李佃来认为，《资本论》的独特之处在于从唯物史观的思维视野出发，将对正义的规范性阐释建立在对现实历史的把握之上，将一个"建构性"的规范问题转换为一个"批判性"的历史问题。④ 童萍认为，《资本论》及其手稿从所有权与正义、自由与正义、平等与正义、功利与正义这四重向度对自由主义正义观的"权利悖论"进行立体化分析，实现了对自由主义正义观的超越。⑤ 付文军认为，《资本论》及其手稿展示了根基于生产领域的、具体的、历史的实质正义，完成了对超越性、批判性的"高阶正义"的理论期许和擘画。⑥

关于《资本论》及其手稿中的分配正义问题，我国学者也做出较为深入的研讨。段忠桥对马克思的分配正义思想做出系统阐述⑦，并就分配正义的基础理论问题与姚大志进行了磋商⑧。白刚认为，《资本论》的"正义论"关注的不再是分配正义，而是实质上的生产正义，属于

---

① 孙亮:《重审〈资本论〉的"正义"概念——基于"事物化"与"物化"界化的视角》,《学术月刊》2015 年第 3 期。
② 高广旭:《〈资本论〉的正义观与马克思的现代政治批判》,《哲学动态》2015 年第 12 期。
③ 牛小侠:《马克思双重向度"社会正义观"的当代阐释及意义》,《吉林大学社会科学学报》2018 年第 4 期。
④ 李佃来:《全面理解〈资本论〉中的正义问题》,《武汉大学学报》(哲学社会科学版) 2020 年第 6 期。
⑤ 童萍:《马克思批判自由主义正义观的四重向度——以〈资本论〉及其手稿为中心的考察》,《科学社会主义》2021 年第 2 期。
⑥ 付文军:《〈资本论〉及其手稿中的正义观释解》,《伦理学研究》2021 年第 4 期。
⑦ 段忠桥:《马克思的分配正义观念》,中国人民大学出版社 2018 年版。
⑧ 段忠桥:《关于分配正义的三个问题——与姚大志教授商榷》,《中国人民大学学报》2012 年第 1 期；姚大志:《再论分配正义——答段忠桥教授》,《哲学研究》2012 年第 5 期。

超越正义的"正义论"。① 王峰明认为,立足于《资本论》及其手稿,对《哥达纲领批判》中马克思的权利观和正义观进行互文性解读,就会发现基于按劳分配的人的权利仍然是较为狭隘的。② 庄三红从伦理学视角探讨了《资本论》中的分配正义问题。③ 冯彦利认为,《资本论》中的正义思想突破了传统分配正义的局限,是唯物史观视域中分配正义和生产正义的有机统一;《资本论》中确立的以"每一个人的全面而自由的发展"为核心的、分配正义和生产正义统一的正义观,是对资产阶级以平等权利为核心的抽象正义观的超越。④

关于《资本论》及其手稿中的经济正义问题,我国学者也进行了新的阐释。刘可风阐述了何谓经济正义,提出马克思主义经济正义思想的主线是积极扬弃私有财产即人的自我异化,使人成为全面占有自己本质的完整的人。⑤ 毛勒堂认为,对国民经济学家的抽象经济正义观和资本主义的现实经济关系的双重批判是马克思经济正义思想形成的重要环节,实现人的自由全面发展是马克思经济正义思想的根本目标,扬弃资本主义的经济关系和经济方式是马克思经济正义思想的核心。⑥ 贺汉魂、皮修平提出,马克思经济正义论的核心理论是劳动价值论。⑦ 张雷认为,《资本论》所体现的经济正义观是现实的、革命的,从"物的人格化"到"人的人格化"体现着马克思经济正义观的人文关怀,"重建个人所有制"的重要命题为马克思经济正义观提供了现实路径。⑧

此外,我国还有学者探讨了马克思劳动正义思想,如刘同舫提出,"寻求和探明劳动正义的本真内涵与现实表征贯穿于马克思唯物史观叙

---

① 白刚:《作为"资本论"的〈资本论〉》,《文史哲》2014年第6期。
② 王峰明:《经济关系与分配正义——〈哥达纲领批判〉中马克思的"权利—正义观"辨析》,《哲学研究》2019年第8期。
③ 庄三红:《〈资本论〉及其手稿分配伦理思想研究的再认识》,《科学社会主义》2019年第5期。
④ 冯颜利等:《唯物史观视域中的马克思正义思想》,《中国社会科学》(英文版)2020年第1期。
⑤ 刘可风:《略论经济正义》,《马克思主义与现实》2002年第4期。
⑥ 毛勒堂:《马克思的经济正义思想》,《思想战线》2004年第4期。
⑦ 贺汉魂、皮修平:《劳动价值论:增加群众财产性收入的正义论依据——兼论坚持、发展劳动价值论的必然性》,《理论探讨》2008年第5期。
⑧ 张雷:《〈资本论〉的经济正义观》,《理论月刊》2010年第1期。

事的始终",马克思"阐明了劳动正义与生产正义、社会正义之间的层级结构,确立了劳动正义在这一结构中的逻辑先在性"。①

四 关于意识形态批判问题的研讨

意识形态问题具有阶级性、社会性、政治性、历史性、实践性,也是政治哲学研究中的规范性问题。伴随着我国学界对意识形态问题,尤其是对马克思主义意识形态观研究的深入,当代中国马克思主义哲学界对《资本论》及其手稿中意识形态批判、拜物教批判的研究逐渐走上学术前台。

张秀琴通过对马克思政治经济学批判的文本考察,提出《资本论》是马克思对作为资本生产过程的资产阶级组织方式所特有的意识形态属性的一次最为系统、全面而深刻的批判分析,并由此进一步深化了先前业已建立的马克思主义意识形态理论。②刘召峰认为,《资本论》对资产阶级经济学家的诸种拜物教观念进行的剖析,尤其是对"三位一体的公式"中内蕴的拜物教观念进行的系统批判,同时也就是对形而上学、资产阶级意识形态批判的具体化与深化。③王海峰认为,政治经济学批判本质上就是马克思意识形态批判的继续和拓展。④唐晓燕对《资本论》及其三大手稿进行连续性解读,以呈现马克思意识形态批判的存在论革命得以实现的全过程。⑤白刚、邰爽认为,《资本论》通过批判政治经济学的形而上学,马克思揭穿了资本主义普遍性和永恒性的神话;通过批判拜物教,马克思揭示了资产阶级意识形态作为颠倒意识和掩盖矛盾的本质,破除了资产阶级意识形态的幻象。⑥付文军认为,《资本论》以资本主义生产方式及其复杂关系为对象,深刻剖析资本主

---

① 刘同舫:《马克思唯物史观叙事中的劳动正义》,《中国社会科学》2020年第9期。
② 张秀琴:《〈资本论〉中的意识形态思想文本研究》,《南京政治学院学报》2009年第3期。
③ 刘召峰:《马克思形而上学、意识形态批判的具体化路径——以〈资本论〉对拜物教观念的剖析为例》,《学术研究》2014年第2期。
④ 王海峰:《政治经济学批判:马克思意识形态批判的新维度》,《天津社会科学》2017年第1期。
⑤ 唐晓燕:《马克思意识形态批判的存在论革命何以完成——〈资本论〉及其手稿意识形态批判思想链接式解读》,《学术论坛》2019年第2期。
⑥ 白刚、邰爽:《〈资本论〉:马克思的批判理论》,《马克思主义与现实》2019年第5期。

义意识形态所赖以生存的经济基础,并在对资本逻辑的实质性批判中指认资本主义的物化意识和抽象统治,继而确证资本主义的颠倒状况和意识形态的虚幻面纱,力图借此唤醒无产阶级的阶级意识和点燃他们的革命热情。①

此外,我国还有些学者从不同维度对《资本论》及其手稿中的拜物教批判进行了广泛深入的研讨②,为进一步研究《资本论》及其手稿的意识形态问题提供了丰富的思想资源。

五 关于市民社会理论问题的研讨

通过对市民社会的深入批判研究,即通过对政治经济学的深入批判研究,马克思翻转了黑格尔法哲学国家决定市民社会的唯心史观,阐发了市民社会决定国家的唯物史观与全新社会政治哲学观念,实现了伟大

---

① 付文军:《〈资本论〉的意识形态批判及其辩证张力》,《马克思主义研究》2021年第9期。

② 参见张一兵《拜物教:人跪倒在自己的创造物面前——析马克思对资本主义社会的一种理性批判》,《福建论坛》(文史版)1996年第1期;仰海峰《拜物教批判:马克思与鲍德里亚》,《学术研究》2003年第5期;苗贵山《马克思"拜物教"批判思想研究》,《中国特色社会主义研究》2010年第6期;唐正东《马克思拜物教批判理论的辩证特性及其当代启示》,《哲学研究》2010年第7期;李怀涛《马克思拜物教批判的理论逻辑及启示》,《哲学动态》2010年第12期;王文扬《马克思对资本主义的宗教批判——〈资本论〉的三重拜物教批判》,《现代哲学》2011年第5期;王峰明、牛变秀《货币的本质规定与拜物教批判》,《天津社会科学》2012年第1期;程恩富、刘召峰《拜物教批判理论与马克思共产主义学说》,《理论探索》2012年第4期;张双利《资本主义宗教与历史唯物主义——论马克思主义拜物教批判思想在20世纪的复兴》,《世界哲学》2012年第6期;孙乐强《物象化、物化与拜物教——论〈资本论〉对〈大纲〉的超越与发展》,《学术月刊》2013年第7期;李惠斌《马克思拜物教批判理论的一般方法论意义》,《学习与探索》2014年第1期;孙亮《马克思"拜物教批判"的政治哲学向度》,《学习与探索》2014年第10期;李怀涛《论马克思对货币拜物教的批判》,《马克思主义研究》2017年第1期;周露平《马克思的拜物教批判:在哲学与政治经济学之间》,《马克思主义与现实》2017年第6期;王晓升《概念拜物教批判》,《湖南社会科学》2019年第4期;吴猛《价值形式:马克思商品拜物教批判的理论定位》,《中国社会科学》2020年第4期;胡潇《货币拜物教的价值论解析——基于马克思拜物教批判的理念》,《天津社会科学》2020年第5期;孙熙国、毛菲《论马克思商品拜物教批判的逻辑理路》,《理论学刊》2021年第4期;冯波《马克思拜物教批判中抽象与物化的关系》,《哲学研究》2021年第10期;李逢铃《意识形态批判还是政治经济学批判?——重审马克思商品拜物教批判的理论定位》,《中南大学学报》(社会科学版)2022年第6期;孔明安、刘婵婵《从"异化劳动"到"拜物教"批判的内在逻辑——兼及马克思异化理论的重新审视》,《厦门大学学报》(哲学社会科学版)2023年第3期。

的哲学变革。

对于《资本论》及其手稿中的市民社会理论,国内有学者做出了专题研讨。高广旭提出《资本论》通过对市民社会的批判分析,既有对公共性政治哲学的再建构,又有对现代性政治哲学本身的元批判。[1] 仰海峰认为,按照马克思对市民社会与国家理论关系的批判研究,要真正颠覆现代市民社会与国家就必须从政治解放转向社会解放,以"自由人联合体"实现对资本主义市民社会与国家的超越。[2] 李佃来认为,马克思的市民社会理论实现了历史唯物主义与政治哲学的汇通。[3] 段志平提出,《1844年经济学哲学手稿》是马克思市民社会理论的历史起点。[4] 刘同舫认为,马克思市民社会理论属于政治哲学范式。[5] 刘荣军阐述了马克思对市民社会的法哲学、政治经济学与唯物史观的三重批判及其政治哲学意义。[6] 张双利认为,马克思通过对黑格尔市民社会理论的批判,把其非伦理性的判断转化为对现代资产阶级社会发展趋势的断定,明确指出"资本主义经济+自由主义政治"的发展模式注定无法持续存在。[7]

对于马克思市民社会理论与唯物史观的关系问题,国内学界做出了广泛深入的研讨,其中涉及《资本论》及其手稿政治哲学维度的问题。沈越通过《马克思政治经济学批判》对市民社会的概念进行文本考察,认为马克思的市民社会概念应被理解为商品经济社会。[8] 俞可平对马克思的市民社会概念做出系统全面的考察与辨析,并对马克思的市民社会理论做出较为系统的阐述。[9] 王新生认为,马克思深化发展黑格尔市民

---

[1] 高广旭:《〈资本论〉对市民社会的"政治哲学"重构》,《东南学术》2018年第4期。
[2] 仰海峰:《超越市民社会与国家:从政治解放到人类解放——马克思的市民社会与国家理论探析》,《东岳论丛》2005年第2期。
[3] 李佃来:《马克思市民社会理论的两种逻辑》,《哲学研究》2010年第12期。
[4] 段志平:《马克思市民社会理论的历史起点——读〈1844年经济学哲学手稿〉》,《理论探索》2012年第3期。
[5] 刘同舫:《市民社会理论研究范式的历史转换》,《浙江学刊》2015年第6期。
[6] 刘荣军:《马克思市民社会概念的现代社会转型与重要意义》,《马克思主义研究》2017年第8期。
[7] 张双利:《重思马克思的市民社会理论》,《学术月刊》2020年第9期。
[8] 沈越:《"市民社会"辨析》,《哲学研究》1990年第1期。
[9] 俞可平:《马克思的市民社会理论及其历史地位》,《中国社会科学》1993年第4期。

社会理论的同时,同黑格尔一样都把握住了作为市场经济的现代社会的本质特征。① 王岩认为,马克思的市民社会思想是历史唯物主义理论的重要组成部分。② 荣剑认为,马克思提出了国家和社会最终统一的历史性方向及其深刻内涵,奠定了社会本位的方法论。③ 王代月认为,通过政治经济学批判,马克思解析了自由主义市民社会理论产生的现实和理论根源。④ 蒋红认为,马克思通过市民社会批判,也即对资本主义社会的批判和扬弃,最终发现唯物史观。⑤ 周嘉昕认为,马克思通过对物质生产方式分析的新理论平台,从根本上超越市民社会理论并将其纳入历史唯物主义的分析框架⑥。阎孟伟认为,马克思历史理论的立脚点是人类社会,而不可能是市民社会。⑦

六 关于自由人联合体问题的研讨

马克思在《资本论》中批判现代资本主义社会虚幻共同体,明确提出并科学设想未来理想社会真正的共同体——自由人联合体,阐发了人类解放、共产主义社会的政治哲学理想。多年来,我国马克思主义哲学界多侧重对《共产党宣言》及马克思早期文本中自由人联合体思想的研究,只有少数学者侧重对《资本论》中自由人联合体思想的研究。在 2000 年之前,以《资本论》自由人联合体思想为主题的研究文章寥寥无几,其中具有代表性的文章是邹积贵的《马克思关于"自由人联合体"的设想——学习〈资本论〉》。文章通过对《资本论》及相关文本的研究,提出《资本论》第一卷把通过无产阶级革命建立起来的新社会设想为自由人联合体,即消灭了阶级和阶级对立的社会组织,包

---

① 王新生:《现代市民社会概念的形成》,《南开学报》2000 年第 3 期。
② 王岩:《马克思的"市民社会"思想探析——兼论"市民社会"理论的现代意义》,《江海学刊》2000 年第 4 期。
③ 荣剑:《马克思的国家和社会理论》,《中国社会科学》2001 年第 3 期。
④ 王代月:《马克思对自由主义市民社会理论的批判研究》,《社会主义研究》2009 年第 2 期。
⑤ 蒋红:《批判与重构:马克思的市民社会理论及其当代视域》,《哲学研究》2009 年第 12 期。
⑥ 周嘉昕:《从私有财产批判到生产方式分析——论马克思对"市民社会"理论的超越》,《学习与探索》2010 年第 2 期。
⑦ 阎孟伟:《马克思历史理论中的市民社会概念》,《天津社会科学》2010 年第 5 期。

括社会主义社会和共产主义社会两个不同发展阶段。①

2000 年之后，随着对马克思自由人联合体思想研究的深入，有关《资本论》及其手稿自由人联合体思想主题的研究文章成果逐渐增多。其中，郁建兴认为，马克思在描述"自由人的联合体"时所说的"每个人的自由发展"，指的是个人重新驾驭由私有制而转化为物的力量的社会关系，这需要以真正的共同体的建立为前提，从而使其自由学说与消灭私有制、消灭阶级并最终实现国家消亡的学说联系了起来。② 牛得青认为，马克思早期与成熟时期的自由人联合体思想存在着连续性与断裂性的关系。③ 郑元叶认为，马克思"重建个人所有制"的政治哲学含义是形成自由人联合体，生产资料公有制以及在此前提下的消费资料分配制度是形成自由人联合体的基础性的社会必要条件。④ 刘军认为，对自由人联合体建立的政治前提和物质基础的强调，是马克思超越各种浪漫主义和乌托邦主义的根本。⑤ 仰海峰通过对新版《政治经济学批判大纲》的研究，提出个人的全面发展和自由人联合体的社会正是对传统市民社会的批判性替代。⑥ 马天俊认为，马克思的自由人联合体扬弃了黑格尔的有机体隐喻，形成了社会有机体概念。⑦ 杨丽京认为，在《政治经济学批判大纲》中，马克思通过对共同体的考察，深入阐述了共同体的内生性矛盾运动、发展形态及其未来趋势，指认共同体的演进形态是从"自然共同体"经由"经济结合体"走向"自由人联合体"。⑧

---

① 邹积贵：《马克思关于"自由人联合体"的设想——学习〈资本论〉》，《齐鲁学刊》1983 年第 6 期。
② 郁建兴：《马克思的"自由人联合体"思想新绎》，《政治学研究》2000 年第 2 期。
③ 牛得青：《马克思自由人联合体思想新解》，《探索》2004 年第 3 期。
④ 郑元叶：《马克思"重建个人所有制"的政治哲学含义：形成自由人联合体》，《兰州学刊》2009 年第 11 期。
⑤ 刘军：《政治哲学视域中的马克思"自由人联合体思想"新解》，《毛泽东邓小平理论研究》2013 年第 2 期。
⑥ 仰海峰：《物的依赖关系与市民社会的经济学—哲学批判——新版〈政治经济学批判大纲〉研究》，《教学与研究》2013 年第 9 期。
⑦ 马天俊：《有机体隐喻：从黑格尔到马克思》，《哲学研究》2021 年第 11 期。
⑧ 杨丽京：《马克思〈政治经济学批判〉中的共同体思想及其当代意义》，《宁夏社会科学》2022 年第 6 期。

七　关于当代马克思主义政治哲学建构问题的研讨

关于《资本论》及其手稿政治哲学思想对当代中国经济政治发展的价值，我国学界并未展开系统研究。不过，马克思主义哲学界有些学者在对马克思主义政治哲学，以及《资本论》及其手稿中的政治哲学问题进行探讨的过程中，也对其时代价值做出了一定程度的阐述。伴随着政治哲学在中国研究的兴起，我国马克思主义哲学界的陈晏清、孙正聿、王南湜、李淑梅、阎孟伟、王新生、侯才、任平、李佃来、白刚、夏莹、李海洋、高广旭等，开始探讨当代马克思主义哲学的建构问题。这些探讨论及当代中国马克思主义政治哲学建构必要性、可能性、理论前提、思想资源、现实依据、思想原则等基础理论性问题，为进一步思考《资本论》的政治哲学与当代马克思主义政治哲学建构问题提供了思想资源。

其中，陈晏清考察了建构一种适应于现实生活的马克思主义政治哲学的必要性和可能性①，提出当代中国马克思主义政治哲学的建构，要从研究现实的政治生活出发，围绕全球化背景下、市场经济条件下中国社会秩序的政治建构这个主题而展开。②孙正聿探讨了建构马克思主义政治哲学的理论前提与理论资源问题。③王南湜与王新生提出当代中国马克思主义政治哲学建构要走从理想性到现实性的实践智慧之路。④李佃来系统研究了当代中国马克思主义政治哲学建构问题，阐发了当代中国马克思主义政治哲学建构的现实导向、理论资源、思想原则、关键问题等，提出马克思的政治哲学是构建当代中国马克思主义政治哲学的基础性资源。⑤白刚提出，《资本论》占据着当今时代真理、道义和文明

---

① 陈晏清：《政治哲学的兴起与当代中国马克思主义政治哲学的建构》，《中国社会科学》2006 年第 6 期。
② 陈晏清：《政治哲学的时代使命》，《求是学刊》2006 年第 3 期。
③ 孙正聿：《建构马克思主义政治哲学的前提性思考和理论资源分析》，《中国社会科学》2006 年第 6 期。
④ 王南湜、王新生：《从理想性到现实性——当代中国马克思主义政治哲学建构之路》，《中国社会科学》2007 年第 1 期。
⑤ 李佃来：《构建当代中国马克思主义政治哲学的现实导向、理论资源与思想原则》，《求索》2021 年第 5 期。

的"制高点",又为作为时代文明表征的当代中国马克思主义政治哲学的建构提供了最经典的文本支撑。① 高广旭探讨了《资本论》语境中的马克思政治哲学建构的可能性问题,提出《资本论》及其手稿中的政治经济学批判思想是建构马克思政治哲学的重要资源。②

纵观国内相关研究历史与动态,一方面,不同论域下的《资本论》及其手稿的哲学研究成果在一定程度上回答了《资本论》的政治哲学思想内容问题,为进一步的探索提供了一些思想资源,也拉开了《资本论》及其手稿政治哲学研究的序幕;另一方面,从理论与现实发展的客观要求来看,也需要对《资本论》及其手稿的政治哲学思想内容进行更加全面深入的挖掘,尤其迫切需要对其所蕴含的政治哲学方法,与现代性西方政治哲学的关系、当代价值等进行系统完整而具体的新阐释。

第三节 《资本论》及其手稿政治哲学研究的当代兴起

从国外到国内理论界对《资本论》及其手稿相关政治哲学问题研究的百余年历史与现实状况来看,《资本论》及其手稿的政治哲学研究在世界范围内的兴起已是一个不争的事实。《资本论》及其手稿的政治哲学研究在当代中国的兴起,既同政治哲学这一传统实践智慧的当代复兴有关,又与马克思主义政治哲学研究在当代中国的兴起紧密相连,更同《资本论》及其手稿对现代性社会政治的深层次批判与重建,以及中国式现代化经济政治发展的伟大实践内在相通。也就是说,《资本论》及其手稿政治哲学研究在中国的当代兴起,既具有历史与现实的合理性、合法性,又具有重要的理论与现实意义。具体来说,其中有着三个方面的理论与现实根由。

一 创新当代中国马克思主义政治哲学的内在要求

近年来,国内哲学界对《资本论》及其手稿的政治哲学研究迅速

---

① 白刚:《当代中国马克思主义政治哲学建构何以可能》,《求索》2020年第2期。
② 高广旭:《〈资本论〉语境中的马克思政治哲学建构何以可能》,《东南学术》2022年第5期。

升温，成为创新阐释与发展马克思主义哲学与政治哲学的一个重要增长点。这与作为部门哲学或"第一哲学"的政治哲学在20世纪70年代的全球复兴密切相关，更与《资本论》及其手稿蕴含的丰富而深刻的政治哲学思想内在相关。质言之，《资本论》及其手稿的政治哲学研究在当代中国的兴起，是创新发展马克思主义政治哲学的内在理论逻辑必然。

政治哲学作为一种关涉政治真善美判断的实践哲学，无论是在古希腊还是在古代中国，无论是在古代西方还是近现代西方，尽管致思方式与概念话语不同，但一直都是哲学家们理论思考的重要内容与方向。从西方政治哲学发展的历史来看，其理性主义思考大致形成了古希腊道德理想国、近代西方自由民主法治理想国与现代西方正义理想国三个高潮时期。柏拉图的《理想国》、亚里士多德的《政治学》达到了古希腊理想城邦政治哲学构想的高峰；英法德哲学家霍布斯、洛克、卢梭、孟德斯鸠、康德、黑格尔等对资产阶级理想国的经验与先验构想达到了近代西方政治哲学思考的高峰；罗尔斯《正义论》《政治自由主义》等著作对公平正义理想国的新构想达到了现代西方政治哲学的新自由主义政治哲学高峰，有力地助推了政治哲学在当代的复兴。

政治哲学的当代复兴，也从客观上推动了马克思主义政治哲学、《资本论》政治哲学的研究。包括罗尔斯在内的现当代西方哲学家在推动政治哲学复兴的过程中，不得不以各自的理论话语方式回应马克思政治哲学对西方政治哲学传统的革命性变革。因为，马克思政治哲学、实践哲学既源于西方政治哲学、实践哲学传统，又超越了西方政治哲学、实践哲学传统，成为现代政治哲学的真正开创者。马克思《资本论》以人类解放的科学世界观、崭新的思维方式与话语方式，彻底终结了近代西方政治哲学关于现代性社会政治的种种新神话。马克思之后的西方新自由主义与新保守主义哲学家们，要在政治解放的界限内以新的话语方式重弹资本主义永恒论、天堂论的老调，就不得不回应马克思政治哲学，尤其是《资本论》对现代性社会政治的深刻批判与重建，他们歪曲马克思《资本论》的社会政治哲学理想为过时的乌托邦，并同现当代西方马克思主义理论家展开思想交锋。由此，在客观上助推了马克思政治哲学，尤其是《资本论》政治哲学研究在当代西方的兴起。

第一章　《资本论》及其手稿政治哲学研究的时代兴起

与此同时，当代中国马克思主义政治哲学、《资本论》政治哲学的研究也逐渐兴起，并逐渐走上哲学研究的舞台。70多年来，新中国哲学界在对马克思主义哲学及《资本论》哲学创新阐释、推动马克思主义哲学理论中国化、时代化的过程中，逐步展开了对马克思主义政治哲学以及《资本论》政治哲学的研究。如果说，改革开放前30年的《资本论》哲学研究侧重于辩证法，改革开放30年间的《资本论》哲学研究侧重于历史观①，那么可以说，近10多年来中国的《资本论》哲学研究的趋势则是侧重于社会政治哲学。因此，有学者还提出，20世纪90年代末以来，新中国的《资本论》哲学研究进入深化阶段，主要在政治哲学、生态哲学等领域。②《资本论》及其手稿的政治哲学研究在当代中国的兴起，是因为其中蕴含着丰富而深刻的政治哲学思想，成为系统完整、具体深入创新阐释马克思主义政治哲学的内在理论要求。进一步说，离开《资本论》及其手稿，就很难深入、无法理解马克思主义政治哲学的真谛，更无法有效回应现当代西方政治哲学对马克思主义政治哲学、《资本论》政治哲学的诘难。

为此，首先就要弄清楚《资本论》及其手稿与政治哲学的关系问题，因为这是研究马克思主义政治哲学的前提性问题，有学者称其为"难以回避的根基性问题"，并认为《资本论》可以呈现出"大写政治哲学"与"元政治哲学"的双重维度。③还有学者指出，《资本论》作为政治哲学著作，深刻阐述了马克思强烈的"政治关怀"，即通过政治经济学批判追求劳动者的自由解放④；《资本论》在对资本逻辑的深入批判中，发现资本自我否定的新趋势，实现了当代政治哲学客观主义转向的复兴，避免了近现代西方自由主义政治哲学的主观主义复兴⑤。还有学者高度评价《资本论》为马克思政治哲学思想史中的提纲挈领之

---

① 王东、李喆：《〈资本论〉哲学研究60年——思想轨迹、焦点问题与未来走向》，《江汉论坛》2010年第2期。
② 周可：《马克思主义哲学中国化视域中的中国〈资本论〉哲学研究70年》，《马克思主义哲学研究》2021年第1期。
③ 郗戈：《〈资本论〉的政治哲学意蕴》，《哲学研究》2018年第11期。
④ 白刚：《作为政治哲学的〈资本论〉》，《江苏社会科学》2015年第1期。
⑤ 白刚：《回到〈资本论〉：当代政治哲学的客观主义转向》，《哲学动态》2018年第3期。

作、重要收尾之作，成就了马克思政治哲学思想发展的总体性与完整性，深刻地影响了现当代世界政治文明的发展进程。①

我国也有学者反对《资本论》的哲学化解读以及存在论理解②；马克思主义政治经济学界有学者更是对《资本论》进行政治哲学解读的合理性与合法性提出了强烈质疑与反对，认为国内学界没有搞清楚政治哲学与马克思主义政治哲学的概念，目前国内哲学界对《资本论》进行的政治哲学解读只能算作马克思主义政治学解读，属于科学社会主义学科范畴，而把《资本论》视为政治哲学著作则是歪曲的。③

诚然，《资本论》不是专门的哲学或政治哲学著作，也不是单纯的经济学著作或单纯的科学社会主义著作，而是马克思主义哲学、政治经济学与科学社会主义有机统一的整体性著作。如果说《1844年经济学哲学手稿》是马克思主义整体性的开端之作，那么《资本论》则是马克思主义整体性的集大成之作。《资本论》这部马克思主义的百科全书通过政治经济学批判而阐发的现代性社会政治批判以及人类解放理想，蕴含着丰富而深刻的规范政治哲学思想。从政治哲学视角去阅读《资本论》，对深入展现其现代性社会政治批判的宽广价值与新型表达方式，拓展马克思主义政治哲学研究视野，有效回击当代西方政治哲学的诘难，创新阐释与建构当代中国马克思主义政治哲学理论体系与话语体系等，都具有十分重要的意义。而去政治化、去哲学化解读《资本论》，则窄化了《资本论》的现代性批判，更无法全面具体深入理解这部人类解放真经的奥义。

二 书写当代中国马克思主义政治经济学的逻辑必然

《资本论》及其手稿政治哲学研究在当代中国的兴起，也是书写当代中国马克思主义政治经济学的理论逻辑必然。《资本论》及其手稿不

---

① 欧阳英：《〈资本论〉在马克思主义政治哲学思想发展史中的重要地位》，《国外理论动态》2019年第4期。

② 张旭、常庆欣：《〈资本论〉是光辉的政治经济学著作——驳〈资本论〉哲学化》，《当代经济研究》2019年第11期。

③ 余斌：《〈资本论〉是一部政治哲学著作吗》，《甘肃社会科学》2022年第4期；余斌：《不能以政治哲学的方式打开〈资本论〉》，《政治经济学研究》2022年第4期。

仅批判自由主义政治经济学，而且为建构社会主义政治经济学提供了历史观、价值观与方法论的指引。列宁以《资本论》为指引，写出了苏联化、时代化的马克思主义经典著作《帝国主义论》。苏联在社会主义建设实践中，以《资本论》、马克思主义政治经济学所提供的立场、观点方法为指引，依据社会主义经济政治建设的经验，写出了《苏联社会主义经济问题》《政治经济学教科书》，为新中国社会主义建设以及政治经济学教科书的书写提供了有参考价值的思想理论资源。

70余年来，新中国在日新月异的社会主义现代化建设实践中，不断积累经济与政治建设经验，不断推进《资本论》、马克思主义政治经济学与中国特色社会主义经济政治建设实际相结合，结出飞跃性的实践与理论成果。以毛泽东同志为代表的中国共产党人在探索新中国社会主义建设规律的过程中，以高度的实践智慧、伟大的政治智慧刻苦钻研《资本论》与苏联《政治经济学教科书》，开始提出书写成熟的社会主义政治经济学教科书问题，并写下了《论十大关系》《关于正确处理人民内部矛盾的问题》等中国化、时代化的马克思主义经典之作，为书写中国特色社会主义政治经济学奠定了思想理论基石。以邓小平同志为代表的中国共产党人，以改革开放的伟大实践创造实现了"中国式的现代化"建设事业的伟大历史转折，并运用伟大的政治智慧制定出《中共中央关于经济体制改革的决定》，"写出了一个政治经济学的初稿，是马克思主义基本原理和中国社会主义实践相结合的政治经济学"[①]。以江泽民同志、胡锦涛同志为代表的中国共产党人不断推进中国特色社会主义市场经济建设与改革开放事业，持续书写中国特色社会主义政治经济学的新篇章。以习近平总书记为代表的中国共产党人推动中国特色社会主义进入新时代，以治国理政的伟大政治智慧与高度的理论自觉和自强自信的精神，开辟了马克思主义政治经济学中国化、时代化的新境界。

在持续书写中国化、时代化的马克思主义政治经济学的过程中，中国共产党人始终遵循《资本论》政治哲学的精神原则，自觉坚持以马克思主义实践观、唯物史观、价值观与辩证法为指引，形成了中国化、

---

① 《邓小平文选》第3卷，人民出版社1993年版，第83页。

时代化的马克思主义政治经济学系列创新成果。

首先，始终遵循《资本论》政治哲学的精神原则，来书写中国特色社会主义政治经济学，强调政治是经济之魂、经济是政治的根基，反对割裂政治与经济的辩证关系。毛泽东同志强调党员干部要在工作实践中坚持"政治和经济的统一"，把思想和政治作为经济与技术工作的"统帅"、"灵魂"，不要变成"迷失方向的经济家和技术家"，"走到邪路上去"。[1] 可以说，不讲政治、不讲政治哲学的经济学，就丧失了灵魂与方向。1958 年 11 月 9 日，毛泽东同志在评价斯大林《苏联社会主义经济问题》时曾指出："他不强调政治，不强调群众路线，只讲技术，在这方面也是一条腿走路。"[2] 1966 年 1 月 16 日，毛泽东同志指出："政治和经济的关系，矛盾的主要方面是政治，政治统帅经济。"[3] 邓小平同志把实现四个现代化作为当代中国最大的政治，精辟地指出"改革是中国的第二次革命"[4]。习近平同志强调："经济学虽然是研究经济问题，但不能脱离社会政治，纯而又纯。"[5]

其次，自觉坚持以马克思主义实践观、唯物史观与价值观为指引，书写中国特色社会主义政治经济学。70 余年来，新中国以社会主义经济建设及整个现代化建设实践为基础，紧紧围绕时代与实践发展中的问题而书写中国特色社会主义政治经济学。在把马克思主义政治经济学理论与中国式现代化经济建设实践结合的过程中，既创造了中国经济腾飞的世界奇迹，又为书写成熟的中国特色社会主义政治经济学奠定了实践经验基础。以唯物史观为指引，把历史唯物主义作为书写中国特色社会主义政治经济学的理论基础、底色与灵魂，把生产关系作为政治经济学的研究对象，紧密联系、辩证处理生产力与生产关系、经济基础与上层建筑的关系，从中国社会基本矛盾出发，来研究经济及政治发展的系统

---

[1] 《毛泽东文集》第 7 卷，人民出版社 1999 年版，第 351 页。
[2] 中共中央文献研究室编：《毛泽东年谱（1949—1976）》第 3 卷，中央文献出版社 2013 年版，第 498 页。
[3] 中共中央文献研究室编：《毛泽东年谱（1949—1976）》第 5 卷，中央文献出版社 2013 年版，第 553 页。
[4] 《邓小平文选》第 3 卷，人民出版社 1993 年版，第 113 页。
[5] 习近平：《不断开拓当代中国马克思主义政治经济学新境界》，《求是》2020 年第 16 期。

性问题。正如毛泽东同志所指出:"政治经济学研究的对象主要是生产关系,但是,政治经济学和唯物史观难得分家。不涉及上层建筑方面的问题,经济基础即生产关系的问题不容易说得清楚。""在政治经济学的研究中,生产力和上层建筑这两方面的研究不能太发展了。生产力的研究太发展了,就成为自然科学、技术科学了;上层建筑的研究太发展了,就成为阶级斗争论、国家论了。"① 同时,中国共产党人以高度的理论自觉,坚持以马克思主义价值观为指引,在为国家富强、民族振兴、人民幸福的整体主义价值观而奋斗的过程中,书写了中国特色社会主义政治经济学,牢固树立了人民至上这一中国特色社会主义政治经济学的价值根基。

最后,自觉坚持以马克思主义辩证法为指引,书写中国特色社会主义政治经济学。书写中国特色社会主义政治经济学,不仅需要以马克思主义的科学世界观为指导,还需要马克思主义的辩证方法论。1959年12月—1960年2月,毛泽东在读苏联《政治经济学教科书》的系列谈话中指出:"没有哲学家的头脑的作家,要写出好的经济学来是不可能的。马克思能够写出《资本论》,列宁能够写出《帝国主义论》,因为他们同时是哲学家,有哲学家的头脑,有辩证法这个武器。"② 坚持马克思主义政治经济学的辩证历史分析方法,毛泽东同志还批判苏联《政治经济学教科书》在方法论的方面的缺陷,指出这本书"特别是写法不好,不从生产力和生产关系的矛盾、经济基础和上层建筑的矛盾出发,来研究问题,不从历史的叙述和分析开始自然得出结论,而是从规律出发,进行演绎"③。在改革开放、建设有中国特色社会主义的伟大生动实践过程中,邓小平同志坚持解放思想、实事求是的思想路线,不断破除对马克思主义政治经济学的僵化教条、抽象演绎理解,从中国特色社会主义现代化建设中的问题出发,不断总结经济建设的经验与规律。新时代,习近平同志以高度的理论自觉指出:马克思主义政治经济

---

① 中共中央文献研究室编:《毛泽东年谱(1949—1976)》第4卷,中央文献出版社2013年版,第257、282页。
② 《毛泽东文集》第8卷,人民出版社1999年版,第140页。
③ 中共中央文献研究室编:《毛泽东年谱(1949—1976)》第4卷,中央文献出版社2013年版,第301页。

学的创立根据是"马克思、恩格斯根据辩证唯物主义和历史唯物主义的世界观和方法论"①。马克思以革命的辩证法书写《资本论》,实现了政治经济学的伟大历史变革;新时代唯有自觉坚持与发展辩证法,增强构建中国特色社会主义政治经济学方法论的自觉自信,才能完成书写中国特色社会主义政治经济学的辉煌新篇章。

三 推动当代中国特色民主政治稳定发展的实践需要

"时代是思想之母,实践是理论之源。"② 实践的需要为新思想理论的产生发展提供了现实性动力。当代中国式现代化与中华民族伟大复兴的实践进程,为当代中国化马克思主义政治哲学理论的发展提供了广阔的历史舞台与动力源泉。新时代中国特色社会主义民主政治的稳定发展,更是迫切需要马克思主义政治哲学提供理论支撑,因此也就迫切需要深入具体阐释《资本论》及其手稿的政治哲学,由此带来了《资本论》及其手稿的政治哲学研究在当代中国的兴起。正如有论者所指出:"政治哲学在当代中国的兴起是学界对中国面临的重大社会现实问题的一种积极回应。"③ "当代中国马克思主义政治哲学的进一步发展应当面对中国社会的发展现实。"④

首先,马克思主义政治哲学理论是中国社会主义现代民主政治实践的先导,中国特色现代民主政治实践的稳定发展同时也表明马克思主义政治哲学理论行,归根结底表明中国化、时代化的马克思主义政治哲学理论行。70 余年来,新中国始终坚持以马克思主义政治哲学中的民主政治思想为指导,从人民当家作主的新型社会主义民主政治制度的基本创立,到中国特色社会主义民主政治的稳定改革发展,再到新时代中国特色社会主义民主政治的创新与定型化发展,不断实现

---

① 习近平:《不断开拓当代中国马克思主义政治经济学新境界》,《求是》2020 年第 16 期。

② 习近平:《决胜全面建成小康社会 夺取新时代中国特色社会主义伟大胜利——在中国共产党第十九次全国代表大会上的报告》,人民出版社 2017 年版,第 26 页。

③ 白剑波:《当代中国政治哲学的兴起与马克思主义哲学研究方式的转换》,《河南社会科学》2011 年第 5 期。

④ 阎孟伟:《马克思主义政治哲学在中国的兴起与发展》,《教学与研究》2019 年第 10 期。

社会主义现代民主政治的实践发展、理论飞跃、制度创新与文化自信，逐渐走出了一条中国式现代化民主政治发展新路。新时代，在发展全过程人民民主、切实保障人民当家作主、全面发展协商民主、积极纵深发展基层民主、巩固和发展最广泛爱国统一战线的实践历史发展背景下，迫切需要深入挖掘以《资本论》为代表的马克思主义政治哲学思想资源，为中国式现代化民主政治稳定发展与定型化找到科学理论支撑、方法论指导。

其次，为深层次回答当代中国现实社会政治稳定发展中的问题，需要深化马克思主义政治哲学研究，尤其要深化对《资本论》及其手稿的政治哲学研究。伴随着全面深化改革开放与中国特色社会主义市场经济的全面深入发展，中国社会主要矛盾已发生转化，生产、交换、分配、消费关系都发生深层次变革，由此带来经济与政治体制以及观念的新变革，中国社会政治现代化转型发展进入关键时期。在此关键期，资本与劳动的深层次矛盾关系问题，以及自由、民主、公平、正义等系列现代性社会政治矛盾问题凸显。新时代，直面这些现代性社会经济政治发展中的各种矛盾问题，有效驾驭资本为经济社会与民主政治发展服务，稳妥处理自由、民主、公平、正义等社会政治问题，就需要以国家治理现代化的新实践智慧确立起全新政治思维方式以及价值观念，也就需要从理论上对《资本论》及其手稿的政治哲学思想进行深入挖掘、守正创新，才能有力保证中国式现代化、人类文明新形态行稳致远。

最后，为增强走中国特色社会主义现代化民主政治新型发展道路的文化自觉、自强与自信，也需要深化马克思主义的政治哲学研究，尤其要深化对《资本论》及其手稿的政治哲学研究。作为全新政治文明形态，中国特色社会主义现代化民主政治是以马克思主义政治哲学为基本理论遵循，紧密结合中国式现代化历史发展的实际，紧密依托中华优秀传统政治文化的宝贵思想资源，批判借鉴现代性西方政治哲学的有益成果，从而形成了中国共产党治国理政的全新政治智慧、实践智慧。这一全新政治文明形态具有开创性与超越性，是对现代西方资本逻辑主导的政治文明形态的超越，是通达未来人类解放、自由人联合体理想社会文明形态的正道。这一全新政治文明形态，正在同现代西方政治文明的交流、交往与矛盾斗争中彰显出先进性与优越性，实现从跟跑到领跑的新跨越，并逐渐形成走中国特色社会主义现代化民主政治新型发展道路的文化自觉、自强与自信。这一全新政治文明形态，正以不断的道路开拓、理论飞跃、制度变革与文化创新实现世界历史性发展，成为全面推进中国式现代化、中华民族伟大复兴的强有力政治保证。

第二章

《资本论》及其手稿的政治哲学思想内容

诚然,《资本论》及其手稿并不是马克思的哲学、政治哲学专著,但其中却蕴含着丰富的哲学、政治哲学思想内容。作为系统钻研过哲学的伟大理论家、思想家,马克思在《资本论》及其手稿中也以政治、历史唯物主义哲学的方式对资本主义生产方式及建筑在其上的政治上层建筑与观念文化展开过深刻而全面的批判,并为变革旧世界、创建新世界提供了科学的世界观与方法论。换言之,唯有系统具体挖掘与探讨《资本论》及其手稿、政治经济学批判所蕴含的政治哲学思想话语,才能全面深入而准确地把握、阐释并建构起马克思主义政治哲学的思想内容,有效回应现当代西方政治哲学的种种诘难。对此,有论者曾指出,"细致考询马克思政治经济学话语,我们才有可能真正理解他关于权利、自由、平等、理性、道德、正义等的基本观点,明辨他的政治哲学理论的特质"[①]。总体来看,紧紧围绕资本与劳动这个现代性社会矛盾关系体系赖以旋转的轴心,《资本论》及其手稿所揭示的政治哲学思想主要内容可分为七个方面,即所有权与自由、平等、正义、意识形态、市民社会、阶级斗争与社会革命、自由人联合体美好社会图景。

第一节 资本与劳动矛盾斗争中的所有权与自由

近代西方文艺复兴、启蒙运动与"双元革命"的解放力量逐渐终

---

① 李佃来:《政治哲学视域中的马克思》,中央编译出版社2018年版,第157页。

结了欧洲中世纪王权与神权专制统治的漫漫长夜，徐徐拉开了资本主义新时代的帷幕。人性取代神性，人权取代王权，资本与金钱成为世界的新主宰。在现代资产阶级社会、资本主义的理性千年王国中，极少数资产阶级新贵族的财富与自由同绝大多数无产阶级新臣仆的贫困与被奴役在资本与劳动的矛盾对抗中愈益撕裂地增长着。然而，左右资本主义新时代精神的最强音却是财富与自由，私人财产权利与自由成为近代西方自由主义理论家们心中的潜台词与神圣法则，为此论证阐发持续不断。权利与自由也由此成为近现代西方政治哲学探索中的一对孪生姐妹。所有权、财产权、财富与自由的关系问题是古典政治经济学及近代西方政治哲学探索的核心问题，也是马克思政治经济学批判，以及《资本论》及其手稿政治哲学批判的核心问题。

一 所有权与自由关系的近代自由主义言说

在近代西方理论家的各种自由主义言说中，都有对所有权与自由关系问题的论证或阐释，其中较为典型的理论家有配第、斯密、洛克、卢梭、贡斯当、密尔、康德与黑格尔等。被马克思高度评价为现代政治经济学创始人、"政治经济学之父"的配第率先提出劳动创造价值、劳动是财富源泉的观点。配第在《赋税论》一书中区分商品的自然价格与市场价格，并把自然价格等同于价值，认为："假如一个人在能够生产一蒲式耳谷物的时间内，将一盎司从秘鲁的银矿采出来的白银运到伦敦来，那么，后者便是前者的自然价格。""自然价值的高低，决定于生产自然必需品所需要人手的多少。"[①] 其中蕴含着劳动创造价值、价值由劳动时间决定的宝贵思想资源。配第还提出"土地为财富之母，而劳动则为财富之父"[②] 这一古典政治经济学价值理论的标志性论断。英国古典政治经济学之父斯密率先创立古典政治经济学体系，系统阐述价

---

① [英] 威廉·配第：《配第经济著作选集》，陈冬野等译，商务印书馆1981年版，第43、88页。

② [英] 威廉·配第：《配第经济著作选集》，陈冬野等译，商务印书馆1981年版，第63页。

第二章　《资本论》及其手稿的政治哲学思想内容　85

值理论以及资本—利润、土地—地租、劳动—工资"三位一体"学说，并认为"劳动所有权是一切其他所有权的主要基础，所以，这种所有权是最神圣不可侵犯的"①。斯密还说明了"奴隶要比自由劳动者'更昂贵'"②。法国重农学派的思想先驱魁奈与杜尔阁强调"土地是财富的唯一源泉"③，只有农业及其生产劳动能够增加财富。

被马克思和恩格斯称为"自由思想之父"、英国资产阶级革命"妥协的产儿"的洛克，率先提出了"人生而自由"的天赋人权与自由观念，其政治哲学主题是确立私有财产权利与自由，其基本政治主张是维护公民个人财产权利与自由，积极倡导私有财产神圣不可侵犯的法权原则。为维护资产阶级革命成果，论证这一新兴资产阶级自由法权原则，洛克也提出了劳动创造价值的观点。他认为："劳动在万物之母的自然所已完成的作业上面加上一些东西，这样它们就成为他的私有权利了。""正是劳动使一切东西具有不同的价值。……在绝大多数的东西中，百分之九十九全然要归之于劳动。"④ 即是说，在主观想象的自然状态中，是劳动而非契约创造自然物品的附加价值，从而确立私人所有权。因而，私人财产权利与自由是遵从自然与理性的天然结果，是神圣不可侵犯的，政府的首要目的就是保护公民个人的私有财产权利与自由。因此，施特劳斯说："洛克的财产学说，实际上差不多是他政治学说中最核心的部分，当然也是其中最具特色的部分。"⑤ 马克思一针见血地指出，洛克想要证明"怎样才能通过个人劳动创造个人所有权，尽管自然是公共所有物"⑥，"洛克是同封建社会相对立的资产阶级社会

---

① ［英］亚当·斯密：《亚当·斯密全集》第 2 卷，郭大力、王亚南译，商务印书馆 2014 年版，第 121 页。
② ［德］卡尔·马克思：《剩余价值学说史》第 2 卷，郭大力译，上海三联书店 2009 年版，第 59 页。
③ ［法］弗朗索瓦·魁奈：《魁奈经济著作选集》，吴斐丹、张草纫译，商务印书馆 1997 年版，第 340 页。
④ ［英］约翰·洛克：《政府论》下篇，叶启芳、瞿菊农译，商务印书馆 1964 年版，第 19、27 页。
⑤ ［美］列奥·施特劳斯：《自然权利与历史》，彭刚译，生活·读书·新知三联书店 2003 年版，第 239 页。
⑥ 《马克思恩格斯全集》第 26 卷第 1 册，人民出版社 1972 年版，第 391 页。

的权利观念的经典表达者；此外，洛克哲学成了以后整个英国经济学的一切观念的基础，所以他的观点就更加重要"①。

法国哲学家卢梭也设想了抽象自由平等的自然状态，接受了洛克私有制建立在劳动基础上的观念，也认为"不可能撇开劳动去设想新生的私有观念"②。而且，他还进一步指出财产是政治社会的真正基础、公民事业的真正保证，"财产权的确是所有公民权中最神圣的权利，它在某些方面，甚至比自由还更重要"③。他还对最初占有者的权利，即财产的原始取得进行论说，认为"唯有在财产权确立之后，才能成为一种真正的权利"④。与洛克不同，卢梭没有把私有财产权看成天赋人权，而是把其视为私有制的产物，进而批判过度的私有制及贫富悬殊所导致的经济政治新奴役，呐喊出"人是生而自由的，却无往不在枷锁之中"⑤的响亮口号。

在此基础上，法国政治哲学家贡斯当为解决现代资本主义个人自由与社会自由、公民自由关系的难题，提出古代人的自由主要是一种政治自由，现代人的自由主要是一种个人自由，还进一步划分公权与私权领域，试图使资产阶级社会权力与权利的矛盾关系得以缓和。此后，英国自由主义、功利主义理论家密尔在《论自由》一书中进一步解说了公民自由、社会自由与个人自由的关系，认为个人行为只要不涉及他人权益，个人就有完全的行动自由，他人不得干涉；当个人行为危害到他人权益时，个人应当接受社会或法律的惩罚。密尔积极倡导个人自由、减少政府干预，呼吁贸易自由、自由竞争，以适应处于优势地位、上升时期的自由竞争资本主义发展的需要。根据贡斯当与密尔对权利与自由的论说，现代英国政治理论家伯林进一步概括阐发了积极自由与消极自由的自由主义法权观念。

不同于英法理论家对自然状态、自然权利与社会契约的理论虚构，

---

① 《马克思恩格斯全集》第 37 卷，人民出版社 2019 年版，第 272 页。
② [法] 卢梭：《论人类不平等的起源和基础》，李常山译，商务印书馆 1962 年版，第 123 页。
③ [法] 卢梭：《论政治经济学》，王运成译，商务印书馆 1962 年版，第 25 页。
④ [法] 卢梭：《社会契约论》，何兆武译，商务印书馆 2003 年版，第 27 页。
⑤ [法] 卢梭：《社会契约论》，何兆武译，商务印书馆 2003 年版，第 4 页。

德国古典哲学家从康德到黑格尔都以理性思辨的方式论证所有权与自由的关系问题。康德以先验哲学改造英法理论家的所有权与自由观念,虽然他也同意对财物"临时"、优先占有的天赋权利,但又指出对财物的"临时"、优先占有只有在文明社会的法律法则和道德法则规范下才能够得到"绝对"的确认。① 财产权最终确认的依据是先验的实践理性,只有在先验道德法则规范下的自由才是内在、积极的自由。而且,康德还以财产、财富的标准来区分积极公民与消极公民。黑格尔精神哲学把人视为理性、自由的存在,把哲学的使命视为实现主客观统一的自由学说,并在《法哲学原理》中具体阐述所有权与自由的关系问题。他说:"人唯有在所有权中才是作为理性而存在的。""从自由的角度看,财产是自由的最初定在","人把他的意志体现于物内,这就是所有权的概念"。② 黑格尔把所有权视为主观自由客观化的第一个环节、最初的定在,然而它作为此岸的"事实王国",距离彼岸的"真理王国""理想世界"中的自由境界还太遥远。③ 最终,黑格尔以唯心史观的方式,把财产权这一定在中的自由超越性地安放在精神哲学否定之否定永不停息的旋转之中。

从经济领域到政治领域及其主导的观念文化领域,从古典政治经济学到近代西方政治哲学,近代西方社会生活各领域都弥漫着自由主义的所有权与自由,即财富与自由的观念。由此一来,"私有财产神圣不可侵犯"便成了近现代西方资产者及其理论家们共同传唱的歌谣,成了现当代世界的强势价值观念与话语。三四百年来,伴随着资本主义物质生产、政治军事、科技文化霸权在世界范围内的野蛮生长,以及资本家集团对利润与剩余价值的攫取,这一现代所有权与自由永恒的神话故事也在全球流传开来。借助现代广大社会下层民众、弱者以及知识界等渴望权利、自由与公正的抽象想象,英、德资产阶级新贵族为宣扬其私有财产神圣不可侵犯的合法性,编造了"风能进,雨能进,国王不能进"的虚假故事,至今还在流传,还在蒙蔽着人们。然而,早在19世纪

---

① [德] 康德:《法的形而上学原理》,沈叔平译,商务印书馆1991年版,第78页。
② [德] 黑格尔:《法哲学原理》,范扬、张企泰译,商务印书馆1961年版,第54—59页。
③ [德] 黑格尔:《法哲学原理》,范扬、张企泰译,商务印书馆1961年版,第360页。

40—90年代，面对所有权、财富与自由的近代自由主义喧嚣，马克思和恩格斯就开启了对现代所有权与自由问题的批判研究，并深刻批判揭示了资本与劳动矛盾斗争中的所有权与自由关系问题的本质。

二 马克思对所有权与自由关系批判研究的轨迹

在近代西方启蒙理性与自由精神的熏陶激荡下，大学期间的马克思起初在诗歌文学及康德哲学领域追寻着浪漫的先验抽象自由，后转向黑格尔精神哲学领域探索理性精神的自由、"定在中的自由"①。此时，处于理性自由主义思想发展阶段的马克思，虽未把自由问题与财产权问题联系起来，但与黑格尔不同的是，为使自由变为现实即"在定在之光中发亮"，马克思"正在从事性质完全不同的政治和哲学方面的研究"②，即开始把对自由问题的哲学探索与现实问题紧密联系起来，有了实践自由观的初步萌芽。

步入社会生活实践舞台后，作为报刊撰稿人及《莱茵报》主编的马克思，充分利用报刊批判封建专制特权，呼吁言论、新闻出版自由等现代政治国家界限内的政治法律自由，同时在哲学本体论、认识论与价值论上把自由视为人的本质、普遍的权利，即"自由确实是人的本质"③。在理性自由主义学说及现代政治国家界限内，马克思肯定近代西方启蒙思想家对理性、自由与人权的呐喊，赞扬"自由的推究哲理的法国人本杰明·贡斯当"④。马克思尤其注意到：广大下层民众贫苦的生活状态与现代国家学说所宣扬的"合乎人性的"、自由与人权的理想生活状态相差甚远，"人们为之奋斗的一切，都同他们的利益有关"⑤。这表明，马克思已开始从形而上学的理性自由之思，走向现实物质利益维度的自由之思。

马克思对所有权与自由关系问题的批判研究起始于《克罗茨纳赫笔记》。1843年7—8月，从社会退回书房的马克思在克罗茨纳赫钻研

---

① 《马克思恩格斯全集》第1卷，人民出版社1995年版，第50页。
② 《马克思恩格斯全集》第1卷，人民出版社1995年版，第103页。
③ 《马克思恩格斯全集》第1卷，人民出版社1995年版，第167页。
④ 《马克思恩格斯全集》第1卷，人民出版社1995年版，第235页。
⑤ 《马克思恩格斯全集》第1卷，人民出版社1995年版，第187页。

法国革命史与黑格尔的法哲学等著作,并做了五本摘记。其中,关于"所有制及其后果"部分内容的摘记表明,马克思已开始关注并研究所有制问题,并由此"开始思考财产和政治法律之间的内在联系及其影响等问题,而且他采取的也是一种历史式的研究方式,即研究所有制的产生和发展以及在历史上表现的主要形式"①。由此开始至 1844 年,通过对黑格尔法哲学即近代西方政治经济学"副本"与法国大革命史的深入批判研究,马克思走出了近代西方理性自由主义与激进民主主义的思想局限,开始批判天赋自由与人权观念,指出"贵族的秘密是动物学"②。

通过对市民社会、古典政治经济学"原本"的初步解剖,马克思在 1844 年年初发表的《〈黑格尔法哲学批判〉导言》《论犹太人问题》中洞悉到资本主义时代的脉动,即"工业以至于整个财富领域对政治领域的关系"这一"现代主要问题"③,从而站在人类解放的历史唯物主义新世界观高度深刻批判近代西方政治自由、政治解放的乌托邦。他指出,以法国《人权宣言》、美国宪法与法律中的人权自由条款为标志,近代西方政治革命与政治解放所实现的只是普遍的信仰权利与自由、少数人的财产权利与自由、市民社会中利己主义的人权,即"同其他人并同共同体分离开来的人的权利","自由这一人权的实际应用就是私有财产这一人权"④。私有财产权是一种"自私自利的权利",即市民社会成员——利己主义的人普遍彼此撕裂、互为手段的单子般的自由。

恩格斯发表在《德法年鉴》上的论文《国民经济学批判大纲》,被马克思誉为"批判经济学范畴的天才大纲",引发了马克思对政治经济学的批判研究,以及对所有权与自由关系问题的探索。在《国民经济学批判大纲》中,恩格斯站在工人阶级立场,把对古典与庸俗政治经济学的批判研究与其对资本主义工商业的实践经验与观察思考紧密结合

---

① 王旭东、姜海波:《马克思〈克罗茨纳赫笔记〉研究读本》,中央编译出版社 2016 年版,第 5 页。
② 《马克思恩格斯全集》第 3 卷,人民出版社 2002 年版,第 132 页。
③ 《马克思恩格斯全集》第 3 卷,人民出版社 2002 年版,第 204 页。
④ 《马克思恩格斯全集》第 3 卷,人民出版社 2002 年版,第 183 页。

起来，提出"国民经济学"在本质上是"一个成熟的允许欺诈的体系、一门完整的发财致富的科学"。进而，恩格斯批判揭示了资本主义私有制导致资本和劳动的分离，以及人类分裂为资本家和工人，指出"资本是劳动的结果"，"劳动是生产的主要要素，是'财富的源泉'，是人的自由活动"①。这直接为马克思在《1844年经济学哲学手稿》中探索资本与劳动矛盾斗争中的所有权与自由关系问题提供了思想启发。

在《1844年经济学哲学手稿》的三个笔记本中，马克思以大量篇幅专门探讨私有财产与异化劳动的关系，正式开启了对所有权与自由关系问题的批判研究。马克思从当前的经济事实出发，针对工资、利润与地租"三位一体"的国民经济学教条，及其所论说的私有财产神圣不可侵犯这一理论前提展开批判分析。按照国民经济学的理论逻辑，资本主义私有制及财富分配具有天然合理合法性，资本主义社会是一个充分肯定劳动与创造、充满财富与自由、整体幸福与和谐的永恒人间天堂。然而，事实却是整个社会日益贫富两极分化，少数资本家与广大工人处于愈演愈烈的敌对斗争之中，"整个社会必然分化为两个阶级，即有产者阶级和没有财产的工人阶级"②。这一对抗性的阶级矛盾斗争，即资本与劳动的敌对关系，源于资本主义私有制，源于私有财产与异化劳动、劳动是私有财产的本质这一严酷事实。由于资本是积蓄的劳动、物化劳动的凝结、对他人劳动产品的所有权，因此，私有制及少数资本家的财富与自由，是建立在工人异化劳动基础上的，工人的异化劳动为资本家创造财富与奇迹，却为工人自身产生赤贫与被奴役。从而把广大工人的生命创造活动贬低为动物活动、机械运动，进而把人的自主、自觉、自由的类本质活动贬低为非人的手段，而且在工业资本占统治地位的时代，私有财产对人的普遍统治成为世界历史性的力量。现代资本社会根本没有普遍的财富与自由，只有无产者的贫困与被奴役！唯有通过工人解放这种政治形式，实践变革私有财产与异化劳动的关系，消灭私有制、新的奴役制，才能实现普遍的人的解放。马克思相信，"劳动和资本的这种对立一达到极端，就必然是整个关系的顶点、最高阶段和灭

---

① 《马克思恩格斯文集》第1卷，人民出版社2009年版，第70—72页。
② 《马克思恩格斯全集》第3卷，人民出版社2002年版，第266页。

亡"①。作为人的自我异化的积极扬弃运动，共产主义实践就是以扬弃私有财产为中介的人道主义，"对私有财产的扬弃，是人的一切感觉和特性的彻底解放"②，也是实现人的解放的历史必然性环节。这就是对人类社会发展历史之谜的解答。

在1845年2—3月公开出版的《神圣家族》《英国工人阶级状况》两部著作中，马克思和恩格斯站在以工人阶级为代表的广大人民群众的立场，从人类物质生产实践活动出发，继续批判探索人类社会历史发展之谜，并继续批判研究所有权与自由的关系问题。他们肯定蒲鲁东对私有财产、所有权这一国民经济学理论基础与前提的批判，及其在变革国民经济学中所做出的科学贡献③，同时也发现蒲鲁东没有把劳动理解为私有财产的本质，并没有真正走出古典政治经济学的窠臼，无法消除异化劳动，"蒲鲁东还是以国民经济学的、因而也是充满矛盾的形式恢复了人的权利"④。马克思和恩格斯还批判青年黑格尔派所呐喊的精神自由只不过是戴着锁链的囚徒所想象的自由而已。恩格斯通过对英国工人阶级悲惨状况的调查研究，直接批判指出自由竞争的资本主义社会状态，就是一切人反对一切人的战争状态的现实版本。从表面上看，无产者是自主、自由的，但实际上是奴隶、整个资产阶级的奴隶。恩格斯尖锐地指出："无产者在法律上和事实上都是资产阶级的奴隶，资产阶级掌握着他们的生死大权。""这种奴隶制和旧式公开的奴隶制之间的全部差别仅仅在于现代的工人似乎是自由的……他不是某一个人的奴隶，而是整个有产阶级的奴隶。"⑤

虽然说，从《1844年经济学哲学手稿》到《神圣家族》《英国工人阶级状况》，马克思和恩格斯对所有权与自由关系问题的批判研究存在着费尔巴哈人本学唯物主义、"实证的人道主义"思想影响的痕迹，未对国民经济学展开深入系统的批判研究，更未能对蒲鲁东的所有权与自由观念展开深入批判研究。但是，此时的马克思已开始跳出国民经济

---

① 《马克思恩格斯全集》第3卷，人民出版社2002年版，第283页。
② 《马克思恩格斯全集》第3卷，人民出版社2002年版，第303—304页。
③ 《马克思恩格斯文集》第1卷，人民出版社2009年版，第255—256页。
④ 《马克思恩格斯文集》第1卷，人民出版社2009年版，第270页。
⑤ 《马克思恩格斯全集》第2卷，人民出版社1957年版，第360、364页。

学的窠臼，并以逐渐确立并敞开的唯物史观新视野去批判研究所有权与自由的关系问题。

　　1845年春到1846年5月的《关于费尔巴哈的提纲》《德意志意识形态》两部手稿表明，马克思已完成了他原计划要创作的《政治和政治经济学批判》系列著作的前提性工作，同时完成了对包括费尔巴哈在内的旧唯物主义的批判，确立起历史唯物主义的新世界观。在清理好政治经济学批判的理论地基之后，马克思站在新的历史起点开始深入批判研究所有权与自由的关系问题。马克思从现实的个人、人的物质生产生活实践活动出发，以生产力与交往形式交互作用关系理论，去考察分工与所有制、私有制真实的历史变迁，批判分析现代国家这一虚幻共同体中的阶级斗争、贫富对立、资本与劳动之间的分裂，指出唯有消灭私有制与异化的社会生产关系及其社会制度，联合起来的个人共同占有全部生产力并把生产置于共产主义的调节之下，才能实现人的自主活动、人的解放。在马克思看来，私有财产、财富与自由的抽象观念只不过是资产阶级统治的普遍化表现形式，现代国家是完全虚幻的集体，所实现的只是资产阶级的自由，个人自由、人的自由全面发展只有在真正的集体中才能实现，"在真实的集体的条件下，各个个人在自己的联合中并通过这种联合获得自由"[1]。在对真正的社会主义者施蒂纳主观臆造的政治自由主义、社会自由主义、人道自由主义进行批判的过程中，马克思还批判当时流行的"劳动自由"观念，指出："现代国家、即资产阶级的统治，是建立在劳动的自由之上的。……劳动的自由是工人彼此之间的自由竞争。……劳动在所有文明国家中已经是自由的了；现在的问题不在于解放劳动，而在于消灭这种自由的劳动。"[2] 马克思指出，人只能"在现有的生产力所决定和所容许的范围之内取得自由"[3]。进而，马克思批判施蒂纳所谓"正当获得的权利""人权"，不过是对资产阶级财产权的神圣化幻想；指出资产阶级发财致富与其国家政权密不可分，被雇佣剥削的现代工人阶级除了赤贫，毫无个性与自由，"在现代，物的关系对个人的统治，偶然性对个性的压抑，已具有最尖锐最普

---

[1] 《马克思恩格斯全集》第3卷，人民出版社1960年版，第84页。
[2] 《马克思恩格斯全集》第3卷，人民出版社1960年版，第223—224页。
[3] 《马克思恩格斯全集》第3卷，人民出版社1960年版，第507页。

遍的形式"①。人的自由全面发展这一世界历史性事业唯有在共产主义社会才能变成现实,经济条件、人类的团结一致以及个人的共同活动方式等个人间的紧密联系是实现人的自由全面发展的前提性条件。此外,《德意志意识形态》已开始对蒲鲁东的所有权与自由观念进行批判。

1847—1849 年,在《哲学贫困》《雇佣劳动与资本》《关于自由贸易问题的演说》《共产党宣言》等著作中,马克思对政治经济学的批判研究取得了突破性的进展,对所有权与自由关系问题的批判研究进一步深入。一方面,《哲学的贫困》批判蒲鲁东滥用以李嘉图为代表的古典政治经济学价值理论,胡乱编造其所谓价值理论的新科学发现"构成价值",混淆商品价值与劳动价值,错误地把工资等同于劳动价值,掩盖资产阶级的剥削与阶级对抗。进而,马克思初步阐发了自己的价值学说——劳动价值论,指出工人劳动创造的价值与他从资本家那里获得的工资有一个差额,这就是资本家积累财富的源泉。另一方面,《哲学的贫困》批判蒲鲁东拙劣地搬弄黑格尔哲学,结果却把辩证的方法变成了庸俗的"好""坏"变戏法,以一种唯心主义、形而上学的思维方式来阐述政治经济学。进而,马克思初步阐发政治经济学批判研究的方法论——唯物史观与辩证法。站在小资产者立场上的蒲鲁东认为"经济贫困是人类的观念体系所造成的"②,把无产阶级贫困的根源归结为缺乏头脑、思想与观念。马克思批判指出,推动社会形态、社会机体不断向前发展的动因是生产力与生产关系的矛盾运动,而非什么观念、永恒理性,"社会关系和生产力密切相联。随着新生产力的获得,人们改变自己的生产方式,随着生产方式即保证自己生活的方式的改变,人们也就会改变自己的一切社会关系。手工磨产生的是封建主为首的社会,蒸汽磨产生的是工业资本家为首的社会"③。这是唯物史观的首次公开表述。由此,站在工人阶级立场上的马克思深刻揭示了无产阶级贫困的资本主义私有制根源,指出工人阶级解放的条件就是要消灭一切阶级,创造一个消除阶级和阶级对立的新社会联合体。

---

① 《马克思恩格斯全集》第 3 卷,人民出版社 1960 年版,第 515 页。
② [法] 蒲鲁东:《贫困的哲学》上卷,余叔通、王雪华译,商务印书馆 2011 年版,第 336 页。
③ 《马克思恩格斯全集》第 4 卷,人民出版社 1958 年版,第 144 页。

1847 年 12 月下半月，马克思在布鲁塞尔德意志工人协会发表演说，这一演说经整理后，以《雇佣劳动与资本》为题发表在 1849 年 4 月的《新莱茵报》上。虽然马克思还未十分明确地区分劳动与劳动力两个重要概念，但已指出二者的根本差别，即工人向资本家出卖的东西不是"劳动"，而是"他们的劳动力"①，进而揭示出工资并非工人劳动创造价值的全部，而只是劳动力这种特殊商品价值的货币表现形式，即价格。"劳动力并不向来就是商品，劳动并不向来就是雇佣劳动，即自由劳动。"② 到了资本主义社会，雇佣工人为了生活，被迫把劳动力出卖给资本家，被迫把展现自己生命活动的劳动出卖给资本家，使劳动变成挣钱维持动物般生存的手段，以及牺牲自己生命活动的异化劳动。这就是雇佣劳动的本质。资本的本质并不是物，而是一种社会生产关系、资产阶级社会的生产关系，其"实质在于活劳动是替积累起来的劳动充当保存并增加其交换价值的手段"③。结果，"自由工人"的所谓自由劳动无非就是一方面在为资本家创造并积累财富与所有权，另一方面也在为工人自己制造更重的金锁链、更深的奴役，导致工人阶级被迫日益从属于资本家阶级。资本家与工人之间的社会鸿沟迅速扩大，资本支配劳动的权力随之扩大，雇佣劳动与资本之间的截然对立关系日益全面深化。因此，现代资本的所有权、财富与自由同现代工人的赤贫与被奴役在尖锐对立中增长着。在《哲学的贫困》的基础上，《雇佣劳动与资本》初步揭示了资本主义剥削的秘密，进一步揭示了劳动价值论与剩余价值论，同时深刻揭示了雇佣劳动与资本的尖锐对抗关系，为剩余价值论的创立奠定了科学基石。

1848 年 1 月 9 日，马克思在布鲁塞尔民主协会召开的公众大会上发表《关于自由贸易问题的演说》，批判当时资本主义正极力宣扬的神圣教条——自由贸易的虚假本质。马克思指出："到底什么是自由贸易呢？这就是资本的自由。……这是资本所享有的压榨工人的自由。"④ 同时，马克思也表达了他在自由贸易制度加速、促进社会政治革命与工

---

① 《马克思恩格斯文集》第 1 卷，人民出版社 2009 年版，第 713 页。
② 《马克思恩格斯文集》第 1 卷，人民出版社 2009 年版，第 716 页。
③ 《马克思恩格斯文集》第 1 卷，人民出版社 2009 年版，第 726 页。
④ 《马克思恩格斯文集》第 1 卷，人民出版社 2009 年版，第 756—757 页。

人解放的意义上，才赞成自由贸易的思想立场。

1848年2月，马克思和恩格斯在《共产党宣言》这一科学社会主义的纲领性文献中，进一步明确指出现代社会日益分裂为资产阶级与无产阶级两大直接对立斗争的阶级阵营，资产阶级的生存及其在经济、政治与文化上统治的根本条件是财富在私人手里的积累，即资本的形成与增殖是建立在雇佣劳动基础上的。在现代资产阶级社会，雇佣劳动制度把工人变成自由买卖的商品、机器的单纯附属品与新型奴隶，造成工人日益贫困与资本家财富不断增长的两极分化对抗；自由成了自由买卖、自由贸易的代名词，"资本具有独立性和个性，而活动着的个人却没有独立性和个性"①。马克思和恩格斯还提出解决现代社会阶级对抗、贫富两极分化，实现每个人自由全面发展之道，即消灭资本主义私有制、消灭阶级，指出："正是要消灭资产者的个性、独立性和自由……共产主义并不剥夺任何人占有社会产品的权力，它只剥夺利用这种占有去奴役他人劳动的权力。""每个人的自由发展是一切人的自由发展的条件。"② 至此，马克思关于所有权与自由关系批判研究的重要观念已基本确立起来。

1851—1882年，马克思在伦敦深入系统地批判研究了政治经济学，写下政治经济学批判系列手稿，公开发表《工资、价格和利润》的演说，出版《政治经济学批判。第一分册》、《资本论》第一卷，完成了对所有权与自由关系问题的系统批判研究。在《1857—1858年经济学手稿》与《1861—1863年经济学手稿》中，马克思建立起科学的劳动价值论与剩余价值论，明确区分"劳动"与"劳动力"两个重要概念，"彻底弄清楚了资本和劳动的关系"③，揭开了资本家对工人剥削的秘密，从而科学揭示了所有权与自由的关系问题。

1858年4月2日，马克思致信恩格斯探讨政治经济学批判的写作纲要，批判资产阶级社会的等价交换规律之下的所谓美妙图景，讽刺指出："这就是自由、平等和以'劳动'为基础的所有制的王国。""通过

---

① 《马克思恩格斯文集》第2卷，人民出版社2009年版，第46页。
② 《马克思恩格斯文集》第2卷，人民出版社2009年版，第47、53页。
③ 《马克思恩格斯文集》第3卷，人民出版社2009年版，第460页。

劳动来占有，等价交换，在这一范围内就表现为占有规律。"① 在《1857—1858年经济学手稿》中，马克思批判地指出，资本主义所有权是建立在对雇佣工人劳动活动产品的所有权、劳动力商品特殊使用价值基础上的，"劳动＝创造他人的所有权，所有权将支配他人的劳动"②。从而，一方面，诚如斯密所说，雇佣劳动与奴隶劳动、徭役劳动一样始终是令人厌恶的、"外在的强制劳动"，与之相对的不劳动却是"自由和幸福"；另一方面，马克思认为，只有当劳动的"外在目的失掉了单纯外在自然必然性的外观"，成为主体的内在需要与目的，"被看作自我实现，主体的对象化，也就是实在的自由，——而这种自由见之于活动恰恰就是劳动"的主客观条件具备的情况下，劳动才能"成为吸引人的劳动，成为个人的自我实现"③。"真正自由的劳动"并不是娱乐消遣活动，而是非常严肃紧张、具有社会性与科学性的人的自主活动，"关键在于，满足绝对需要所必需的劳动时间留下了自由时间"。④ 马克思还批判把自由竞争视为人的"自由个性在生产和交换领域内的绝对存在形式"的错误看法、荒谬观念，指出在自由竞争中自由的并不是个人，而是资本，自由竞争只是与资本生产过程相适应的形式，"断言自由竞争等于生产力发展的终极形式，因而也是人类自由的终极形式，这无非是说资产阶级的统治就是世界历史的终结——对前天的暴发户们来说这当然是一个愉快想法"⑤。现代资本主义的所有权、自由、平等观念，只不过是以新的三位一体所重新言说的现代资产阶级社会永恒论。实质上，这个新的三位一体所反映的是资本主义私有制对劳动的支配奴役权，即"私有制的规律——自由、平等、所有权——，即对自己劳动的所有权和自由支配权，转变成了工人没有所有权和把他的劳动让渡出去，而工人对自己劳动的关系，转变成了对他人财产的关系，反过来也一样"⑥。

---

① 《马克思恩格斯〈资本论〉书信集》，人民出版社1976年版，第135页。
② 《马克思恩格斯全集》第30卷，人民出版社1995年版，第192页。
③ 《马克思恩格斯全集》第30卷，人民出版社1995年版，第615—616页。
④ 《马克思恩格斯全集》第30卷，人民出版社1995年版，第616—617页。
⑤ 《马克思恩格斯全集》第31卷，人民出版社1998年版，第44页。
⑥ 《马克思恩格斯全集》第31卷，人民出版社1998年版，第70页。

在1859年的《政治经济学批判。第一分册》中,马克思系统分析资本主义财富元素存在的日常生活形式"商品",从详细分析商品所蕴含的资本主义社会基本矛盾入手展开政治经济学批判研究,提出了劳动二重性学说,进而为系统科学揭示所有权与自由的关系问题奠定了理论基石。

在《1861—1863年经济学手稿》中,通过对所有权的历史考察,马克思指出人类最初是以家庭、部落和共同体的形式共同占有自然界的,私有制只是文明社会的产物,而"无所有权的劳动者"这一状态,只是资本主义生产这一特定历史阶段特殊的生产方式对私人劳动所有权"剥夺"的产物,并不是人类社会的基本原则与一般占有规律。① 建立在生产资料私人占有、"工人的人身自由之上的"②雇佣劳动与资本主义生产方式,导致资本主义财富所有者与劳动者始终处于对抗斗争之中。虽然说生产资料、不变资本与可变资本、雇佣工人都是生产的必要条件,共同构成国民财富的要素,但财富最终"不过表现为人的活动",财富最终是社会劳动对象化活动创造的结果,资本家无偿占有的剩余价值是雇佣工人劳动创造的,利息、利润、地租也是雇佣工人劳动创造的剩余价值的不同转化形式。即财富与自由在资本家间循环周转、瓜分享乐,贫困与被奴役统治在雇佣工人间循环周转、分担煎熬。资本主义私人占有规律、私有制的后果是贫富两极分化、资本与劳动尖锐对立,自由只是资本、资本家的自由,雇佣工人的生命活动被变成为自己制造锁链的活动,绝对剩余价值生产与相对剩余价值生产造成劳动从形式到内容完全从属于资本的统治。泯灭工人个性与自由的现代工厂制度造成了资本与劳动关系的契约形式——"双方形式上的自由也没有了"③,在温和的"监狱"——现代自动工厂中,"自动机"成了"专制君主"④,剩余劳动时间侵占了工人的精神与肉体生活,侵占了工人的生命活动与发展空间。"货币形式的资本的积累,决不是劳动的物质

---

① 《马克思恩格斯全集》第36卷,人民出版社2015年版,第256页。
② 《马克思恩格斯全集》第36卷,人民出版社2015年版,第322页。
③ 《马克思恩格斯全集》第37卷,人民出版社2019年版,第159页。
④ 《马克思恩格斯全集》第37卷,人民出版社2019年版,第166页。

条件的物质积累，而是对劳动的所有权证书的积累。"① 而且，与活劳动相异化的劳动的客观条件、自然力与科学等统统表现为一种武器，变成"资本的权力，而且完全成为敌视工人、统治工人、为了资本家的利益而反对每个工人的权力"②。资本不创造科学，但它通过利用、占有科学而发财致富，"科学对于劳动来说，表现为异己的、敌对的和统治的权力"③。资本主义生产完全抛弃为生活而生产的形式，变成为贸易而生产、为生产而生产，即为资本增殖、为资本家发财致富而生产。在批判资本主义私有制与异化劳动的同时，马克思还提出了彻底变革私有制、克服劳动异化的革命性与建设性方案。马克思指出，要达到为人的生命生活而生产的目的，就必须改造资本主义私有制，使其成为新的个人所有制，"资本家对这种劳动的异己的所有制，只有通过他的所有制改造为非孤立的单个人的所有制，也就是改造为联合起来的、社会的个人的所有制，才可能被消灭"④。

在《1863—1865年经济学手稿》中，马克思进一步完善了对所有权与自由关系问题的批判研究。马克思批判"死劳动"对"活劳动"的统治、物对人的统治、资本家对工人的统治等异化的社会关系，实际上只是资本主义生产过程，即"人本身的劳动的异化过程"的产物。历史地看，"这种颠倒是靠牺牲多数来强制地创造财富本身，即创造无情的社会劳动生产力的必经之点，只有这种无情的社会劳动生产力才能构成自由人类社会的物质基础"⑤。在此过程中，雇佣工人所创造的剩余价值养活了资本家，成了资本财富积累的源泉，资本的增长与无产阶级的增加成为密切相连的两极，表现为居于统治地位的资本财富与贫困依附的工人同样按比例发展起来。与奴隶制、农奴制、臣仆制等奴役制相比，雇佣劳动对资本的从属关系只是在形式上发生了转化，但本质未变，即雇佣劳动在形式上较自由些，但在生产过程中劳动对资本的从属与被统治日益加深，雇佣工人毫无自由时间，因此丧失了生命活动的

---

① 《马克思恩格斯全集》第37卷，人民出版社2019年版，第179页。
② 《马克思恩格斯全集》第37卷，人民出版社2019年版，第199页。
③ 《马克思恩格斯全集》第37卷，人民出版社2019年版，第204页。
④ 《马克思恩格斯全集》第37卷，人民出版社2019年版，第300页。
⑤ 《马克思恩格斯全集》第38卷，人民出版社2019年版，第73页。

空间。

在1865年5—6月的《工资、价格和利润》演讲中,马克思扼要而通俗地阐述了工资的实质与剩余价值的形成,清晰地揭示了资本家剥削工人的秘密,为在《资本论》中科学完整揭示所有权与自由关系问题铺平了理论道路。马克思直接指出,"工人出卖的并不直接是他的劳动,而是他的暂时让资本家支配的劳动力"[①]。地租、利息与利润只不过是资本家直接榨取工人创造的剩余价值的不同名称与形式,这就是资本、财富及整个资本主义所有权的秘密。同时,马克思批判地指出"时间是人类发展的空间"[②]。而无节制的资本却毫无顾忌、毫不留情地剥夺雇佣工人的自由时间,把雇佣工人变成连牲畜都不如的、一架单纯生产财富的"机器",造成了整个工人阶级身心的极端退化。

三 《资本论》对所有权与自由关系的批判揭示

伴随1867年《资本论》第一卷、1885年《资本论》第二卷,以及1894年《资本论》第三卷的出版,马克思对所有权与自由关系问题的批判揭示以系统完整而具体的科学理论形式展现出来。《资本论》从资本的生产、流通与资本主义生产总过程三个维度出发,系统完整地批判揭示了所有权与自由的关系问题;进而,具体地批判揭示了现代社会财富、资本所有权与资本主义私有制的内在关系,揭开了流行于现代社会的劳动自由观念的神秘面纱。《资本论》以历史唯物主义的新方式,对所有权与自由关系问题的批判揭示富有革命性与建设性。

首先,《资本论》对所有权与自由关系问题作出了系统完整的批判揭示。《资本论》系统完整地阐发了剩余价值理论,进而对所有权与自由关系问题作出了系统完整的批判揭示。《资本论》第一卷七篇、二十五章系统阐发了劳动价值论、剩余价值论与资本积累论,深刻揭示了剩余价值是从哪里来的,即资本家的财富、财产所有权是从哪里来的;《资本论》第二卷三篇、二十一章系统地阐发了资本的循环、周转与社

---

① 《马克思恩格斯文集》第3卷,人民出版社2009年版,第54页。
② 《马克思恩格斯文集》第3卷,人民出版社2009年版,第70页。

会总资本的再生产和流通，重点阐释了产业资本扩大再生产的形式与条件，深刻揭示了剩余价值是怎样实现的，即资本家的财富、财产所有权是怎样实现的；《资本论》第三卷七篇、五十二章系统地阐发了产业资本家、商业资本家、银行业资本家与地主对剩余价值形式利润、利息和地租的具体瓜分，深刻揭示了剩余价值是如何分配的，即资本家集团是怎样瓜分财富、财产所有权的。

从而，《资本论》以科学的剩余价值论系统完整地批判揭示了财富与财产所有权从哪里来、怎样实现、如何分配这一系列关键性问题，并由此深刻批判揭示了现代社会雇佣劳动与资本、无产阶级与资产阶级的对抗性矛盾，从总体上批判揭示了现代资本主义社会的财产所有权与自由关系问题。一方面，《资本论》告诉我们，现代资本主义社会财富、财产所有权是雇佣工人剩余劳动创造的，结果却被资本家无偿占有了，雇佣工人所获得的工资只是其劳动力价值的货币表现形式，只是勉强维持其劳动力再生产所必需的生活资料价值；伴随着资本扩大再生产，财富与所有权在产业、商业、银行等资本家集团之间循环周转、再分配，财富、资本所有权越来越积聚、集中到少数大资本家手中，广大雇佣工人日益积累的是贫困化。另一方面，《资本论》告诉我们，现代资本主义社会的自由实质上只是有产者的自由，无产者除了"自由劳动"即自由出卖自己的劳动之外毫无自由可言；广大无产者、雇佣工人在生产过程中，在社会生活各领域，如同奴隶般屈从于资本家集团的剥削与奴役。贪得无厌地追求剩余价值的资本主义私有制及其生产方式使工人阶级完全丧失了生命创造活动的自主时间与空间，所形成的是资本所有权与自由，资本实现对整个现代经济、政治与社会的全面控制、统治与新奴役。"原来的货币占有者作为资本家，昂首前行；劳动力占有者作为他的工人，尾随于后。一个笑容满面，雄心勃勃；一个战战兢兢，畏缩不前，像在市场上出卖了自己的皮一样，只有一个前途——让人家来鞣。"① 这就是《资本论》对现代资本社会中资本家与工人、所有权与自由关系问题的深刻刻画与辛辣讽刺。

其次，《资本论》具体地批判揭示了财富、所有权与资本主义私有

---

① 《马克思恩格斯文集》第5卷，人民出版社2009年版，第205页。

制的秘密。《资本论》第一卷从分析财富入手，即从分析商品入手，展开了对资本主义生产方式的批判研究。马克思在《资本论》第一卷的开篇就说："资本主义生产方式占统治地位的社会的财富，表现为'庞大的商品堆积'，单个的商品表现为这种财富的元素形式。"① 通过对商品二因素与劳动二重性的分析，马克思指出，商品的价值"只是无差别的人类劳动的单纯凝结"②，即在生产上耗费、积累起来的人类劳动；劳动虽然不是形成商品"使用价值即物质财富的唯一源泉"③，但正如配第的"劳动是财富之父，土地是财富之母"学说所说，劳动是形成财富的重要源泉与因素。

进而，《资本论》第一卷通过第二篇至第六篇对剩余价值论的分析，具体地批判揭示了资本所有权问题。在资本主义社会，当劳动力成为商品，货币转为资本后，资本家用货币资本购买各种生产资料和劳动力这种特殊商品，开启具体劳动过程，即绝对剩余价值与相对剩余价值的生产过程，资本物质财富与资本社会关系的生产过程。在剩余价值生产过程中，工人的劳动不仅完全从属于资本家，而且工人所直接生产的产品也是"资本家的所有物"④。资本家的灵魂化作资本的灵魂，它利用所占有的生产资料、不变资本驱使并贪婪地吮吸劳动力、可变资本的剩余劳动，不断榨取剩余价值，不断增殖自身的财富，"资本是死劳动，它像吸血鬼一样，只有吮吸活劳动才有生命，吮吸的活劳动越多，它的生命就越旺盛"⑤。因而，当财富与商品生产按其内在规律历史地发展成资本主义的财富与商品生产后，"商品生产的所有权规律也就越是转变为资本主义的占有规律"⑥。就是说，资本主义的私人占有规律与商品生产规律都并非永恒的，而是历史形成的，即从财富、商品生产演化发展而来的。如此看来，蒲鲁东认为永恒的商品生产所有权规律同资本主义所有制相对立，并想以此消灭资本主义所有制，确实是令人惊

---

① 《马克思恩格斯文集》第 5 卷，人民出版社 2009 年版，第 47 页。
② 《马克思恩格斯文集》第 5 卷，人民出版社 2009 年版，第 51 页。
③ 《马克思恩格斯文集》第 5 卷，人民出版社 2009 年版，第 56 页。
④ 《马克思恩格斯文集》第 5 卷，人民出版社 2009 年版，第 216 页。
⑤ 《马克思恩格斯文集》第 5 卷，人民出版社 2009 年版，第 269 页。
⑥ 《马克思恩格斯文集》第 5 卷，人民出版社 2009 年版，第 678 页。

讶的唯心史观与形而上学谬论。

从而,《资本论》第一卷通过第七篇资本积累论,具体批判揭示了财富、所有权与资本主义私有制的内在关系。资本主义私有制形成并确立起来之后,财富、商品的生产完全转变成资本家财富与所有权的生产与增长,商品、货币、资本成了世界的新主宰,完成了对整个社会从经济到政治,再到精神文化的全面统治。对此,有学者曾指出:"资本主义最重要的要素之一,就是永不停歇、贪得无厌地榨取财富的强烈需要。之所以会产生这种无穷欲望,是因为财富与权力是不可分割的。资本在很大程度上具有指挥他人和让他人服从的力量,这就是权力。"① 资本主义国家政权不过是管理整个资产阶级事务的委员会而已,其法律不过是资产阶级这个统治阶级意志的体现、资本所有权与所有制的保护工具而已。用兰盖的话说,"法的精神就是所有权",而非孟德斯鸠唯心史观所臆造的"法的精神"②。资本社会财富不断增长的事实已被英国政客格莱斯顿不小心说漏了嘴,即"财富和实力这种令人陶醉的增长……完全限于有产阶级"③,而广大工人阶级贫困的极端程度却在不断增长。

资本家的第一桶金,即资本的原始积累则更加进一步暴露了资本的罪恶,以及财富、所有权与资本主义私有制内在关联的秘密。资本原始积累的方式方法绝不是近代西方政治经济学以田园诗般话语所描绘的通过正义和劳动途径而致富的,其本来的面目,即在真正的历史上是采用暴力方式发财致富的。一方面,资本以对外殖民征服、奴役、劫掠、杀戮等方法获得财富。新英格兰的清教徒疯狂无耻地屠杀北美印第安人,英国东印度公司对印度的殖民掠夺,英国对中国的鸦片贸易及鸦片战争,等等,就是资本对外暴力殖民掠夺财富的典型历史实证。另一方面,资本以对内残酷剥削压榨雇佣工人剩余劳动的经常普遍性方法发财致富。从封建社会经济结构中破茧而出的资本主义社会经济结构,在把

---

① [美]罗伯特·L. 海尔布隆纳:《资本主义的本质与逻辑》,马林梅译,东方出版社 2013 年版,第 19 页。
② 《马克思恩格斯文集》第 5 卷,人民出版社 2009 年版,第 711 页。
③ 《马克思恩格斯文集》第 5 卷,人民出版社 2009 年版,第 751 页。

生产者从农奴地位和行会束缚下解放出来的同时,也完全剥夺了生产者的生产资料所有权与生存保障,并把生产者转化为只能出卖自己劳动力的雇佣工人,"这种剥夺的历史是用血和火的文字载入人类编年史的"①。在资本主义新贵族统治的时代,"货币是一切权力的权力"②。资本主义国家政权、法律制度这一暴力统治工具转化为货币与资本权力的神圣外衣,成了保护资本所有权、剥削压迫雇佣工人的国家机器。英国圈地运动对农民土地"神圣所有权"的无耻暴力剥夺,法国大革命风暴一开始对工人刚刚争得的结社权的剥夺,等等,就是资本对内暴力剥削压榨发财致富的典型历史实证。因此,《资本论》第一卷深刻指出:"资本来到世间,从头到脚,每个毛孔都滴着血和肮脏的东西。"③资本主义私有制及其生产方式是通过对"靠自己劳动挣得的私有制"的排挤,把独立劳动者与生产资料完全分离,"对直接生产者的剥夺,是用最残酷无情的野蛮手段,在最下流、最龌龊、最卑鄙和最可恶的贪欲的驱使下完成的"④。这正如现代英国历史学家、社会学家汤普森所研究揭示的,"光荣革命"百年后的英国,"出现了一个土地与商业财产联合的寡头统治。从本质上说,它更腐败,而卖官鬻爵、官官相护的现象也更严重","商业扩张、圈地运动和早期工业革命都是在绞刑架的阴影下进行的"⑤。资本主义私有制已成为私有制历史发展的极端形式,它完全建立在剥削他人劳动基础上,只保留自由的劳动这一虚饰的外壳。资本主义社会财富、所有权的秘密在于资本主义私有制及其生产方式。

此外,《资本论》第三卷通过对剩余价值的分配,尤其是对资产阶级政治经济学"三位一体"的财富分配公式展开的批判,指出其中蕴藏着资本主义社会生产过程的一切秘密。通过对资本主义生产方式及其分配关系的科学分析,马克思指出,资产阶级政治经济学把产品的分

---

① 《马克思恩格斯文集》第5卷,人民出版社2009年版,第822页。
② 《马克思恩格斯文集》第5卷,人民出版社2009年版,第825页。
③ 《马克思恩格斯文集》第5卷,人民出版社2009年版,第871页。
④ 《马克思恩格斯文集》第5卷,人民出版社2009年版,第873页。
⑤ [英] E. P. 汤普森:《英国工人阶级的形成》上,钱乘旦等译,译林出版社2013年版,第10、54页。

配，即把工资、利润与地租的分配公式歪曲为事实是错误的，力图以此证明资本主义生产方式的永恒性更是荒谬的。马克思还证明，生产资料的资本主义私有制决定产品的分配，"资本主义生产方式是一种特殊的、具有独特历史规定性的生产方式"，与其相统一的生产关系，以及表现生产关系的分配关系也都具有"历史的和暂时的性质"。①

第三，《资本论》具体批判揭开了劳动自由的虚伪面纱。针对现代资本家集团把雇佣工人的雇佣劳动编造成"自由工人"的"自由劳动""劳动自由"的谎言，《资本论》第一卷从分析劳动力成为商品入手，逐步具体揭开了劳动自由的虚伪面纱。劳动力成为商品的前提条件是劳动者既没有生产资料也没有生活资料，除了自由出卖自己的劳动力，一无所有。为了生存，劳动者被迫把劳动力出卖给资本家，与资本家签订形式自由的契约，这就是雇佣工人、"自由工人""劳动自由"的起点：形式自由、实质不自由。对此，马克思深刻批判、辛辣讽刺道："劳动力的买和卖是在流通领域或商品交换领域的界限以内进行的，这个领域确实是天赋人权的真正伊甸园。那里占统治地位的只是自由、平等、所有权和边沁。自由！因为商品例如劳动力的买者和卖者，只取决于自己的自由意志。他们是作为自由的、在法律上平等的人缔结契约的。契约是他们的意志借以得到共同的法律表现的最后结果。"② 正如有论者所理解："劳动力成为商品，不只是一个经济学的命题，更是一个哲学—政治学的命题。这一事实揭穿了自由、平等的意识形态，揭穿了劳动的人类学与伦理学的幻象，真实地表现了人在资本逻辑的统治中所处的地位。"③ "在货币转化为资本的过程中，对于资本来讲，人权是剥夺劳动力的特权；对于劳动者来讲，人权是其自由地出卖劳动力的权利。"④

在接下来的剩余价值生产过程中，这种形式的"劳动自由"变成彻底的不自由，不仅使雇佣工人的劳动完全从属于资本家，而且连形式的"劳动自由"也不见了。一是在资本主义生产过程中，雇佣工人的

---

① 《马克思恩格斯文集》第 7 卷，人民出版社 2009 年版，第 994 页。
② 《马克思恩格斯文集》第 5 卷，人民出版社 2009 年版，第 204 页。
③ 仰海峰：《〈资本论〉的哲学》，北京师范大学出版社 2017 年版，第 199 页。
④ 苗贵山等：《〈资本论〉手稿人权思想研究》，中央编译出版社 2017 年版，第 139 页。

劳动活动完全在资本家的监督与劳动纪律约束下进行，计时工资、计件工资、克扣工资等现代工厂制度的奖惩奴役手段以高效的形式取代了奴隶制对身体的皮鞭惩罚。《资本论》引用恩格斯《英国工人阶级状况》的话语批判地指出："资产阶级用来束缚无产阶级的奴隶制，无论在哪里也不像在工厂制度上暴露得这样明显。在这里，一切自由在法律上和事实上都不见了。"① 二是现代资本主义大机器自动化生产把雇佣工人固定在高强度的劳动平台上，这种强制劳动使雇佣工人的生命创造活动成为现代化生产线上的一个环节，把雇佣工人变成为资本家创造剩余价值、发财致富的自动机。《资本论》批判指出，"英国这个机器国家，比任何地方都更无耻地为了卑鄙的目的而浪费人力"②，"机械的采用使工资奴隶制度永久化"③。三是现代资本主义大机器自动化生产不仅剥夺了雇佣工人的剩余劳动时间、自由发展时间与空间，而且还夺走了雇佣工人妻子儿女整个家庭的娱乐时间、生活时间、自由发展时间与空间。"从前工人出卖他作为形式上自由的人所拥有的自身的劳动力。现在他出卖妻子儿女。他成了奴隶贩卖者。"④ 可在童工调查委员会的《报告》中，资本主义的伪善者却把这种兽行称为"劳动自由"。⑤ 现代大机器自动化生产使现代家庭奴隶人数激增，这就是"机器的资本主义应用获得了多么辉煌的结果"⑥。愈演愈烈的英国矿山惨祸有时一次竟牺牲 200—300 名工人的生命，"这就是'自由'资本主义生产的美妙之处！"⑦

总之，"在资本主义社会里，一个阶级享有自由时间，是由于群众的全部生活时间都转化为劳动时间了"⑧。"罗马的奴隶是由锁链，雇佣工人则由看不见的线系在自己的所有者手里。他的独立性这种假象是由

---

① 《马克思恩格斯文集》第 5 卷，人民出版社 2009 年版，第 489 页。
② 《马克思恩格斯文集》第 5 卷，人民出版社 2009 年版，第 453 页。
③ ［德］卡尔·马克思：《剩余价值学说史》第 2 卷，郭大力译，上海三联书店 2009 年版，第 517 页。
④ 《马克思恩格斯文集》第 5 卷，人民出版社 2009 年版，第 455 页。
⑤ 《马克思恩格斯文集》第 5 卷，人民出版社 2009 年版，第 455 页。
⑥ 《马克思恩格斯文集》第 5 卷，人民出版社 2009 年版，第 514 页。
⑦ 《马克思恩格斯文集》第 5 卷，人民出版社 2009 年版，第 576 页。
⑧ 《马克思恩格斯文集》第 5 卷，人民出版社 2009 年版，第 605—606 页。

雇主的经常更换以及契约的法律拟制来保持的。"① 资本的原始积累,如英国的圈地运动更是以暴力强迫"劳动自由"的原始血证。为使广大农民成为雇佣劳动者、自由劳动者、自由工人,被圈地运动"暴力剥夺了土地、被驱逐出来而变成了流浪者的农村居民,由于这些古怪的恐怖的法律,通过鞭打、烙印、酷刑,被迫习惯于雇佣劳动制度所必需的纪律"②。资本主义私有制、雇佣劳动生产方式,就是建立在"剥削他人的但形式上是自由的劳动"③基础上的。

1881年8月,恩格斯在《必要的和多余的社会阶级》一文中指出,劳动者"这个阶级的名称、社会地位有过变化,农奴代替了奴隶,后来本身又被自由工人所代替,所谓自由,是摆脱了奴隶地位的自由,但也是除自己的劳动力外一无所有的自由"④。对于资本与劳动自由的近代西方自由主义谎言,从列宁到毛泽东都曾一针见血地批判揭露过。列宁指出:"资本家总是把富人发横财的自由和工人饿死的自由叫做'自由'。"⑤ 毛泽东指出:"有了剥削阶级剥削劳动人民的自由,就没有劳动人民不受剥削的自由。"⑥ 一些国外学者也做出近似正确的理解,如马尔库塞理解说:"这一问题不是劳动的解放,是因为劳动已成为'自由',自由的劳动就是资本主义社会的成就。"⑦ 福柯把《资本论》中所描绘的资本主义生产劳动理解为对劳动者的肉体生命的规训与惩罚,即现代资本权力对人的生命与自由权利的规训与惩罚。他说:"劳动一直具有三重功能:生产功能,象征功能,'驯服'或者说惩戒功能。"⑧ "资本主义经济的增长造成了规训权力的特殊方式。"⑨ 就连批判马克思

---

① 《马克思恩格斯文集》第5卷,人民出版社2009年版,第662页。
② 《马克思恩格斯文集》第5卷,人民出版社2009年版,第846页。
③ 《马克思恩格斯文集》第5卷,人民出版社2009年版,第873页。
④ 《马克思恩格斯全集》第25卷,人民出版社2001年版,第534页。
⑤ 《列宁选集》第3卷,人民出版社1995年版,第696页。
⑥ 《毛泽东文集》第7卷,人民出版社1999年版,第208页。
⑦ [美]赫伯特·马尔库塞:《理性和革命:黑格尔和社会理论的兴起》,程志民等译,上海人民出版社2007年版,第250页。
⑧ [法]米歇尔·福柯:《权力的眼睛——福柯访谈录》,严锋译,上海人民出版社1997年版,第164页。
⑨ [法]米歇尔·福柯:《规训与惩罚》,刘北成、杨远婴译,生活·读书·新知三联书店2003年版,第248页。

政治经济学的鲍德里亚也理解说,"资本主义体系就建筑在这一自由之上,即这种劳动力形式上的解放"①。温迪·林恩·李理解说,"'自由'劳动在经历了从创造一个'世界'(如历史性)到再生产生存条件的转换之后,现在它要么必然成为一种胡说,即不再是真正自己的劳动;要么根据这种新的社会关系被重新定义。劳动者具有维持生存(如果不是生活的话)的'自由',资本家具有剥削劳动者的生存条件的'自由'"②。

可见,《资本论》是在批判、否定的意义上使用了"劳动自由"这一概念,是从政治经济学批判、新的历史科学角度对劳动与自由关系的批判揭示,实现了对自由的哲学认识论探索到生产劳动实践论探索的转换。正如有论者所指出,对劳动与自由的关系的探讨不能局限于认识论中的自由观研究,"马克思主义的自由观的一个主要之点和根本之点是,用劳动说明人的自由——不仅说明自由的意义和特征,而且说明自由的发生和发展"③。但是,有些国内学者却没能对《资本论》中劳动与自由的关系作出正确理解,把马克思在《资本论》及其手稿中批判的、近代西方自由主义所虚饰的"劳动自由",强加到马克思的劳动观与自由观中,甚至把抽象的貌似美妙的"劳动自由"硬塞到共产主义社会与人的全面自由发展状态之中。

早在唯物史观创立时期的手稿《德意志意识形态》中,马克思就曾指出"自由劳动"是逃亡农奴追求的目标,即逃亡农奴"归根结底只是力求达到自由劳动"④。在1864年《国际工人协会成立宣言》一文中,马克思把雇佣劳动与奴隶劳动、农奴劳动画等号⑤,即雇佣劳动者在实质上是不自由的。而且,《资本论》第一卷还批判指出,资本主义生产方式"在奴隶制、农奴制等等野蛮暴行之上,再加上过度劳动的

---

① [法]让·鲍德里亚:《符号政治经济学批判》,夏莹译,南京大学出版社2009年版,第90页。
② [美]温迪·林恩·李:《马克思》,陈文庆译,中华书局2002年版,第32页。
③ 苏绍智、廖晓义:《马克思主义与自由》,《马克思主义研究》1987年第4期。
④ 《马克思恩格斯全集》第3卷,人民出版社1960年版,第87页。
⑤ 《马克思恩格斯文集》第3卷,人民出版社2009年版,第12页。

文明暴行"①。诚然，社会主义与共产主义社会第一阶段在历史发展进程中，还不得不同资本主义共享一些法权原则，也需要切实保障劳动者的权利与权益，并在此基础上调动发扬劳动者主人翁般的劳动创造精神，但不是什么抽象的"劳动自由"。因为，马克思所构想的未来理想社会中劳动的主客观条件、社会历史条件已经发生了根本性的变化，在现实中，社会主义社会的劳动者已成为新社会的主人，问题是如何让劳动成为新社会的主宰。

最后，《资本论》提出彻底解决所有权与自由问题的新方案。在《资本论》中，马克思提出彻底解决所有权与自由问题的新方案——"重建个人所有制""两个王国"的科学构想。通过对资本主义财富、所有权、私有制及其生产方式的经济学解剖与历史科学分析，《资本论》深刻批判揭示了资本主义社会资本与劳动对抗性矛盾问题的总根源，提出了"重建个人所有制"这一通达未来理想社会的辩证历史发展新方案。马克思指出："从资本主义生产方式产生的资本主义占有方式，从而资本主义的私有制，是对个人的、以自己劳动为基础的私有制的第一个否定。但资本主义生产由于自然过程的必然性，造成了对自身的否定。这是否定的否定。这种否定不是重新建立私有制，而是在资本主义时代的成就的基础上，也就是说，在协作和对土地及靠劳动本身生产的生产资料的共同占有的基础上，重新建立个人所有制。"② 这是理解《资本论》解决资本所有权问题的关键。

为此，应从以下三个方面理解"重建个人所有制"的内涵。③

其一，"重建个人所有制"是一个否定之否定的辩证历史发展过程。马克思和恩格斯把从原始个人所有制—现代资本主义所有制—重建个人所有制的形式演进呈现为一个自然历史过程。这是马克思和恩格斯在翔实的历史和经济科学研究基础上得出的科学结论，并不是像黑格尔那样用"头脑立地"思辨理性得出的唯心观念，更不是杜林

---

① 《马克思恩格斯文集》第5卷，人民出版社2009年版，第273页。
② 《马克思恩格斯文集》第5卷，人民出版社2009年版，第874页。
③ 参见李福岩《恩格斯对〈资本论〉的思想创见》，《政治经济学评论》2020年第6期。

式诉诸道义论的虚假臆造。由此,《资本论》以经济科学与历史科学的新方式证明了资本主义私有制及其生产方式的历史过程性、暂时性与必然灭亡的社会政治结论,从而完成对资本所有权的辩证历史性批判研究。

其二,"重建个人所有制"要重建的是公有制,而不是私有制,也不是对原始公有制的简单恢复。《资本论》第一卷明确指出,"重建个人所有制"不是重建私有制,而是从事实出发推演出即将自然必然出现的现实,这是一个按照辩证法规律完成的私有制的自我否定过程、重建公有制的过程。"私有制作为社会的、集体的所有制的对立物"①,必然要被新的社会所有制、公有制所代替,这也是一个人民群众剥夺少数剥夺者的历史过程。这一思想主张也是马克思和恩格斯自《共产党宣言》公开发表以来就一直坚持的基本思想原则。在1871年的《法兰西内战》一文中,马克思支持巴黎公社采取革命措施剥夺剥夺者,指出"它是想要把现在主要用做奴役和剥削劳动的手段的生产资料,即土地和资本完全变成自由的和联合的劳动的工具,从而使个人所有制成为现实"②。《资本论》第三卷还指出资本主义股份公司组织形式生产的极度发展,为新的生产方式诞生创造了更加积极的条件与过渡点,即"资本再转化为生产者的财产所必需的过渡点,不过这种财产不再是各个互相分离的生产者的私有财产,而是联合起来的生产者的财产,即直接的社会财产"③。从后往前思索,私人所有权、资本所有权是荒谬的,理想社会形态的财富与生产资料应当是社会共有、公有的,"从一个较高级的经济的社会形态的角度来看,个别人对土地的私有权,和一个人对另一个人的私有权一样,是十分荒谬的。甚至整个社会,一个民族,以至一切同时存在的社会加在一起,都不是土地的所有者。他们只是土地的占有者,土地的受益者,并且他们应当作为好家长把经过改良的土地传给后代"④。恩格斯还指出,"重建个人所有制"也是从低级所有制

---

① 《马克思恩格斯文集》第5卷,人民出版社2009年版,第872页。
② 《马克思恩格斯文集》第3卷,人民出版社2009年版,第158页。
③ 《马克思恩格斯文集》第7卷,人民出版社2009年版,第495页。
④ 《马克思恩格斯文集》第7卷,人民出版社2009年版,第878页。

向高级所有制的重建、发展过程，"并不是要重新建立原始的公有制，而是要建立高级得多、发达得多的共同占有形式"，这种新世界观"既被克服又被保存"，即克服其形式、保存其现实的内容。① 就是说，重建个人所有制和重建公有制是互为条件、相互渗透、内在统一的。重建公有制，才能使个人所有制成为彻底摆脱剥削别人劳动的所有制形式，从而成为更高级的自由联合体的个人所有制；重建个人所有制，才能使公有制获得更加充实丰富的发展内容，成为更高级的公有制形式。

其三，"重建个人所有制"强调生产资料社会共同占有、消费资料个人占有。《资本论》第一卷的商品与货币一章指出，在重建的自由人的联合体中，一切劳动关系、劳动产品的分配与消费关系都回归自然与正常，且非常简单明了。"这个联合体的总产品是一个社会产品。这个产品的一部分重新用作生产资料。这一部分依旧是社会的。而另一部分则作为生活资料由联合体成员消费。"②《哥达纲领批判》明确指出，在共产主义社会第一阶段，"除了个人的消费资料，没有任何东西可以转为个人的财产"③。这也正如恩格斯在《反杜林论》中所阐释的，社会总产品一部分用于联合体成员消费，一部分重新用于联合体共同的生产资料，"那时，资本主义的占有方式，即产品起初奴役生产者而后又奴役占有者的占有方式，就让位于那种以现代生产资料的本性为基础的产品占有方式：一方面由社会直接占有，作为维持和扩大生产的资料，另一方面由个人直接占有，作为生活资料和享受资料"④。

"重建个人所有制"是马克思和恩格斯在共同创立新世界观过程中所形成的经典表述之一，也是马克思及恩格斯彻底解决资本所有权及其异化社会关系问题的科学新方案。而有些国内外学者却对此做出似是而非的理解，如英国学者科亨认为，马克思与西方自由主义所有权思想有共同的理论基础，即都肯定自我所有权；马克思对资本主义剥削的批

---

① 《马克思恩格斯文集》第9卷，人民出版社2009年版，第145—146页。
② 《马克思恩格斯文集》第5卷，人民出版社2009年版，第96页。
③ 《马克思恩格斯文集》第3卷，人民出版社2009年版，第434页。
④ 《马克思恩格斯文集》第9卷，人民出版社2009年版，第296页。

判、对未来理想社会发展两阶段的描绘,都没有否定自我所有原则。①显然,科亨并没有理解马克思"重建个人所有制"的真谛,误解了马克思个人所有权思想的内涵,混淆了马克思与近代西方自由主义在个人所有权问题上的原则界限。我国有学者认为,马克思对所有权的批判"不是简单地否定一切所有权,而是只批判和否定所有权的异化,而批判所有权异化的目的正是为了实现所有权的自由本质";"马克思不是以所有制的形式是公有的还是私有的来判断所有制的好坏优劣,而是以所有权的性质是自由的还是异化的来判断所有制的好坏优劣"。② 这种解读是偏颇的。诚然,马克思不是简单地否定一切所有权,也批判和否定了所有权的异化,但是,马克思特别强调要消灭资本主义私有制及其所有权,消灭奴役人的造成劳动与生产资料相分离的私有制及私有权,唯有在生产资料公有制、社会共同占有生产资料的基础上,在集体中才能真正实现人的自由解放,也才能真正实现个人对生活消费资料的所有权,至于历史上曾经存在的个别的"以自己的劳动为基础的所有权"③早已被资本所有权消灭了。在马克思、恩格斯和拉法格一起制定的《法国工人党纲领导言(草案)》中,更是直接提出:"生产者只有在占有生产资料后才能获得自由;生产资料属于生产者只有两种形式:(1)个体形式,这种形式从来没有作为普遍事实而存在,并且日益为工业进步所排斥;(2)集体形式,资本主义社会本身的发展为这种形式创造了物质的和精神的因素……所以,法国社会主义工人确定其经济方面努力的最终目的是使全部生产资料归集体所有"。④ 简言之,消灭私有制、实行公有制,才能实现工人阶级的解放、人的解放。因此,所有制、所有权是实现自由解放的经济政治制度前提基础与原则。《资本论》倾尽了马克思一生精力,既以经济科学、历史科学的方式,又以

---

① [英]柯亨:《自我所有、自由和平等》,李朝晖译,东方出版社2008年版,第144、153页。
② 萧诗美、肖超:《马克思论所有权的自由本质和自我异化》,《中国社会科学》2019年第2期。
③ 《马克思恩格斯全集》第31卷,人民出版社1998年版,第348页。
④ 《马克思恩格斯文集》第3卷,人民出版社2009年版,第568页。

人的自由全面发展的终极价值目标原则，批判了私有制及其生产方式之恶、必然灭亡，论证了公有制取代私有制、人真正自由历史新开端的历史必然性。

通过对人类物质生产劳动这一重要实践活动的历史考察，尤其是对资本主义生产关系的全面批判研究，马克思在《资本论》第三卷中提出了必然王国与自由王国的辩证历史划分，为合理解决劳动与自由的关系以及人的自由解放问题提供了科学方案。①

其一，必然王国与自由王国分属不同时空领域。马克思把劳动、真正物质生产领域视为人的本质活动、对象性活动，"人和自然之间的物质变换即人类生活得以实现的永恒的自然必然性"②。因而，无论在何种社会形式、生产方式中，劳动、真正物质生产领域都始终是必然王国；自由王国在必然王国的彼岸，"在必要性和外在目的规定要做的劳动终止的地方才开始"，属于"作为目的本身的人的能力的发挥"的领域，即真正把实现人的自由全面发展作为目的本身的领域，存在于非物质生产劳动的时空领域。如此，马克思就从人的物质生产劳动活动这一最基本实践活动出发，把经济科学判断与伦理价值判断统一起来，以空间与时间两个维度对必然王国与自由王国做出划分。

其二，必然王国中也有自由，自由王国中也有必然。一方面，必然王国中也有自由。通过对资本主义私有制、生产方式的批判，马克思指出，资本主义物质生产劳动领域的自由只是形式上的自由，即"劳动自由"，其雇佣劳动实质是新型的奴隶劳动。因而，在劳动、真正物质生产领域这个必然王国中的自由样态，只能存在于消灭资本主义私有制及其生产方式后，社会共同占有生产资料，联合起来的劳动者以自然、社会和自身活动主人的方式"合理地调节他们和自然之间的物质变换"，摆脱物质生产劳动的盲目自发性与奴役性，把物质生产劳动变成人的生命创造活动、自主活动与自我实现活动，但"权利决不能超出

---

① 参见《马克思恩格斯文集》第7卷，人民出版社2009年版，第928—929页。
② 《马克思恩格斯文集》第5卷，人民出版社2009年版，第56页。

社会的经济结构以及由经济结构制约的社会的文化发展"①。另一方面，自由王国中也有必然。马克思在《哥达纲领批判》中指出，在生产力极大发展、旧的社会分工消失、物质财富涌流、按需分配的共产主义社会高级阶段，"劳动已经不仅仅是谋生的手段，而且本身成了生活的第一需要"②。也即是说，在人的自由全面发展的全新历史起点上，劳动的性质已变为人本身的内在需要与目的，但劳动作为谋生手段的自然必然性依然存在，即人不得不劳动。

其三，在从必然王国迈向自由王国的历史发展进程中，人类的自由全面发展不断迈向新境界。物质生产劳动这个必然王国会随着人类历史的发展而不断扩大，即其所创造的物质财富会不断丰富、扩大，为不断迈向自由王国以及自由王国的繁荣发展创造雄厚而坚实的物质条件基础，"工作日的缩短是根本条件"。伴随着科技、生产力的世界历史性发展，工作日、必要劳动时间会逐渐缩短，剩余劳动时间、自由发展时间会逐渐延长，从而，每个人、整个人类的自由全面发展会获得更加广阔的空间。从必然王国迈向自由王国，以及自由王国领域人类的自由全面发展，是一个永无止境的向真、向善、向美的发展过程。

从政治经济学批判的系列手稿到《资本论》，从对异化劳动、雇佣劳动的批判研究到对"两个王国"的科学界说，马克思从物质生产劳动与自由关系的角度，实践、辩证、历史地揭示了人的自由全面发展之谜，为审视现代社会的劳动与自由关系问题打开了新视野。然而，以马尔库塞、列斐伏尔、伊格尔顿、阿伦特、鲍德里亚与哈贝马斯等为代表的一些国外学者却对马克思的劳动与自由关系思想做出非辩证、非历史、非实践的片面理解。在马尔库塞看来，自由不在人类物质生产的"生存斗争"之中，而在其外，必然王国、劳动王国乃是不自由的王国，现代社会物质生产与精神生产领域一样都似马克思与海德格尔所说的"烦闷的、费力的劳动的自由"③，"正是劳动以外的领域规定着自由

---

① 《马克思恩格斯文集》第3卷，人民出版社2009年版，第435页。
② 《马克思恩格斯文集》第3卷，人民出版社2009年版，第435页。
③ [美]赫伯特·马尔库塞：《现代文明与人的困境》，李小兵等译，上海三联书店1989年版，第179页。

和实现"①。除了彻底否定劳动、物质生产领域、必然王国之中有自由外，马尔库塞还错误地理解马克思在《德意志意识形态》中的"消灭劳动"思想，把马克思消灭私有制、消灭阶级，即无产阶级"消灭他们至今所面临的生存条件，消灭这个同时也是整个旧社会生存的条件，即消灭劳动"②的提法，理解为"劳动本身的废除"③。这样理解，与亚里士多德在消极意义上用希腊语 anagkōia 表示物质的生产与再生产领域一样，实际上是对物质生产劳动实践活动的片面贬低及否定性理解，也就否认由此通达自由王国的可能性，进而提出以爱欲解放论取代马克思的实践论自由观。有类似错解的还有列斐伏尔与伊格尔顿。列斐伏尔不认同自由王国中"劳动将成为人的第一需要"的提法，认为马克思提出了"劳动的终止承诺"④。伊格尔顿认为："我们所熟知的'劳动'在马克思看来是一种异化的'praxis'——这个源于古希腊语的单词指的是一种自由的、自我实现的改造世界的活动。""马克思主义想尽可能地废除劳动。"⑤ 实质上，马克思要废除、终止、消灭的是异化劳动、雇佣劳动、奴役人的劳动；如果消灭劳动本身，那就等于消灭人本身。

阿伦特一方面高度肯定马克思对劳动、自由等问题考虑得彻底，是一位用哲学语言真挚地叙述"劳动的解放的思想家"；另一方面片面地解读《资本论》对两个王国的科学界说。她说："在马克思看来，革命的任务却不是解放劳动者阶级，而是把人从劳动中解放出来；只有取消劳动，'自由王国'才能代替'必然王国'……留给我们的只是一个令人沮丧的选择：是要生产性的奴役，还是要非生产性的自由。"⑥ 由此

---

① [美] 赫伯特·马尔库塞：《爱欲与文明：对弗洛伊德思想的哲学探讨》，黄勇、薛民译，上海译文出版社 2008 年版，第 102 页。
② 《马克思恩格斯全集》第 3 卷，人民出版社 1960 年版，第 87 页。
③ [美] 赫伯特·马尔库塞：《理性和革命：黑格尔和社会理论的兴起》，程志民等译，上海人民出版社 2007 年版，第 250 页。
④ [法] 亨利·列斐伏尔：《日常生活批判》（全 3 卷），叶齐茂、倪晓晖译，社会科学文献出版社 2018 年版，第 35、680 页。
⑤ [英] 特里·伊格尔顿：《马克思为什么是对的》，李杨等译，新星出版社 2011 年版，第 129、167 页。
⑥ [美] 汉娜·阿伦特：《人的境况》，王寅丽译，上海人民出版社 2009 年版，第 75—76 页。

从悖论理解出发，阿伦特进一步推论：从劳动中解放出来即从必然性中解放出来，"也最终意味着从消费中解放出来，即摆脱作为人类生活最根本处境的人与自然的新陈代谢"①。可见，阿伦特首先把马克思的劳动与自由思想含混、错误地理解为"把人从劳动中解放出来""取消劳动"。这正如马克思在《哥达纲领批判》中批判拉萨尔派把"工人阶级的解放应该由工人阶级自己去争取"的马克思原话篡改为"劳动的解放应当是工人阶级的事情"。马克思批判说："'工人阶级'应当解放——解放什么？——'劳动'。谁能理解，就让他去理解吧"②。因此，在马克思政治经济学批判研究的文本中从不使用"劳动的解放"这一抽象的概念。由此曲解出发，阿伦特对马克思"两个王国"划分构想做出非辩证历史的形而上学理解，出现"生产性奴役"与"非生产性自由"的悖论解读，最后引申出不生产劳动、不消费的荒谬"非人"，从而否定了马克思对"自由王国"、未来理想社会的科学构想。

在鲍德里亚看来，《资本论》对劳动与自由的哲学思考令人费解，中了资产阶级"审美的和人道主义的毒素"③，无法走出近代西方哲学关于必然与自由的问题式。因为，从伦理学层面来说，劳动伦理是资本主义和社会主义的共同意识形态，马克思把劳动看作价值与目的本身、绝对命令、自然必然性，在清算资产阶级劳动功利伦理学的同时，又保留了资产阶级人道主义的毒素。从美学层面来说，马克思继承了资产阶级审美的毒素，把人的解放视为异化劳动的克服、非劳动的美学或游戏即自由，并未超越从康德到席勒的资产阶级美学自由乌托邦，即无法实

---

① ［美］汉娜·阿伦特：《人的境况》，王寅丽译，上海人民出版社2009年版，第93页。
② 《马克思恩格斯文集》第3卷，人民出版社2009年版，第437页。在1864年《国际工人协会成立宣言》中，马克思曾在"解放劳动群众""工人阶级的解放"意义上，批判土地和资本巨头会在"劳动解放"的道路上设置种种障碍，参见《马克思恩格斯文集》第3卷，人民出版社2009年版，第13—14页。在1871年《法兰西内战》中的"劳动解放"，在1891年的德文版中被改为"工人解放"；马克思还指出，巴黎公社"是终于发现的可以使劳动在经济上获得解放的政治形式"，"劳动—解放，每个人都变成工人，于是生产劳动就不再是一种阶级属性了"。参见《马克思恩格斯文集》第3卷，人民出版社2009年版，第158页。在1971年《国际工人协会共同章程》英文版中使用的"劳动的解放"概念，于1872年在马克思、恩格斯亲自参与翻译的德文版中改为"工人阶级的解放"。参见《马克思恩格斯文集》第3卷，人民出版社2009年版，第226页。
③ ［法］让·鲍德里亚：《生产之镜》，仰海峰译，中央编译出版社2005年版，第21页。

现人的自由解放。因此,"就必须打破生产之镜,因为在这面镜子中反映着整个西方的形而上学"①。进而,他试图以象征交换、符号价值论取代马克思的劳动价值论、剩余价值价值论,最终跌入语言文化造反的虚拟幻象符号自由的乌托邦之中。与鲍德里亚对马克思劳动与自由思想的批判类似,在哈贝马斯看来,马克思试图以生产劳动范式走出现代性主体哲学的困境,是一种审美乌托邦。他说:"由于马克思把美学生产转移到'类的劳动生活'当中,所以,他可以把社会劳动看作是生产者的集体自我实现。"② 进而,他试图以交往行为的哲学新范式取代马克思的生产劳动范式,幻想主体间在理性商谈中达成相互理解、共识与认同,从而实现"一种普遍的共同生活方式"。从鲍德里亚到哈贝马斯都错误地把马克思的劳动与自由思想,以及自由王国构想理解为康德与席勒意义上的审美自由、娱乐游戏中的自由;他们都忽略了马克思早在《政治经济学批判大纲》中就明确指出,"真正自由的劳动"并不是娱乐消遣活动,而是非常严肃紧张、具有社会性与科学性的人的自主活动。自由时间并不等于娱乐消遣时间,而是人自由全面发展的时间与空间。

第二节　《资本论》及其手稿的辩证历史平等观

与自由一样,平等也是近代英法德启蒙思想家关于自然状态、自然权利、社会契约论等原初社会政治构想中的基本价值观念。伴随着资本主义商品经济在14—18世纪的萌芽、发展与壮大,英法美等国资产阶级在同各自封建专制等级特权的政治革命斗争中逐渐取得胜利,平等观念也逐渐成为现代社会流行的价值观念。"自由、平等、博爱"成为资本主义革命时代最响亮的口号、最引人注目的人权宣言与华美诺言。然而,马克思通过对现代资本主义社会从理论到现实的批判研究发现,现代资本主义社会并没有兑现人人"自由、平等、博爱"的华美诺言,只是实现了形式上的平等,绝大多数人并没有获得实质上的平等。而

---

① [法] 让·鲍德里亚:《生产之镜》,仰海峰译,中央编译出版社2005年版,第29页。
② [德] 尤尔根·哈贝马斯:《现代性的哲学话语》,曹卫东等译,译林出版社2004年版,第74页。

且，在对西方古典政治哲学与政治经济学的批判研究过程中，马克思深刻地批判揭示了现代资本主义社会的平等问题，为辩证历史解决现代社会的平等问题指明了科学社会主义正道。

一　现代资本主义社会只实现了形式平等

与封建等级制及其特权相对立的现代平等观念，肇始于商品生产与交换关系占据统治地位的资本主义时代。作为人类社会历史发展进步的一种观念表征，人人平等、权利平等的社会政治理想与价值观念在近代西方启蒙运动与资产阶级革命实践中逐步构想、呈现出来，并在资本主义商品生产与交换关系中确立起来。从此，"人类平等概念已经成为国民的牢固的成见"①。正如马克思和恩格斯所批判揭示的，近代西方启蒙思想家所构想的、资产阶级革命与政治解放所呐喊的、资本主义商品生产与交换所最终确立的平等，在人类历史发展上是一大进步，但其所实现的只是形式上的抽象平等。

近代西方启蒙思想家最初抽象构想的平等只是形式平等。虽然英国哲学家洛克从人人自由、平等的自然状态出发构想未来的资产阶级理想国，但其政治哲学的主题却是自由，自由的价值追求在平等之上，人只是生而平等，但在现实社会政治生活中，尤其是在财产权利上是不平等的。法国启蒙思想家伏尔泰信奉洛克政治哲学观念，也认为人生而自由平等，但在财富上不平等，有穷有富乃是天经地义的。法国启蒙思想家孟德斯鸠的《论法的精神》努力平衡自由与平等的矛盾，重视平等的美德与社会政治价值，积极倡导法律面前人人平等。在18世纪启蒙思想家中更加激进追求平等的是法国政治哲学家卢梭，他"把洛克政治哲学的主题——自由，继续向前推进，转换为法国政治哲学的主题——平等"②。卢梭在《论人类不平等的起源和基础》一书中所阐发的平等观念，对马克思产生了影响。在《1857—1858年经济学手稿》中，马克思曾批判地指出，卢梭的平等观念是脱离现实物质生产活动、脱离现实社会历史关系的抽象社会契约论假说，是以粗糙的唯心辩证法所阐述

---

① 《马克思恩格斯文集》第5卷，人民出版社2009年版，第75页。
② 李福岩：《从自由到平等——卢梭对英国政治哲学主题的转换》，《黑龙江社会科学》2012年第4期。

的抽象平等观。恩格斯还曾指出马克思对卢梭平等观念既有继承又有批判，而"像德拉-沃尔佩那样，把卢梭的见解和马克思的见解等同起来也是没有根据的"①。实质上，卢梭的抽象平等观念在财产所有权上所追求的只是小私有制条件下的小农平均主义理想。与英、法启蒙思想家一样，德国启蒙思想家康德、费希特与黑格尔再次论证并重申资产阶级的抽象平等、形式平等、机会平等观念，只不过采用了理性思辨的独特形式。正如马克思所批判指出："平等不过是德国人所说的自我＝自我译成法国的形式即政治的形式。"②

近代资产阶级革命与政治解放所最终确立的是形式平等。伴随着近代资产阶级民主革命的胜利与资产阶级民主共和国家的建立，少数资产阶级新权贵确立起其在政治、经济与文化等社会生活领域的统治地位。平等这一近代资产阶级用以调动广大下层民众反封建专制与等级特权的革命口号、抽象观念日益显现出其形式性、虚幻性与欺骗性。在资产阶级自诩的"自由、平等、博爱"的"千年王国"中，所谓平等的权利，不过是人与人在政治法律、经济生活与文化观念等社会生活领域的形式平等，即人与人在机会、程序、可能性上的一种抽象平等。对于绝大多数劳动人民来说，这就是近代资产阶级所确立起来的基本价值观念与社会政治原则，即一种形式上的民有、民治、民享。

而且，以法国大革命为标志的近代资产阶级革命、政治解放实现了从政治平等到社会平等的转换。在《论犹太人问题》中，马克思批判指出，犹太人在政治解放的国家可以要求同信奉基督教的臣民享有平等的法律上的权利，幻想的天国平等成了对平等的终极追求与完美形式；在《〈黑格尔法哲学批判〉导言》中，马克思批判地指出："历史的发展使政治等级变成社会等级，以致正如基督徒在天国是平等的，而在尘世则不平等一样，人民的单个成员在他们的政治世界的天国是平等的，而在社会的尘世存在中却不平等。……只有法国大革命才完成了从政治

---

① 赵培杰：《中译者序》，载［意］德拉-沃尔佩《卢梭与马克思》，赵培杰译，重庆出版社1993年版，第7页。

② 《马克思恩格斯文集》第1卷，人民出版社2009年版，第231页。

等级到社会等级的转变过程，或者说，使市民社会的等级差别完全变成了社会差别，即在政治生活中没有意义的私人生活的差别。"①

现代资本主义社会的平等在经济生活领域的集中表现就是等价交换。伴随商品生产、剩余价值生产规律成为现代资本主义社会居于主导地位的规律，在生产、交换、分配、消费各经济领域普遍盛行的平等原则就是等价交换、等量资本获取等量利润。在《1857—1858年经济学手稿》中，马克思深刻地批判揭示了现代资本主义社会经济生活领域主体间的形式平等即是交换平等。建立在私有制和资本主义生产方式之上，在个人主义与利己主义价值原则主导下的现代资本主义社会经济生活领域，每个人既是手段又是目的，每个人都把他人视为实现自己目的的手段，每个人也只有成为手段才能达到自己的目的，共同利益不过是自私利益交换的结果，"作为交换的主体，他们的关系是平等的关系"②。进而，马克思又辩证而历史地批判指出，现代资本主义社会的所谓政治、法律、社会平等只不过是对以交换平等为基础的、商品等价交换经济形式的反映而已，是随着商品交换价值历史发展而来的。马克思说："交换，在所有方面确立了主体之间的平等……作为纯粹观念，平等和自由仅仅是交换价值的交换的一种理想化的表现；作为在法律的、政治的、社会的关系上发展了的东西，平等和自由不过是另一次方上的这种基础而已。而这种情况也已为历史所证实。这种意义上的平等和自由恰好是古代的自由和平等的反面。"③

在《资本论》中，马克思更深刻地批判揭示了现代资本主义的形式平等在商品交换、剩余价值生产中的具体体现。通过对价值形式、交换价值历史发展过程以及货币的系统科学研究，马克思讽刺性地批判指出："商品是天生的平等派和昔尼克派，它随时准备不仅用自己的灵魂而且用自己的肉体去换取任何别的商品，哪怕这个商品生得比马立托奈斯还丑。"④"正如商品的一切质的差别在货币上消灭了一样，货币作为

---

① 《马克思恩格斯全集》第3卷，人民出版社2002年版，第100页。
② 《马克思恩格斯全集》第30卷，人民出版社1995年版，第195页。
③ 《马克思恩格斯全集》第30卷，人民出版社1995年版，第199页。
④ 《马克思恩格斯文集》第5卷，人民出版社2009年版，第104页。

激进的平均主义者把一切差别都消灭了。"① 作为相对价值形式的商品与作为等价形式的商品的等价交换、价值形式从特殊到一般的历史发展，直至以货币为媒介形式的商品生产与交换成为现代社会生产的主导普遍形式，折射并浓缩了等价交换、平等关系及其形式的社会历史发展过程。资产阶级却把作为历史发展进程中从属于等价交换关系的平等视为永恒形式，这就是资产阶级眼中平等的理想样态："平等！因为他们彼此只是作为商品占有者发生关系，用等价物交换等价物。"② 把商品视为天生的、永恒的平等派，把货币视为"比商品更进一步的平等派"③，进而，资产阶级把资本美化为天生的、永恒的平等派。马克思通过对绝对剩余价值生产的系统科学研究，深刻而极具讽刺性地批判指出："平等地剥削劳动力，是资本的首要的人权。""资本是天生的平等派，就是说，它要求把一切生产领域内剥削劳动的条件的平等当做自己的天赋人权"。④ 处于自由竞争时期的资本家，一方面在追求平等地剥削劳动力的权利；另一方面在追求等量资本获取等量利润、利润平均化，共同瓜分雇佣工人所创造的剩余价值，"平均利润和生产价格是'资本主义的共产主义'"⑤。

从商品交换关系上的等价交换到等量资本获得等量利润，这就是平等在资本主义生产过程中的体现，也是现代资本主义的社会、政治、法律诸领域抽象形式平等的基石。《资本论》及其手稿以唯物、辩证的历史科学深刻地揭示了现代资本主义社会"自由平等博爱的理想乡"的抽象性、虚假性。对此，考茨基也曾反讽揭露道："劳动者与资本家，两方面都是商品所有者。并且彼此都成为有独立人格自由平等的人，互相对立。他们实在都是一样的人，都是同一阶级的成员，同胞。劳动者与资本家，彼此互相交换同一样的价值。正义，自由，平等，友爱的王国，平和与幸福的黄金世界，正像是和工银制度的确立同时出现。奴隶与压制，掠夺与暴权的时代，是早已经过去了。代表资本利害的学者，

---

① 《马克思恩格斯文集》第 5 卷，人民出版社 2009 年版，第 155 页。
② 《马克思恩格斯文集》第 5 卷，人民出版社 2009 年版，第 204 页。
③ 陈其人：《陈其人文集——政治科学卷》，复旦大学出版社 2003 年版，第 34 页。
④ 《马克思恩格斯文集》第 5 卷，人民出版社 2009 年版，第 338、457 页。
⑤ 陈其人：《陈其人文集——政治科学卷》，复旦大学出版社 2003 年版，第 112 页。

他们是这样教我们的。"①

二 现代资本主义社会并没有实质的平等

透过对法国大革命的历史以及黑格尔法哲学的批判研究，马克思发现，现代资本主义社会的平等只是形式平等，并没有实现实质的平等，广大无产阶级并没有获得真正的平等权利。当曾跟随资产阶级一道为"自由、平等、博爱"社会政治理想而革命奋斗的广大社会下层民众日渐觉醒，要求新的统治者资产阶级兑现其诺言，实现普遍的真正的经济、政治平等的时候，资产者及其理论家们则绞尽脑汁地在自由与平等两个价值原则之间抉择论证，继续编织如何实现形式平等的各种新概念。因为，站在资本的立场，在资本主义私有制及其生产方式界限内，既不愿，也无法，更不能实现普遍的真正的平等。

黑格尔理性而坦诚地指出，在市民社会即资产阶级社会的商品生产与市场交换过程中，由于满足需要的手段在资本及个体技能上存在差异，因而必然会产生财富分配上的不平等与贫富分化这一现代社会难以解决的、令其苦恼的难题。他说，由个体技能的差异性所必然产生的不平等是必然且合理的，属于"理念包含着精神特殊性的客观法。这种法在市民社会中不但不扬弃人的自然不平等（自然就是不平等的始基），它反而从精神中产生它，并把它提高到在技能和财富上，甚至在理智教养和道德教养上的不平等。提出平等的要求来对抗这种法，是空洞的理智的勾当，这种理智把它这种抽象的平等和它这种应然看做实在的和合理的东西"②。

在对政治经济学初步批判研究的基础上，马克思在19世纪40年代开始逐步批判揭示现代资本主义的财富与社会不平等问题。1847年10月，马克思在《道德化的批判和批判化的道德》一文中指出，伴随现代资产阶级社会的发展，财富的平等问题愈益成为世界历史性的尖锐社会政治问题，这种"社会的不平等在北美东部各州也表现得比任何地

---

① ［德］卡尔·考茨基：《资本是如何操纵世界的?》，戴季陶、胡汉民译，新世界出版社2014年版，第58页。

② ［德］黑格尔：《法哲学原理》，范扬、张企泰译，商务印书馆1961年版，第211页。

方都突出，因为在这里社会的不平等不象在别的地方那样为政治的不平等所掩盖"①。进而，马克思在关于《雇佣劳动与资本》的演说中，初步揭示了等价交换、形式平等假象背后的实质不平等。雇佣劳动与资本的关系在表面上是一种等价的商品交换关系，即工人出卖劳动力等价换取资本家提供的生活资料，但实质上是不平等的交换，因为工人劳动过程中不仅能生产出自己生活资料的价值，而且能为资本家创造出新的价值。马克思指出："看起来好像是资本家用货币购买工人的劳动。工人为了货币向资本家出卖自己的劳动。但这只是假象。实际上，他们为了货币而向资本家出卖的东西，是他们的劳动力。"② 由此导致资本对雇佣工人的剥削奴役与统治权力不断加强，资本与雇佣劳动日益变成相互敌对的力量，资本家和工人之间的鸿沟不断加剧。有论者指出，马克思在《雇佣劳动与资本》一书中，突破李嘉图价值理论的局限，以初步阐发的劳动二重性、劳动价值论为理论依据，揭示并阐明了"资本和劳动不平等交换的根源"③。

伴随 19 世纪 50—60 年代对劳动价值论、剩余价值论的科学揭示，马克思最终解开了现代资本主义社会形式平等与实质不平等之谜。在《1863—1865 年经济学手稿》中，马克思指出，劳动力的买卖关系、资本家和工人之间"这种依赖关系的经常存在具有一种骗人的假象，似乎它是平等的、彼此同样自由的各个商品占有者之间的交易和契约"④。其实，这是人们错误地把雇佣劳动、劳动向资本出售的外在形式视为雇佣劳动的本质，既没能把握住资本主义生产劳动即雇佣劳动的本质，又没能把握住雇佣劳动本质上的不平等关系，反而把资本与劳动表面的买卖关系、等价交换形式视为平等本身。归根结底，在资本主义生产方式、雇佣劳动中，资本家与工人的关系并不是简单的商品占有者之间的一般等价交换关系，而是剥削与被剥削、奴役与被奴役的实质不平等关系。

---

① 《马克思恩格斯选集》第 1 卷，人民出版社 1972 年版，第 175 页。
② 《马克思恩格斯文集》第 1 卷，人民出版社 2009 年版，第 713 页。
③ 高新军：《揭开历史发展之谜：〈资本论〉历史唯物主义思想研究》，中央编译出版社 2002 年版，第 13 页。
④ 《马克思恩格斯文集》第 8 卷，人民出版社 2009 年版，第 546 页。

在《资本论》第一卷"工作日的界限"一节中,马克思具体地阐述了形式平等如何转变为实质不平等,以及资本家与工人之间的权利斗争。资本家和工人都"以商品交换规律作根据"主张自己的权利,但在生产过程中,劳动力商品的使用价值可以创造出比其自身更大的价值,资本家将其视为资本价值的增殖,工人将其视为劳动力过多的支出。觉醒的工人发出了平等的权利主张,因为资本家按照商品交换的规律在市场上平等购买取得对劳动力的使用权后,却在生产过程中开始掠夺劳动力,"你无限制地延长工作日,就能在一天内使用掉我三天还恢复不过来的劳动力的量。你在劳动上这样赚得的,正是我在劳动实体上损失的。……你使用三天的劳动力,只付给我一天劳动力的代价。这是违反我们的契约和商品交换规律的。因此,我要求正常长度的工作日,我这样要求,并不是向你求情,因为在金钱问题上没有温情可言"[①]。资本家坚持卖者的权利——延长工作日;工人坚持卖者的权利——工作日的正常化。于是,由商品交换规律所承认的两种权利产生了二律背反、相互对抗,资本家阶级与工人阶级围绕着工作日的界限而不断进行着斗争。但是,"在平等的权利之间,力量就起决定作用"[②]。即是说,由于生产资料的资本主义所有制及其生产方式这个物质力量决定工人——卖者合理的平等权利诉求无法实现,工人作为商品只有等价交换、形式平等的权利,无法在生产劳动中获得实质平等的权利。

在私有制与资本主义生产方式界限内,剩余价值生产规律是决定性的力量,不平等会愈演愈烈。资本流通过程中,雇佣工人作为可变资本、作为生产过程中的物,而不是作为有生命创造活动的个人,在可变资本的支配下被动而无声息地循环周转着,根本谈不上人的平等权利。在资本主义分配领域,按照等量资本获取等量利润的实力原则,资本家集团平等地瓜分着雇佣工人所创造的剩余价值与利润。如此,一方面是资本家财富的不断积累与积聚,另一方面是无产阶级贫困化的不断积累,逐渐形成社会的贫富对立、两极分化。生产资料占有的不平等决定了人们在生产中的地位与关系不平等,以及分配上的不平等,资本主义

---

① 《马克思恩格斯文集》第5卷,人民出版社2009年版,第270—271页。
② 《马克思恩格斯文集》第5卷,人民出版社2009年版,第272页。

社会的政治法律等实质不平等由此产生。

因此，现代资产阶级所谓的平等是虚幻的、骗人的。英国学者伊格尔顿认为："马克思在'哥达纲领批判'中以及其他地方，把平等的概念看作是一种典型的资产阶级抽象物，是秘密地以商品形式的交换为模式制造的东西。"① 比利时马克思主义理论家曼德尔具体形象地揭示了当代资本主义社会的形式平等与实质不平等："四千四百万'平等的公民'拥有购买法国电视一台（现已私有化了的电视频道）的权利，但是其中只有两个人，梅赛斯·拉加尔戴尔和布依戈，能成为买家。"② 即当代资本主义社会的绝大多数人拥有的只是形式上平等的权利，并没有实际上真正的平等权利。

三 现代社会主义是实现人人平等的正道

批判旧世界是为了发现和建立新世界，马克思在批判现代资产阶级社会形式平等、实质不平等的同时，也在对未来理想社会的科学展望与预测中阐发了实质性的平等观。正如有论者指出，马克思"所支持的乃是一种实质性的而非形式性的权利平等观念"③。在此意义上，阿隆理解说："在政治上或形式上的平等和社会地位不平等之间形成的这个矛盾是马克思考虑问题的出发点。"④

无产阶级的实质平等追求，就是要将资产阶级革命过程中提出的平等口号贯彻到底，实现政治、经济与社会的真正平等。英国资产阶级革命后期出现的以温斯坦莱等为代表的掘地派、法国大革命后期出现的以巴贝夫为代表的平等派，都以粗糙的平均共产主义理论形式提出过消灭私有制、实现真正平等的革命要求。这种粗糙、激进的平等主张成为科学社会主义的理论基础与前提，马克思说："平等，作为共产主义的基

---

① ［英］特里·伊格尔顿：《后现代主义的幻象》，华明译，商务印书馆2000年版，第132页。
② ［比］埃内斯特·曼德尔：《权力与货币》，孟婕译，中央编译出版社2002年版，第243页。
③ 李佃来：《马克思平等思想辨析》，《山东社会科学》2016年第11期。
④ ［法］雷蒙·阿隆：《阶级斗争——工业社会新讲》，周以光译，译林出版社2003年版，第10页。

础，是共产主义的政治的论据。这同德国人借助于把人理解为普遍的自我意识来论证共产主义，是一回事。"① 通过对法国大革命及德国历史的研究，马克思发现法国革命及启蒙运动的一个反作用与社会主义趋向相适应，那就是"连蒲鲁东看到都会害怕的平等派"②。也正是通过对法国大革命的研究，近代法国自由主义理论家托克维尔发现"现代社会主义"要求废除私有制、激进自由平等追求的危险理论苗头，他希望自由平等在资本主义的界限内稳定发展。因此，马克思批判资产阶级的理论家、"报告人托克维尔"，指出其所代表的自由主义政治解放理论的本质与企图："既然资产阶级把它从前当作'自由主义'颂扬的东西指责为'社会主义'，那么它就是承认它本身的利益要求它逃避自身统治的危险"。③

无产阶级实质平等要求的内容就是要通过革命解放斗争消灭阶级。无产阶级唯有通过彻底的革命斗争才能消灭阶级，彻底消灭一切阶级剥削与压迫，才能开辟人类平等历史的新纪元，才能逐步实现人与人的真正平等。不同于平均共产主义、空想社会主义对平等的乌托邦想象，马克思主义的实质平等观主张通过无产阶级的革命解放斗争，消灭私有制，消灭阶级，彻底消灭"三大差别"，实现真正的平等。因此，马克思在《资本论》第一卷中批判了从格雷、布雷到蒲鲁东等小资产者"把商品生产看做人类自由和个人独立的顶峰"④ 的错误观念。因为，蒲鲁东等把建立在等价交换关系上的平等视为平等的实现，把平等视为"原始的意向、神秘的趋势、天命的目的"⑤，是庸俗空想社会主义的平等观，对当时的国际工人运动产生了错误影响。在1871年《国际工人协会章程》中，马克思更明确指出："工人阶级的解放斗争不是要争取阶级特权和垄断权，而是要争取平等的权利和义务，并消灭一切阶级统治"⑥。

---

① 《马克思恩格斯文集》第 1 卷，人民出版社 2009 年版，第 231 页。
② 《马克思恩格斯〈资本论〉书信集》，人民出版社 1976 年版，第 258—259 页。
③ 《马克思恩格斯全集》第 11 卷，人民出版社 1997 年版，第 207、177 页。
④ 《马克思恩格斯文集》第 5 卷，人民出版社 2009 年版，第 85 页。
⑤ 《马克思恩格斯文集》第 1 卷，人民出版社 2009 年版，第 611 页。
⑥ 《马克思恩格斯文集》第 3 卷，人民出版社 2009 年版，第 226 页。

1871年7月28日,恩格斯在致卡菲埃罗的信中说:"不平等必将消灭,而为了彻底做到这一点,必须有无产阶级的政治统治。"① 1875年3月,恩格斯在致倍倍尔的信中说:"用'消除一切社会的和政治的不平等'来代替'消灭一切阶级差别',这也是很成问题的。……把社会主义社会看做平等的王国,这是以'自由、平等、博爱'这一旧口号为根据的片面的法国看法,这种看法作为一定的发展阶段在当时当地曾经是正确的,但是,象以前的各个社会主义学派的一切片面性一样,它现在也应当被克服,因为它只能引起思想混乱,而且因为已经有了阐述这一问题的更精确的方法。"② 在1878年的《反杜林论》中,恩格斯进一步明确阐述了马克思主义平等观,他说:"尤其是从法国资产阶级自大革命开始把公民的平等提到重要地位以来,法国无产阶级就针锋相对地提出社会的、经济的平等的要求,这种平等成了法国无产阶级特有的战斗口号。……无产阶级平等要求的实际内容都是消灭阶级的要求。"③ 深刻地把握住马克思主义平等思想精髓与真谛的列宁也指出:"平等思想本身就是商品生产关系的反映,资产阶级借口个人绝对平等,把这种思想变为反对消灭阶级的斗争工具。要求平等的实际含义只能是要求消灭阶级。"④

普遍的真正的平等的实现是一个具体的历史过程。从原始社会的公共占有与平均主义,经奴隶社会与封建社会奴役专制特权与不平等,到资本主义社会的抽象形式平等,再到共产主义的实质平等,平等权利的形式与内容最终实现辩证历史的统一。正如恩格斯在《反杜林论》中所指出,平等的观念是历史的产物,绝不是永恒的真理,更不是什么普适价值原则。在《哥达纲领批判》中,马克思通过批判《哥达纲领》,科学构想共产主义社会发展的两个历史阶段——共产主义社会第一阶段与共产主义高级阶段,进一步阐述了实质平等实现的历史进程。马克思认为,在刚刚从资本主义社会脱胎而来的共产主义社会第一阶段,虽然已不承认任何阶级差别,但是仍然残留着旧社会的一些弊端,"平等的

---

① 《马克思恩格斯〈资本论〉书信集》,人民出版社1976年版,第318页。
② 《马克思恩格斯〈资本论〉书信集》,人民出版社1976年版,第336页。
③ 《马克思恩格斯全集》第26卷,人民出版社2014年版,第113页。
④ 《列宁专题文集·论资本主义》,人民出版社2009年版,第252页。

权利按照原则仍然是资产阶级权利"。由于消费资料的分配、生产者的权利是同他们提供的劳动成比例的,而每个劳动者的劳动能力又存在着差别、不同等,所以,"这种平等的权利,对不同等的劳动来说是不平等的权利。……就它的内容来讲,它像一切权利一样是不平等的权利"①。由于每个劳动者的劳动能力及其子女情况是不同等的,消费资料若按平等的劳动来分配,就会产生贫富差距,即事实上不平等的旧社会弊端,因此,"权利就不应当是平等的,而应当是不平等的"②。就是说,在共产主义第一阶段还不能立即实现实质的平等,还不得不与资本主义共享形式平等这一价值原则,但与资本主义对平等权利的价值追求旨趣完全不同,因为共产主义要追求并实现的是实质平等,并在共产主义高级发展阶段实现事实上的实质平等。

从现实层面来看,在社会主义初级阶段,在新时代中国特色社会主义的实践历史发展中,平等这一价值原则在经济生活领域依然主要表现为商品生产交换中等量劳动获取等量报酬、等价交换的关系,作为社会层面的平等价值观属于朝向实质平等追求的形式平等。有论者曾指出:"作为商品与货币关系的内容的平等关系不包含阶级内容,它在社会主义制度下是存在的。"③ "《资本论》深刻地揭示了现代社会中商品交换对市民平等理性的培育机制,对充分培育我国公民与现代社会相适应的平等理性具有现实意义。"④ 新时代中国特色社会主义对平等的实践与价值追求,即实现全体人民共同富裕、把人民对美好生活的向往与全面推进中国式现代化强国建设内在统一起来,是对科学社会主义平等观的继承和发展,与当代西方自由主义的平等观本质不同。以罗尔斯、诺奇克、德沃金等为代表的当代西方政治哲学家站在西方自由主义界限内,对自由与平等间矛盾的平衡构想及其所提出的分配方案,只能缓解,但不能从根本上解决当代资本主义社会财富分配的不平等与两极分化问题。这正如当代西方经济学家们所说:"即使是最有效率的市场体系,

---

① 《马克思恩格斯文集》第 3 卷,人民出版社 2009 年版,第 435 页。
② 《马克思恩格斯文集》第 3 卷,人民出版社 2009 年版,第 435 页。
③ 陈其人:《陈其人文集——政治科学卷》,复旦大学出版社 2003 年版,第 56 页。
④ 王艳华、李迎春:《〈资本论〉中的平等、独立、创造理性生成机制思想及其当代意义》,《理论探讨》2015 年第 4 期。

也可能产生极大的不平等。"① "市场经济可能在创造财富方面的生产率和效率很高，但是它们可能导致某些人非常富有，另一些人却在挨饿。"② 因此，从根本上说，当代西方政治哲学家们的平等构想属于马克思曾经批判过的资产阶级庸俗化改良设想的翻版，与科学社会主义对平等的价值追求貌合神离，与新时代中国特色社会主义对平等的价值观追求形式共有、旨趣不同。

第三节 《资本论》及其手稿的正义观

比平等问题更为深刻而抽象的正义问题，是政治哲学一直在探索的具有悠久历史的问题，也是极具争议性的问题。不同历史时代的哲学家们，站在不同立场、观念上，以不同的方式阐发他们的公平正义观念及其政治哲学理想，也都试图建构起一种绝对、普适、永恒、形上的公平正义公理。伴随着世界历史发展到资本主义时代，围绕社会政治生活各领域的公平正义性问题又展开了新的论争。现代西方主流思想家们极力论证资本主义私有制、生产方式及其政治国家永恒正义、天经地义，形形色色的社会庸医还以所谓永恒公平正义观念评判现实、空谈未来理想社会。公平正义问题虽不是马克思关注思考的重点与中心问题，但马克思却在批判旧世界、建构新世界的革命性理论与实践过程中，逐渐以历史唯物主义新世界观与方法论及科学的剩余价值理论，深刻批判揭示资本主义社会正义问题的实质，审慎阐发辩证历史的正义观，实现了正义观的革命性变革，为思考正义问题敞开了新的视界。

一 马克思思考正义问题的思维方式转变

从马克思对正义问题的相关论述来看，其对正义问题的思考也经历了一个转变发展过程，并非一成不变的。青年马克思曾站在理性自由主义和激进民主主义的立场观点阐述正义问题。在博士学位论文中，马克

---

① [美] 保罗·萨缪尔森、威廉·诺德豪斯：《经济学》，肖琛等译，华夏出版社1999年第16版，第29页。
② [美] 约瑟夫·E.斯蒂格利茨：《经济学》上册，梁小民等译，中国人民大学出版社2000年第2版，第136页。

思把自我意识视为人的自由的本质，把神视为自我意识存在的逻辑证明，进而把公正视为与自我意识密切关联的主观、相对概念。他说："要是你把你所信仰的神带到信仰另一些神的国家去，人们就会向你证明，你是受到幻想和抽象概念的支配。这是公正的。"① 在《莱茵报》工作期间，马克思开始注意到公共利益与私人利益的矛盾问题，从价值判断的维度，从肯定的意义上使用正义概念。他说："为自己的家园而奋斗的讲求功利的智力，跟不顾自己的家园为正义事业而斗争的自由的智力当然是不同的。"② 在此阶段，马克思对公平正义问题的思考与表述，同当时流行的自我意识哲学与民主主义的公平正义观念并无实质性的不同。

从 1845 年春开始，在对政治经济学与空想社会主义初步批判研究的基础上，尤其是在与工人阶级革命运动的逐渐密切联系中，马克思历史唯物主义的新世界观已萌发，并转变成为一个共产主义者。他开始批判把公平正义抽象化、绝对化、永恒化为一切社会基础的观念，并认为以公平正义来构建未来理想社会是错误的。在《神圣家族》一书中，马克思和恩格斯初步批判蒲鲁东唯心史观、形而上学的绝对公平观，他们指出："蒲鲁东却把群众的公平当做绝对的东西，奉为历史上的神，从而就犯下了更不公平的过错，因为公平的批判已经非常明确地为自己保留了这个绝对的东西、这个历史上的神的地位。"③ 在此阶段，马克思开始紧密联系工人阶级运动中的实际问题而思考公平正义问题，而且思考公平正义问题的立场观点已发生转变，开始站在以工人阶级为代表的广大无产阶级、劳动人民立场，以初步形成的唯物史观思考正义问题。

1846—1847 年，标志着唯物史观形成、政治经济学研究取得阶段性进展、重大突破的《德意志意识形态》已基本创作完成，《哲学的贫困》公开出版。在此基础上，1847 年 10 月，恩格斯和马克思同时发声回击小资产阶级民主派海因岑对共产主义的攻击，批判其抽象历史观之上的空洞道德说教、政治说教及抽象正义观。恩格斯在《共产主义者

---

① 《马克思恩格斯全集》第 1 卷，人民出版社 1995 年版，第 101 页。
② 《马克思恩格斯全集》第 1 卷，人民出版社 1995 年版，第 339 页。
③ 《马克思恩格斯文集》第 1 卷，人民出版社 2009 年版，第 259 页。

和卡尔·海因岑》一文中嘲讽海因岑把"神圣高超的思想、操守、正义、道德等等"视为永恒真理，批判海因岑错误地把这些观念性的东西当作构成"一切社会的基础"，指出"这些永恒的真理决不是它们自身形成时所处的那个社会的基础，恰恰相反，它们是那个社会的产物"。[①] 马克思在《道德化的批判和批判化的道德》一文中，继续尖锐地批判海因岑的抽象空洞道德说教与政治说教，进一步从唯物史观出发批判其所谓"财产关系上的不公平全靠权力来维持"的唯心史观谬论。进而，马克思指出："'财产关系上的不公平'以现代分工、现代交换形式、竞争、积聚等等为前提，决不是来自资产阶级的政治统治，相反，资产阶级的政治统治倒是来自这些被资产阶级经济学家宣布为必然规律和永恒规律的现代生产关系。"[②] 可见，马克思是从价值判断上指认现代资本主义社会的财产关系是不公平、非正义的；更是从历史唯物主义、政治经济学的科学视角出发，指出这种不公平根源于现代生产关系。而且，马克思还强调，彻底解决现代资本主义社会财产关系不公平问题的出路在于无产阶级要以联合的革命行动推翻资产阶级的政治与经济统治，实现生产关系与社会政治的根本性变革。这也是马克思和恩格斯将当时工人阶级运动的组织——正义者同盟改称、改组为共产主义者同盟，将"人人皆兄弟"的旧口号改为"全世界无产者，联合起来"的新口号的重要原因。也就是说，共产主义运动的现实性、最主要并不是建立在对公平正义的情感渴望、主观的道德仰望与虚幻描绘之上，而是建立在历史必然性与科学性之上；主导共产主义运动的并不是什么神圣公平正义的情感，而是现代社会矛盾运动的历史必然。

在1848年《共产党宣言》中，马克思和恩格斯回击批驳了反动理论家们对共产主义的污名化与理论责难，其中也从阶级性与历史性的维度揭示了作为一种社会意识形式的正义观念。有人以所谓自由和正义等是一切社会形态所共有的永恒真理为借口，指责共产主义要废除永恒真理、道德与宗教，批判共产主义与历史发展相矛盾。马克思和恩格斯回击指出，自由、正义、道德、宗教等社会意识形式具有阶级性与历史

---

① 《马克思恩格斯文集》第1卷，人民出版社2009年版，第669页。
② 《马克思恩格斯选集》第1卷，人民出版社1972年版，第171页。

性，还深刻地指出其具有相对独立性与历史继承性。他们说："毫不奇怪，各个世纪的社会意识，尽管形形色色、千差万别，总是在某些共同的形式中运动的，这些形式，这些意识形式，只有当阶级对立完全消失的时候才会完全消失。共产主义革命就是同传统的所有制关系实行最彻底的决裂；毫不奇怪，它在自己的发展进程中要同传统的观念实行最彻底的决裂。"① 即是说，作为社会意识形式之一的正义观念在时代历史运动过程中，会保留某些共同的形式外壳以及某些内容，具有一定的相对独立性与历史继承性。但是，随着私有制、阶级与阶级斗争的终结，作为社会意识形态之一的正义观念也会消失，共产主义革命的历史发展进程就是要荡涤传统的正义观念，直至彻底消灭、解决正义问题；共产主义的要求，并不是首先建立在正义之类的道德诉求之上，而是首先建立在铁的历史必然性之上，即科学之上。

因此，19世纪50年代以后，马克思在深化批判研究政治经济学的过程中与基础上，进一步揭示公平正义这一社会意识形式的实质与特点，批判蒲鲁东主义、拉萨尔主义、杜林主义以及资产阶级的抽象绝对公平正义观，从而批判资本主义社会的非正义性。诚如1877年6月恩格斯在《卡尔·马克思》一文中所说，自马克思奠定科学社会主义理论基石的两大发现后，"有产阶级胡说现代社会制度盛行公道、正义、权利平等、义务平等和利益普遍和谐这一类虚伪的空话，就失去了最后的立足之地，而现代资产阶级社会就像以前的各种社会一样真相大白：它也是微不足道的并且不断缩减的少数人剥削大多数人的庞大机构"②。由此，马克思对正义问题的思考实现了从哲学到经济学、从政治法律批判到经济社会批判的视角转换，并在唯物史观与剩余价值理论基础上形成了事实判断与价值判断相统一的正义观。

二 马克思政治经济学批判视域下的正义观

诚然，马克思并没有明确系统地阐述其正义观，但他在对政治经济学批判研究中，即在全新历史科学的丰富发展过程中，紧密联系国际共

---

① 《马克思恩格斯文集》第2卷，人民出版社2009年版，第51—52页。
② 《马克思恩格斯全集》第25卷，人民出版社2001年版，第138—139页。

产主义运动实践中的问题，明确了批判论及并解决了公平正义问题。正如有论者所说："马克思关于正义问题的讨论只能是通过批判'国民经济学'完成，这是由他的理论任务所规定的。不是用公平、正义的政治法律概念解释分配关系，而是用生产劳动解释生产关系，用生产关系来解释分配关系，这是马克思正义理论的基本逻辑。"① 从马克思关于政治经济学批判的手稿、演讲、《资本论》及相关手稿论著来看，他批判论及了资本主义社会以及未来理想社会的公平正义问题。还有，作为马克思主义共同创立者的恩格斯，也对马克思所批判论及的公平正义问题做出权威阐释。这为进一步合理界说马克思政治经济学批判语境中、视域下的正义观念提供了基本依据。据此，可以把马克思对公平正义的独特批判论说概括为以下四个方面：

第一，批判蒲鲁东主义对公平正义的无科学依据、唯心史观空谈，肯定劳动人民群众对公平正义的价值判断与诉求。19世纪50—60年代，蒲鲁东主义出于道德义愤批判现代社会，以所谓超历史的永恒公平正义空谈社会改造与理想社会建构问题。马克思对这一无科学依据的唯心史观空谈展开批判。在《1857—1858年经济学手稿》中，马克思在对必要劳动时间与剩余劳动时间科学界分的基础上，将蒲鲁东"财产即是盗窃"这一现代社会的道德批判命题变革为科学批判，指出现今财富的基础是盗窃他人的劳动时间，"资本家是窃取了工人为社会创造的自由时间，即窃取了文明"②。进而，马克思批判蒲鲁东主义公平正义观念的唯心史观性质，即其"关于公平和正义的空谈，归结起来不过是要用适应于简单交换的所有权关系或法的关系作为尺度，来衡量交换价值的更高发展阶段上的所有权关系和法的关系"③。这种脱离生产方式、交换方式历史变迁而探求所谓永恒公平正义原则的空谈，貌似激进革命，实质反动保守，属于典型的法国小资产阶级幻想，不过是妄想把小私有制条件下的商品生产交换关系普遍化、永恒化而已。

正是基于此，马克思在19世纪70年代继续批判拉萨尔主义非科学、唯心史观的公平分配空谈，以及伯恩施坦关于博爱与正义的空话。

---

① 王新生：《马克思政治哲学研究》，科学出版社2018年版，第238页。
② 《马克思恩格斯全集》第31卷，人民出版社1998年版，第23页。
③ 《马克思恩格斯全集》第30卷，人民出版社1995年版，第279页。

如1879年9月，马克思和恩格斯在致倍倍尔、李卜克内西、白拉克等人的信中，批判了伯恩施坦的阶级斗争立场不够鲜明，试图调和阶级矛盾、改良资本主义的错误思想倾向与主张，富有预见性与洞见性地指出："在阶级斗争被当作一种令人不快的'粗野的'现象放到一边去的地方，留下来充当社会主义的基础的就只有'真正的博爱'和关于'正义'的空话了。"①

同时，马克思也肯定了劳动人民对公平正义的价值判断与诉求的积极意义。他指出，认识到资本主义私有制及其生产方式不公平是劳动人民了不起的觉悟，即"认识到产品是劳动能力自己的产品，并断定劳动同自己的实现条件的分离是不公平的、强制的，这是了不起的觉悟，这种觉悟是以资本为基础的生产方式的产物，而且也正是为这种生产方式送葬的丧钟"②。劳动人民对资本主义私有制、生产方式不公平的价值判断，源于劳动人民对资本主宰下的社会经济生活的切身感受，是劳动人民内心深处不断蓄积的反抗资本剥削压迫的道德呐喊与潜在变革性力量。为顺应劳动人民对公平正义的价值判断与诉求，从而推动国际工人运动的联合发展，1866年10月，在马克思和拉法格审校的《国际工人协会章程和条例》中策略性地指出，加入国际工人协会的一切团体和个人"承认真理、正义和道德是他们对一切人的态度的基础，而不分肤色、信仰或民族"③。

在1878年的《反杜林论》中，恩格斯在批判杜林抽象绝对公平正义观念，阐释马克思关于正义的思想时，也在一定程度上肯定了劳动人民对公平正义价值判断与诉求的积极意义。在恩格斯看来，被剥削的广大劳动人民诉诸公平正义来表达对社会分配不公的不满情绪、维护自身的权益，象征着某种生产方式已处于没落阶段，以及新的生产方式已经在敲门。他说："对现存社会制度的不合理性和不公平、对'理性化为无稽，幸福变成苦痛'的日益觉醒的认识，只是一种征兆，表示在生

---

① 《马克思恩格斯全集》第25卷，人民出版社2001年版，第361页。
② 《马克思恩格斯全集》第30卷，人民出版社1995年版，第455页。
③ 《马克思恩格斯全集》第21卷，人民出版社2003年版，第535页。

产方法和交换形式中已经不知不觉地发生了变化,适合于早先的经济条件的社会制度已经不再同这些变化相适应了。"① 1884 年 10 月,恩格斯在为马克思《哲学的贫困》德文第一版撰写的序言《马克思和洛贝尔图斯》中还指出,劳动人民对公平正义的价值诉求"可能隐藏着非常真实的经济内容","如果群众的道德意识宣布某一经济事实,如当年的奴隶制或徭役制是不公正的,那么这就证明这一经济事实本身已经过时,另外的经济事实已经出现,由此原来的事实就变得不能忍受和不能维持了"②。

第二,引导国际工人运动从公平正义的价值诉求向消灭雇佣劳动制度的科学方向发展。从 19 世纪 30—40 年代发展起来的英法德工人运动,一直把公平正义的价值诉求 "a fair day wages for a fair day work"("做一天公平的工作,得一天公平的工资")作为自己的口号,且在工联主义影响下只注重经济斗争,忽略政治斗争。1843 年 10 月,恩格斯的《大陆上社会改革的进展》一文就曾注意到法国民众对抽象自由、平等、正义的未来理想社会制度感兴趣,为调动法国民众参与革命运动,就"要向他们表明,这样的制度是正义所要求的"③。随着以马克思主义为指导的国际工人运动的发展,这个曾经起过进步作用的旧口号日趋保守,迫切需要以新的科学的革命口号取代之。作为劳动人民根本利益、无产阶级运动未来的杰出代表,在思想觉悟上高于普通劳动人民、深刻把握了"无产阶级运动的条件、进程和一般结果"的伟大无产阶级革命家、理论家马克思,要以经济科学的革命和革命的经济科学回应并引导劳动人民的道德心声,把民心、民声建立在科学真理的坚实基础之上,使科学真理的力量与道义的力量汇聚成强大的社会变革力量,从而推动国际无产阶级革命运动沿着科学理论指引的正确方向发展。

因此,1865 年 5—6 月,马克思在《工资、价格和利润》的演讲中指出:"在雇佣劳动的基础上要求平等的或甚至是公平的报酬,就犹如在奴隶制的基础上要求自由一样。你们认为公道和公平的东西,与问题

---

① 《马克思恩格斯全集》第 26 卷,人民出版社 2014 年版,第 284 页。
② 《马克思恩格斯文集》第 4 卷,人民出版社 2009 年版,第 204 页。
③ 《马克思恩格斯全集》第 3 卷,人民出版社 2002 年版,第 482 页。

毫无关系。问题就在于：在一定的生产制度下所必需的和不可避免的东西是什么？""应当摒弃'做一天公平的工作，得一天公平的工资！'这种保守的格言，要在自己的旗帜上写上革命的口号：'消灭雇佣劳动制度！'"① 在马克思看来，现代资本主义社会问题的一个外在表现与结果是公平正义问题，其病根在于雇佣劳动制度，而工人阶级若是在雇佣劳动基础上要求公平的报酬，夸大进行这种"日常斗争""游击式的搏斗"的效果，并不能彻底祛除资本主义社会的病根，以这种道德诉求引导工人阶级运动则属于不能实现的妄想、肤浅的激进主义。所以，只有消灭雇佣劳动制度、彻底变革资本主义社会，才能彻底解决资本主义社会所引发的公平正义问题。

1881年5月，恩格斯在《做一天公平的工作，得一天公平的工资》一文中也提出，要永远埋葬"做一天公平的工作，得一天公平的工资"这个非科学、保守的旧口号，代之以"劳动资料——原料、工厂、机器——归工人自己所有"② 这个科学、革命的新口号。因为，要回答何谓"做一天公平的工作，得一天公平的工资"这个问题，既不能凭借道德与法律规范，也不能诉诸人道、正义甚至慈悲之类的温情，因为"在道德上是公平的甚至在法律上是公平的，从社会上来看可能远不是公平的。社会的公平或不公平，只能用一门科学来判定，那就是研究生产和交换这种与物质有关的事实的科学——政治经济学"③。可是，居于支配地位的"资本家阶级的政治经济学"与马克思主义政治经济学在判定社会公平问题上又是相互对立的。按照"资本家阶级的政治经济学"来说，资本主义社会生产方式、雇佣劳动制度是公平的最高典范；按照马克思主义政治经济学来说，工人没有公平的起点，其工资也远少于其劳动所创造的价值，哪有什么公平可言？"资本家阶级的政治经济学"所宣扬的公平实际上支配着现代社会，是完全导向资本一边的，又和谁谈或怎么能要求公平的工作、公平的工资呢？这就是现代资本主义社会的"一种非常特殊的公平"。在此文中，恩格斯以严密逻辑清晰地阐释了马克思主张的为什么不能在雇佣劳动基础上要求公平的报

---

① 《马克思恩格斯文集》第3卷，人民出版社2009年版，第56、77—78页。
② 《马克思恩格斯全集》第25卷，人民出版社2001年版，第491页。
③ 《马克思恩格斯全集》第25卷，人民出版社2001年版，第488页。

酬，以及为什么要以消灭雇佣劳动、建立公有制的新口号取而代之。因为原先的口号不科学，"所以马克思从来不把他的共产主义要求建立在这样的基础上，而是建立在资本主义生产方式的必然的、我们眼见一天甚于一天的崩溃上"①。

第三，以政治经济学批判资本主义社会的公平正义幻象，把对公平正义的价值判断奠定在历史科学之上。在《资本论》中，马克思通过对资本主义生产方式及其生产关系和交换关系的批判研究，揭示了现代社会经济运动规律，证明了资本主义经济社会形态的历史过程性及必然灭亡趋势，戳穿了资本主义社会永恒公平正义的谎言。也就是说，马克思把事实判断与价值判断综合统一起来，在新的经济科学、历史科学基础上判定：资本主义社会虽然在名义上是公平正义的，但在事实上是非公平正义的，且没有什么永恒天然的公平正义，任何公平正义观念都是特定社会生产方式及其生产关系与交换关系的历史的暂时的产物。诚如恩格斯所理解的："政治经济学本质上是一门历史的科学。"②"这个世界虽然名义上承认公平原则，但在事实上看来时时刻刻都在肆无忌惮地抛弃公平原则。"③

《资本论》第一卷通过对劳动力成为商品的科学与事实分析，嘲讽了资本家及其经济学理论代言人关于劳动力买卖与使用公平的谎言。马克思讥讽道，资本家按照商品交换的所谓永恒规律，劳动力的买卖与使用"这种情况对买者是一种特别的幸运，对卖者也决不是不公平。我们的资本家早就预见到这种情况，这正是他发笑的原因"④。这正如阿玛蒂亚·森所言："马克思尤其注重呈现，人们对于劳动力市场上公平交易这一幻象的共识实际上是错误的，但这种公平的口号却被那些看见了如何以市场同等价值交换商品的人们'客观地'接受。"⑤ 通过对剩余价值源于雇佣工人剩余劳动创造，又被资本家无偿占有的科学与事实

---

① 《马克思恩格斯文集》第4卷，人民出版社2009年版，第203—204页。
② 《马克思恩格斯全集》第26卷，人民出版社2014年版，第155页。
③ 《马克思恩格斯文集》第4卷，人民出版社2009年版，第205页。
④ 《马克思恩格斯文集》第5卷，人民出版社2009年版，第226页。
⑤ [印度] 阿玛蒂亚·森：《正义的理念》，王磊、李航译，中国人民大学出版社2012年版，第152页。

的揭示，马克思从道德上谴责资本家对工人的残酷剥削压榨，把剩余价值、剩余产品视为资本家对工人的掠夺与窃取，即"从工人那里掠夺来的赃物"，从"工人那里不付等价物而窃取的"。① 这即是从价值判断上说"资本家对工人的无偿占有是不正义的"②。通过对资本主义原始积累秘密的历史科学揭示，马克思指出资本原始积累全部过程的基础是剥夺农民，并深刻地批判了资本原始积累充满肮脏罪恶的非人道、非正义来源，讽刺资产阶级政治经济学关于原始积累源于正义与劳动的虚假编造。马克思说："在真正的历史上，征服、奴役、劫掠、杀戮，总之，暴力起着巨大的作用。但是在温和的政治经济学中，从来就是田园诗占统治地位。正义和'劳动'自古以来就是唯一的致富手段，自然，'当前这一年'总是例外。事实上，原始积累的方法决不是田园诗式的东西。"③

诚然，述诸道德、正义与法谴责批判资本主义社会似乎也合情合理，但不能以此为证据把经济科学、历史科学推向前进，这也不是《资本论》的主要科学研究任务。但是，《资本论》的经济科学、历史科学确凿证明：资本主义社会事实上已暴露出的非道德、非正义、阶级斗争、经济危机、私有制等系统性社会危机是其生产方式的必然结果，也是其生产方式行将瓦解的征兆与象征。而且，《资本论》也找到了能够消除这些社会危机的理想社会生产和交换组织的因素与形式——重建个人所有制，从而为党赢得科学上的胜利。也就是说，马克思虽然没有直接讲过资本主义社会是不正义的，但他确实认为资本主义社会是不正义的。在1871年的《法兰西内战》一文中，马克思依据无产阶级与阶级斗争的历史事实，直接批判了资产阶级社会的非正义与野蛮："每当资产阶级秩序的奴隶和被压迫者起来反对主人的时候，这种秩序的文明和正义就显示出自己真正的凶残面目。那时，这种文明和正义就是赤裸裸的野蛮和无法无天的报复。占有者和生产者之间的阶级斗争中的每一次新危机，都越来越明显地证明这一事实。"④

---

① 《马克思恩格斯文集》第5卷，人民出版社2009年版，第688、706页。
② 段忠桥：《马克思的分配正义观念》，中国人民大学出版社2018年版，第78页。
③ 《马克思恩格斯文集》第5卷，人民出版社2009年版，第821页。
④ 《马克思恩格斯文集》第3卷，人民出版社2009年版，第173—174页。

《资本论》在系统阐发剩余价值的理论基础上，批判了资本主义社会的正义幻象，不是把道德应用于经济学，而是把经济学应用于道德的结果。古典政治经济学家斯密就是把道德应用于经济学，把经济学变成为资产阶级社会进行正义论证的道德学说的典型。斯密认为，资本家富有同情心与美德，资本主义社会生产关系合理完美、正义永恒。他把正义视为人类社会至关重要的永恒支柱，认为"正义犹如支撑整个大厦的主要支柱。如果这根柱子松动的话，那么人类社会这个雄伟而巨大的建筑必然会在顷刻之间土崩瓦解"①。进而，斯密站在资产阶级立场，在《国富论》中从经济学角度论证资本主义社会"三位一体"的分配方案是永恒公平正义的。因此，斯密、李嘉图等资产阶级古典经济学家虽然在马克思之前就已确定剩余价值存在，但是，他们没有系统科学地阐发剩余价值理论，更没有认识到资本主义社会的非正义，所以"至多只研究了劳动产品在工人和生产资料所有者之间分配的数量比例。另一些人，即社会主义者，则发现这种分配不公平，并寻求乌托邦的手段来消除这种不公平现象"②。

在《资本论》第三卷中，马克思在科学具体解析资本主义生产总过程与剩余价值分配问题的基础上，继续从道德上批判资本主义、解构正义问题。通过对商业资本的批判分析，马克思从道德上批判"占主要统治地位的商业资本，到处都代表着一种掠夺制度"，还引证马丁·路德《论商业与高利贷》一文中的话语加以批判："如果商人是为了正义而甘冒这种风险，那么他们当然就成了圣人了"③。通过对资本主义信用制度固有的二重性的科学分析，马克思从道德上谴责其"把资本主义生产的动力——用剥削他人劳动的办法来发财致富——发展成为最纯粹最巨大的赌博欺诈制度，并且使剥削社会财富的少数人的人数越来越减少"④。

通过对吉尔巴特天然正义原则的批判，马克思深度剖析了天然正义观念的虚假性，以及正义这一价值观念的历史性、相对性、阶级性、具

---

① [英]亚当·斯密：《道德情操论》，蒋自强等译，商务印书馆1997年版，第106页。
② 《马克思恩格斯文集》第6卷，人民出版社2009年版，第21页。
③ 《马克思恩格斯文集》第7卷，人民出版社2009年版，第369页。
④ 《马克思恩格斯文集》第7卷，人民出版社2009年版，第500页。

体性。马克思说，同吉尔巴特说什么天然正义是毫无意义的，因为"生产当事人之间进行的交易的正义性在于：这种交易是从生产关系中作为自然结果产生出来的。这种经济交易作为当事人的意志行为，作为他们的共同意志的表示，作为可以由国家强加给立约双方的契约，表现在法律形式上，这些法律形式作为单纯的形式，是不能决定这个内容本身的。这些形式只是表示这个内容。这个内容，只要与生产方式相适应，相一致，就是正义的；只要与生产方式相矛盾，就是非正义的。在资本主义生产方式的基础上，奴隶制是非正义的；在商品质量上弄虚作假也是非正义的"①。在此，马克思的用意并非以是否与生产方式相适应为客观标准，肯定性地划出一条是否正义的价值评判标准。马克思以此所要阐明的是正义这一价值观念形成的唯物史观机理，即正义观念首先是从一定的生产劳动关系，即从生产方式及交换方式中自然产生出来的共同意志，然后上升为由法律等国家强制力加以维护的意识形式；正义观念作为社会意识形态只是对生产方式这个内容的反映，它归根结底是由社会物质生活条件所决定的。作为特定生产方式历史发展的产物，正义观念也会随着历史的发展而不断变迁，绝不是永恒的。资产阶级及其理论家试图以"生产方式正义"来论证资本主义生产方式永恒，或资本主义社会永恒正义，皆是唯心史观的便宜梦想。因此，有论者理解说，这是马克思"将资本主义生产方式置于历史的发展逻辑中进行考察，针砭整个资本主义社会关系的'事实正义性'表象"，批判"资本家以与资本主义生产方式相匹配的资本主义社会正义观为雇佣劳动制度的合理性辩护"②。马克思以此揭穿了资本主义生产方式正义的幻象，消解了资本主义社会的永恒梦想。

再如通过对土地所有权正当性的批判分析，马克思同样批判揭示了任何公平正义观念都是特定社会生产方式及其生产关系与交换关系的历史的暂时的产物。他说："土地所有权的正当性，和一定生产方式的一切其他所有权形式的正当性一样，要由生产方式本身的历史的暂时的必

----

① 《马克思恩格斯文集》第 7 卷，人民出版社 2009 年版，第 379 页。
② 刘同舫：《马克思唯物史观叙事中的劳动正义》，《中国社会科学》2020 年第 9 期。

然性来说明,因而也要由那些由此产生的生产关系和交换关系的历史的暂时的必然性来说明。"①

第四,批判拉萨尔公平分配的机会主义改良方案,论及未来新社会的公平正义问题。1875年4—5月,马克思依据政治经济学、全新历史科学的研究成果,对领导德国工人运动的两个派别——爱森纳赫派与拉萨尔派在合并大会上通过的《哥达纲领》展开了全面而深刻的批判,捍卫和发展了科学社会主义理论,科学构想了未来新社会的发展阶段。其中,通过批判拉萨尔所谓"公平的分配""不折不扣的劳动所得",再次批判了资产阶级的公平分配观,从现实性与理想性的维度阐发了未来新社会的公平正义问题。

在马克思看来,《哥达纲领》中所写的"公平的分配",完全是站在资产阶级及其经济学家,还有庸俗社会主义立场所撰写的"陈词滥调",若将此过时的纲领强加给德国工人阶级政党,并指导德国工人运动,简直就是在"犯罪"。因为,"公平的分配"、公平正义等是早期工人运动中曾起过积极意义的,但不科学的旧口号,属于资产阶级民主主义与法国空想社会主义者们的幻想与空谈。至1848年2月,共产党人就已经把"消灭私有制""全世界无产者,联合起来"的科学新纲领新口号,写在国际工人运动的旗帜上了。质言之,国际共产主义运动并不是什么追求公平正义的抽象道德运动,而是追求消灭私有制、实现人的自由全面发展的现实科学运动。此后,马克思和恩格斯耗费几十年心血,在政治经济学批判、历史科学研究过程中,不断批判企图误导国际工人运动的"公平的分配""公平正义"之类的幻想与空谈,科学地戳穿了资产阶级社会永恒公平正义的谎言,指出其历史性与阶级性,并把国际工人运动引导到逐步实现人类解放的"现实主义"轨道上来。现在《哥达纲领》又来空谈"公平的分配",就是对党、对国际工人运动的"犯罪"。而且,在马克思看来,在分配问题上大做文章并把重点放在分配上面,是"根本错误的",是"开倒车"。因为,"消费资料的任何一种分配,都不过是生产条件本身分配的结果;而生产条件的分配,

---

① 《马克思恩格斯文集》第7卷,人民出版社2009年版,第702页。

则表现生产方式本身的性质"①。因此，在资本主义私有制及其生产方式界限内要求公平的分配，就是开理论的倒车、政治的倒车、历史的倒车。

在《哥达纲领批判》中，马克思还科学地擘画了未来新社会发展的两阶段：共产主义第一阶段与共产主义高级阶段，其中也论及未来新社会公平正义的现实性与理想性问题。在刚刚从资本主义旧社会脱胎而来的共产主义第一阶段，还在经济、政治与道德上带着旧社会的痕迹，生产力不够发达，物质财富不够丰富，只能实行公有制基础上的按劳分配。因此，在相当长历史时期内还不得不在资产阶级权利原则、法权框框内分配劳动产品。也就是说，在共产主义第一阶段即列宁所讲的现实社会主义社会，所施行的按劳分配原则仍然是资产阶级法权原则。这也就意味着，从现实性维度来看，尽管社会主义社会与资本主义社会本质不同，对公平分配、公平正义内涵的具体理解不同，但是，还不得不与资本主义社会共享公平分配、公平正义的某些法权原则，公平正义仍是现时代人类社会共同奉行的价值原则。在新时代中国式现代化强国的发展道路上，为实现广大人民群众共同富裕、美好生活的奋斗目标与价值追求，还需要以更加具体、合理的公平分配方案加以推进，更需要从经济生产、政治法律、价值观念上扎实全面地推进社会公平正义。在推动构建人类命运共同体、为世界谋大同的新征程上，新时代中国特色社会主义胸怀天下，还需要同不合理不公正的国际经济政治秩序、各种霸权主义展开斗争，积极"维护国际公平正义"，"促进世界和平与发展"②。

从理想性维度来看，根据马克思对共产主义高级阶段的科学描绘与预测，共产主义社会已不存在公平分配、公平正义问题，已经成为超越正义的社会。因为，产生公平分配、公平正义等问题的环境条件已不存在，在物质与精神财富极大丰富、人的思想道德素养极大跃升的全新社会发展阶段，响彻人类世界的纲领与口号是"各尽所能，按需分配"。每个人、整个人类社会所面临的问题是，如何逐步实现人的自由全面发

---

① 《马克思恩格斯文集》第3卷，人民出版社2009年版，第436页。
② 习近平：《高举中国特色社会主义伟大旗帜　为全面建设社会主义现代化国家而团结奋斗——在中国共产党第二十次全国代表大会上的报告》，人民出版社2022年版，第60页。

展。这只是在人类社会普遍进入共产主义社会高级发展阶段才能实现的图景，也只是在超越资本主义私有制及其生产方式关于公平分配、永恒正义的狭隘眼界与虚假编造之后才能看到的人类社会光明前景。这正是马克思从政治经济学批判、历史科学、人类解放这一真善美的制高点，所思考的理想性与现实性相统一的超越正义观。因此，把理想中的共产主义自由人联合体解说成"分配公平的理想境界""社会主义分配公平的彼岸王国"①，看似合理美好，实则是没有跳出现代西方关于分配公平、公平正义的狭隘解说。

超越正义之路尽管漫长修远、崎岖不平，但它却是一条科学之路，也确实是一条真正人道之路。正所谓无限风光在险峰，只有勇敢攀登，坚持信念，摒弃永恒正义的形而上学乌托邦诱惑，才能到达人类光辉的新高峰。正如恩格斯所指出的："现代社会主义必获胜利的信心，正是基于这个以或多或少清晰的形象和不可抗拒的必然性印入被剥削的无产者的头脑中的、可以感触到的物质事实，而不是基于某一个蛰居书斋的学者的关于正义和非正义的观念。"②

三 马克思正义观的当代阐释辨析

自20世纪60—70年代以来，伴随着政治哲学研究的全球复兴，国内外学界围绕马克思与正义、道德等的关系问题，即马克思政治哲学的规范性问题而展开持续的论辩研讨。至今，这一问题依然是当代英美分析马克思主义及我国哲学界理论研讨的焦点与前沿问题。对此，当代美国学者布鲁德尼曾评价说："在英语哲学传统中曾经有过一场辩论，这场辩论主要发生在20世纪80年代和20世纪90年代之间，其内容即是关于马克思那里究竟有没有'正义'观念，以及，他是否会谴责资本主义是'不正义的'。"③

论辩其中一方以塔克和伍德等一批学者为代表，他们主张马克思主义并未以正义与道德，而是以科学与事实来肯定或否定资本主义。塔克

---

① 杜邦云：《分配公平论》，人民出版社2013年版，第3、78页。
② 《马克思恩格斯全集》第26卷，人民出版社2014年版，第166页。
③ ［美］丹尼尔·布鲁德尼：《罗尔斯与马克思：分配原则与人的观念》，张祖辽译，上海人民出版社2017年版，第4页。

认为，马克思主义没有丝毫的道德成分，"'科学社会主义'正如它的名字所暗示的……在本质上是科学的思想体系。马克思主义……被认为不包含任何道德内容"[①]。伍德认为，马克思和恩格斯没有指出资本主义是不正义的，"对马克思来说，一项经济交易或经济制度公正与否取决于它与占统治地位的生产方式的关系。一项经济交易如果与生产方式相协调，那它就是公正的；如果相矛盾，那它就是不公正的"[②]。"尽管资本家的剥削使雇佣工人异化、非人化和人格降低"，"这和资本主义是否正当、是否公正丝毫没有关系"。[③] 随后，米勒、卢克斯、布坎南等分析的马克思主义学者纷纷加入塔克和伍德的阵营，展开了更广泛的研讨与辩论。

论辩另一方以科亨、埃尔斯特、尼尔森、佩弗等为代表，主张马克思主义有对资本主义道德与正义的评价判断。美国分析的马克思主义学者科亨和格拉斯认为马克思确实批判了资本主义不公正，确实以道德名义谴责了资本主义。因为，马克思在《1957—1858年经济学手稿》及《资本论》等著作中还曾无数次使用"抢劫""侵占""盗用"等说法来抨击资本主义，认为资本主义剥削是资本家对工人的"盗窃"，剩余价值是资本家"从工人那里掠夺来的赃物"，这是一种绝对主义的道德与正义标准。进而，科亨阐释说："盗窃是不正当地拿了属于他者的东西，盗窃是做不正义的事情，而基于'盗窃'的体系就是基于不正义。"[④] 美国分析的马克思主义学者埃尔斯特认为，虽然马克思没能提出严格的正义标准，但马克思相信"不公平是资本主义的一个事实"[⑤]。

双方的论争还引出了主张马克思主义是科学判断与价值判断相统一的赛耶斯和曼德尔的第三种观点。在《分析马克思主义与道德》一文中，塞耶斯批判地指出马克思主义的社会理论既是社会见解又是政治见解，"实践和道德在其中起着举足轻重的作用"，是科学规律探讨与道

---

① R. Tucker, *Philosophy and Myth in Karl Marx*, Transaction Publisher, 2001, p. 12.
② A. Wood, *Marx, Justice, and History*, Princeton University Press, 1980, p. 107.
③ A. Wood, *Karl Marx*, London: Routledge and Kegan Paul, 1981, p. 43.
④ Cohen, *Self-Ownership, Freedom, and Equality*, Cambridge, Mass: Harvard University Press, 1995, p. 146.
⑤ [美] 乔恩·埃尔斯特：《理解马克思》，何怀远译，中国人民大学出版社2008年版，第207页。

德价值评判的统一。他说:"马克思的社会理论与其道德和政治价值根本不相抵触,因此这就为人们提供了一种得以以具体、实践和现实的方式思考上述两方面因素的基础。"① 比利时马克思主义理论家曼德尔在《何以误解马克思》一文中更是深刻地阐释了马克思主义规范性基础的精髓,他说:"这就是马克思的要旨,既是科学的又是道德政治主义的。这也是我们能从马克思的遗产中所继承的活的东西。"②

还有主张马克思主义的正义论为超越正义的正义论的罗尔斯与金里卡等的第四种观点。罗尔斯认为,"公平正义的良序社会理念与马克思的完全的共产主义社会理念仍然相当不同。完全的共产主义社会似乎是一种在下述意义上超越了正义的社会,即,引发分配正义的环境条件被超越了,而且,公民们不需要,也不会在日常生活中去关注分配正义问题。……正义的消失,甚至分配正义的消失,是不可能的,而且,这种消失似乎也不是值得欲求的"③。加拿大学者金里卡评价说:"好的社会,共产主义社会将超越正义,这种社会不是由公平的份额或平等权利的理论定义和支配的。这与罗尔斯形成了全然的对比,他认为'正义是社会制度的首要德性'。"④

否认马克思主义科学性,把马克思主义、共产主义视为道德说教、意识形态乃至虚幻宗教信仰,是20世纪30年代以来西方反马克思主义理论研究的思想主潮,也是西方马克思主义学者生存空间受到严重压制在理论上的反映。正如美国学者莱文在《什么是今天的马克思主义者》一文中所述,一直处于被压制排斥境遇中的西方马克思主义学者所面临的首要问题是如何生存及发展,因此导致其研究多具有学术化、非政治化的倾向,至于其是不是马克思主义者已不重要。分析的马克思主义以个人主义的方法论,借助论证严谨、概念明晰的分析哲学传统,形成一

---

① [加]罗伯特·韦尔、凯·尼尔森:《分析马克思主义新论》,鲁克俭等译,中国人民大学出版社2002年版,第69页。
② [加]罗伯特·韦尔、凯·尼尔森:《分析马克思主义新论》,鲁克俭等译,中国人民大学出版社2002年版,第105页。
③ [美]约翰·罗尔斯:《政治哲学史讲义》,杨通进等译,中国社会科学出版社2011年版,第344页。
④ [加]威尔·金里卡:《自由主义、社群与文化》,应奇、葛水林译,上海译文出版社2005年版,第105页。

种风格独特的马克思主义理论研究路径，对批判分析现代性西方社会政治新问题具有一定的启示意义。但经过分析的马克思主义的阐释后，马克思主义的唯物史观、劳动价值论、剩余价值论、利润率下降理论、革命斗争理论与共产主义思想等都被所谓分析所拒斥了，逐渐变成了非马克思主义。正如有论者所指出，20世纪西方学界围绕马克思与正义问题的学术讨论，"无论是否定马克思正义思想的塔克、伍德，还是肯定马克思正义思想的胡萨米、柯亨，也都未看穿政治哲学与历史唯物主义及经济学之间的融通关系，这也制约了他们在'马克思与正义'这个问题上的学术讨论，从而在不同程度上误读了马克思"[①]。

国外围绕马克思政治哲学规范性问题的持续论争，也反映在当代中国马克思主义政治哲学的研究中。不同于西方学者对马克思主义的非科学性理解，我国学者普遍认同马克思主义的科学性。在此前提下，我国学界在回应"塔克—伍德命题"时也出现了四种观点。第一种观点与塔克与伍德的观点类似。李惠斌等认为马克思从未明确讲过剥削是不正义的[②]；邱海平认为《资本论》"既没有对资本主义歌功颂德，也没有出于'公平''正义'而对于资本主义进行义愤和道德谴责"[③]。第二种观点与柯亨等的观点类似。段忠桥认为马克思确实认为资本主义的"剥削是不正义的"，"正义在马克思的论著中只是一种价值判断"[④]。第三种观点与塞耶斯和曼德尔的观点类似。我国学界的主流观点认为，马克思对资本主义社会的批判是科学维度与价值维度的有机统一整体。房广顺认为马克思和恩格斯的正义思想是"事实判断与价值判断的统一"[⑤]。李义天等学者还从马克思的"阶级利益"分析视角出发，提出作为阶级利益的"非道德的善"和作为正义的"道德的善"之间不存在非此即彼、取前舍后的关系。[⑥] 第四种观点与罗尔斯等的观点形似神

---

① 李佃来：《政治哲学视域中的马克思》，中央编译出版社2018年版，第159页。
② 李惠斌、李义天：《马克思与正义理论》，中国人民大学出版社2010年版，第169—173页。
③ 邱海平：《21世纪再读〈资本论〉》，人民邮电出版社2016年版，第109页。
④ 段忠桥：《马克思的分配正义观念》，中国人民大学出版社2018年版，第15、48页。
⑤ 房广顺：《论马克思恩格斯正义思想的深刻内涵》，《马克思主义研究》2019年第2期。
⑥ 李义天：《"塔克—伍德命题"的后半段》，《伦理学研究》2020年第4期。

不似。王新生、李佃来等学者提出马克思正义观为超越正义论①。王南湜、冯彦利等学者还从唯物史观出发具体分析马克思正义思想对近现代西方正义论的超越。②

　　政治哲学无疑有并需要道德与伦理价值原则作为其规范性的基础。因为,"道德哲学为政治哲学设定了背景和边界"③。"政治哲学是对社会政治的道德和价值分析。"④"政治哲学的核心问题是以规范性的合理性为基底的道义原则问题。"⑤ 马克思主义政治哲学同样有并需要道德伦理等价值判断作为其规范性的基础。虽然马克思、恩格斯没有留下专门的道德伦理学论著,但伦理道德问题在他们的思想体系中同样占有重要地位。否定马克思主义政治哲学是事实判断与价值判断的统一,同否定马克思主义政治哲学是科学与意识形态的统一类似,都是片面的,都会造成对马克思主义整体性的分裂与片面理解。休谟认为从事实判断不能推出价值判断,但是,价值判断也不排斥事实判断,价值原则也不排斥真理原则,正如"意识形态不排斥科学性"⑥ 一样。"《资本论》表明,马克思的人道主义理想与他对现实的描述是不可分割地统一的,马克思对人类解放和人的全面发展的价值追求与他所揭示的人类历史发展规律是不可分割地统一的,马克思的哲学批判与他的政治经济学批判和空想社会主义批判是不可分割地统一的。"⑦

　　马克思主义政治哲学是一种全新的实践哲学,其对公平正义的现实性批判与建构,对超越正义的人类自由解放的科学构想,不是来自资本

---

①　王新生:《马克思正义理论的四重辩护》,《中国社会科学》2014年第4期;李佃来:《历史唯物主义与马克思正义观的三个转向》,《南京大学学报(哲学·人文科学·社会科学)》2015年第5期。

②　王南湜:《马克思的正义理论:一种可能的建构》,《哲学研究》2018年第5期;冯颜利等:《唯物史观视域中的马克思正义思想》,《中国社会科学》(英文版)2020年第1期。

③　[美]罗伯特·诺奇克:《无政府、国家和乌托邦》,姚大志译,中国社会科学出版社2008年版,第6页。

④　李福岩:《对政治哲学的三点认识》,《理论探讨》2007年第4期。

⑤　王新生:《马克思政治哲学研究》,科学出版社2018年版,第63页。

⑥　[法]米歇尔·福柯:《知识考古学》,谢强、马月译,生活·读书·新知三联书店2003年版,第207页。

⑦　孙正聿:《"现实的历史":〈资本论〉的存在论》,《中国社会科学》2010年第2期。

主义社会的经验实证，即不是采用"比较方法来关注各种社会现实"①的结果；也不是来自来西方启蒙政治哲学的实践理性，即不是采用先验抽象正义与自由的理性设定的结果。我们似乎可以从马克思与恩格斯关于正义的论说中引申出生产正义、交换正义、分配正义、经济正义、政治正义、社会正义等概念，但马克思政治经济学批判、全新历史科学的理论旨趣与追求绝不是什么正义，而是在解构批判现代性社会正义问题的基础上的人类解放问题。马克思从物质生产劳动实践出发，根据人类解放的历史科学，站在劳动人民群众的价值观上，批判思考正义问题。马克思主义政治哲学是在对资本主义生产方式批判性科学研究的基础上，把经验与先验、理论与实践、理想性和现实性、事实与价值等辩证综合起来进行分析，在全新历史科学的世界观基础上所"大写"的超越性正义观。《资本论》就是这种"大写"的超越性正义观——社会政治哲学的浓缩，为现代人类文明树立起科学性与价值性相统一的新路标。

第四节 《资本论》及其手稿的意识形态观

马克思的现代性批判系统全面而深刻独到，其中把对资本主义意识形态的批判聚焦到拜物教，即一种像基督教一样的新型世界性宗教的批判上，戳穿了资产阶级理论家们所编造的经济政治谎言与新神话，将人类思想解放运动推向划时代的高峰。从克罗茨纳赫笔记到巴黎笔记以及伦敦笔记，尤其是从马克思政治经济学批判著作及其手稿来看，马克思对拜物教、资产阶级政治经济学意识形态进行了反复深入的批判。可以说，《资本论》及其手稿对商品、货币与资本三大拜物教的深刻批判，意味着马克思对现代性社会居于统治地位的资产阶级意识形态批判的完成，也标志着马克思对宗教批判的完成，从而深刻诠释了意识形态概念的社会政治哲学之维。

---

① [印度] 阿玛蒂亚·森：《正义的理念》，王磊、李航译，中国人民大学出版社2012年版，第8页。

一 宗教及意识形态的现实批判转向

伴随着政教分离、宗教信仰自由在近代西方资产阶级理想国中的"变现",以启蒙理性对宗教进行批判的任务就此落下了帷幕。值此落幕之时,马克思重新开启对宗教的现实批判。马克思把对宗教的批判转向对宗教的世俗基础——现实社会的政治经济批判,并把对宗教的现实批判纳入对资本主义意识形态的批判之中,直至在对拜物教的经济科学批判中彻底完成了对现代性宗教及意识形态批判的新重任。

在克罗茨纳赫时期,通过对历史、政治与经济制度关系的比较研究,马克思在费尔巴哈宗教批判理论的基础上,"已经把宗教异化归结为政治异化,在政治国家的二元生活(政治生活和市民生活的分离)中看到了基督教精神的世俗源泉"①。通过对德国犹太人问题的研究,马克思发现宗教信仰自由、政治解放并不能彻底解决犹太人的问题。因为,犹太人的世俗基础是实际需要、自私自利,犹太人的世俗礼拜是做生意,犹太人世俗的神是金钱;现代社会精神像犹太精神一样日益世俗化,权力日益成为金钱的奴隶,人向金钱顶礼膜拜,"犹太人的神世俗化了,它成了世界的神"②。所以,只有理论批判并实践变革宗教产出的世俗、现实基础,即只有实现人类解放,人类社会才能真正从犹太精神中解放出来,即"犹太人的社会解放就是社会从犹太精神中获得解放"③。

在马克思看来,资产阶级的理性批判、政治革命与政治解放并没有打碎宗教这条心灵枷锁,犹如路德"把肉体从锁链中解放出来,是因为他给人的心灵套上了锁链"④ 一样,现实中的资产阶级理想国以一种新奴役制代替了旧奴役制,只不过是把人从权力的奴隶变成了金钱的奴隶。因此,马克思要在费尔巴哈宗教批判的基础上继续前进,转向对尘世的法与政治国家的批判,进而转向对现代社会经济与政治关系的批判研究,提出彻底铲除宗教这种"颠倒的世界意识"赖以生存的社会经

---

① 孙伯鍨:《探索者道路的探索》,北京师范大学出版社 2017 年版,第 181 页。
② 《马克思恩格斯全集》第 3 卷,人民出版社 2002 年版,第 194 页。
③ 《马克思恩格斯全集》第 3 卷,人民出版社 2002 年版,第 198 页。
④ 《马克思恩格斯全集》第 3 卷,人民出版社 2002 年版,第 208 页。

济政治土壤,才能实现人类解放。可以说,马克思在转向"批判尘世世界的这种进步中同时也为批判'天国'世界亦即宗教获得了一个新的立场"①。"马克思在过渡到对人的物质关系的批判时,并没有简单地把对宗教的批判抛在脑后,而是在一个新的层次上重新提出了对宗教的批判"②。

进而,马克思从现代资本主义社会的经济事实出发,开始进入对国民经济学关于商品、工资、资本的利润、地租、货币诸范畴的观念批判研究,把宗教神学作为一种具有社会政治功能的现代意识形态加以批判,从而推动唯物史观与共产主义的伟大理论变革。在《1844年经济学哲学手稿》中,马克思改造黑格尔的精神异化与费尔巴哈的宗教异化思想,把历史之谜的解答与共产主义视为扬弃异化劳动与私有财产的真正人道主义运动,提出:"无神论是以扬弃宗教作为自己中介的人道主义,共产主义则是以扬弃私有财产作为自己的中介的人道主义。"③马克思肯定配第、斯密、李嘉图、魁奈、西斯蒙第等古典政治经济学家的思想启蒙作用,同时批判国民经济学是一门教导资本家如何发财致富和纵欲的科学,也是一门教导工人如何安于贫困、节制、勤劳、禁欲的科学,"发明了一种奴才的艺术","是真正道德的科学",国民经济学的"道德姨妈和宗教姨妈"一起为资本主义私有制统治奴役下的社会秩序布道,美化资本主义社会,调和资本与劳动的尖锐矛盾对立。④马克思强调,在对资本主义政治经济学的意识形态与宗教展开彻底理论批判的同时,更要展开革命性的实践变革。他尤以消除感性欲望的宗教——拜物教为例指出:"从拜物教就可以看出,理论之谜的解答在何种程度上是实践的任务并以实践为中介,真正的实践在何种程度上是现实的和实证的理论的条件。"⑤即唯有以科学理论与革命实践相结合的双重批判,才能消灭私有制、劳动异化以及资本把人商品化,也才能祛

---

① [德]卡尔·洛维特:《从黑格尔到尼采》,李秋零译,生活·读书·新知三联书店2006年版,第471页。
② [德]卡尔·洛维特:《世界历史与救赎历史:历史哲学的神学基础》,李秋零等译,生活·读书·新知三联书店2002年版,第57页。
③ 《马克思恩格斯全集》第3卷,人民出版社2002年版,第331页。
④ 《马克思恩格斯全集》第3卷,人民出版社2002年版,第342—344页。
⑤ 《马克思恩格斯全集》第3卷,人民出版社2002年版,第346页。

除货币这个"有形的神明"对人的"个性的普遍颠倒"①，实现人的类本质的复归。

正是在对资本主义政治经济学的初步批判研究的基础上，马克思才真正走出从康德、费希特、黑格尔到费尔巴哈幻影重重的德国古典哲学——"新时代的宗教"②的意识形态屏障，建立共产主义与人类解放的新世界观。至1845年春，马克思站在新的地平线上，明确地意识到了费尔巴哈宗教批判的重大缺陷，即费尔巴哈只把宗教世界归结于它的世俗基础，但主要的事情还没有做："对于这个世俗基础本身首先应当从它的矛盾中去理解，然后用消除矛盾的方法在实践中使之发生革命。因此，例如，自从发现神圣家族的秘密在于世俗家庭之后，对于世俗家庭本身就应当从理论上进行批判，并在实践中加以变革。"③

为深入地批判研究国民经济学，创作政治经济学批判的著作，马克思认为十分有必要系统地清除德意志的意识形态地基。

首先，撰写并发表批判德国哲学及德国社会主义的论战性著作——"关于政治经济学的书"④，以便于读者了解其同德国科学根本对立的政治经济学观点。在《德意志意识形态》中，马克思首先从现实的人的生命存在、物质生产交往活动出发，科学地揭示了人的意识和社会精神生产的本质、产生发展过程、在社会结构中所处的地位与价值功能，即从实践辩证、唯物历史的新世界观出发，科学揭示意识形态概念的社会历史性等一般性或总体性蕴含。

其次，把宗教神学、形而上学、政治观念、法律观念、道德观念等纳入意识形态概念范畴，又对意识形态概念的阶级与政治属性等特殊性蕴含作出批判揭示。即随着物质生产与社会分工的发展，私有制、阶级社会与国家的出现，以及物质劳动与精神劳动的分离，产生服务于统治阶级的虚幻颠倒的"政治意识形态"以及"意识形态家、僧侣的最初形式"⑤，从而深刻揭示了阶级社会的精神生产、意识形态统治的社会

---

① 《马克思恩格斯全集》第3卷，人民出版社2002年版，第364页。
② 《马克思恩格斯全集》第10卷，人民出版社1998年版，第255页。
③ 《马克思恩格斯文集》第1卷，人民出版社2009年版，第504—505页。
④ 《马克思恩格斯〈资本论〉书信集》，人民出版社1976年版，第26页。
⑤ 《马克思恩格斯文集》第1卷，人民出版社2009年版，第531、534页。

物质生产关系基础。马克思指出："统治阶级的思想在每一时代都是占统治地位的思想。这就是说，一个阶级是社会上占统治地位的物质力量，同时也是社会上占统治地位的精神力量。……占统治地位的思想不过是占统治地位的物质关系在观念上的表现"①。这正如后来恩格斯所解读的，唯物史观侧重"从作为基础的经济事实中探索出政治观念、法权观念和其他思想观念以及由这些观念所制约的行动"，而"意识形态是由所谓的思想家有意识地、但是以虚假的意识完成的过程"②；"唯心主义世界观"③便是由"意识形态家"所编造的典型虚假意识形态。

再次，通过对17—19世纪资产阶级意识形态形成史的批判分析，揭开意识形态以全社会共同利益的名义、普遍性的外观、抽象的概念话语对全社会实施蒙蔽与统治的虚伪面纱。马克思指出："占统治地位的将是越来越抽象的思想，即越来越具有普遍性形式的思想。因为每一个企图取代旧统治阶级的新阶级，为了达到自己的目的不得不把自己的利益说成是社会全体成员的共同利益……赋予自己的思想以普遍性的形式，把它们描绘成唯一合乎理性的、有普遍意义的思想。"④即是说，阶级社会的意识形态是抽象普遍的形式与统治阶级利益的特殊内容的统一。这正如列斐伏尔所理解的，意识形态"一方面是普遍的、思辨的、抽象的；另一方面，它们代表了特定的、优先的和特殊的利益"⑤。例如，黑格尔把功利论说成启蒙的最终结果，把现代社会各种关系归结为唯一的功利关系，这种看起来很愚蠢的"形而上学的抽象之所以产生，是因为在现代资产阶级社会中，一切关系实际上仅仅服从于一种抽象的金钱盘剥关系"⑥。这种抽象观念既是对英法资产阶级革命时代实践成果的哲学反思与概括，也是对霍布斯与洛克的自由主义政治学说、以魁奈与杜尔阁为代表的重农学派功利论的政治经济学、爱尔维修与霍尔巴赫利己主义的世界宗教的高度哲学浓缩。黑格尔以精神哲学的抽象思维

---

① 《马克思恩格斯文集》第1卷，人民出版社2009年版，第550页。
② 《马克思恩格斯〈资本论〉书信集》，人民出版社1976年版，第553页。
③ 《马克思恩格斯全集》第26卷，人民出版社2014年版，第767页。
④ 《马克思恩格斯文集》第1卷，人民出版社2009年版，第552页。
⑤ [法]亨利·列斐伏尔：《马克思主义的社会学》，谢永康、毛林林译，北京师范大学出版社2013年版，第50页。
⑥ 《马克思恩格斯全集》第3卷，人民出版社1960年版，第479页。

方法把17—18世纪兴起的资产阶级社会关系描述成客观精神，把资本主义精神描述成世界精神，张扬资产阶级理性与自由竞争精神，起到反封建、反宗教的思想启蒙作用。但从18世纪晚期到19世纪，从葛德文与边沁的剥削理论到穆勒的功利主义学说，则把资产阶级的功利论与政治经济学完全结合在一起。这使功利主义最终变成适应资本主义商品经济发展的庸俗意识形态，享乐主义最终变成适应资产阶级的"一种肤浅的虚伪的道德学说"[①]，资产阶级重新开始利用宗教为自己的统治服务。

最后，阐明对宗教及资产阶级意识形态批判的任务与方法。现代社会两大阶级的尖锐对立以及由此产生的社会主义和共产主义观点，说明到了对宗教及资产阶级意识形态"宣判死刑"[②]，即彻底揭批与根除的时候了。唯有消除与摆脱宗教及资产阶级意识形态的蒙蔽与羁绊，才能走向共产主义。从理论上彻底揭批宗教与资产阶级意识形态抽象蒙蔽与统治的方法便是"还原"法。马克思指出："哲学家们只要把自己的语言还原为它从中抽象出来的普通语言，就可以认清他们的语言是被歪曲了的现实世界的语言，就可以懂得，无论思想或语言都不能独自组成特殊的王国，它们只是现实生活的表现。"[③]

马克思对宗教与意识形态的现实批判转向，即唯物史观的确立过程，为深入批判拜物教、资产阶级政治经济学的意识形态，公开阐明共产主义与人类解放的科学理论，奠定了思想前提与理论基础。1847—1848年，马克思把对宗教与意识形态现实批判的理论成果进一步应用于政治经济学批判，公开宣告唯物史观与科学社会主义思想的问世，指明了无产阶级理论家的意识形态批判使命。在《哲学的贫困》中，马克思批判蒲鲁东"用政治经济学的范畴构筑某种意识形态体系的大厦"的同时，指出"正如经济学家是资产阶级的学术代表一样，社会主义者和共产主义者是无产者阶级的理论家"[④]。在《共产党宣言》中，马克思和恩格斯有力地批驳了旧欧洲的一切反动势力联合起来对共产主义

[①] 《马克思恩格斯全集》第3卷，人民出版社1960年版，第489页。
[②] 《马克思恩格斯全集》第3卷，人民出版社1960年版，第490页。
[③] 《马克思恩格斯全集》第3卷，人民出版社1960年版，第525页。
[④] 《马克思恩格斯文集》第1卷，人民出版社2009年版，第603、616页。

的污名化、意识形态围剿；深刻揭露了资产阶级通过法律、道德、教育、宗教信仰等手段对绝大多数人的抽象意识形态蒙蔽；科学地指出了只有当阶级对立完全消失的时候，意识形态才会消失。因此，为加速消灭私有制与阶级、终结宗教及资产阶级意识形态蒙蔽的世界历史进程，就要积极主动培养和确立无产阶级的阶级斗争与社会革命意识，"共产党人一分钟也不忽略教育工人尽可能明确地意识到资产阶级和无产阶级的敌对的对立"①。

二 对资本主义社会三大拜物教的深刻批判

从伦敦笔记到政治经济学批判的系列手稿，再到《资本论》，马克思对资产阶级政治经济学展开了系统深入的批判，即对资本主义意识形态的基础与重点领域展开全面具体的批判。进而，马克思把对资产阶级政治经济意识形态的批判聚焦到商品拜物教、货币拜物教、资本拜物教上。通过对古典与庸俗政治经济学三大拜物教的经济科学、历史科学的批判，马克思把对宗教的批判与对资产阶级政治经济学的意识形态批判紧密联系起来，彻底揭开了资本主义意识形态的神秘面纱，彻底解构宗教赖以生存的现代经济社会基础。因此，美国学者麦卡锡说，要理解马克思政治经济批判以及"解放何以可能"的总问题，"奥秘在于理解古典政治经济学的形而上学和拜物教"②。也正如我国学者张一兵所理解的，整个资产阶级意识形态就建立在"倒立跳舞的桌子与商品拜物教""一般社会财富与货币拜物教""能生钱的钱与资本拜物教"这些涂满迷幻色彩的神话之上。③

首先，对资本主义社会最常见的物神统治——商品拜物教的批判。商品既是资本主义生产方式占统治地位的社会财富的表现形式、基本细胞，又是资本主义社会日常生活中最常见的物，尤其孕育着资本主义社会一切矛盾的萌芽。通过对商品二因素、生产商品的劳动二重性、交换

---

① 《马克思恩格斯文集》第2卷，人民出版社2009年版，第66页。
② [美]乔治·麦卡锡：《马克思与古人——古典伦理学、社会主义和19世纪政治经济学》，王文扬译，华东师范大学出版社2011年版，第279页。
③ 张一兵：《回到马克思：经济学语境中的哲学话语》，江苏人民出版社2014年版，第657、664、667页。

价值形式历史发展的深入具体分析，马克思深刻揭示了"商品拜物教的性质及其秘密"。

从使用价值、劳动产品的角度看，商品只不过是一个靠具体属性来满足人的某种需要的简单而平凡的物，但从价值、用于交换的劳动产品的角度看，商品却又"是一种很古怪的东西，充满形而上学的微妙和神学的怪诞。……桌子一旦作为商品出现，就转化为一个可感觉而又超感觉的物"①。商品交换所反映的其实是商品生产者之间的劳动交换关系，"只是人们自己的一定的社会关系，但它在人们面前采取了物与物的关系的虚幻形式。因此，要找一个比喻，我们就得逃到宗教世界的幻境中去。在那里，人脑的产物表现为赋有生命的、彼此发生关系并同人发生关系的独立存在的东西。在商品世界里，人手的产物也是这样。我把这叫作拜物教。劳动产品一旦作为商品来生产，就带上拜物教性质，因此拜物教是同商品生产分不开的。商品世界的这种拜物教性质……是来源于生产商品的劳动所特有的社会性质"②。

就是说，在资本主义私有制及其社会分工这种商品生产方式主宰之下，才造成私人劳动与社会劳动、具体劳动和抽象劳动、使用价值与价值的系统性矛盾对立，才形成普遍物化的社会关系、商品拜物教。劳动的产品在抽象价值符号这种"象形文字"的中介下转换成支配劳动的神秘之物，劳动与产品的关系被颠倒，物、商品在资本主义社会成为支配劳动与劳动者的日常生活现象。马克思指出："资本家对工人的统治，就是物对人的统治，死劳动对活劳动的统治，产品对生产者的统治，因为变成统治工人的手段（但只是作为资本本身统治的手段）的商品，实际上只是生产过程的结果……与意识形态领域内表现于宗教中的那种关系完全同样的关系，即主体颠倒为客体以及反过来的情形。"③这就是商品拜物教，即人本身的劳动的异化过程，成为资本主义社会日常生活最普遍、最常见的物神统治幻象。

其次，对资本主义社会耀眼的物神统治——货币拜物教的批判。货币在本质上不过是固定充当一般等价物的一种特殊商品与符号。从一般

---

① 《马克思恩格斯文集》第5卷，人民出版社2009年版，第88页。
② 《马克思恩格斯文集》第5卷，人民出版社2009年版，第90页。
③ 《马克思恩格斯全集》第38卷，人民出版社2019年版，第72—73页。

意义上说，金银、货币与"每个商品都是一个符号，因为它作为价值只是耗费在它上面的人类劳动的物质外壳"①。但是，这个商品交换的媒介与符号却在资本主义生产方式之下像商品一样，变成统治支配劳动与人的一种神奇符号。从《1844年经济学哲学手稿》到《共产党宣言》，再到50—60年代政治经济学批判的系列手稿及《资本论》，马克思一直在不断深入批判资产阶级社会的货币、金钱作为一种神秘力量对社会关系的颠倒，对人的统治与奴役。在《1857—1858年经济学手稿》中，马克思还揭示了新教的货币主义基础，即"只要货币贮藏者的禁欲主义与勤劳相结合，在宗教上他就实际上成了新教徒，尤其是清教徒"②。在《1861—1863年经济学手稿》中，马克思把货币对人与社会关系的统治、"这种关系颠倒的表现称为拜物教"③。

在《资本论》第一卷中，马克思进一步指出："货币拜物教的谜就是商品拜物教的谜，只不过变得明显了，耀眼了。"④ 因为，一方面，在资本主义生产方式占统治地位的地方，金钱、货币把一切封建的、宗法的和田园诗般的社会关系都破坏了，把社会生活中的一切神圣光环都抹去了，把"一切神圣的东西都被亵渎了"，把一切社会关系都变成赤裸裸的金钱关系，把人的尊严变成交换价值，"有些东西本身并不是商品，例如良心、名誉等等，但是也可以被它们的占有者出卖以换取金钱，并通过它们的价格，取得商品形式"⑤。另一方面，资本主义时代，可感而又超感性的货币作为一种强制通行的权力取代皇权与神权成为整个世界的征服者。封建时代只是"有钱能使鬼推磨"，资本主义时代金钱不仅能把封建皇权拉下马，而且能使神推磨。"因此，古代社会咒骂货币是自己的经济秩序和道德秩序的瓦解者。……现代社会，则颂扬金的圣杯是自己最根本的生活原则的光辉体现。"⑥ 金银这个万能新物神的出现，预示着物神对人的统治进一步抽象化、神秘化，也进一步加深

---

① 《马克思恩格斯文集》第5卷，人民出版社2009年版，第110页。
② 《马克思恩格斯全集》第31卷，人民出版社1998年版，第524页。
③ 《马克思恩格斯文集》第8卷，人民出版社2009年版，第392页。
④ 《马克思恩格斯文集》第5卷，人民出版社2009年版，第113页。
⑤ 《马克思恩格斯文集》第5卷，人民出版社2009年版，第123页。
⑥ 《马克思恩格斯文集》第5卷，人民出版社2009年版，第156页。

加重。因而，货币拜物教在资本主义时代变得更明显、更耀眼。

为适应商品经济的广泛普遍发展，货币符号逐渐由金银演变为纸币，即一种由国家强制发行流通的、逐渐脱离金本位的信用货币符号。但是，纸币、信用货币的广泛普遍使用并没有使人从货币拜物教中解放出来，也没有使人从对金银、货币的迷信崇拜中解放出来。马克思指出，"货币主义本质上是天主教的；信用主义本质上是基督教的。'苏格兰人讨厌金子'。作为纸币，商品的货币存在只是一种社会存在。信仰使人得救。这是对作为商品内在精神的货币价值的信仰，对生产方式及其预定秩序的信仰，对只是作为自行增殖的资本的人格化的各个生产当事人的信仰。但是，正如基督教没有从天主教的基础上解放出来一样，信用主义也没有从货币主义的基础上解放出来。"[①] 从信仰天主教、基督教到信仰新教并没有使人得救，反而给人的心灵套上了沉重的枷锁；从对金银货币的迷信崇拜到对纸币、信用货币的迷信崇拜也并没有使人得救，反而给人的肉体与心灵套上更加沉重的资本主义金锁链。

最后，对资本主义社会最神秘的物神统治——资本拜物教的批判。从《1861—1863 年经济学手稿》到《资本论》，马克思对资产阶级经济学家所宣扬的资本会自行增殖的荒诞幻想，一种"远远超过炼金术士的幻想"、资本拜物教展开了猛烈批判。资产阶级经济学家们认为，生息资本会自行再生产与增殖是资本天生具有的属性。马克思批判地指出，资本这种所谓天生的属性"也就是经院哲学家所说的隐藏的质"，"资本的物神形态和资本物神的观念已经完成"，"资本的神秘化取得了最显眼的形式"，经济学家们这种荒诞无稽的幻想"已经远远超过炼金术士的幻想"。[②] 资产阶级经济学家关于各种收入及其源泉的"三位一体的公式"，即"资本—利润、土地—地租、劳动—工资"，是对圣父、圣子、圣灵的基督教神学的翻版，只不过是把资本与土地作为物神化的存在，把"一个幽灵——劳动"抽象化为非存在，"但资本不是物，而是一定的、社会的、属于一定社会历史形态的生产关系，后者体现在一个物上，并赋予这个物以独特的社会性质"[③]。

[①] 《马克思恩格斯文集》第 7 卷，人民出版社 2009 年版，第 670 页。
[②] 《马克思恩格斯文集》第 7 卷，人民出版社 2009 年版，第 442—444 页。
[③] 《马克思恩格斯文集》第 7 卷，人民出版社 2009 年版，第 921—923 页。

把资本视为利润的源泉，把土地视为地租的源泉，把劳动视为工资的源泉，这是对资本主义实际生产关系的歪曲与颠倒。这种没有想象力的虚构、"庸人的宗教""以最富有拜物教性质的形式表现了资本主义生产关系"，其中"最完善的物神是生息资本"。① 由此，生息资本成为资本主义生产方式、生产关系拜物教化的最充分体现。"在生息资本上，这个自动的物神，自行增殖的价值，创造货币的货币，达到了完善的程度，并在这个形式上再也看不到它的起源的任何痕迹了。社会关系最终成为物（货币、商品）同它自身的关系。"② 生息资本的充分物化、颠倒与疯狂，也充分体现了资本主义生产方式这个"世界主义"宗教的疯狂本性，"在这里，资本好像一个摩洛赫，他要求整个世界成为献给他的祭品"③。

资本拜物教这种最神秘的物神统治，在生息资本中达到其最完善的物神统治形式，也就是达到对人、整个现代社会关系统治的最抽象形态，也就意味着资本这种神秘力量对人的统治达到了极端状态。现代资本物神化的主神话达到其意识形态蒙蔽的最高境界，成为资本主义意识形态、价值观念建构及颂扬的内核与神圣新装。正如拉法格所讽刺性地批判指出的，在资本主义社会，资本成为世界万物的主宰、最后的上帝，盛行的信仰是资本的宗教，"我信仰资本，这是物质和精神的上帝"④ 成为资本家的新祈祷文。也正如彭宏伟所理解的，"资本拜物教统领社会意识形态，也把资本主义时代的拜物教推到最高级形式"⑤。美国学者哈维进一步揭批当代金融资本的虚幻统治，他指出"在某种意义上，银行家和金融家是最不应该相信的人，不是因为他们都是诈骗犯、说谎者（尽管他们中间的一些人很明显是），而是因为他们可能已经沦为自己的故弄玄虚和拜物教观念的牺牲品。劳埃德·布兰克费恩在

---

① 《马克思恩格斯全集》第 35 卷，人民出版社 2013 年版，第 302 页。
② 《马克思恩格斯全集》第 35 卷，人民出版社 2013 年版，第 304 页。
③ 《马克思恩格斯全集》第 35 卷，人民出版社 2013 年版，第 306 页。
④ ［法］保尔·拉法格：《宗教和资本》，王子野译，生活·读书·新知三联书店 1963 年版，第 109 页。
⑤ 彭宏伟：《资本社会的结构与逻辑：〈资本论〉议题再审视》，中国人民大学出版社 2018 年版，第 187 页。

国会面前宣称,他的银行——高盛——只不过是做了上帝该做的工作而已"①。在金融垄断资本、金融寡头统治的资本主义发展阶段,这个巨大谎言、世界级的泡沫必将在日益自我膨胀中走向破灭。

　　总之,马克思从批判商品拜物教入手,继而批判货币拜物教,最后批判资本拜物教,从抽象到具体、从现象到本质逐步地揭示了物神统治的三种形式,逐步批判揭示了抽象神秘物化的现代社会生产关系对人的统治。进而,马克思科学地揭示了从人的依赖关系到物的依赖性关系,再到人的自由全面发展的必然历史进程。在人的依赖关系的社会形态中,人的类本质力量被异化为抽象的人即神、上帝,结果人类社会却沦为教皇与沙皇权贵的臣仆与奴隶。在物的依赖性关系的社会形态中,人的类本质力量被异化为抽象的商品、货币与资本等物神,资本取代上帝而成为世界的新主宰,使教皇对人的心灵信仰的麻醉从属于少数资本新权贵对人肉体与心灵的统治奴役。因此,日本学者广松涉以"物象化论"来阅读理解《资本论》所揭批的"三大拜物教",并由此提出所谓"物象化"就是对"人与人之间的主体际关系被错误地理解为'物的性质'……以及人与人之间的主体际关系被错误地理解为'物与物之间的关系'这类现象……的称呼"②。可以说,"马克思进行了规模宏伟的工作,揭示出资本主义社会的这个最基础的神话的真相,这就是关于商品的神话和资本家利润是如何产生的神话"③。为彻底摆脱以往历史这种异化颠倒的、对人的统治奴役关系,让人类社会每个人获得主体性、能动性的物质与精神力量,就必须消灭资本主义私有制及其生产方式,从而消灭现代资本对人的奴役统治,也就会根除宗教以及资本主义意识形态。如此,人类社会才能走上自由全面发展的崭新历史起点。

三　对资产阶级意识形态及宗教批判的完成

　　马克思在对三大拜物教重点批判的基础上,展开了对资产阶级政治

---

　　① [美]大卫·哈维:《跟大卫·哈维读〈资本论〉》第2卷,谢富胜等译,上海译文出版社2016年版,第148页。

　　② [日]广松涉:《物象化论的构图》,彭曦、庄倩译,南京大学出版社2009年版,第65页。

　　③ [俄]谢·卡拉-穆尔扎:《论意识操纵》上,徐昌翰等译,社会科学文献出版社2004年版,第70页。

经济学典型虚假观念的批判，使剩余价值理论的科学阐发、唯物史观的应用发展与意识形态的批判揭示在互动中进一步深化，从而完成了对资产阶级意识形态及宗教的批判。对商品、货币与资本三大拜物教的批判，既是对宗教的原始形式——"动物宗教""感性欲望的宗教"① 批判的升华，更是对与拜物教本质内在相通的抽象政治经济学理智、抽象物化社会关系统治的宗教本质的批判，即批判"资本主义生产方式所特有的和从资本主义生产方式的本质中产生出来的拜物教观念"②。在《资本论》及其手稿中，马克思把对资产阶级政治经济学意识形态的批判与对资本主义经济的批判有机统一起来，既批判以科学形式出现的古典政治经济学意识形态、"新兴资产阶级理智"，又批判刻意为资产阶级辩护、蹩脚的庸俗政治经济学意识形态，还批判英法空想社会主义局限于古典政治经济学的狭隘意识形态。

首先，马克思对资产阶级政治经济学有代表性的虚假意识形态进行了重点剖析批判。

一是剖析把自由竞争说成生产力发展与人类自由的终极形式的谎言。马克思批判指出："断言自由竞争等于生产力发展的终极形式，因而也是人类自由的终极形式，这无非是说资产阶级的统治就是世界历史的终结——对前天的暴发户们来说这当然是一种愉快的想法。"③

二是剖析物的依赖关系自然永恒的抽象虚假观念。马克思批判指出，"个人现在受抽象统治"，"关于这种观念的永恒性即上述物的依赖关系的永恒性的信念，统治阶级自然会千方百计地来加强、扶植和灌输"。④ "经济学家们把人们的社会生产关系和受这些关系支配的物所获得的规定性看作物的自然属性，这种粗俗的唯物主义，是一种同样粗俗的唯心主义，甚至是一种拜物教，它把社会关系作为物的内在规定归之于物，从而使物神秘化。"⑤ 马克思认为必须"戳穿对自由主义乌托邦式社会秩序的幻想：那只是一种对拜物教重复，它将人与人之间的社会

---

① 《马克思恩格斯全集》第1卷，人民出版社1995年版，第212页。
② 《马克思恩格斯文集》第8卷，人民出版社2009年版，第528页。
③ 《马克思恩格斯文集》第8卷，人民出版社2009年版，第181页。
④ 《马克思恩格斯全集》第30卷，人民出版社1995年版，第114页。
⑤ 《马克思恩格斯全集》第31卷，人民出版社1998年版，第85页。

关系替换为人与人之间的物质关系和物与物之间的社会关系"①。

三是剖析金银天生就是货币、资本天生论的虚假观念。马克思批判地指出:"这种幻想是证明资本主义生产方式的永恒性或证明资本是人类生产本身不朽的自然因素的非常方便的方法。"②而实际上,金银并不天然就是货币,货币却天然是金银;资本只是生产关系历史发展的产物,实质是能够带来剩余价值的价值,所体现的是资本家对工人的剥削。李嘉图和斯密就把资本和劳动假定为自古以来就存在的,"这是关于'社会发展的早期阶段'的一个奇特的资产阶级幻想"③。而事实上,对人类社会来说,唯有劳动是永恒的。

四是剖析资本主义制度天然论的谎言。马克思批判地指出,包括资本主义社会在内的以往一切社会形态,都属于生产过程支配人而人还没有支配生产过程的那种社会形态,但经济学家们却荒诞地以为"封建制度是人为的,资产阶级制度是天然的","在政治经济学的资产阶级意识中,它们竟像生产劳动本身一样,成了不言而喻的自然必然性。因此,政治经济学对待资产阶级以前的社会生产有机体形式,就像教父对待基督教以前的宗教一样"。④

五是剖析古典政治经济学的抽象唯心史观方法论错误。马克思批判地指出,古典政治经济学普遍迷恋虚构的"鲁滨逊的故事",虚构在孤岛上的鲁滨逊劫后余生,"马上就作为一个道地的英国人开始记起账来"⑤。其实,这是古典政治经济学以及庸俗政治经济学的共同方法论错误,即它们并非从真实的历史、现实的人与社会关系入手,而是从虚构的历史、抽象的人与社会关系入手,唯心史观地研究经济社会问题所导致的错误。

六是剖析英法空想社会主义要资本而不要资本家的错误观念。马克思批判地指出,英国的霍吉斯金与莱文斯顿、法国的布雷等一些空想社

---

① [美]大卫·哈维:《跟大卫·哈维读〈资本论〉》第1卷,刘英译,上海译文出版社2013年版,第52页。
② 《马克思恩格斯全集》第38卷,人民出版社2019年版,第83页。
③ 《马克思恩格斯全集》第34卷,人民出版社2008年版,第525页。
④ 《马克思恩格斯文集》第5卷,人民出版社2009年版,第99页。
⑤ 《马克思恩格斯文集》第5卷,人民出版社2009年版,第94页。

会主义者，把资本作为攻击目标，得出了一些有利于工人阶级的结论，但他们"完全囿于资本主义生产的视野"，"为政治经济学家的概念所束缚"，不懂得资本主义与历史发展规律，"把资本主义生产本身的一切经济前提作为永恒的形式接受下来"。他们提出"我们需要的是资本，而不是资本家"的错误观念，没有认识到这种主观幻想"后面隐藏着剥削阶级的欺诈和利益"，没有看到资本的概念中包含着资本家，"资本家作为资本家只不过是资本的人格化，是与劳动相对立的具有自己的意志、具有人格的劳动产物"。①

七是剖析资产阶级政治经济学家意识形态言说的双重标准。马克思批判指出，资产阶级及其政治经济学家出于功利主义的目的，"（1）在经济上，他们都反对以劳动为基础的私有制，证明对群众的剥削的优越性和资本主义生产方式的优越性；（2）在意识形态和法律上，他们把以劳动为基础的私有制的意识形态硬搬到以剥夺直接生产者为基础的所有制上来"②。

总之，马克思对资产阶级政治经济学各流派的虚假意识形态展开了全面系统的批判。其中，既对以斯密、李嘉图、魁奈、杜尔阁、西斯蒙第等为代表的古典政治经济学意识形态展开批判，又对凯里的调和论、巴师夏和谐经济论、萨伊的"三位一体"、西尼尔的节欲论等庸俗经济学意识形态展开批判，还把洛克哲学作为"整个英国政治经济学的一切观念的基础"③ 而加以批判。所有这些批判的核心在于，批判资产阶级政治经济学把资本主义生产方式当作天然、绝对、永恒形式的虚假观念，以唯物史观超越资产阶级政治经济学的庸俗唯物主义、唯心史观的狭隘眼界，指出资本主义生产方式及其社会制度产生、发展、灭亡的必然性历史过程。正如有些国外理论家所说："资产阶级的阶级意识在形式上是适应于经济意识的。是的，最高程度的无意识，即极度的'虚假意识'。"④ "《资本论》的一个关键目标，是摧毁古典自由主义的政

---

① 《马克思恩格斯全集》第 35 卷，人民出版社 2013 年版，第 276—277 页。
② 《马克思恩格斯全集》第 38 卷，人民出版社 2019 年版，第 159—160 页。
③ 《马克思恩格斯全集》第 26 卷第 1 册，人民出版社 1972 年版，第 393 页。
④ ［匈］卢卡奇：《历史与阶级意识——关于马克思主义辩证法的研究》，杜章智等译，商务印书馆 1999 年版，第 126—127 页。

治经济学所提出的乌托邦式的构想。"① 在马克思看来，资本主义社会关系并非如李嘉图等古典经济学家描绘得那么和谐，随着资本主义社会基本矛盾和阶级斗争的发展，庸俗政治经济学也就越来越有意识地成为辩护论的经济学，其作为一门科学，它的丧钟就要敲响了。

其次，在意识形态批判与经济科学、历史科学建构的相互激发中，进一步揭示了物质生产与精神生产、意识形态的辩证关系，指明了资产阶级意识形态及宗教消亡的路径，彻底完成了对资产阶级意识形态及宗教的批判。

一是把意识形态批判与经济科学、历史科学建构有机统一起来。通过剖析与批判资产阶级政治经济学的虚假意识形态、拜物教，马克思从深层次上批判了物欲横流、拜金主义的"个人现在受抽象统治"的资本主义精神文化，也批判了资本主义精神文化所赖以生存的物质经济基础及政治上层建筑。以此观之，阿尔都塞把拜物教理解为"一种仅仅同'意识'有关的'表象'和幻想"②，是有些偏颇的。可以说，马克思通过批判拜物教、资产阶级政治经济学的意识形态，建立起全新的经济科学，进一步运用、丰富发展了历史科学，把批判旧世界观与建构新世界观有机统一起来。正如巴里巴尔所理解，类似弗洛伊德，马克思通过反对资本主义的"意识形态环境"来建立自己理论，"而且有时还要用这些意识形态的概念本身来建立他们的理论"③。

二是进一步揭示物质生产与精神生产及意识形态的辩证关系。马克思从社会生产关系与交往形式的历史发展出发，去揭示与其相应的国家形式与意识形式，批判资产阶级庸俗经济学非历史地抽象空论物质生产与精神生产的关系及其关于文明论的空话。马克思指出："从物质生产的一定形式产生：第一，一定的社会结构；第二，人对自然的一定关系。人们的国家制度和人们的观念由这两者决定。因而，人们的精神生

---

① [美] 大卫·哈维：《跟大卫·哈维读〈资本论〉》第 1 卷，刘英译，上海译文出版社 2013 年版，第 151 页。
② [法] 路易·阿尔都塞、艾蒂安·巴里巴尔：《读〈资本论〉》，李其庆、冯文光译，中央编译出版社 2017 年版，第 215 页。
③ [法] 路易·阿尔都塞、艾蒂安·巴里巴尔：《读〈资本论〉》，李其庆、冯文光译，中央编译出版社 2017 年版，第 287 页。

产的方式也由这两者决定。……只有在这种基础上,才能够既理解统治阶级的意识形态组成部分,也理解这种一定社会形态的自由的精神生产。"① 即只有具体历史地考察物质生产,才能理解与之相适应的精神生产,也才能理解物质生产与精神生产及意识形态之间的相互作用关系,即决定与反作用的辩证关系。从而,才能正确理解物质生产的发展同艺术和诗歌等精神生产的发展之间所存在的不平衡关系,也才能全面具体地理解意识形态在社会结构及其变迁中的重要地位与功能。马克思特别强调指出:"如果从观念上来考察,那么一定的意识形式的解体足以使整个时代覆灭。"② 一般来说,在物质生产领域对立的阶级社会,存在着精神生产、意识形态方面的对立。一方面,在资产阶级社会,占统治地位的物质生产、政治上层建筑及其精神生产与意识形态都具有维护资产阶级一体化统治的重要功能,"一切职能都是为资本家服务,都为了资本家'好'"③;还有作为必要且专门的意识形态阶层——官吏、军人、牧师教士、法律界人士以及学者学士等资产阶级的"亲骨肉""伙计"④,在为资本家与资本主义生产进行论证辩护。另一方面,在资产阶级社会,也存在着自由的精神生产,即还存在着批判资产阶级统治的先进思想意识,如与资本主义生产相敌对的某些艺术和诗歌,还有代表人类解放的无产阶级科学意识。

三是指明资产阶级意识形态及宗教消亡的科学前景。马克思认为,人类社会从人的依赖关系到物的依赖关系,再到人的自由全面发展是一个自然历史过程,人类最终摆脱资产阶级意识形态的神秘纱幕及现实世界的宗教蒙蔽既是必然的,也是一个长期的痛苦的过程。由于受到历史、阶级与认识的局限,在人的依赖关系的时代,人与自然之间及人与人之间的现实关系被蒙上了自然宗教和民间宗教的虚幻面纱,宗教神学达到了传统社会意识形态统治的顶峰;在物的依赖关系时代,资产阶级"想到要用某种新的宗教来代替旧的宗教"⑤,人与自然之间、人与人之

---

① 《马克思恩格斯全集》第 33 卷,人民出版社 2004 年版,第 346 页。
② 《马克思恩格斯全集》第 30 卷,人民出版社 1995 年版,第 539 页。
③ 《马克思恩格斯全集》第 33 卷,人民出版社 2004 年版,第 348 页。
④ 《马克思恩格斯全集》第 33 卷,人民出版社 2004 年版,第 365 页。
⑤ 《马克思恩格斯文集》第 4 卷,人民出版社 2009 年版,第 289 页。

间的现实关系被蒙上拜物教的虚幻面纱,"金钱是这个世界的上帝"①,抽象物神统治达到了现代性社会意识形态统治的顶峰。然而,物的依赖性关系时代也是"创造无情的社会劳动生产力的必经之点",其所创造的物质财富将构成进入未来人的自由全面发展时代所必需的物质基础。进而,马克思设想在真正的共同体——"自由人联合体"中,一切劳动、生产和分配关系都简单明了,人与人之间以及人与自然之间的关系都"极明白而合理","现实世界的宗教反映才会消失",资产阶级拜物教、意识形态的神秘面纱才能被彻底揭掉。②

四是彻底完成宗教、资产阶级意识形态批判的历史任务。对资产阶级意识形态及宗教的祛魅解蔽,在于警示、教育工人阶级不要被资产阶级蓄意编造的各种神话幻象所蒙蔽,以剩余价值理论与唯物史观武装自己的头脑,并以伟大的革命实践变革资本主义生产方式,才能实现人类解放。这对工人阶级起到了巨大的思想解放作用。正如有论者所指出:"拜物教的根本功能就是对资产阶级剥削无产阶级真相的遮蔽,因而它是资产阶级的意识形态。马克思通过创建剩余价值理论,彻底打破了资产阶级的拜物教神话,揭穿了拜物教的阶级实质,从而对无产阶级起到了重大的思想解放作用。"③

从拜物教批判、宗教批判的视角来阅读《资本论》及其手稿,会发现马克思对宗教的资本主义世俗基础进行了彻底的科学批判,从而完成对宗教及资本主义意识形态的批判任务。而韦伯试图以价值中立解说新教伦理与资本主义精神文化的关系,虽然在一定程度上有助于理解资本主义精神文化的一角,也在一定程度上切中了资本主义精神文化在物质欲求中走向失魂落魄的时代脉象与病症,即"专家没有灵魂,纵欲者没有心肝,这个废物幻想着它自己已达到了前所未有的文明程度"④。但不得不说,韦伯既无法,也没有做到价值中立,因为这是其主观仰望的、不可能的,也没有做到像马克思那样深刻地把握资本主义时代脉动

---

① 《马克思恩格斯文集》第1卷,人民出版社2009年版,第429页。
② 《马克思恩格斯文集》第5卷,人民出版社2009年版,第96—97页。
③ 陈宝:《资本·现代性·人》,安徽人民出版社2007年版,第117—118页。
④ [德]马克斯·韦伯:《新教伦理与资本主义精神》,于晓等译,陕西师范大学出版社2006年版,第106页。

的规律，反而走向对资本主义精神文化的新教伦理辩护，把新教伦理美德视为促进美国经济发展的动力源泉，最终成为一种对新教伦理及资本主义精神文化关系辩护的庸俗唯物主义、唯心史观理解。

大自然的长期滋养，以及漫长的人类社会生产劳动与交往交流活动，共同孕育了人类意识这枝地球上最美的"花朵"。进入私有制与阶级社会，尤其是进入现代性资本主义社会，人类意识在发展过程中逐渐蜕变成良莠混杂、真假难辨的"花朵"，蜕变为经济政治斗争与抽象统治的意识形态工具。马克思对资产阶级意识形态及宗教的彻底批判，锻造人类解放的科学思想武器，就是要去伪存真、点亮智慧的灯塔，让人类精神文化的百花园自由绽放、绚烂多彩。可以说，马克思既是现代西方启蒙运动的终结者，又是现代人类启蒙运动的真正的开创者。

第五节 《资本论》及其手稿对市民社会概念的批判揭示

直接源自 17 世纪的英国与法国，流行于 18 世纪西欧各国的市民社会概念，是现代性社会政治早期发展的理论话语表征。伴随着现代性社会政治的充分展开，理论家们对市民社会概念展开了经久不衰的探讨，尤其是划时代思想家马克思对市民社会概念的深刻批判研究，更是将市民社会问题的相关理论探索推向新的思想高度，让学人对现代性社会政治历史发展有了更加深刻宽广的认识。在现代性社会政治问题日益尖锐化、全球化、高危机化、高风险化的同时，新时代中国特色社会主义正处于走向强起来的风险、挑战与机遇等共存的关键期，深入全面地阐释《资本论》及其手稿对市民社会概念的批判揭示及其当代价值，对具体完整理解唯物史观与政治哲学的内在理论联系，对新时代中国特色社会主义的社会政治建设，具有重要的理论与现实价值。

一 对市民社会概念的批判轨迹

从古希腊到中世纪欧洲，社会与国家、经济与政治高度一体化，亚里士多德与西塞罗的政治社会、公民社会概念就是这种高度一体化的理论映照。直到 14 世纪出现的"市民社会"一词，还一直保持着其最初的政治意味，不仅指单个国家，而且指已发达到出现城市文明政治共同体的生活状态。① 最早意识到市民社会与国家之间性质差异的是英国历史学家弗格森，在他 1767 年发表《市民社会史论》一书时，洛克、卢梭等其他欧洲启蒙思想家还未从概念上明确意识到国家与市民社会的分离。潘恩在 1775 年的《常识》中明确区分了社会与国家，指出由单个的人首先组成的是社会，当人们的德行软弱，无力协调彼此的关系时，国家才被创造出来。② 黑格尔则将弗格森的市民社会概念德国化，并在 1821 年《法哲学原理》中进一步区分国家与市民社会，成为系统提出现代资产阶级市民社会观念的第一人。当西欧市民社会在现实历史发展中大踏步前进时，包括黑格尔、费尔巴哈等在内的西方启蒙思想家立足市民社会与政治解放，构建未来理想中的资产阶级千年王国的时候，市民社会概念开始进入马克思现代性批判视野。

（一）市民社会概念的抽象萌发

从 1835 年秋到 1841 年春，马克思在大学所学的是法学专业，但他却偏好文学、历史和哲学，起初对市民社会、政治经济学所知甚少。他深受康德、费希特和黑格尔哲学的影响，对思想观念的力量深信不疑，而对经济因素、物质利益在社会历史发展中的作用缺乏关注。正如恩格斯晚年在致梅林的信中回忆说，马克思当时是黑格尔派，"对于经济学，他还一无所知，因而像'经济形式'这样的词对他根本没有任何意义"③。在此阶段，马克思在德国古典哲学理性思辨殿堂内迅速崛起，成为青年黑格尔派的翘楚，并在政治哲学上成为一个理性的自由主义者，其博士论文所追寻的是黑格尔式"定在中的自由"的实现。

作为青年黑格尔派思想先锋的马克思博士，虽然未能实现在大学讲坛与论坛上呼唤自由、启蒙青年与民众的理想，但他却在《莱茵报》编辑的岗位上试图借助自由报刊实现其自由主义社会政治理想与抱负。在此思想基调下，马克思以稍显激进的思辨理性话语方式批判了普鲁士

---

① 参见邓正来《布莱克维尔政治学百科全书》，中国政法大学出版社 1992 年版，第 125 页。
② 参见《潘恩选集》，马清槐等译，商务印书馆 1981 年版，第 3—5 页。
③ 《马克思恩格斯文集》第 10 卷，人民出版社 2009 年版，第 638 页。

的封建专制集权统治,首要关注的是思想言论、新闻出版、宗教信仰、法律等政治自由与权利。正如马克思所说:"正是由于报刊把物质斗争变成思想斗争,把血肉斗争变成精神斗争,把需要、欲望和经验的斗争变成理论、理智和形式的斗争,所以,报刊才成为文化和人民的精神教育的极其强大的杠杆。"① 在《莱茵报》工作的半年时间里,马克思理性形而上学之思逐渐开始直接面向感性现实生活世界,并由此发生思想转变。他更加密切地关注现实社会生活,尤其是广大下层民众的物质生活问题,并在情感与价值观念上逐渐站到广大民众一边。同时,他也遭遇了令其苦恼的两个问题,即对物质利益关系与共产主义问题发表意见的难事。这促使他思考各种社会经济、物质利益与国家和法的关系等问题,开始批判研究当时各种形式的共产主义思想在理论上的现实性问题。

1842年10月到1843年年初,马克思发表《关于林木盗窃法的辩论》《摩泽尔记者的辩护》等报刊文章,表明他首次探索现实经济问题,开启了对市民社会的初步思考。一是分析问题的视角已开始从思想观念转向现实经济政治,初步认识到经济关系在社会生活中的重要作用,各种不同政治主张是社会各等级不同利益的反映,现实社会中人的各种活动受利益驱动与支配,国家日益变成私人利益的工具。二是把"自由报刊"视为"具有公民头脑和市民胸怀的补充因素"②,即能够以其"理智的力量"解决政府管理者与被管理者之间物质利益矛盾的第三种力量因素。三是主要依靠"德国的理论"批判封建专制,试图以略微激进改良的方式来平衡政府权力与人民权利,渐进实现社会政治发展的目标,并没有明显的革命性思想主张。这些经验观察与理性思考为马克思批判研究黑格尔法哲学的市民社会观念、实现理论变革等奠定了基础。正如恩格斯晚年在致费舍的信中回忆说,马克思后来曾不止一次说过"正是他对林木盗窃法和摩泽尔河沿岸地区农民状况的研究,推动他由纯政治转向经济关系,并从而走向社会主义"③。

---

① 《马克思恩格斯全集》第1卷,人民出版社1995年版,第329页。
② 《马克思恩格斯全集》第1卷,人民出版社1995年版,第378页。
③ 《马克思恩格斯文集》第10卷,人民出版社2009年版,第701页。

(二) 市民社会概念的批判确立

1843年3月18日,马克思发表正式声明,退出即将被查封的《莱茵报》编辑部,成为影响他社会政治主张与思想发展的一个重要事件。从此,马克思不再关心如何构建"一个合乎伦理和理性的共同体",而是要"依靠法国的理论"去猛烈地批判封建专制的旧世界、创建新世界。为此,1843年3—9月,从《莱茵报》这一社会政治舞台退回克罗茨纳赫书房的马克思,从批判黑格尔法哲学——政治经济学的"副本"开启对市民社会概念的批判,进而对英法政治经济学的"原本"展开批判。直到1849年8月,马克思的市民社会概念在对哲学、政治经济学、空想社会主义的理论与实践综合批判的基础上,逐步确立起来。

1843年7—9月,在克罗茨那赫对黑格尔法哲学展开批判性研究,是马克思思想发生变革的关键时期,成为其市民社会概念批判与唯物史观确立的开端和标志。黑格尔法哲学敏锐地洞见到市民社会和政治国家分离的现代性矛盾关系状况及其历史走势,但他无心无力对抗强大的德国封建君主,故而在市民社会与国家关系问题上,得出了国家决定市民社会的主谓颠倒的唯心史观结论,试图依靠绝对精神"理性的狡计与威力"去实现德国式资本主义现代化发展的图景。黑格尔的政治哲学思想是其精神哲学进展的一个必然逻辑环节,由此实现法哲学与唯心史观的内在统一。马克思在肯定黑格尔法哲学洞见的同时,批判指出"事实却是这样:国家是从作为家庭的成员和市民社会的成员而存在的这种群体中产生的"[①]。因而,就要把黑格尔颠倒的市民社会与政治国家的关系翻转过来,并由此得出市民社会决定政治国家的唯物史观结论,从而为确立人类解放的社会政治哲学奠定基石。

实现对黑格尔法哲学唯心史观与政治解放观的超越,有费尔巴哈人本学唯物主义的中介作用,也离不开马克思对法国大革命及启蒙政治哲学的批判研究,尤其是马克思直接开启对斯密、萨伊等古典政治经济学"原本"的批判研究。有论者指出,克罗茨纳赫批判研究时期的马克思认识到"任何政治斗争都是阶级斗争,归根到底都是围绕着经济利益进行的。……所以《克罗茨纳赫笔记》令人信服地证明,批判黑格尔

[①] 《马克思恩格斯全集》第3卷,人民出版社2002年版,第12页。

法哲学和研究世界历史,特别是研究法国资产阶级革命史,对于唯物史观的形成和促使马克思研究政治经济学起了很大的作用"①。

克罗茨那赫时期的研究成果、思想转变,直接体现在马克思1844年年初于《德法年鉴》上发表的《〈黑格尔法哲学批判〉导言》《论犹太人问题》两篇文章中,由此得出超越政治解放的人类解放的社会政治哲学新思想。其一,在费尔巴哈宗教批判观念的基础上继续前进,开启了对现实社会、法与政治的批判,认为"工业以至于整个财富领域对政治领域的关系,是现代主要问题之一"②,阐述了德国式现代化发展与人类解放实现的实际可能性与实现路径问题,并首次提出社会形态跨越发展的思想。其二,马克思批判并超越解决犹太人问题的狭隘政治解放观,以人类解放的历史新高度确立了彻底解决现代性社会政治与人的发展问题的新世界观。这一新历史观与政治哲学结论的确立,与马克思对市民社会的批判研究是直接紧密相连的。对此,马克思曾回忆总结说:"我的研究得出这样一个结果:法的关系正像国家的形式一样,既不能从它们本身来理解,也不能从所谓人类精神的一般发展来理解,相反,它们根源于物质的生活关系,这种物质的生活关系的总和,黑格尔按照18世纪的英国人和法国人的先例,概括为'市民社会',而对市民社会的解剖应该到政治经济学中去寻求。"③

1844年,马克思在巴黎开始从事批判研究政治经济学的"原本",还受到恩格斯在《德法年鉴》上发表的"天才大纲"——《国民经济学批判大纲》直接促发,并写下首个政治经济学批判研究的成果——《1844年经济学哲学手稿》。在《1844年经济学哲学手稿》中,马克思紧紧围绕"国民经济学同国家、法、道德、市民生活等等的联系"④的中心问题,从当时的经济事实出发,探讨工资、资本的利润、地租、异化劳动、私有财产、分工与货币等政治经济范畴的问题,以及黑格尔辩证法、费尔巴哈人本学唯物主义及共产主义三方面的问题。马克思从对自由主义政治经济学理论"原本"批判分析出发,进展到对自由竞争

---

① 马健行、郭继严:《〈资本论〉创作史》,山东人民出版社1983年版,第15页。
② 《马克思恩格斯全集》第3卷,人民出版社2002年版,第204页。
③ 《马克思恩格斯全集》第31卷,人民出版社1998年版,第412页。
④ 《马克思恩格斯全集》第3卷,人民出版社2002年版,第219页。

资本主义商品经济事实的批判分析,再到反思批判黑格尔否定之否定绝对精神辩证法的伟大历史功绩,即以唯心的方式把人的对象性活动——劳动看作人的本质的生成活动与过程,进而从中寻求到自觉扬弃私有财产,即扬弃人的自我异化的共产主义革命运动才是历史发展之谜的真正解答。他指出:"整个革命运动必然在私有财产的运动中,即在经济的运动中,为自己既找到经验的基础,也找到理论的基础……宗教、家庭、国家、法、道德、科学、艺术等等,都不过是生产的一些特殊的方式,并且受生产的普遍规律的支配。"① 正是在对市民社会的具体解剖,即对政治经济学具体批判分析的基础上,马克思才把经济学、哲学与共产主义的研究首次贯穿为一个整体,也才把人类解放的政治哲学理想与历史唯物主义的伟大发现首次汇通为一个整体。因此,马克思才在"天才世界观萌芽的第一个文件"——《关于费尔巴哈的提纲》中说:"旧唯物主义的立脚点是市民社会,新唯物主义的立脚点则是人类社会或社会化的人类。"②

在此基础上,1845—1849年,从巴黎到布鲁塞尔,马克思不断深化对政治经济学的批判研究,与恩格斯紧密合作进行共同的伟大事业,写下了《神圣家族》《德意志意识形态》《哲学的贫困》《雇佣劳动与资本》《共产党宣言》等著作,进一步批判阐发了市民社会的基本观念,并明确阐发了唯物史观与人类解放的政治哲学思想。

其一,在对政治经济学理论与实践初步批判研究的基础上,为正面阐发经济观点,他们首先清算从前的哲学信仰,与青年黑格尔派脱离现实的精神解放论划清界限,逐步与费尔巴哈脱离实践的宗教批判理论划清界限,确立起革命的实践唯物主义新世界观。他们指出,思想一旦离开利益不但会使自己出丑,而且"思想本身根本不能实现什么东西","'解放'是一种历史活动,不是思想活动……对实践的唯物主义者即共产主义者来说,全部问题都在于使现存世界革命化,实际地反对并改变现存事物。"③

其二,充分肯定蒲鲁东对私有财产批判考察的同时,指出其批判的

---

① 《马克思恩格斯全集》第3卷,人民出版社2002年版,第298页。
② 《马克思恩格斯文集》第1卷,人民出版社2009年版,第506页。
③ 《马克思恩格斯文集》第1卷,人民出版社2009年版,第320、527页。

不彻底性，进而把蒲鲁东作为"意识形态的经济学"的"最新代表"而加以剖析，对其割裂社会有机体的小资产阶级政治经济学与空想社会主义观念体系进行了系统批判。通过对蒲鲁东的论战，马克思和恩格斯阐发了唯物史观、政治哲学和市民社会的决定性意义的观点，指出"劳动阶级在发展进程中将创造一个消除阶级和阶级对抗的联合体来代替旧的市民社会；从此再不会有任何原来意义的政权了"①。

其三，以人类物质生产实践发展为中心线索，来考察社会所有制形式的历史变迁，以及现代市民社会工商业与城市化的历史发展，从而发现了生产力与交往形式的矛盾运动是人类社会历史发展的内在规律，进而阐明了社会存在决定社会意识、生产力决定生产关系的辩证关系，以及生产方式、生产力在社会历史发展中的决定性作用，首次公开阐发了唯物史观的基本原理。由此，马克思和恩格斯把唯物史观与人类解放的社会政治哲学思想内在统一起来，得出了"两个必然"的历史科学结论，指出"代替那存在着阶级和阶级对立的资产阶级旧社会的，将是这样一个联合体，在那里，每个人的自由发展是一切人的自由发展的条件"②。

至此，马克思的市民社会概念在批判中确立起来，也确立起唯物史观与共产主义的基本观点。一方面，马克思通过对政治经济学的批判分析，即通过对市民社会概念内涵的多维解剖，开始用交往形式、生产关系、社会物质关系等唯物史观新概念来代替市民社会概念。另一方面，马克思从消灭私有制、消灭阶级、消灭国家、实现人类解放的社会政治哲学高度出发，把从充满阶级矛盾对抗的市民社会、资产阶级旧社会到自由联合的共产主义新社会的发展，视为一个辩证的社会政治历史发展过程。

（三）市民社会概念的创造性转换与创新性发展

马克思从流亡到伦敦后的第二年春天起，一直致力于政治经济学批判及《资本论》的创作，发表了《政治经济学批判。第一分册》《资本论》第一卷等著作，写下大量经济学手稿，创立了剩余价值理论、全

---

① 《马克思恩格斯文集》第1卷，人民出版社2009年版，第655页。
② 《马克思恩格斯文集》第2卷，人民出版社2009年版，第53页。

新的经济科学与历史科学，完成了对现代资产阶级社会从微观到宏观、从理论到现实的总体性批判，从而把共产主义与人类解放奠定在坚实的事实分析与严密的逻辑论证基础上。

其一，马克思完成《资本论》第一卷及其手稿的创作，其唯物史观、剩余价值理论与共产主义理论相互促发、相互印证，并融会贯通为一个有机的系统整体，科学地回答了无产阶级获得解放，以及建立共产主义新社会的历史、经济与政治等条件，为无产阶级政党赢得了科学上的彻底胜利。

其二，《资本论》实现了从市民社会概念术语到现代社会、资本主义社会、资产阶级社会概念术语的具体深化发展。马克思在《资本论》手稿中把"市民社会"作为批判考察与分析性的概念加以使用，进而深入对现代资本主义社会生产方式与经济运动的典型具体分析，实现市民社会概念术语的具体深化发展。对于马克思的政治经济学批判，恩格斯曾指出："政治经济学是现代资产阶级社会的理论分析，因此它以发达的资产阶级关系为前提"[1]。

其三，马克思以英国资本主义社会经济实践发展作为眺望世界经济政治发展的最佳平台与窗口，深入彻底批判资产阶级政治经济学理论，深刻批判分析人类社会生产过程的最后一个对抗形式——资产阶级的生产关系，以及人类社会的最后一个史前形态——资产阶级社会，从而揭示出"现代社会的经济运动规律"，即"把经济的社会形态的发展理解为一种自然史的过程"[2]。

综上，马克思对市民社会概念的批判经过市民社会概念的抽象萌发、批判确立、创造性转换与创新性发展三个阶段性过程，揭示了市民社会概念的多重蕴涵。与此紧密相伴而行，马克思也因此完成了对唯物史观、剩余价值理论与共产主义理论的科学阐发，并实现了唯物史观与政治哲学的会通。只有系统完整地理解马克思对市民社会概念的批判轨迹，才能更完整准确地理解马克思市民社会概念蕴涵及其特征。

---

[1] 《马克思恩格斯文集》第 2 卷，人民出版社 2009 年版，第 595 页。
[2] 《马克思恩格斯文集》第 5 卷，人民出版社 2009 年版，第 10 页。

二 对市民社会概念内涵的批判性新揭示

市民社会这一概念在马克思的文本中所指为何,蕴含哪些内容,有何特征?对此,从不同立场、观点、方法出发的国内外众多学者给出许多不同的解释。这在推动学术阐释上争鸣与创新的同时,也造成了理解使用上的歧义与混乱、紧张与顾忌。因此,迫切需要循着马克思市民社会概念批判研究、创造性转换的文本足迹,反思整合国内外学者的各种阐释,给出一种更加系统具体、合理稳妥的新解释。由此,我们可以发现马克思的市民社会概念有三重蕴涵,使其呈现出分析性、批判性、价值性、历史性、建构性等多维特点。

(一) 泛指资产阶级赖以产生的私人报刊、工商业、社会组织等私人生活领域

马克思任《莱茵报》主编时期,开始直面分析封建普鲁士官僚政治压迫之下、已处于现代社会转型发展中的各种复杂利益纷争,把自由报刊视为市民社会概念的重要因素。这一因素,是介于"治人者和治于人者"之间的"第三种因素",是政治的但非官方的因素,是兼具"公民的头脑和市民的胸怀的补充因素"。而且,这一因素可作为一个超然于私人利益纠缠之上的理智力量,能够为各种社会力量提供一个独立合理、权利平等的相互监督批判的平台,一个能把物质斗争转变为思想斗争、理论斗争、精神斗争的平台,并因此"成为文化和人民的精神教育的极其强大的杠杆"[①]。青年马克思对自由报刊这一现代社会政治力量的理想勾画,还带有些许唯心主义色彩,表征着那个时代自由主义理论家的激进社会政治理想,即把自由报刊视为现代市民社会标志性的积极性因素。不过,马克思对当时的资产阶级报刊却是持否定批判态度的,如英国所谓自由派报刊《每日电讯》就是集社会赃物之大成的一个"纸制的藏污纳垢大中心"[②]。

理性自由主义的社会政治理想破灭后,马克思重回克罗茨纳赫书房,扬弃来自古典政治经济学的黑格尔法哲学中的市民社会概念,批

---

① 《马克思恩格斯全集》第 1 卷,人民出版社 1995 年版,第 329 页。
② 《马克思恩格斯全集》第 19 卷,人民出版社 2006 年版,第 329 页。

判其把市民社会概念德国化为由警察外部保障体系构成的伦理实体性范畴之一个环节的不合理性，肯定了其把市民社会概念描述为"需要的体系"，即由特殊的个人、自治性团体的相互需要体系组成的私人生活领域。黑格尔把市民社会视为私利的新战场，即"一切人反对一切人的战争"的现代社会关系状态，是以德国思辨哲学的方式，对法国大革命以来市民社会与国家分离的时代社会关系状态的正确反映，英法古典政治经济学理论与实践是其最好的注脚。只不过，黑格尔的市民社会概念还带有封建普鲁士色彩，还把现代市民社会各等级视为政治等级，即"市民社会的各等级是'政治国家的特殊化'，就是说，市民社会是政治社会"①。

在西欧社会革命实践舞台不断被驱逐、辗转游荡的过程中，马克思的现代性批判转向了更加深入的经济领域，对市民社会的解剖即对政治经济学的批判研究逐渐展开，分析并揭示了市民社会概念的工商业、社会组织等私人生活领域的要素内涵。在马克思看来，黑格尔思想中的"现代的政治社会"观念，已无法应答"工业以至于整个财富领域对政治领域的关系"这一"现代主要问题"。因为，德国古典哲学只是资产阶级政治解放的理性回声，实践中只能带来市民社会的部分解放，非但无法回答把人作为目的的美好社会、人类整体普遍解放的问题，而且会造成人类共同体、市民社会成员的严重分裂。所谓人权，即"市民社会成员的权利""无非是利己的人的权利、同其他人并同共同体分离开来的人的权利"。所谓自由，即人与人相分裂的、狭隘的、局限于自身的个人权利，其"实际应用就是私有财产这一人权"②。还有所谓平等、安全等市民社会观念进一步造成了共同体的分裂，完全把作为"社会存在物"的人贬低为"单个存在物"，使市民社会成员彻底沦落为自私自利、互为手段存在的孤立封闭的单子、原子。"在国民经济学家看来，社会是市民社会，在这里任何个人都是各种需要的整体，并且［XXXV］就人人互为手段而言，个人为别人而存在，别人也只为他而存在。"③

---

① 《马克思恩格斯全集》第3卷，人民出版社2002年版，第98页。
② 《马克思恩格斯文集》第1卷，人民出版社2009年版，第41页。
③ 《马克思恩格斯文集》第1卷，人民出版社2009年版，第236页。

马克思深刻地批判揭示作为私人生活领域的市民社会的历史进步性及其阴暗面,从而展现出市民社会概念的分析批判性、历史性、价值性特点。马克思认为,由工场手工业、机械大工业、商品经济、自由竞争与贸易关税壁垒而来的市民社会,在对金钱货币、私有财产恶的无限追求中,把幻影般的自由、平等、人权观念以及私人生活领域日益变成一个封闭、极端利己主义、相互敌对的地狱般的存在。由此所形成的现代国家、现代政治的历史性特点等相应可知。因此,马克思在《关于现代国家的著作的计划草稿》中提出:"为消灭[Aufhebung]国家和市民社会而斗争。"① 有论者曾把马克思的市民社会概念理解为"不同于自然经济社会和未来社会的整个商品经济社会""近现代西方发达的商品经济社会"②,只抓住了市民社会的由来因素及表面关系特征,但与马克思对市民社会本质内涵的深刻批判揭示不符。

在对古典政治经济学理论前提、德意志意识形态、现代工商业状况进一步批判研究的基础上,马克思明确地指出市民社会概念的工商业、社会组织等内涵要素,超越古典政治经济学与费尔巴哈的旧唯物主义。1845年春,通过对政治经济学理论与实践的批判研究,马克思的新世界观不仅发现以斯密为代表的古典政治经济学的"实际出发点""就是'市民社会'"③,而且发现包括费尔巴哈在内的旧唯物主义者的立脚点也是单子般的"市民社会"。斯密、李斯特等片面地把现代工厂制度看成"最好的社会联合""真正的社会组织"④;费尔巴哈把感性生活世界、市民社会看成"直接存在的、始终如一的东西",不理解它们是随着"工业和商业交往"活动而变化发展的历史产物。⑤ 就是说,自由主义经济学、旧唯物主义把市民社会的工商业因素视为永恒、美好的社会组织,进而把整个人类社会都看成创造财富的机器。而马克思则认为,"市民社会包括各个人在生产力发展的一定阶段上的一切物质交往。它包括该阶段的整个商业生活和工业生活……市民社会这一名称始终标志

---

① 《马克思恩格斯全集》第42卷,人民出版社1979年版,第238页。
② 沈越:《"市民社会"辨析》,《哲学研究》1990年第1期。
③ 《马克思恩格斯全集》第42卷,人民出版社1979年版,第249页。
④ 《马克思恩格斯全集》第42卷,人民出版社1979年版,第251页。
⑤ 《马克思恩格斯文集》第1卷,人民出版社2009年版,第528—529页。

着直接从生产和交往中发展起来的社会组织"①。就是说，一定历史发展阶段的市民社会、工商业社会组织等是历史性的而非永恒的，现代市民社会、工商业社会组织更是充满罪恶地把人贬低成使少数人发财致富的机器，造成人类社会共同体的分裂。

对于马克思的市民社会概念，学者俞可平曾从关系、社会组织、私人生活的三重蕴涵上阐述过，认为"马克思更多地使用的也并不是特定的、实质意义上的市民社会概念，而是一般的、普通意义上的市民社会概念，即把市民社会当作不同于普遍利益或公共领域的私人利益关系、私人领域、非官方的社会组织、国家政治生活之外的社会生活"②。这种对马克思市民社会概念泛指蕴涵的揭示是正确的，却忽略了马克思对这一蕴涵的历史阶段性、分析批判性、价值性特征的揭示，进而导致其在中国社会建设与国家治理问题中非批判性泛用市民社会与公民社会概念。这也代表了国内一些学者对马克思市民社会概念的使用倾向。

（二）特指资产阶级社会

马克思对市民社会概念这一蕴涵的揭示，也是由对政治经济学从"副本"到"原本"，再到现代资本主义经济的实情批判完成的。在政治经济学的"副本"黑格尔法哲学中，市民所指的是有产者、资产阶级，市民社会所指的是资产阶级社会。黑格尔的市民社会概念成为马克思"理论改造的起点"③。与黑格尔精神哲学的先验逻辑演绎理路不同，马克思实践哲学从人类社会物质生产实践的经验事实出发，具体地分析了从中世纪的城关市民到"最初的资产阶级分子"，再到现代资产阶级及其社会物质生产关系产生的历史过程，进而赋予现代市民社会概念资产阶级社会的蕴涵。马克思指出："雇佣劳动就是现存的资产阶级的组织劳动。没有雇佣劳动，就没有资本，就没有资产阶级，就没有资产阶级社会。"④

在马克思文本中，泛指与特指意义上的市民社会，都是对市民社会

---

① 《马克思恩格斯文集》第 1 卷，人民出版社 2009 年版，第 582—583 页。
② 俞可平：《马克思的市民社会理论及其历史地位》，《中国社会科学》1993 年第 4 期。
③ [法] 路易·阿尔都塞、艾蒂安·巴里巴尔：《读〈资本论〉》，李其庆、冯文光译，中央编译出版社 2017 年版，第 269 页。
④ 《马克思恩格斯全集》第 10 卷，人民出版社 1998 年版，第 140 页。

不同维度内涵的批判揭示，而且二者具有内在一致性。无论是古典、庸俗政治经济学家，还是近代西方唯心与唯物主义者，他们的出发点、立脚点都是利己主义的单子般的市民社会、资产阶级社会。马克思和恩格斯在科学指出现代市民社会、资产阶级社会历史进步性与过程性的同时，还猛烈地批判这个现代性社会造成人类共同体的严重分裂与异化，尤其是造成资本与劳动两大阶级之间不可调和的尖锐对抗斗争。1852年9月23日，恩格斯在致马克思的信中还专门谈到"资产阶级社会"一词的译法和用法，认为从语法和逻辑的角度严格来说，正如不能将"封建社会"译为"贵族社会"一样，也不能将"资产阶级社会"译成"中等阶级社会"，"我们所理解的'资产阶级社会'是指资产阶级、中等阶级、工业和商业资本家阶级在社会和政治方面是统治阶级的社会发展阶段；现在欧洲和美洲的所有文明国家在某种程度上就是处于这种阶段。因此，我们建议用'资产阶级社会'和'工业和商业社会'这样的说法来表示同一个社会发展阶段"①。马克思后来还指出，资产阶级社会作为人类社会历史发展过程中的一个阶段，是"卡夫丁峡谷""奇耻大辱"。马克思和恩格斯在他们成熟时期的著作中反复强调，要消灭资本主义私有制、消灭阶级、消灭现存资产阶级社会，建立自由人联合体的共产主义新社会。

在《〈政治经济学批判〉导言》中，马克思透过卢梭、斯密、李嘉图等对自然状态与理想社会状态的抽象理论假设与虚构，指出其实"这是对于16世纪以来就作了准备、而在18世纪大踏步走向成熟的'市民社会'的预感"②。至19世纪，近代西方启蒙思想家们曾以理性话语不断论证阐发的"市民社会"及其话语体系，更是在他们的心心念念中野蛮生长为弥漫全球的资产阶级社会。马克思和恩格斯则鲜明地指出："资产阶级社会是最发达的和最多样性的历史的生产组织。"③"资本和劳动的关系，是我们全部现代社会体系所围绕旋转的轴心"④。恩格斯还在评价《政治经济学批判》第一分册时指出："政治经济学是

---

① 《马克思恩格斯〈资本论〉书信集》，人民出版社1976年版，第74页。
② 《马克思恩格斯文集》第8卷，人民出版社2009年版，第5页。
③ 《马克思恩格斯文集》第8卷，人民出版社2009年版，第29页。
④ 《马克思恩格斯全集》第21卷，人民出版社2003年版，第362页。

现代资产阶级社会的理论分析，因此它以发达的资产阶级关系为前提"①。

马克思除了把市民社会特称为资产阶级社会、资本主义社会外，还用与"亚洲式的社会"相对应的"西方式的社会"②；与"封建主的社会"相对应的"工业资本家的社会"③；与未来共产主义"新社会"相对应的"现代社会"④，来特指资产阶级社会、资本主义社会。马克思在《哥达纲领批判》中更加明确指出："'现代社会'就是存在于一切文明国度中的资本主义社会"，不同文明国度中的形式纷繁的现代国家"都建立在现代资产阶级社会的基础上"⑤。从泛指的市民社会到特指的资产阶级社会这种概念蕴涵的变化，反映出马克思的现代性社会批判日益走向深入具体。中央编译局的翻译家在马克思恩格斯著作的翻译过程中，就把作为狭义使用的"资产阶级社会的物质关系"的"市民社会"一词译为"资产阶级社会"。这种译法是符合马克思和恩格斯原著本意的。但有论者把马克思 1859 年《政治经济学批判》序言中使用的市民社会概念理解为"资本主义生产方式"⑥，则是欠准确的。

然而，国外和国内也有一些学者否认市民社会概念的资产阶级社会蕴涵，否认这两个概念之间的内在关联与一致性。如法国学者阿尔都塞曾提出，马克思著作中现象学层面的"市民社会"概念"往往被不恰当地译为'资产阶级社会'"，并且作为个人的经济行为的世界及其意识形态根源的"市民社会"概念在成熟时期的马克思著作中"消失了"。⑦ 日本"市民社会派马克思主义"学者平田清明、望月清司等都非常重视市民社会概念在唯物史观形成及其理论体系中的地位，建构起对唯物史观理解的"共同体—市民社会—社会主义"的逻辑理路。平田清明还结合近代日本及亚细亚历史，把市民社会概念理解为自由平等

---

① 《马克思恩格斯文集》第 2 卷，人民出版社 2009 年版，第 595 页。
② 《马克思恩格斯全集》第 12 卷，人民出版社 1998 年版，第 246 页。
③ 《马克思恩格斯文集》第 1 卷，人民出版社 2009 年版，第 602 页。
④ 《马克思恩格斯文集》第 3 卷，人民出版社 2009 年版，第 433 页。
⑤ 《马克思恩格斯文集》第 3 卷，人民出版社 2009 年版，第 444 页。
⑥ 雍桂良：《〈资本论〉的写作与传播》，求实出版社 1982 年版，第 13 页。
⑦ [法] 路易·阿尔都塞：《保卫马克思》，顾良译，中央编译出版社 2010 年版，第 98—99 页。

私人所有者的社会、市民日常生活领域所形成的社会、与资产阶级社会相对立的社会三重蕴涵，并因此也提出市民社会概念是一个在《资本论》中"消失了的范畴"。沈越也曾提出，将马克思和恩格斯原著作中大量使用的"市民社会"（Bürgerliche Gesellschaft）概念翻译为"资产阶级社会"几乎都是误译，马克思和恩格斯的概念体系中根本就没有"资产阶级社会"（Bourgeoisie Gesellschaft）这样的提法。

诚然，马克思和恩格斯在《资本论》中没有使用"市民社会"概念，而是直接使用"资本主义社会""资产阶级社会"概念，对资本主义社会生产方式、上层建筑、精神文化等展开总体性批判。但由此得出马克思的市民社会概念范畴"消失说"，则是没有看到马克思对市民社会概念蕴涵的更深层次、更具体化的揭示与发展；由此得出对马克思市民概念的"误译说""根本没有资产阶级社会概念说"等，则是对马克思著作文本缺乏完整的理解，从而得出的带有主观片面性的不可靠结论。正如有论者所指出，在马克思中后期文本中，将以"现代市民社会""现代资产阶级社会"为具体形象的"现代社会"概念从一个描述性的实存性概念改造成了一个分析性的本质性概念和价值性概念，从而实现市民社会概念的现代社会转型。①

（三）一般指构成社会关系基础的生产关系、经济基础

简言之，市民社会是指生产关系、经济基础这两个唯物史观的一般性概念。对于马克思市民社会概念的这一蕴涵，马克思和恩格斯经典著作的翻译家、国内外的相关研究者都持较普遍一致的肯定看法，只不过在理解表述上有些许不同。生产关系、经济基础是马克思解开人类社会政治历史发展之谜的基础性概念。从泛指、特指的市民社会概念到逐渐明晰的生产关系、经济基础概念的创造性转化和创新性发展过程，是同唯物史观、人类解放政治哲学思想的创立发展紧密相连且内在一致的。

从关注现实社会生活中的物质利益问题，到批判纠正黑格尔在国家与市民社会关系问题上的唯心颠倒，马克思得出"市民社会的奴隶制"是现代国家的"天然基础"、经济决定政治的唯物史观初步结论。进

---

① 刘荣军：《马克思市民社会概念的现代社会转型与重要意义》，《马克思主义研究》2017年第8期。

而，马克思在《1844年经济学哲学手稿》中得出扬弃私有制、旧式社会分工、资本奴役劳动等异化社会关系的辩证否定观点。为进一步解决启蒙思想家们在"市民社会"概念使用上的抽象含混，马克思在《神圣家族》中指出物质财富的生产是社会发展的决定性因素，"接近生产的社会关系这个思想"①，"接近于得出生产关系即人们在生产过程中形成的社会关系这个概念"②。到1845年3月，在《评弗里德里希·李斯特的著作〈政治经济学的国民体系〉》一文中，马克思通过批判古典政治经济学、庸俗政治经济学及空想社会主义漠视人的劳动的生产力概念，初步批判考察现代社会生产力与社会组织，并提出生产关系概念，为阐述生产力与生产关系的辩证关系奠定了基础。1846年，马克思在唯物史观形成的标志性著作《德意志意识形态》中，从"一定的方式进行生产活动的"现实个人出发来揭示社会关系和政治关系，指出"社会结构和国家总是从一定的个人的生活过程中产生的"，把市民社会理解为交往形式、生产关系，明确提出"受到迄今为止一切历史阶段的生产力制约同时又反过来制约生产力的交往形式，就是市民社会"③。

1847年，马克思在《哲学的贫困》中进一步具体化、精确化"生产关系"这一概念，首次公开科学阐述生产力与生产关系的辩证运动基本原理。同年12月，马克思在《雇佣劳动与资本》的演讲中更是直接指出："生产关系总合起来就构成所谓社会关系，构成所谓社会，并且是构成一个处于一定历史发展阶段上的社会，具有独特的特征的社会。古典古代社会、封建社会和资产阶级社会都是这样的生产关系的总和，而其中每一个生产关系的总和同时又标志着人类历史发展中的一个特殊阶段。资本也是一种社会生产关系。这是资产阶级的生产关系，是资产阶级社会的生产关系。"④ 在1859年《政治经济学批判》第一分册及其序言中，马克思清晰地阐述了社会基本矛盾运动关系原理，成为

---

① 《列宁全集》第55卷，人民出版社2017年版，第13页。
② ［苏］彼·费多谢耶夫等：《卡尔·马克思》，张家衡等译，生活·读书·新知三联书店1980年版，第80页。
③ 《马克思恩格斯文集》第1卷，人民出版社2009年版，第524、540页。
④ 《马克思恩格斯文集》第1卷，人民出版社2009年版，第724页。

"对历史唯物主义的实质所作的天才的表述"①。从而,马克思对市民社会概念的批判研究实现从泛指、特指到一般性的生产关系、经济基础概念的创造性转化与创新性发展,并在《资本论》中逐步实现对资本主义社会生产方式、政治上层建筑与意识形态全面彻底的科学批判。

"人体解剖对于猴体解剖是一把钥匙。"② 通过对市民社会的解剖,对政治经济学的深入彻底批判研究,对当时世界上最发达、最先进的英国资本主义社会关系、生产组织的解剖,马克思逐步揭示了生产关系、经济基础的科学概念,并使其成为批判性与建构性相统一的概念,从而科学地揭开了人类社会政治历史发展之谜。对此,阿尔都塞曾从结构主义的视角充分肯定了马克思对市民社会概念的创新性贡献,他认为,走向科学发展阶段的马克思已摒弃了抽象模糊的意识形态性质的市民社会概念,"市民社会并没有向马克思提供制造新概念的原料","生产力的发展程度,生产关系的状况,从此成为马克思的基本概念"。③

三 对市民社会概念批判揭示的当代价值

马克思通过对市民社会概念的批判揭示,赋予市民社会概念价值性与事实性、批判性与建构性等相统一的新内涵,从而彰显出新的理论与实践价值。总体来说,这一批判揭示,实现了唯物史观与政治哲学的会通与发展,进而实现了唯物史观、剩余价值理论、共产主义理论三者之间的内在整体性贯通与发展;为进一步批判性认识当代西方市民社会、现代性资本主义社会提供了基本的立场、观点与方法;对新时代中国特色社会主义的社会政治建设也具有现实启发与指导价值。

(一)实现唯物史观与政治哲学的内在会通与深化发展

通过对市民社会概念三重蕴涵的批判揭示,一方面,马克思发现了人类社会基本矛盾运动关系原理,并以此揭示了人类社会历史发展的规

---

① 《斯大林选集》下卷,人民出版社1979年版,第453页。
② 《马克思恩格斯文集》第8卷,人民出版社2009年版,第29页。
③ [法]路易·阿尔都塞:《保卫马克思》,顾良译,中央编译出版社2010年版,第99页。

律，得出"两个必然""两个决不会"的科学社会主义结论；另一方面，马克思形成政治革命与社会革命、政治解放与人类解放关系的新判断，得出人类解放的全新政治哲学结论。在费尔巴哈宗教批判的基础上，马克思进一步清理挖掘，主要通过对市民社会概念从"副本"到"原本"，再到现实的批判，使唯物史观与人类解放的政治哲学形成、确立起来，并且使二者内在互通，进而逐步使唯物史观、剩余价值理论、共产主义理论三者整体性地贯通起来。

通过《资本论》及其手稿的政治经济学批判研究与创作，马克思最终实现了政治经济学的革命性变革，进一步深化发展了唯物史观与政治哲学，把共产主义奠定在更加牢固的科学基石之上。对此伟大变革，恩格斯曾在《反杜林论》中高度概括性地指出："政治经济学本质上是一门历史的科学。"[1] 这告诉我们，《资本论》归根结底是关于人类社会历史发展的科学，其政治经济学与唯物史观、科学社会主义是内在统一的。这启示我们，对《资本论》可以从唯物史观、经济学、科学社会主义等视角去解读，还可以从不同学科、不同问题等众多视角去解读，但不能把研究视野局限于此，否则，就可能"一叶障目，不见泰山"。因为，《资本论》及其手稿是马克思主义整体性的集大成之作。

自20世纪30年代以来，对于马克思的市民社会概念批判、政治经济学批判与唯物史观形成发展的内在关联问题，国内外的学者对其展开了持续解说。美国学者胡克认为，马克思的历史唯物主义与经济学是双向建构的。[2] 德国经济学家图赫舍雷尔说，"马克思越是接近历史唯物主义，从而对政治经济学的研究越是深入"[3]。日本学者望月清司在《马克思历史理论研究》一书中特别重视马克思对市民社会的批判在唯物史观形成过程中的作用，还将马克思的历史理论称为"市民社会的历史理论"。我国学者俞可平、阎孟伟、刘荣军、张一兵等也对此展开论证与解说，张一兵还特别指出"马克思历史唯物主义的理论来源主

---

[1]《马克思恩格斯全集》第26卷，人民出版社2014年版，第155页。

[2] [美] 悉尼·胡克：《对卡尔·马克思的理解》，徐崇温译，重庆出版社1989年版，第154页。

[3] [德] 瓦·图赫舍雷尔：《马克思经济理论的形成和发展》，马经青译，人民出版社1981年版，第192页。

要不是费尔巴哈哲学，而是古典经济学"①。这些都有力地证明了马克思历史唯物主义的市民社会批判、政治经济学批判之源。进而，对于马克思市民社会概念批判在唯物史观与政治哲学会通中的作用问题，我国学者张文喜、王新生、李佃来等也分别撰文指证。张文喜认为"经济学与政治哲学的紧密联系，构成了唯物史观研究社会经济现象的基本规范"②。王新生指认"唯物史观是整个马克思社会政治理论总的方法论"③。李佃来认为"市民社会概念将历史唯物主义与政治哲学融聚为一体"④。这些都有力地证明了市民社会概念是马克思历史唯物主义与政治哲学会通的枢纽。

总之，从对单子式现代市民社会的批判，到对资本主义社会、资本主导的现代生产关系及其生产方式的批判，进而批判资本主义社会政治上层建筑和意识形态，马克思将唯物史观与政治哲学逐步引向深入，将现代性社会政治的理论批判一步步引向深入，精准而牢固地把握住资本与劳动矛盾运动的时代脉动，科学地指出了现代人类解放的光辉未来。

（二）有助于深化批判认识现代性西方资本主义社会

从自由竞争资本主义到垄断帝国主义，再到金融垄断新型帝国主义的发展；从近代西方启蒙思想家到现当代西方自由主义思想家对现代市民社会、资本主义社会的伦理实体性建构、永恒性论证及新改良论证，都是一脉相承的关系，也是一个不断庸俗化的理论过程。西方市民社会、资本主义社会在300多年的历史发展过程中，把其内在固有的危机与矛盾更加充分地暴露出来，并以反复不断上演的历史事实充分证实：马克思对市民社会概念批判所揭示的现代性社会政治问题富有远见卓识。

正如马克思当年以英、法、德三国为典型所批判揭示的，作为私人生活关系领域属性的市民社会在当代西方并未改变，只是在其空间拓展的同时，将其内在"私人"属性充分展现出来、固化下来，将现代性

---

① 张一兵：《回到马克思：经济学语境中的哲学话语》，江苏人民出版社2014年版，第262页。
② 张文喜：《历史唯物主义的政治哲学向度》，江苏人民出版社2008年版，第31页。
③ 王新生：《马克思政治哲学研究》，科学出版社2018年版，第84页。
④ 李佃来：《政治哲学视域中的马克思》，中央编译出版社2018年版，第148页。

社会人与人关系的分裂问题日益放大、尖锐化。近代西方政治解放在带来市民社会极少数成员自由、绝大多数成员形式自由的同时，也造成了极少数人与绝大多数人的新对抗，尤其是整个市民社会成员日益利己、孤立、分离，而成为一个个任性封闭的单子。当代西方市民社会从个人主义到极端个人主义的蜕变，是对人的类存在物本性的极端自我贬低，是对人类社会共同体的反动，是人类解放过程中的一个否定性环节。当代西方市民社会发展的典型国家——美国更是把人与人之间的关系日益疏离、分裂的现代性问题展现得淋漓尽致。当年托克维尔在《论美国的民主》一书中对美国市民社会中的个人主义隐忧变成了现实，并愈益呈现出萨特《禁闭》中所描述的"他人即地狱"般的黑暗景象。

正如马克思所批判揭示的，资本的本质及殖民整个世界的野心未变，资本作为现代世界的主人在市民社会的中心地位未变，只不过是从工商业资本家为王转换成金融资本家为王，并开始日益脱实向虚、泡沫膨胀。西方资产阶级社会的资本与劳动之间的阶级矛盾对抗未变，只不过是在新的历史条件下以反种族歧视、反社会不公正、保护生态、妇女解放等运动形式表现出来。在当代美国，从"占领华尔街"到蔓延全国的大规模持续抗议种族歧视和暴力执法运动等社会政治乱象，都充分暴露出以美国为代表的资产阶级社会的尖锐矛盾与危机。对此，就连曾以美国为样板、对资本主义社会进行庸俗辩护的日裔美国学者福山都慨叹并忧虑今日美国社会之严重撕裂。

归根结底，资本主义生产关系不适应生产力发展，资本主义社会的私有制、生产方式已经越来越不适应社会化大生产了。正如列宁所理解的，马克思在《资本论》中从分析资产阶级社会最常见的商品及商品交换关系入手，深刻"揭示出现代社会的一切矛盾（或一切矛盾的萌芽）"[1]，从现代社会的经济的运动规律得出"资本主义社会必然要转变为社会主义社会"[2]的科学结论。今观之，资本主义生产关系越来越不适应并严重阻碍以互联网为标志的人类社会联合发展的时代必然要求，更是无法应对人类共同的灾难，当代美国资本家政治集团更是成为

---

[1]《列宁专题文集·论辩证唯物主义和历史唯物主义》，人民出版社2009年版，第150页。

[2]《列宁专题文集·论马克思主义》，人民出版社2009年版，第29页。

时代历史发展的恶行者、逆行者。

马克思根据政治经济学的科学研究，提出通过阶级斗争与社会政治革命"消灭市民社会""消灭资产阶级社会"的历史任务，明确指出"庸俗民主派把民主共和国当作千年王国，他们完全没有想到，正是在资产阶级社会的这个最后的国家形式里阶级斗争要进行最后的决战"①。这一科学结论，要求无产阶级政党站在人类解放的立场观点上勇敢坚持伟大斗争，而不是改良现代资产阶级社会，像伯恩施坦修正主义所错误主张的"把劳动者从无产者的社会地位提高到市民的社会地位，使市民阶级或市民的地位普遍化"②。这一科学结论，要求把对资产阶级社会的理论批判和实践批判紧密结合起来，这也是西方马克思主义单纯文化批判的理论局限之所在。如马尔库塞等就基于当代西方工业社会极权主义的现实走向，把历史唯物主义原则解释为"揭露使人受物质生产盲目结构奴役的社会批判工具"③。而卢卡奇则很早就理解了这一点，即历史唯物主义是对现代社会、资本主义社会制度展开的理论与实践双重彻底批判，"对无产阶级来说，如果在认识到历史唯物主义的科学特性时止步不前，把历史唯物主义仅仅看作是一种认识工具，这也同样是自杀"④。现时代，一方面，我们要深入具体批判研究资本主义社会经济理论与实践；另一方面，我们在与西方资本主义展开经济合作、互利共赢的同时，还要与之展开科技、经济、政治、军事、外交、意识形态等伟大斗争。

（三）对新时代中国特色社会主义的社会政治建设具有指导价值

马克思对市民社会概念的深刻批判及创新发展，充分展现出其社会政治哲学是批判性与建设性、理论性与实践性等相统一的科学理论，对新时代中国特色社会主义的社会政治建设具有重要理论与实践指导

---

① 《马克思恩格斯全集》第25卷，人民出版社2001年版，第29页。
② ［德］爱德华·伯恩施坦：《社会主义的前提和社会民主党的任务》，舒贻上等译，生活·读书·新知三联书店1958年版，第90页。
③ ［美］赫伯特·马尔库塞：《理性与革命：黑格尔和社会理论的兴起》，程志民等译，重庆出版社1993年版，第267页。
④ ［匈］卢卡奇：《历史与阶级意识——关于马克思主义辩证法的研究》，杜章智等译，商务印书馆1999年版，第318页。

意义。

　　首先，要遵循马克思市民社会概念批判及唯物史观伟大发现所指出的人类社会历史发展规律与方向，继续实践探索当代人类解放、自由人联合体美好社会理想的实现路径。市民社会概念蕴含从公民社会到经济社会、私人生活领域、生产关系的革命性变革，再到文化社会的演变，体现着思想家们对人类社会联合发展的不同构想与热望，表征着社会发展历史的变迁和人类解放的进程。当代中国倡导的"构建人类命运共同体"理念被写入联合国决议，既体现了中国共产党和中国人民推动人类进步事业的现实性追求，也体现了世界各国人民推动人类社会联合发展的现实性追求。"天下之行，大道为公。"新时代不断地理论探索与实践推动"构建人类命运共同体"，就是一条通达自由人联合体的光明大道。

　　其次，要站在新时代新的历史起点上，思考中国特色社会主义社会政治建设的主要矛盾来解决问题。当代中国正行进在中国式现代化强国、中华民族伟大复兴的新征程上，社会主要矛盾已经发生转化。我们既要紧紧围绕这一社会的主要矛盾和矛盾的主要方面，还要从"四个全面"战略布局、"五位一体"总体布局的整体性角度，来思考解决和谐社会、民主政治与现代人类文明新形态的建设问题。在这一伟大世界历史发展进程中，尽管"现代市民社会""现代社会""资产阶级社会"的某些属性还不可避免地作用于我国社会政治关系等诸领域，但绝不可将社会主义社会、中国特色社会主义社会等同于马克思曾批判过的"现代市民社会""现代社会"。有论者就错误地认为，"马克思所说的'现代社会'（'现代市民社会'）在现实层面上无疑包括了现代资本主义和现代社会主义这样两种不同的社会形态和社会制度"[①]。这种看似自然无疑的形式逻辑推理，实则是对马克思"现代社会""现代市民社会"概念蕴涵的模糊理解。诚然，资本主义社会是现代的，社会主义社会也是现代的，但马克思所批判的"现代市民社会""现代社会"特指的是资产阶级社会，而不是社会主义社会。这就像历史唯物主义被

---

① 刘荣军：《马克思市民社会概念的现代社会转型与重要意义》，《马克思主义研究》2017年第8期。

马克思、恩格斯称为"现代唯物主义"一样,马克思、恩格斯也称他们理想中的共产主义为"现代科学社会主义""科学社会主义"①,并强调"现代社会主义,就其内容来说,首先是对现代社会中普遍存在的有财产者和无财产者之间、资本家和雇佣工人之间的阶级对立以及生产中普遍存在的无政府状态这两个方面进行考察的结果"②。而且,现代资本主义社会形态与现代社会主义社会形态是两种性质不同的现代人类文明形态。

再次,要站在以人民为中心的立场,思考新时代中国特色社会主义的社会政治建设问题。马克思站在人类解放的立场批判市民社会的政治解放,站在劳动解放的立场批判资本主义社会的新型奴隶制,就是从广大劳动人民群众的立场出发,批判现代性社会政治所造成的社会分裂与人类异化问题,进而构想自由人联合体的美好前景。可以说,全部马克思主义经典著作就是大写的工人阶级、无产阶级——人民的立场观点。有论者曾指出,马克思提出国家和社会最终统一的历史性方向及其深刻内涵,从而建立了社会本位的方法论。③ 说到底,社会本位的方法论,就是人民本位的方法论及历史观、价值观的统一。社会主义新中国是人民当家作主的新型国家政权、崭新社会;新时代中国特色社会主义坚持以人民为中心的发展理念,是既合历史规律性又合目的性的马克思主义立场观点。只有从坚持人民至上来思考当代中国社会政治建设,才能不断推进新时代的伟大事业,不断实现人民的自由全面发展,从而唤起广大人民群众同心共筑中国梦的磅礴力量。正如有论者所理解的"人民社会"是中国梦的最大动力。④

复次,要在全面深化改革、不断推进国家治理现代化的伟大实践创造中,实现更大的社会政治发展。马克思对市民社会概念的批判揭示与唯物史观既为变革现代资本主义社会提供了思想武器,也为建设社会主义新社会提供了行动指南。马克思当年号召国际工人联合起来推翻资本

---

① 《马克思恩格斯全集》第25卷,人民出版社2001年版,第139、441页。
② 《马克思恩格斯文集》第3卷,人民出版社2009年版,第523页。
③ 参见荣剑《马克思的国家和社会理论》,《中国社会科学》2001年第3期。
④ 参见胡鞍钢、王洪川《人民社会是"中国梦"最大动力》,《人民论坛·学术前沿》2013年第13期。

奴役劳动的旧社会政治制度，建立新社会政治制度即"自由平等的生产者联合的造福人民的共和制度"，"为了把社会生产变为一个由合作的自由劳动构成的和谐的大整体，必须进行全面的社会变革，也就是社会的全面状况的变革"①。新中国社会主义基本政治经济制度的确立成为我国社会全面进步发展的基石；改革开放是决定当代中国命运的关键一招，是唯物史观的伟大生动的实践创造。改革开放40多年来，由生产关系到上层建筑等各领域的改革逐步全面深化，中国社会政治生活等各领域的面貌焕然一新。不断推进国家治理现代化，成为有效、稳步加速新时代中国特色社会主义伟大事业的调节器与助推器，是对唯物史观的创新发展。国家治理现代化的关键、核心在于调节和理顺全部社会关系的基石——生产关系、劳动关系，进而调节和规范权力与权利的运行，有效驾驭资本，充分调动并尊重劳动创造的积极性与主动性，最大限度地解放与发展生产力，以实现高度社会和谐、高度政治民主及美好生活图景，充分彰显了社会主义制度的巨大优越性。

最后，要继续批判借鉴国外现代市民社会理论文化转向的思想资源，但不能采取拿来主义。马克思对市民社会概念的批判揭示与唯物史观的伟大发现开政治社会学之先河，成为"经典社会理论"②，影响了现代西方社会批判理论的文化转向。在马克思之后，葛兰西提出"文化领导权"的思想，开启了市民社会概念的文化社会内涵转向。从帕森斯到哈贝马斯，再到柯亨和阿拉托的市民社会概念的现代流变，呈现出西方社会理论的文化批判转向及其式微，折射出垄断资本及其国家政权对社会日益加强的重压及更深层次的社会矛盾问题。

同时，这些思想资源也为新全球化、现代化、市场化发展过程中的中国社会政治哲学理论建构提供了一些理论借鉴。一方面，立足于中国特色社会主义社会政治建设实际，遵循马克思主义社会政治哲学理想，中国学界批判借鉴现代西方社会批判理论，在观照并阐释当代中国社会转型发展问题上有积极进展，如王南湜的《从领域合一到领域分离》、

---

① 《马克思恩格斯全集》第21卷，人民出版社2003年版，第271页。
② 邹诗鹏：《马克思对现代性社会的发现、批判与重构》，《中国社会科学》2009年第4期。

王新生的《市民社会论》、杨仁忠的《公共领域论》等著作。另一方面，中国学界也出现了简单照搬照抄现代西方市民社会理论及其话语体系的思想倾向，为中国社会政治建设错误地提出现代西方"市民社会""公民社会"等理论话语方案。如有学者按照所谓市场经济、公民社会的原生法则提出："因为市场经济原本就是与市民——公民一体的社会形态，更明白地说，普遍的公民资籍倘若得不到落实，完善的市场经济秩序就无法建立起来。""公民和公民社会在中国是一个迫切的现实问题。"① 这种想法背离了马克思市民社会概念批判的理论宗旨及唯物史观，对现代西方市民社会及理论本质认识不清，混淆了两种性质不同的社会——资本主义与中国特色社会主义的社会政治建设问题。

"社会，即联合起来的单个人"②。自由联合起来的单个人、整个人类社会才能有机构成自由人联合体，也才能实现人类解放即每个人的自由全面发展。以此科学美好人类社会理想为远大目标，新时代中国特色社会主义坚持人民至上，统筹推进经济、政治、文化、社会、生态五大文明建设，必将持续书写中国式现代化、现代人类文明形态的辉煌新篇章。新时代中国特色社会主义坚持人类命运共同体的理念，成为世界联合发展的践行者、推动者、贡献者，代表了人类社会历史的正确前行方向，必将有力地推动人类世界的和平、进步与发展。

第六节 《资本论》及其手稿对无产阶级革命的科学阐发

阶级斗争与社会革命是唯物史观的重要内容，阶级性、革命性是马克思主义政治哲学鲜明的理论品格。不同于书斋中静观世界、解释世界的学者，转变为唯物主义者与共产主义者的马克思一直致力于人类解放的崇高事业，一直致力于推动无产阶级革命的伟大实践变革运动，并始终注重把理论研究与无产阶级革命实践密切结合。因此，国际工人运动

---

① 韩水法、黄燎宇主编：《从市民社会到公民社会》，北京大学出版社 2011 年版，第 5 页。

② 《马克思恩格斯全集》第 30 卷，人民出版社 1995 年版，第 526 页。

活动家、工人政论家埃卡留斯在1852年就曾高度评价马克思为"工人阶级运动革命理论的代表,欧洲民主派中最先进的派别的著述舵手"[①]。马克思逝世后,恩格斯高度评价马克思首先是革命家,其次是理论家。就马克思关于阶级斗争与社会革命的唯物史观结论来说,它与马克思对政治经济学的批判研究内在相连,《资本论》更是成为无产阶级革命的科学理论基石。因此,柯尔施说:"马克思在进行政治经济学批判时,是从革命的立场出发的。"[②]

一 无产阶级革命观与政治经济学批判在互动中创立

通过对德法资本主义发展状况的观察,以及对法国革命史、黑格尔法哲学、政治经济学的初步批判研究,尤其是通过阅读恩格斯的《国民经济学批判大纲》,马克思开始认识到现代社会资本与劳动、资产阶级与无产阶级的矛盾斗争已成为时代历史发展的焦点问题。德国的犹太人问题、现代工人阶级的囚徒困境等已经证明政治革命与政治解放无法实现人类解放的乌托邦,唯有彻底的社会革命才能真正实现人类解放。由此,马克思初步提出通过无产阶级革命实现人类解放的社会政治哲学思想。在首个政治经济学批判研究的成果——《1844年经济学哲学手稿》中,马克思指出整个现代社会已经分裂为资本家阶级和工人阶级,而且"劳动和资本的这种对立一达到极端,就必然是整个关系的顶点、最高阶段和灭亡"[③]。进而,他提出只有通过共产主义运动,才能消灭私有制和旧的社会分工,消除异化劳动,以实现人的类本质复归的革命性主张。

据此,马克思还撰文批判卢格关于工人起义偶然、革命领导权应归资产阶级的错误政治思想观点,指出无产阶级社会革命是对资产阶级政治革命的超越。在马克思看来,作为资产阶级政治革命胜利果实的现代国家这个虚假、抽象的共同体,只不过是以新的统治阶层代替了旧的统治阶层,造成了人类社会新的分裂对抗。只有在政治革命的基础上继续

---

① 《马克思恩格斯全集》第11卷,人民出版社1997年版,第760页。
② [德]卡尔·柯尔施:《卡尔·马克思》,熊子云、翁廷真译,重庆出版社1993年版,第67页。
③ 《马克思恩格斯全集》第3卷,人民出版社2002年版,第283页。

进行无产阶级有组织、以人的解放为灵魂、彻底抛弃政治外壳的社会革命，才能建立起真正的共同体——社会主义，而"社会主义不通过革命是不可能实现的"①。

立足人类社会的唯物主义新世界观，马克思和恩格斯从物质生产实践出发，而不是从思想观念出发，在《神圣家族》中进一步阐发了现代社会的阶级斗争与社会革命理论，以及人民群众在历史发展中的决定性作用。他们指出，无产阶级的生存状态在现代社会已达到非人性生存的顶点，已经到了无产阶级必须肩负起"自己解放自己"历史使命的时刻，这已经在无产阶级的"生活状况和现代资产阶级社会的整个组织中明显地、无可更改地预示出来了"②。为此，无产阶级、广大人民群众就要扬弃私有财产，以革命实践活动彻底变革自身的"生活条件"。这样才能彻底摆脱资产阶级套在无产阶级、广大人民群众头上的"现实的、感性的枷锁"，让自己不仅在思想上真正站起来，而且在现实中真正站起来。

恩格斯对19世纪40年代英国工人阶级悲惨生存状况的调研批判，为马克思提供了政治经济学批判研究与无产阶级革命观的一手思想材料。恩格斯调研发现，与旧式公开的奴隶制不同，资本主义新式奴隶制的秘密"仅仅在于现代的工人似乎是自由的……他不是某一个人的奴隶，而是整个有产阶级的奴隶"，"工厂是地狱的真正入口"。③ 在为改变这种生存状况、同资本家的斗争中，工人们已感觉到自己是一个阶级的整体，已经意识到"联合起来就是一种力量"，大城市的工人运动也开始以有组织的社会性运动形式出现。恩格斯指出，资产阶级与无产阶级的矛盾对立，以及现代社会机体病症的解决，"唯一可能的出路就是暴力革命，毫无疑问，这个革命是不会让人们长久等待的"④。比对恩格斯批判调研的材料思想与马克思政治经济学批判的成果，可以发现，恩格斯不仅与马克思携手同行在唯物史观与政治经济学批判的科学探索发现之路上，而且他们在阶级斗争与社会革命的思想上是相辅相成、内

---

① 《马克思恩格斯全集》第3卷，人民出版社2002年版，第395页。
② 《马克思恩格斯文集》第1卷，人民出版社2009年版，第262页。
③ 《马克思恩格斯全集》第2卷，人民出版社1957年版，第364、435页。
④ 《马克思恩格斯全集》第2卷，人民出版社1957年版，第548页。

在一致的。

伴随政治经济学批判的深入与唯物史观的成熟，马克思的阶级斗争与社会革命观也走向成熟。在《德意志意识形态》中，马克思和恩格斯指出，为使从阶级斗争中产生的无产阶级"彻底革命的意识"即"共产主义的意识"普遍化，实现人类解放与共产主义的伟大事业，就需要通过革命实践活动来使人们发生普遍的变化。而且，只有通过无产阶级革命实践这个唯一的方式，才能彻底"推翻统治阶级"；也只有通过革命实践这个能动的大熔炉，才能使无产阶级淬火成金、"抛掉自己身上的一切陈旧的肮脏东西，才能胜任重建社会的工作"①。在《哲学的贫困》中，马克思从经济学与辩证方法论两方面入手，批判了蒲鲁东杜撰的庸俗政治经济学及其形而上学方法，击退了蒲鲁东对共产主义的理论攻击及其小资产阶级抽象社会政治改良幻想，进一步公开阐述了无产阶级社会革命理论。其一，被压迫阶级的存在是阶级对抗的旧社会存在的必要条件，"因此，被压迫阶级的解放必然意味着新社会的建立"；其二，在一切生产工具中"最强大的一种生产力是革命阶级本身"，消灭一切阶级是劳动阶级解放的必要条件；其三，只有消除建立在阶级和阶级对抗之上的市民社会及其国家政权，才能建立新社会"联合体"，这是无产阶级的历史使命；其四，唯有通过暴力革命，才能推翻阶级压迫，彻底实现社会变革与劳动阶级解放，这就是"社会科学的结论"。②

进而，在对雇佣劳动与资本的尖锐对立以及工资问题的批判研究基础上，马克思和恩格斯在为共产主义者同盟制定的政治纲领性文献——《共产党宣言》中，更是系统公开地阐明了共产主义基本原理，指出共产主义"原理不过是现存的阶级斗争、我们眼前的历史运动的真实关系的一般表述。……共产党人可以把自己的理论概括为一句话：消灭私有制"③。马克思和恩格斯以唯物史观阐述人类社会阶级斗争的历史，分析现代社会两大阶级的对抗性矛盾及其"两个必然"结果，系统公开地阐发了无产阶级革命运动的组织领导、策略原则、国际联合、路径

---

① 《马克思恩格斯文集》第1卷，人民出版社2009年版，第543页。
② 《马克思恩格斯文集》第1卷，人民出版社2009年版，第655页。
③ 《马克思恩格斯文集》第2卷，人民出版社2009年版，第45页。

方式、发展目标等思想内容。马克思和恩格斯强调代表无产阶级利益的共产党人要在革命理论和革命实践两方面都发挥先锋模范作用,以科学性的革命理论武装无产阶级头脑,同资产阶级及一切旧观念实行最彻底的决裂,带领无产阶级以暴力革命推翻资产阶级的政治与经济枷锁;他们号召现代各文明国家无产阶级政党组织采取联合的革命行动,号召全世界无产者联合起来革命,打碎旧世界的锁链,建立无产阶级的政治统治,"一步一步地夺取资产阶级的全部资本","并且尽可能快地增加生产力的总量"①,去建设一个崭新的社会文明形态,即由自由全面发展的个人所组成的真正联合体。

二 无产阶级革命理论在革命实践中进一步丰富发展

1847年席卷欧洲的经济危机、政治危机及社会危机,导致1848年欧洲普遍爆发政治革命及社会革命。1848年革命高潮过后,共产主义者同盟于1851年11月解体,国际工人运动在曲折中前行,并伴随1864年国际工人协会的成立而发展起来。在宣传、组织领导无产阶级革命实践的过程中,马克思不断深化对政治经济学的批判研究,并把理论研究与革命事业紧密结合起来,使其阶级斗争与社会革命理论在实践中得到进一步检验、丰富发展,进而使社会主义成为科学性与革命性内在一体的现实性理论。

至1852年3月5日,马克思曾在致魏德迈的信中总结自己对阶级和阶级斗争理论的贡献。他指出,发现阶级和阶级斗争的存在、历史发展,以及率先对各阶级所做出的经济分析等,分别是资产阶级历史编纂学家和经济学家的功劳,"我所加上的新内容就是证明了下列几点:(1)阶级的存在仅仅同生产发展的一定历史阶段相联系;(2)阶级斗争必然导致无产阶级专政;(3)这个专政不过是达到消灭一切阶级和进入无阶级社会的过渡"②。对这三点新内容的理论"证明",马克思是通过政治经济学批判、唯物史观的创立完成的,即从社会基本矛盾的历史运动来看阶级斗争及其最高表现形式社会革命。具体来说,马克思无

---

① 《马克思恩格斯文集》第2卷,人民出版社2009年版,第52页。
② 《马克思恩格斯全集》第49卷,人民出版社2016年版,第79页。

产阶级革命理论在 19 世纪 50—60 年代的丰富发展，可以概括为以下五个方面。

第一，明确提出不断革命的思想。在《1848 年至 1850 年的法兰西阶级斗争》一文中，马克思明确提出无产阶级要在资产阶级政治革命的基础上继续革命的不断革命思想。马克思高度评价 1848 年法国巴黎工人的"六月起义"，称其为"分裂现代社会的两个阶级之间的第一次大规模的战斗"，指出资产阶级"革命死了"，无产阶级"革命万岁"①。马克思还高度肯定了阶级斗争与社会革命在人类社会历史发展中的直接推动作用，指出"革命是历史的火车头"②。进而，他明确指出，无产阶级要摆脱乌托邦、空论的社会主义，团结在"革命的社会主义"旗帜下，"这种社会主义就是宣布不断革命"③。在《路易·波拿巴的雾月十八日》一文中，马克思也表达了不断革命的思想，即资产阶级已完成其政治革命的历史使命，无产阶级要沿着从政治革命到社会革命的"上升路线"继续前进。马克思和恩格斯还在《共产主义者同盟中央委员会告同盟书》中宣告：共产主义者同盟的"战斗口号应该是：不断革命"④。由此，是坚持改良还是不断革命，就成为区分自由主义、民主社会主义、空想社会主义与科学社会主义的原则界限。换句话说，不革命的社会主义就是一种空想，就不是科学社会主义。

第二，明确提出无产阶级专政思想。在提出不断革命思想的同时，马克思还首次明确提出无产阶级专政的概念。为彻底消灭雇佣劳动、私有制与阶级，推翻资产阶级旧社会，建立新社会，就需要彻底打碎资产阶级国家机器，因此，马克思提出了一个无产阶级革命的大胆而响亮的战斗口号："推翻资产阶级！工人阶级专政！"⑤ "革命的社会主义"即科学的社会主义为推翻资产阶级统治，首先采取的现实统治方式"就是无产阶级的阶级专政，这种专政是达到消灭一切阶级差别，达到消灭这些差别所由产生的一切生产关系，达到消灭和这些生产关系相适应的

---

① 《马克思恩格斯文集》第 2 卷，人民出版社 2009 年版，第 105 页。
② 《马克思恩格斯文集》第 2 卷，人民出版社 2009 年版，第 161 页。
③ 《马克思恩格斯文集》第 2 卷，人民出版社 2009 年版，第 166 页。
④ 《马克思恩格斯全集》第 10 卷，人民出版社 1998 年版，第 396 页。
⑤ 《马克思恩格斯文集》第 2 卷，人民出版社 2009 年版，第 104 页。

一切社会关系,达到改变由这些社会关系产生出来的一切观念的必然的过渡阶段"①。为建设新社会,消灭一切阶级差别,即消灭一切经济、政治、社会的不平等,无产阶级专政的新型国家政权组织形式要施行真正的民主,要全面肩负起经济、政治和思想文化等各方面建设任务。

第三,明确提出无产阶级政党只有在革命斗争中才能成长为一个真正的革命党。《共产党宣言》对共产党组织的革命性质,以及推动无产阶级革命与世界革命的历史使命已做出公开声明。《1848年至1850年的法兰西阶级斗争》一文更是明确提出:"通过和这个敌对势力的斗争,主张变革的党才走向成熟,成为一个真正革命的党。"②马克思、恩格斯在《共产主义者同盟中央委员会告同盟书》中还指出,无产阶级政党为达到最终胜利,必须靠自己努力,认清自己的阶级利益,尽快采取自己独立政党的立场,"一时一刻也不能因为听信民主派小资产者的花言巧语而动摇对无产阶级政党的独立组织的信念"③。在马克思加了标记和文字的《共产主义者同盟章程》中,明确规定了共产主义者同盟组织的革命目的,即"以一切宣传和政治斗争的手段破坏旧社会——推翻资产阶级,在精神上,政治上和经济上解放无产阶级和实现共产主义革命"④。由此可见,革命是无产阶级政党的本质属性与历史使命,无产阶级政党是真正的革命政党,只有在无产阶级革命斗争中,无产阶级政党才能走向成熟,忘记革命意味着真正的背叛。换句话说,如果无产阶级政党丧失革命斗争性,不领导革命了,那它就不是革命党,也就不是无产阶级政党了;或者说,无产阶级政党已完成自己革命斗争的历史使命,随着政治国家的终结而退出历史舞台。

第四,进一步号召无产阶级发挥社会革命的能动性。现代社会资本对雇佣劳动的残酷剥削与压迫已造成尖锐的阶级对抗,现代工人阶级已处于"不是饿死,就是斗争"的生死边缘,已到了社会革命与无产阶级解放的历史时刻。因此,马克思号召工人阶级不要在"临近一个伟

---

① 《马克思恩格斯文集》第2卷,人民出版社2009年版,第166页。
② 《马克思恩格斯文集》第2卷,人民出版社2009年版,第79页。
③ 《马克思恩格斯全集》第10卷,人民出版社1998年版,第396页。
④ 《马克思恩格斯全集》第10卷,人民出版社1998年版,第744页。

大的开端、开辟一个新时代的时候"沉溺于对过去的幻想、犹豫不决，而要勇敢肩负起创造历史的新使命。即工人阶级要充分发挥其彻底革命性，展开"消灭资产阶级制度的斗争"①，并通过社会革命斗争消灭一切阶级统治，以实现工人阶级自己解放自己的历史使命。这也是马克思1864—1871年在为国际工人协会制定的临时章程、共同章程中始终强调的重要原则。为完成这一历史使命，就需要工人阶级在实践和理论上展开国际合作，更需要"在全国范围内把工人阶级组织起来"②，还需要城市无产阶级与农民的联盟。马克思认为，农民会把"负有推翻资产阶级制度使命的城市无产阶级看做自己的天然同盟者和领导者"；有了农民的支持，"无产阶级革命就会形成一种合唱，若没有这种合唱，它在一切农民国度中的独唱是不免要变成孤鸿哀鸣的"。③ 通过对英国大工业发展状况与工人阶级运动状况的深入研究，马克思认为，英国是资本专横和劳动被奴役达到了顶点的国家，英国工人阶级应该成为无产阶级革命的先头部队。他说："不列颠的工人阶级最先具有足够能力并且最先负有使命来领导最终必然使劳动得到彻底解放的伟大运动。"④ 总之，周期性发作的资本主义经济危机，工厂主与工人之间不断进行着的经济、政治斗争等，铸就了工人阶级的阶级意识与社会革命精神。马克思强调，具有阶级意识与社会革命精神对无产阶级革命与工人阶级解放具有特别重要的意义，否则，"工人阶级就会成为精神萎靡、意志薄弱、内心空虚、任人宰割的群众，这样的群众，正如古希腊罗马的奴隶一样，是不可能自我解放的"⑤。1865年2月13日，马克思在致施韦泽的信中再次明确强调了社会革命对工人阶级解放的意义至关重要，他说："工人阶级要不是革命的，就什么也不是。"⑥ 因为，丧失革命斗争性的工人阶级整体上将始终处于资本的奴役之下，而且其生命会在机械般的劳动、动物般的生存状态中走向悲惨的终结。

---

① 《马克思恩格斯文集》第2卷，人民出版社2009年版，第101页。
② 《马克思恩格斯全集》第13卷，人民出版社1998年版，第134页。
③ 《马克思恩格斯文集》第2卷，人民出版社2009年版，第570、573页。
④ 《马克思恩格斯全集》第13卷，人民出版社1998年版，第136页。
⑤ 《马克思恩格斯全集》第12卷，人民出版社1998年版，第185—186页。
⑥ 《马克思恩格斯〈资本论〉书信集》，人民出版社1976年版，第191页。

第五，进一步阐述无产阶级革命的客观历史条件。无产阶级革命既需要主观能动性条件，更需要客观历史性条件。"革命的社会主义"之所以是科学的社会主义，关键在于马克思从政治经济学批判和历史科学的逻辑出发，来阐述无产阶级革命的客观历史条件。1848年欧洲革命高潮过后，马克思在英国进一步深入开展严肃的经济科学研究，把"两个必然"与"两个决不会"结合起来，从资本主义的商业危机、工业危机、经济危机情况，来分析社会革命的可能性与现实性。正如他所指出："在资产阶级社会的生产力正以在整个资产阶级关系范围内所能达到的速度蓬勃发展的时候，也就谈不到什么真正的革命。只有在现代生产力和资产阶级生产方式这两个要素相互矛盾的时候，这种革命才有可能。……新的革命，只有在新的危机之后才可能发生。但新的革命正如新的危机一样肯定会来临。"[1] 1848—1859年，资本主义工商业得到空前大发展，资产阶级政治统治的物质基础也随之加强，新的革命不具有现实性。因此，马克思在1860年的《福格特先生》一文中重申："新的革命，只有在新的危机之后才可能发生。"[2] 正如人们不能随心所欲地创造历史一样，革命也不是随心所欲地呼唤出来的，而是一定的物质经济条件的产物。工人阶级在现代工业生产中所创造的巨大生产力与物质财富，创造了实现劳动解放的"第一个条件"。同时，现代科技进步与工业化也造成了生产力与生产关系、资产者与无产者更尖锐的新对抗，从而为社会革命孕育出新的经济与政治条件，"蒸汽、电力和自动走锭纺纱机甚至是比巴尔贝斯、拉斯拜尔和布朗基诸位公民更危险万分的革命家"[3]。

总之，无产阶级革命既是资产阶级社会经济政治矛盾尖锐化所导致的历史必然，又是革命的无产阶级及其政党发挥主观能动性的结果，是客观规律性与主观能动性的统一。正如马克思所指出："历史本身就是审判官，而无产阶级就是执刑者。"[4] 马克思关于无产阶级革命的这一

---

[1] 《马克思恩格斯文集》第2卷，人民出版社2009年版，第176页。
[2] 《马克思恩格斯全集》第19卷，人民出版社2006年版，第153页。
[3] 《马克思恩格斯文集》第2卷，人民出版社2009年版，第579页。
[4] 《马克思恩格斯文集》第2卷，人民出版社2009年版，第581页。

思想，也得到了当时工人运动的活动家魏德迈与琼斯的回应与认同。1852年12月，魏德迈在《秘密协会和共产党人案件》一文中说："革命不是通过密谋所能发动起来的，革命是社会危机，这种危机不是由个别人的势单力薄的努力，而是由一些主要状况的共同作用引起的。"①1853年2月，琼斯在《暴风雨的第一声响雷》一文中说："革命从来不是订做的；革命是下层的长期苦难和抑郁的自发燃烧，遇到偶然事件而爆发，而且只有在勇气与良好机会兼备时才能取得胜利。"②

三 《资本论》对无产阶级革命的科学证明

无产阶级革命既不是神秘莫测的运动，也不是头脑中的空想、理论上的空谈与盲目的儿戏，而是无产阶级积极变革现代资产阶级社会、实现人类解放的客观历史运动。它需要系统完整的科学证明。关于无产阶级革命的思想主张最终在《资本论》中得到深刻全面的证明与阐释，即最终在马克思主义的经济科学、历史科学找到了科学理论依据。正如作为科学的"英国古典政治经济学是属于阶级斗争不发展的时期的"③，但随着"资本和劳动之间的阶级斗争"的日益激烈、尖锐而鲜明，"科学的资产阶级经济学的丧钟"就敲响了。④《资本论》则是属于阶级斗争与社会革命充分发展时期的全新经济科学，也是为无产阶级革命解放事业而创作的全新的历史科学，并因此成为无产阶级解放的真经，社会主义也因此变为科学。诚如恩格斯在《资本论》第一卷1886年英文版序言中所指出："《资本论》在大陆上常常被称为'工人阶级的圣经'。任何一个熟悉工人运动的人都不会否认：本书所作的结论日益成为伟大的工人阶级运动的基本原则"⑤。

百余年来，有些国外马克思主义学者也提出《资本论》是对于无产阶级革命的经济科学证明与阐释。如德国学者柯尔施认为，《资本论》不仅是古典政治经济学最后的伟大著作，"同时也是革命的无产阶

---

① 《马克思恩格斯全集》第11卷，人民出版社1997年版，第793页。
② 《马克思恩格斯全集》第11卷，人民出版社1997年版，第802页。
③ 《马克思恩格斯文集》第5卷，人民出版社2009年版，第16页。
④ 《马克思恩格斯文集》第5卷，人民出版社2009年版，第17页。
⑤ 《马克思恩格斯文集》第5卷，人民出版社2009年版，第34页。

第二章 《资本论》及其手稿的政治哲学思想内容

级的社会科学的第一部伟大著作","《资本论》整个的、贯串于三卷中理论的论述与批判,以同样的方式最后归结为鼓动革命的阶级斗争"。①苏联学者卢森贝认为,马克思主义政治经济学的任务是从理论上说明资本主义社会的一切矛盾、无产阶级与资产阶级的矛盾对抗,"给它们以科学的表述并证明它们进一步的辩证的发展"②。日本学者柄谷行人认为:"正应该在《资本论》中寻找其哲学和革命论","阅读《资本论》时,不是要在此发现对革命的浪漫主义预见,而是要看身处劳动运动亦被吞食的资本主义经济中马克思试图找到的与此对抗的逻辑"。③ 这些论述启示我们,深入具体研究《资本论》对无产阶级革命的经济科学证明与阐释,是深入理解《资本论》及其政治哲学的重要抓手。

从无产阶级革命的视角来看,《资本论》通过对资本的生产过程、流通过程以及资本主义生产总过程的科学分析,证明了无产阶级的历史使命就是以暴力革命推翻资本主义生产方式、彻底消灭阶级。综观三卷《资本论》对无产阶级革命的经济科学论说,其中,《资本论》第一卷最为明显具体、丰富精彩,《资本论》第二卷较为迂回隐蔽,《资本论》第三卷则是具体再现与最终完成。对此,恩格斯曾评论说,《资本论》第一卷对工人具有特别重要的意义,对"全部现代社会体系所围绕旋转的轴心"即"资本和劳动的关系",做出了"透彻和精辟"的科学说明。④ 柯尔施更是倾向认为,"这种革命意志在马克思著作的每一个句子之中都是潜在的——然而是存在的,潜在于每一决定性的章节中,尤其是在《资本论》第一卷中一再地喷发出来。人们只须想一下著名的第二十四章第七节关于资本积累的历史趋势的论述,就足以证明这一点"⑤。卢森贝认为,"马克思在《资本论》第一卷中开始阶级关系的研究",

---

① [德]卡尔·柯尔施:《卡尔·马克思》,熊子云、翁廷真译,重庆出版社1993年版,第71、109页。
② [苏]卢森贝:《〈资本论〉注释》第1卷,赵木斋、朱培兴译,生活·读书·新知三联书店1963年版,第26页。
③ [日]柄谷行人:《跨越性批判——康德与马克思》,赵京华译,中央编译出版社2011年版,第148、250页。
④ 《马克思恩格斯文集》第3卷,人民出版社2009年版,第79页。
⑤ [德]卡尔·柯尔施:《马克思主义和哲学》,王南湜译,重庆出版社1989年版,第25页。

《资本论》第二卷说明阶级关系被资本循环周转的具体形式所"歪曲了和被掩盖了","在《资本论》第三卷中,马克思又回到他开始研究时所持的出发点,……完成了这个研究"。[①] 刘炯忠认为,《资本论》第三卷最后一章的标题是阶级,"表明它是以阶级作为终点范畴"[②]。

诚然,《资本论》蕴藏着、直接或间接论说着无产阶级革命的政治性内容,但不能因此把《资本论》的每部分内容、每一句话都泛化理解成对无产阶级革命的论说。但从总体来看,全部《资本论》及其手稿的一个伟大科学发现——剩余价值理论,证明了资本主义生产方式、私有制的不合理性及其灭亡的历史必然性,从而为无产阶级以暴力革命推翻资产阶级的经济政治统治提供了科学依据。这也是从资本主义经济发展、生产方式与交换方式的矛盾运动,来阐释无产阶级革命的历史必然性、合理性,即以历史唯物主义方式证明无产阶级的"历史使命是推翻资本主义生产方式和最后消灭阶级"[③]。正如奈格里所理解的,正是通过剩余价值理论,马克思阐发了阶级斗争,"只有当剩余价值规律成为一种视阈,而不是一个自足性的理论范畴,它才构成了阶级斗争理论的一部分"[④]。福克斯也指出:"剩余价值理论是一个阶级理论,因此它对无产阶级社会提出了政治要求。"[⑤] 郎咸平、杨瑞辉也认为,马克思从科学的剩余价值理论出发,"接着证明了资本主义生产过程必然导致社会矛盾的加剧,并最终孕育出自己的掘墓人——无产阶级"[⑥]。

具体来看,《资本论》第一卷第一篇从对商品和货币的分析开始,到第七篇对资本积累过程的批判分析结束,除关于"价值形式或交换价值"一节"革命的结论还表现得不很明显"[⑦] 之外,其余部分都包含着非常明显,甚至非常直接的无产阶级革命的政治性内容。正如恩格斯

---

① [苏]卢森贝:《〈资本论〉注释》第3卷,李延栋等译,生活·读书·新知三联书店1963年版,第9—10页。
② 刘炯忠:《〈资本论〉方法论研究》,中国人民大学出版社1991年版,314页。
③ 《马克思恩格斯文集》第5卷,人民出版社2009年版,第18页。
④ [意]奈格里:《〈大纲〉:超越马克思的马克思》,张梧、孟丹译,北京师范大学出版社2011年版,第63页。
⑤ [英]克里斯蒂安·福克斯:《数字劳动与卡尔·马克思》,周延云译,人民出版社2020年版,第133页。
⑥ 郎咸平、杨瑞辉:《资本主义精神和社会主义改革》,东方出版社2011年版,第3页。
⑦ 《马克思恩格斯〈资本论〉书信集》,人民出版社1976年版,第217页。

所指出，《资本论》第一卷"足够清楚地提出了社会革命的要求"①。可以说，《资本论》第一卷从第一篇开始对无产阶级革命的经济、历史前提作铺垫；第二篇货币转为资本拉开无产阶级革命斗争的序幕；再到第三至六篇对绝对剩余价值与相对剩余价值生产及其相互关系、工资的分析，进入无产阶级革命必然性论说的高潮；第七篇宣告无产阶级革命进程的科学结论。其中，在第八章工作日、第十三章机器和大工业、第二十四章所谓原始积累中，更是写满了无产阶级革命的政治性内容。

在第八章工作日中，通过对绝对剩余价值生产方法的分析，马克思指出资本家和工人围绕工作日界限的斗争实质上"是全体资本家即资本家阶级和全体工人即工人阶级之间的斗争"②。充分确凿的事实材料有力地证明，通过延长剩余劳动时间、延长工作日来获取更多的剩余价值，即绝对剩余价值的生产方法是资本主义生产诞生以来就一直普遍采用的剥削方式。资本主义生产通过延长工作日对工人劳动进行无限度的压榨，使雇佣劳动制度成为无拘无束的奴隶制，是在社会、肉体、道德和智力方面对工人进行剥削压榨的新型奴隶制。资本主义制造业的这种残酷现实，已经远远超过但丁对最残酷地狱的想象。因此，马克思指出："资本主义生产——实质上就是剩余价值的生产，就是剩余劳动的吮吸——通过延长工作日，不仅使人的劳动力由于被夺去了道德上和身体上正常的发展和活动的条件而处于萎缩状态，而且使劳动力本身未老先衰和过早死亡。它靠缩短工人的寿命，在一定期限内延长工人的生产时间。"③ "资本主义生产几乎是昨天才诞生的，但是它已经多么迅速多么深刻地摧毁了人民的生命根源……我死后哪怕洪水滔天！这就是每个资本家和每个资本家国家的口号。"④ 在工人与资本家围绕工作日界限的斗争中，作为资本家利益集团的一方即统治阶级的一切派别都联合起来，动用一切经济、政治法律、文化宗教与社会的力量，来镇压工人阶级的反抗，维护所谓"劳动自由"即"工厂法的奴隶制"，导致"工厂

---

① 《马克思恩格斯全集》第21卷，人民出版社2003年版，第316页。
② 《马克思恩格斯文集》第5卷，人民出版社2009年版，第272页。
③ 《马克思恩格斯文集》第5卷，人民出版社2009年版，第307页。
④ 《马克思恩格斯文集》第5卷，人民出版社2009年版，第311页。

视察员急切地警告政府说,阶级对抗已经达到难以置信的紧张程度"①。作为斗争另一方的工人阶级也必须联合起来,才能形成一种强大力量,去争得自身自由的时间。"为了'抵御'折磨他们的毒蛇,工人必须把他们的头聚在一起,作为一个阶级来强行争得一项国家法律,一个强有力的社会屏障,使自己不致再通过自愿与资本缔结的契约而把自己和后代卖出去送死和受奴役。"②

在第十三章机器和大工业中,通过揭批机器与大工业生产条件下工人阶级悲惨的生产劳动状况,向工人阶级指明要与资本专制的工厂制度展开斗争,要与机器的资本主义应用展开斗争。伴随着资本主义手工工场发展为机器大工业生产,在资本工业的司令官——资本家的强制监督下,工人在总体上已彻底变成屈从于机器体系的局部工人、机器工人,畸形、过度的机器劳动严重伤害工人的身体与精神,工人毫无自由可言。而且,资本工厂所创造的"兵营式的纪律"已发展成对工人全面专制的工厂制度,使工厂变成傅立叶所称的"温和的监狱"。资本对工人的专制与资产阶级倡导的分权制、代议制一起构成"一幅资本主义讽刺画。奴隶监督者的鞭子被监工的罚金簿代替了。自然,一切处罚都简化成罚款和扣工资"③。在与资本家的斗争中,工人要逐渐"学会把机器和机器的资本主义应用区别开来,从而学会把自己的攻击从物质生产资料本身转向物质生产资料的社会使用形式"④。工人阶级更要认识到,在资本主义生产方式下,"劳动资料扼杀工人","机器成了镇压工人反抗资本专制的周期性暴动和罢工等等的最强有力的武器"⑤。就是说,工人和机器的这种矛盾对抗并"不是从机器本身产生的,而是从机器的资本主义运用产生的"⑥。因为,机器在生产中能缩短劳动时间、减轻劳动、增加生产者的财富、体现人对自然的胜利,等等,但机器在资本主义生产方式下却变成资本吮吸压迫劳动的高效手段。因此,工人

---

① 《马克思恩格斯文集》第 5 卷,人民出版社 2009 年版,第 337 页。
② 《马克思恩格斯文集》第 5 卷,人民出版社 2009 年版,第 349 页。
③ 《马克思恩格斯文集》第 5 卷,人民出版社 2009 年版,第 488—489 页。
④ 《马克思恩格斯文集》第 5 卷,人民出版社 2009 年版,第 493 页。
⑤ 《马克思恩格斯文集》第 5 卷,人民出版社 2009 年版,第 497、501 页。
⑥ 《马克思恩格斯文集》第 5 卷,人民出版社 2009 年版,第 508 页。

阶级要把斗争对象转向资本、资本主义生产方式及其雇佣劳动制度，把科技创造、机器大工业从资本主义应用中解放出来，让科技创造、机器大工业等造福劳动者及整个人类社会。马克思还指出，伴随资本的不断积聚，以及工厂专制制度的普遍加速发展，阶级斗争与社会革命的条件会日益成熟起来，"在使生产过程的物质条件和社会结合成熟的同时，也使生产过程的资本主义形式的矛盾和对抗成熟起来，因此也同时使新社会的形成要素和旧社会的变革要素成熟起来"①。

在第二十四章所谓原始积累中，通过对资本原始积累血腥历史的深刻批判，以及对资本积累历史趋势的科学揭示，马克思指明了无产阶级以暴力革命推翻资本主义私有制的必然历史进程。资本原始积累以及资本积累充满血腥罪恶的历史发展进程表明，资本主义生产方式战胜封建生产方式充分利用了国家权力、有组织的社会暴力，"暴力是每一个孕育着新社会的旧社会的助产婆。暴力本身就是一种经济力"②。在资本主义国家权力、私有制暴力的加持下，一方面，资本积累会在国内日益疯狂无耻地掠夺生产劳动者，把广大人民群众变成赤贫者，使资本与劳动的尖锐对立达到极端；另一方面，资本积累会在世界范围内日益疯狂无耻地奴役掠夺广大落后民族国家的广大人民群众，使资本与劳动的尖锐对立世界化，造成全世界劳动者、无产者的大联合。这个时候，"资本主义私有制的丧钟就敲响了。剥夺者就要被剥夺了"③。也就是说，世界历史发展就客观必然地进入广大无产阶级与人民群众联合起来剥夺少数剥夺者，以暴力革命推翻资产阶级的政治经济统治，创建公有制社会的崭新时代。

《资本论》第二卷对资本流通过程的阐述中，即对资本再生产、经济危机理论的阐述中，革命主体工人阶级在资本循环周转中变成了无生命物——可变资本，从表面看并没有关于无产阶级革命的直接论说。但是，其中却隐含着关于无产阶级革命的论说。因为，一旦资本循环周转的流通过程在时空上中断，意味着资本再生产无法顺利进行，就会爆发资本主义的经济危机，进而会爆发阶级斗争与社会革命。因此可以说，

---

① 《马克思恩格斯文集》第5卷，人民出版社2009年版，第576—577页。
② 《马克思恩格斯文集》第5卷，人民出版社2009年版，第861页。
③ 《马克思恩格斯文集》第5卷，人民出版社2009年版，第874页。

《资本论》第二卷隐含着对无产阶级革命客观经济条件的观测。

《资本论》第三卷通过对资本主义生产总过程的批判分析，揭示了产业资本家、商业资本家、借贷资本家与农业资本家等资本家集团是如何共同瓜分剩余价值这块"大蛋糕"，以及创造剩余价值的雇佣工人却只能得到维持其生存的可怜工资的，最终阐明阶级斗争这一必然结果。虽然《资本论》第三卷第七篇最后一章关于阶级的手稿只有一个开头，但其确实表明阶级斗争是整个《资本论》论说的收尾。正如恩格斯在编辑出版《资本论》第三卷第七篇第五十二章后所指出："在这一章，同地租、利润、工资这三大收入形式相适应的发达资本主义社会的三大阶级，即土地所有者、资本家、雇佣工人，以及由他们的存在所必然产生的阶级斗争，应该当做资本主义时期的实际存在的结果加以论述。"[①] 也正如马克思在《资本论》第三卷第五十二章所明确指出："雇佣工人、资本家和土地所有者，形成建立在资本主义生产方式基础上的现代社会的三大阶级。在英国，现代社会的经济结构无疑已经达到最高度的、最典型的发展。"[②] 在资本主义社会，资本家之间在相互竞争时以假兄弟相待，但各个资本家在对付工人阶级全体时，却形成一个真正的秘密共济团体。这就更要求无产阶级在反对资本家集团的革命斗争中联合起来。

四 《资本论》对无产阶级革命的指导意义

《资本论》对无产阶级革命的经济科学、历史科学论说，成为观察指导现代社会资本与劳动矛盾斗争、阶级斗争与社会革命的科学世界观方法论。马克思也以此来观察分析英、法、俄等国的阶级斗争与社会革命，得出对无产阶级革命具有实践指导意义的观点方法。

首先，要从资本主义经济与无产阶级发展的客观实际出发来看无产阶级革命的可能性与现实性，也要积极发挥国际工人运动组织的组织领导作用，进而制定合理的革命策略与手段。采取暴力革命的方式方法，或者采取和平合法革命的方式方法，要从无产阶级革命实际出发，不能教条化，但和平合法革命一定要有无产阶级暴力革命这一终极权利与实

---

① 《马克思恩格斯文集》第 7 卷，人民出版社 2009 年版，第 11 页。
② 《马克思恩格斯文集》第 7 卷，人民出版社 2009 年版，第 1001 页。

力作为保障才有可能。根据当时英国资本主义经济及无产阶级发展的状况，马克思认为英国无产阶级革命的物质条件已成熟，国际工人协会应从组织领导和策略上进一步加速英国工人革命的步伐，并把英国作为进行工人革命的最重要国家。晚年的马克思还在一直关注俄国农村公社、俄国资本主义与无产阶级的发展情况，思考经济落后国家无产阶级革命与社会形态跨越发展的可能性与现实性问题。1886年，恩格斯还曾指出，从马克思《资本论》研究的结论来看，"至少在欧洲，英国是唯一可以通过和平的和合法的手段来实现不可避免的社会革命的国家"①。当然，马克思强调采取和平合法手段的革命是有前提的，即只有在与资产阶级的革命斗争中，无产阶级革命力量增长之后才有可能。正如列宁所指出："无产阶级国家代替资产阶级国家，非通过暴力革命不可。"②

其次，无产阶级革命是彻底变革资本主义社会的伟大政治斗争、经济斗争、思想斗争的辩证统一。阶级首先是个经济范畴的概念，"所谓阶级，就是这样一些集团，由于它们在一定社会经济结构中所处的地位不同，其中一个集团能够占有另一个集团的劳动"③。阶级其次是一个政治概念，进而成为一个意识形态概念。因而，阶级斗争必然是经济斗争、政治斗争与思想斗争的辩证统一。无产阶级革命是从对资本主义社会的经济斗争成长发展而来的政治斗争以及思想斗争的辩证统一。马克思既强调无产阶级革命斗争是消除资产阶级政治、经济与思想统治的最后大决战，又强调一切阶级斗争就是政治斗争，"一切阶级运动本身必然是而且从来就是政治运动"④，无产阶级革命首先就要夺取国家政权。尤其是巴黎公社的经验已经证明，必须推翻现代资产阶级国家政权这个"资本压迫劳动"的政治统治工具，"工人阶级不能简单地掌握现成的国家机器，并运用它来达到自己的目的"⑤。巴黎公社打碎资产阶级国家机器这个寄生在社会有机体之上，并阻碍社会自由发展的"赘瘤"，

---

① 《马克思恩格斯文集》第5卷，人民出版社2009年版，第35页。
② 《列宁专题文集·论马克思主义》，人民出版社2009年版，第194页。
③ 《列宁专题文集·论社会主义》，人民出版社2009年版，第145页。
④ 《马克思恩格斯〈资本论〉书信集》，人民出版社1976年版，第309页。
⑤ 《马克思恩格斯文集》第3卷，人民出版社2009年版，第151页。

创立无产阶级专政的、真正民主制的国家政权组织形式——"工人阶级的政府","是终于发现的可以使劳动在经济上获得解放的政治形式"①。此外,马克思还强调培养工人阶级革命意识,以无产阶级革命的科学理论武装工人头脑,批判资产阶级以及各种改良主义、机会主义错误思想的重要性。1871年11月23日,马克思在致波尔特的信中说,"在工人阶级在组织上还没有发展到足以对统治阶级的集体权力即政治权力进行决定性攻击的地方,工人阶级无论如何必须不断地进行反对统治阶级政策的鼓动(并对这种政策采取敌视态度),从而使自己在这方面受到训练。否则,工人阶级仍将是统治阶级手中的玩物"②。

再次,革命是人民群众创造历史的伟大运动,无产阶级革命纲领要在革命实践中丰富发展。马克思盛赞巴黎公社具有无产阶级革命的首创精神,指出无产阶级首先要认识到自己所肩负的历史使命,不断积蓄增长革命的物质力量,充分发挥革命的首创精神。马克思还指出,革命不是头脑中幻想、订制的法律条文,"对未来的革命的行动纲领作纯学理的、必然是幻想的预测,只会转移对当前斗争的注意力。……真正的无产阶级革命一旦爆发,革命的直接的下一步的行动方式的种种条件(虽然绝不会是田园诗式的)也就具备了"③。这些宝贵的思想,为俄国十月革命以及中国新民主主义革命的胜利提供了科学的世界观与方法论。

最后,坚持《资本论》关于无产阶级革命的真经,创新思考解决现代资本与劳动的矛盾斗争问题。《资本论》对资本主义社会的革命性批判,成为无产阶级革命的强大科学思想武器,极大震惊了资产阶级思想意识。为"镇静资产阶级的意识",站在资产阶级立场的理论家们竭力以各种方式攻击《资本论》。其中,一些理论家们激烈地反对《资本论》无产阶级革命理论,有的说阶级斗争与社会革命是不存在的主观幻想,有的说阶级斗争理论分裂人类,还有的说无产阶级革命理论自相矛盾。如罗素错误地认为:"按照马克思的说法,既然一切人类的发展

---

① 《马克思恩格斯文集》第3卷,人民出版社2009年版,第158页。
② 《马克思恩格斯〈资本论〉书信集》,人民出版社1976年版,第320页。
③ 《马克思恩格斯〈资本论〉书信集》,人民出版社1976年版,第377页。

都是由阶级冲突所支配的,而且既然共产主义之下将只有一个阶级,由此可见,就不能有更进一步的发展,人类就必然永远都处于拜占庭式的静止状态中。"①罗素这种对马克思阶级斗争理论的否定,是没有理解马克思的阶级斗争与社会革命理论。因为马克思明确讲过阶级斗争与社会革命是阶级社会发展的直接推动力,共产主义社会消灭一切阶级的社会,并不是只剩下一个阶级,推动社会生产力与人的自由全面发展的动力将涌流。

在西方马克思主义学者当中则比较盛行对《资本论》的单纯学术理解、非政治阅读,认为其无产阶级革命的论说过时了。对此,王亚南曾指出,"《资本论》是一部政治经济学典范,也是一部阶级学典范","抉去《资本论》的阶级学、阶级斗争学说的实质,仅把它看成是单纯经济理论,那是一切庸俗社会主义者玩弄的拿手好戏"。②哈维也指出,《资本论》中的阶级因素并非无关紧要的,其阶级斗争观点并未过时,"只要认真阅读《资本论》,我们就会毫无争议地发现,如果我们不将'阶级斗争'写在我们政治的大旗上,而且按照它的指示前进,那么我们就会失去方向"③。

皮凯蒂的《21世纪资本论》推测出未来世界主要国家的贫富差距将持续扩大,最终有可能回到甚至超过18—19世纪的历史最高水平。这说明,"21世纪的资本收入:不可遏制的上升态势"④,资本与劳动的矛盾斗争仍然是当代乃至未来无法回避、日趋尖锐的现代性问题。这呼唤我们,要按照《资本论》所指引的无产阶级革命与人类解放道路前行,继续创新思考解决资本与劳动矛盾斗争的方案。对新时代中国特色社会主义来说,就是要思考解决如何驾驭资本的问题,即如何不断发展壮大公有制、集体所有制经济,让劳动者共同占有生产资料。这才是

---

① [英]罗素:《论历史》,何兆武、肖巍、张文杰译,生活·读书·新知三联书店1991年版,第167—168页。
② 王亚南:《〈资本论〉研究》,上海人民出版社1973年版,第247、256页。
③ [美]大卫·哈维:《跟大卫·哈维读〈资本论〉》第1卷,刘英译,上海译文出版社2013年版,第362页。
④ 李实、岳希明:《〈21世纪资本论〉到底发现了什么》,中国财政经济出版社2015年版,第89页。

所谓驾驭资本。如此，才能不断提高、增强劳动权力与权利，也就是不断提高、增强劳动支配资本的权力，让劳动者真正成为主人，把"四尊"落到实处。

第七节　《资本论》及其手稿中的自由人联合体思想

人类解放是马克思主义政治哲学矢志不渝的理论旨趣，自由人联合体即共产主义社会是实现人类解放即人的自由全面发展的科学、理想的社会形式。自由人联合体这一概念并不是马克思首创的，而是以德国古典哲学为代表的近代西方启蒙运动首倡但未竟的抽象理念。作为德国古典哲学、英国古典政治经济学及英法空想社会主义的真正终结者、完成者与超越者，马克思对这一概念进行唯物史观、经济科学的改造，摧毁了近代西方政治哲学、古典政治经济学与空想社会主义的乌托邦，使自由人联合体具有全新历史科学的内涵。由此，自由人联合体就从抽象的理性仰望变成现实性的理想追求，进而变成国际共产主义运动的奋斗目标，为无产阶级变革旧世界、创建新世界提供了科学指导。

一　走出近代西方自由人联合体的抽象围城

伴随着宗教改革运动、启蒙运动以及英美法三大资产阶级"双元革命"的胜利，世界历史发展进入资本主义的新时代。这个时代宣称资产阶级共和国将在世界范围内建成，在此理想的"千年王国"中，普遍自由、平等、博爱的人类联合发展将变为现实。正处于向现代社会转型发展期的经济政治落后的德国，以其先进的批判哲学回应了时代精神前行的步伐。

深受英、法政治理论与实践影响的德国自由主义政治思想家洪堡首先提出自由人联合体的概念。1792 年，洪堡在《论国家的作用》一书中颇具世界历史意味地指出："在一个民族里，自由人联合体的产生会有更大的困难。"[①] 与洪堡同时代的康德，则进一步以其深邃的眼光批

[①] ［德］威廉·洪堡：《论国家的作用》，林荣远、冯兴元译，中国社会科学出版社 1998 年版，第 57 页。

判哲学浓缩着资本主义的时代精神，并以先验哲学特有的理性思辨方式，小心翼翼地论证自由人联合体。在康德看来，这个自由王国、自由人联合体即资产阶级的理想世界图景是理性中应该有的，但它属于彼岸自在世界，要到达这个彼岸自在世界只能靠"天意"，因为这属于人所无法知道的"大自然的一项隐蔽计划"①。受到康德哲学影响的费希特则以主观能动的自我哲学呐喊实现那理想的自由世界，他还在法权概念的推演过程中提出一个很宝贵的思想，即"人的概念是类概念"②。"类概念"把人作为一个联合的整体，突出主体人的社会性与后天生成性。从中隐约可见"在太空中飞舞"的康德与费希特为马克思自由人联合体思想带去的信息。批判康德与费希特的构想太主观，黑格尔试图以"自由的定在""理性的狡计和威力"实现资本主义自由国家、自由人联合体的精神追求，最终以主客观相统一的绝对精神辩证运动完成德国古典哲学的思想自由运动。"自由的定在""理性的狡计和威力"是对理性与自由的时代精神追求的客观化、现实化，吸引青年马克思并成为其理论追求的起点。

正是在黑格尔精神哲学定在中的自由思想影响下，马克思完成了博士学位论文的创作，也试图走出黑格尔"自由的定在"的精神自由围城。马克思认为，为使哲学理论走出"阿门塞斯冥国"并在"定在之光"中发光发亮，就必须使哲学理论面向现实生活世界，即实现哲学的世界化与世界的哲学化。刚步入现实生活世界的马克思，站在理性自由主义的界限内，最初把自由报刊视为实现其自由理想的舞台，把国家视为"相互教育的自由人的联合体"③。他还高度肯定了黑格尔理性国家观、法哲学对以往国家观、法哲学的超越，认为"现代哲学持有更加理想和更加深刻的观点，它是根据整体观念来构想国家的。它认为国家是一个庞大的机构，在这里，必须实现法律的、伦理的、政治的自由，同时，个别公民服从国家的法律也就是服从他自己的理性即人类理

---

① [德] 康德：《历史理性批判文集》，何兆武译，商务印书馆1990年版，第16、122页。
② [德] 费希特：《自然法权基础》，谢地坤、程志民译，商务印书馆2004年版，第40页。
③ 《马克思恩格斯全集》第1卷，人民出版社1995年版，第217页。

性的自然规律"①。此时,马克思仍把现代国家视为能够实现法律、伦理与政治自由的共同体。

同时,19世纪初就流行于西欧的空想社会主义对未来自由理想社会与人的全面发展的构想也影响了马克思。刚到《莱茵报》工作,马克思就对当时流行的共产主义思潮发表了初步意见。他不认为"现有形式的共产主义思想具有理论上的现实性,因此,更不会期望在实践中去实现它,甚至根本不认为这种实现是可能的事情"②。因此,首先迫切需要做的,是从理论上对各种关于共产主义的抽象理论阐述进行认真批判研究。由此,马克思开始批判思考关于共产主义的理论问题,并认识到共产主义首先只有在理论上是正确、现实的,才能在实践中真正行得通。

1843年4月1日,《莱茵报》被普鲁士内阁查封,这一事件促进了马克思政治觉悟与思想立场的转变,使他开始意识到依靠思想自由、理性的自由主义是无法实现人的自由联合发展理想的。但此时,马克思还处于近代西方政治哲学激进自由民主的思想界限内,认为"自由的人就是共和主义者",还在思想中积极设想社会重新"结成的共同体,成为一个民主的国家"③。直至克罗茨纳赫时期,通过对黑格尔法哲学、国家学说的深入批判研究,马克思才介入对古典政治经济学的批判研究,把黑格尔国家决定市民社会的唯心观念翻转过来,才离开现代西方自由主义的虚幻共同体。他批判黑格尔把渐进实现的现代国家制度视为"自由的最高定在"的虚假观念,指出为使现代国家制度这一形式自由的"幻想的外观"不被暴力革命所推翻,"就必须使国家制度的实际承担者——人民成为国家制度的原则"④。

总之,马克思已认识到,现代代议制国家是建立在市民社会的奴隶制基础上的,并不是真正的共同体,而是虚幻的共同体;现代社会即市民社会是一个私人利己主义的分裂社会,是一切人反对一切人的战争状态的敌对社会。1844年年初,马克思首次提出彻底革命、全人类解放

---

① 《马克思恩格斯全集》第1卷,人民出版社1995年版,第228页。
② 《马克思恩格斯全集》第1卷,人民出版社1995年版,第295页。
③ 《马克思恩格斯全集》第47卷,人民出版社2004年版,第57页。
④ 《马克思恩格斯全集》第3卷,人民出版社2002年版,第71—72页。

的科学思想，指出犹太人问题的解决就是人的解放，"德国人的解放就是人的解放。这个解放的头脑是哲学，它的心脏是无产阶级"①。这表明马克思已在理论上走出近代西方政治哲学所构建的虚幻"自由人联合体"，已走出近代西方自由主义的思想围城，开始以无产阶级革命与人类解放的新唯物主义来思考人类真正自由联合发展的新世界。

二 批判确立自由人联合体的理想新世界观

1844—1848 年，在对近代西方政治经济学逐步深入批判研究的过程中，马克思也逐步深化了对德意志意识形态以及空想社会主义的批判，确立起唯物史观、政治经济学与科学社会主义的基本观点。在此阶段，马克思通过批判资本主义旧世界的阶级对抗，发现了共产主义新世界的人类联合，为人的自由全面发展找到了共产主义联合体的实现形式。也就是说，马克思把自由人联合体从虚假、空想的抽象理论革命性地变革为合乎现实的理想新世界观。

在《1844 年经济学哲学手稿》（以下简称《手稿》）中，马克思联系资本主义经济发展的事实与广大工人阶级的悲惨生活状况，把批判旧世界和发现新世界紧密结合起来论说自由人联合体。一方面，《手稿》对近代西方政治经济学、黑格尔精神辩证法及当时流行的空想社会主义展开批判，揭露了资本主义社会虚假的自由人联合体以及空想社会主义对自由人联合体的空想。另一方面，《手稿》首次从经济学与哲学的结合上，唯物辩证历史地论说共产主义与社会主义，成为马克思论说真正自由人联合体的开端。

其一，通过对资本主义经济理论与现实的双重批判分析，证明资本主义社会是一个资产阶级与无产阶级严重对立的社会。从当时的经济事实出发，马克思首次批判分析近代西方政治经济学所涉及的基本范畴，从而深刻揭批了资本主义私有制、不合理的社会分工造成劳动异化，以及人的类本质即人的自由自觉的生命活动全面丧失，自由人联合体根本不存在。马克思指出，资本对雇佣工人劳动的奴役浓缩了整个人类奴役制，达到了奴役关系的顶点，因此提出"工人的解放还包含普遍的人

---

① 《马克思恩格斯全集》第 3 卷，人民出版社 2002 年版，第 214 页。

的解放"①。

其二，借助费尔巴哈人本学唯物主义的中介，把黑格尔否定之否定的精神异化辩证法批判改造为扬弃私有财产与异化劳动的辩证法，首次把共产主义视为扬弃私有财产与异化劳动的运动，并把共产主义视为人的类本质复归的历史必然。从是否完成扬弃私有财产与异化劳动的标准，批判空想共产主义的两种形式，一种是主张私有财产普遍化、平均化的粗陋共产主义；另一种是还带有民主的或专制的政治性质的空想共产主义，或者是废除了国家但未完成扬弃私有财产与异化的空想共产主义。即是说，不以彻底的革命消灭私有制，空想社会主义对自由人联合体的美好设想都是空想。而合理、现实的"共产主义是私有财产即人的自我异化的积极的扬弃，因而是通过人并且为了人而对人的本质的真正占有；因此，它是人向自身、向社会的即合乎人性的人的复归，这种复归是完全的，自觉的和在以往发展的全部财富的范围内生成的。这种共产主义，作为完成了的自然主义＝人道主义，而作为完成了的人道主义＝自然主义，它是人和自然界之间、人和人之间的矛盾的真正解决，是存在和本质、对象化和自我确证、自由和必然、个体和类之间的斗争的真正解决。它是历史之谜的解答，而且知道自己就是这种解答"②。

《手稿》从理论与实践的结合上正面阐释了共产主义。这种形式的共产主义是对私有财产的否定之否定即扬弃运动，是实践的人道主义的生成运动，是实现人的解放的历史必然。即共产主义是实现人类解放的科学理论与现实运动，"它是人的解放和复原的一个现实的、对下一段历史发展来说是必然的环节。共产主义是最近将来的必然的形式和有效的原则。但是，共产主义本身并不是人的发展的目标，并不是人的社会的形式"③。而且，马克思还强调"要扬弃私有财产的思想，有思想上的共产主义就完全够了。而要扬弃现实的私有财产，则必须有现实的共产主义行动。历史将会带来这种共产主义行动"④。马克思尤其从当时

---

① 《马克思恩格斯全集》第 3 卷，人民出版社 2002 年版，第 278 页。
② 《马克思恩格斯全集》第 3 卷，人民出版社 2002 年版，第 297 页。
③ 《马克思恩格斯全集》第 3 卷，人民出版社 2002 年版，第 311 页。
④ 《马克思恩格斯全集》第 3 卷，人民出版社 2002 年版，第 347 页。

共产主义手工业者之间的交往、联合行动中发现自由人联合体的崇高精神之光。需要注意的是,《手稿》在正面阐释共产主义与社会主义两个概念时并没有做出实质性的区分,既没有把共产主义视为社会形式,也没有把其所论及的社会主义视为社会形式。因此,不能说马克思在《手稿》中把共产主义之后的阶段,即人的社会形式的存在称为社会主义。①

从 1844 年到 1845 年春,恩格斯与马克思一样,都走上了共产主义与人类解放的道路,合著了《神圣家族》。恩格斯还通过《英国工人阶级状况》一书,向工人阶级宣传社会主义、共产主义与人类解放的思想。恩格斯指出:"在原则上,共产主义是超越资产阶级和无产阶级之间的敌对的;共产主义只承认这种敌对在目前的历史意义,而不承认它在将来还有存在的必要;共产主义正是要消灭这种敌对。……它不仅仅是工人的事业,而且是全人类的事业。"② 此时,马克思和恩格斯也逐渐走出对费尔巴哈人本学唯物主义的"迷信"。费尔巴哈对宗教与黑格尔唯心主义哲学的批判,冲击了宗教虚幻的自由天堂,颠覆了唯心思辨的思想自由,但由于其对现实社会政治的漠不关心,导致其既没能彻底摆脱宗教批判的窠臼,也没能辩证历史地回答共产主义与人类解放问题,最终还是坠入试图以爱的宗教来实现和谐世界与自由人联合体的浪漫幻想中。

从《德意志意识形态》《哲学的贫困》到《共产党宣言》,马克思及恩格斯在深化政治经济学批判与确立唯物史观的过程中,进一步具体系统地阐释了共产主义、人类解放与自由人联合体。

其一,开始明确使用共产主义社会概念,指出共产主义社会是人的自由全面发展的社会形式。马克思和恩格斯指出:"在共产主义社会里,任何人都没有特殊的活动范围,而是都可以在任何部门内发展,社会调节着整个生产,因而使我有可能随自己的兴趣今天干这事,明天干那事,上午打猎,下午捕鱼,傍晚从事畜牧,晚饭后从事批判,这样就不会使我老是一个猎人、渔夫、牧人或批判者。"③

---

① 刘珍英:《辩证逻辑:资本批判的利器》,上海人民出版社 2016 年版,第 138 页。
② 《马克思恩格斯文集》第 1 卷,人民出版社 2009 年版,第 497 页。
③ 《马克思恩格斯文集》第 1 卷,人民出版社 2009 年版,第 537 页。

其二，共产主义是世界历史性的人类解放事业。在马克思和恩格斯看来，生产力的巨大增长和高度发展，以及世界市场、世界交往与世界历史的形成发展是共产主义必需的前提条件。因为物质财富的匮乏乃至极端的贫困不仅会使人类社会回到争夺必需品的斗争中去，而且会使旧社会一切陈腐污浊的东西死灰复燃。而且，共产主义只有作为占统治地位的各民族"一下子"同时发生的行动，它在经验上才是可能的。因为，地域性的共产主义笼罩着迷信气氛，世界的普遍交往也会消灭地域性的共产主义。他们指出："无产阶级只有在世界历史意义上才能存在，就像共产主义——它的事业——只有作为'世界历史性的'存在才有可能实现一样。""每一个单个人的解放的程度是与历史完全转变为世界历史的程度一致的。"①

其三，共产主义既是现实运动又是远大理想。即"共产主义对我们说来不是应当确立的状况，不是现实应当与之相适应的理想。我们所称为共产主义的是那种消灭现存状况的现实的运动"②。共产主义运动是现代社会生产力与生产关系之间的矛盾运动、两大阶级之间的矛盾运动所必然引发的历史运动，是消灭私有制与阶级的社会革命运动；实现共产主义需要很长历史过程，并不是现在就能实现的，因此它是远大理想。

其四，共产主义是真正的共同体、自由人联合体。通过对共同体的历史考察，马克思和恩格斯发现，只有在"集体中"，即在人类联合而成的真正共同体中，个人才能获得全面发展其才能的手段，也才可能有个人的自由发展。但是，以往的私有制社会、各种类型的国家不仅是"冒充的集体""冒充的共同体""虚假的共同体"，而且是束缚被统治阶级的枷锁。他们指出："由于这种共同体是一个阶级反对另一个阶级的联合，因此对于被统治的阶级来说，它不仅是完全虚幻的共同体，而且是新的桎梏。在真正的共同体的条件下，各个人在自己的联合中并通过这种联合获得自己的自由。"③ 共产主义就是各个人为每个人的自由全面发展联合而成的真正共同体，"这种联合把个人的自由发展和运动

---

① 《马克思恩格斯文集》第 1 卷，人民出版社 2009 年版，第 539、541 页。
② 《马克思恩格斯文集》第 1 卷，人民出版社 2009 年版，第 539 页。
③ 《马克思恩格斯文集》第 1 卷，人民出版社 2009 年版，第 571 页。

的条件置于他们的控制之下"①。恩格斯还在《共产主义原理》中把共产主义社会称为"共产主义联合体"②。

其五,共产主义是关于无产阶级解放、建立自由人联合体的条件的科学理论学说。从唯物史观的新视野出发,马克思指出,任何形式的人类联合体都是建立在一定生产力和交往形式之上的偶然与必然统一的联合体,绝不是《社会契约论》所虚构的那种随意的抽象联合体。建立共产主义自由人联合体首先需要消灭私有制与旧的社会分工,更需要在发达的生产力、普遍的世界交往与坚实的物质基础之上建成。因此,共产主义社会"实质上具有经济的性质,这就是为这种联合创造各种物质条件,把现存的条件变成联合的条件"③。"在共产主义社会中,即在个人的独创的和自由的发展不再是一句空话的唯一的社会中,这种发展正是取决于个人间的联系,而这种个人间的联系则表现在下列三个方面,即经济前提,一切人的自由发展的必要的团结一致以及在现有生产力基础上的个人的共同活动方式。"④

共产主义社会的自由人联合体不是教义教条,也不是抽象的政治哲学原则与道德说教,更不是浪漫主义爱的呓语,而是合乎现实的理想新世界观。通过对政治经济学的批判研究,马克思在《哲学的贫困》中指出:"工人阶级在发展进程中将创造一个消除阶级和阶级对立的联合体来代替旧的资产阶级社会;从此再不会有任何原来意义上的政权了。"⑤ 而且,马克思和恩格斯在《共产党宣言》中公开宣布了共产党人建立自由人联合体的理想新世界观,即"当阶级差别在发展进程中已经消失而全部生产集中在联合起来的个人的手里的时候,公共权力就失去政治性质……代替那存在着阶级和阶级对立的资产阶级旧社会的,将是这样一个联合体,在那里,每个人的自由发展是一切人的自由发展的条件"⑥。

---

① 《马克思恩格斯文集》第 1 卷,人民出版社 2009 年版,第 573 页。
② 《马克思恩格斯文集》第 1 卷,人民出版社 2009 年版,第 689 页。
③ 《马克思恩格斯文集》第 1 卷,人民出版社 2009 年版,第 574 页。
④ 《马克思恩格斯全集》第 3 卷,人民出版社 1960 年版,第 516 页。
⑤ 《马克思恩格斯全集》第 4 卷,人民出版社 1958 年版,第 197 页。
⑥ 《马克思恩格斯文集》第 2 卷,人民出版社 2009 年版,第 53 页。

三 科学证成自由人联合体的辩证历史进程

共产主义自由人联合体的理想新世界观，需要系统的科学证明才能成为科学的新世界观，才能成为指导无产阶级进行共产主义运动与人类解放事业的强大思想武器。从19世纪50年代开始，马克思在伦敦对政治经济学展开了深入系统的批判研究，创作出政治经济学批判的系列手稿以及《资本论》等著作。在这些手稿和著作中，马克思以经济科学、历史科学系统证明了联合是个人全面自由发展与人类社会发展进步的历史必然，资本主义社会抽象自由人联合体的历史过程性，以及向共产主义社会自由人联合体发展的历史必然性。

首先，马克思的政治经济学批判证明了联合是个人全面自由发展与人类社会发展进步的历史必然。不同于亚里士多德把人视为天生的"政治动物"，也不同于富兰克林把人视为天生的"制造工具的动物"，马克思把人视为天生的"社会动物"[①]，既把人作为类存在物、社会存在物，还把劳动视为人类的自然必然性活动、自我创造实现活动。就是说，大自然孕育人的生物生命体，物质生产劳动创造人本身与人类社会有机体。进而，马克思从现实的个人的物质生产劳动出发，来思考个人全面自由发展与人类社会发展进步的一体化历史进程问题。

在《1857—1858年经济学手稿》中，马克思从人的能力与自由个性的历史发展视角出发，依次考察"人的依赖关系""以物的依赖性为基础的人的独立性"与人的全面自由发展三个阶段、三种社会形式的人类联合体[②]，指出个人全面自由发展与人类社会共同体发展进步之间的唯物辩证关系。马克思关于人类社会历史发展的三形态说进一步丰富发展了之前所阐述的五形态说，完备地揭示了人的自由全面发展与人类社会共同体发展进步之间是内在统一的历史进程。

人为了生命的生存繁衍，首先必须进行物质资料的生产劳动活动，同时能力有限的单个人也必须联合结成一定的群体组织，由此自然产生原始氏族社会、原始部落，即人类自然形成的最初共同体形式。通过最

[①]《马克思恩格斯文集》第5卷，人民出版社2009年版，第379页。
[②]《马克思恩格斯文集》第8卷，人民出版社2009年版，第52页。

初形式的共同体，人的生产能力、社会分工、交往、需要以及联合等不断扩大与增长，也逐渐推动了人类社会走出蒙昧状态、进入文明状态。奴隶社会与封建社会虽然走出原始自然的共同体形式，但依旧属于人的依赖关系的共同体，它是以军事、政治、法律等强制手段联合形成的规模更大的、存在着阶级对抗的共同体，推动了人的能力与社会文明在整体上不断增长。资产阶级社会是以商品、货币、资本等无形强制力及其国家政权建立起物的依赖关系的新共同体，它高举虚幻自由人联合体的旗帜，却是使阶级对抗达到顶点的抽象共同体。正是在资产阶级社会抽象共同体中，生产力获得了巨大发展，积累了庞大的社会财富，开启了生产交往活动的世界历史进程，使人的能力与形式自由有了大发展，为人的自由全面发展与真正的自由人联合体——共产主义社会创造了条件。

因此说，大自然是人类生存发展的前提，但是，自由个性、能力全面发展的个人却"不是自然的产物，而是历史的产物"①。更确切地说，只有在人类社会生产力以及生产、交换、分配、消费关系不断矛盾运动的历史发展基础上，在物质财富不断丰富发展的条件下，才会产生个人能力的普遍性、全面性以及人的自由全面发展。历史发展证明，人类联合才能促进社会进步，只有在联合体中才有个人能力的发展与自由个性。在马克思看来，从柏拉图《理想国》的城邦共同体②，到黑格尔《法哲学原理》的现代市民社会共同体，都是由外在需要与强制而形成的联合体，都属于阶级对抗的虚假共同体。人的自由全面发展的历史进程，就是从自然形成的原始共同体，到奴隶社会、封建社会与资产阶级社会的阶级对抗共同体，再到共产主义社会真正自由人联合体的必然历史进程。资产阶级社会的终结标志着"人类社会的史前时期"③ 的告终，共产主义社会标志着人类社会历史发展的新起点。

其次，马克思的政治经济学批判证明了资本主义社会抽象自由人联合体的历史过程性。联合是人类社会历史发展的必然过程与趋势，资本主义时代从客观上开启了人类联合发展的世界历史进程，同时也造成了

---

① 《马克思恩格斯全集》第30卷，人民出版社1995年版，第112页。
② 《马克思恩格斯全集》第32卷，人民出版社1998年版，第322页。
③ 《马克思恩格斯文集》第2卷，人民出版社2009年版，第592页。

人类世界历史发展进程中极其尖锐的对抗。因此说，现代资产阶级社会既展现其推动人类文明进步的一面，也充分暴露其极端野蛮凶残的一面，是一个充满矛盾的阶级对抗的共同体。资本主义的内心深处藏着"两个灵魂"，"一个要和另一个分离"；它是最好的时代，也是最坏的时代；它一方面积累了庞大的物质财富，另一方面造成绝大多数人赤贫。虽然它以精致的理性、华美的诺言包装起来的"自由人联合体"取代了基督教虔诚信仰的自由天国，但无论如何，它绝不是真正的自由人联合体，而是现实生活世界中广大无产阶级的人间炼狱，资本家的天堂。

《资本论》及其手稿客观地阐释了资本主义社会产生发展的必然性及其历史作用。《资本论》通过对资本的生产与流通过程及其总过程的系统客观分析，阐明了资本主义社会的经济运动规律，揭示了资本主义社会经济形态产生发展的自然历史过程。随着生产力与商品交换的历史发展，现代手工工厂及机器大工业逐渐取代传统手工工场，劳动力成为商品，货币转化为资本，资本主义生产方式取代封建生产方式，由此确立起资本主义社会经济、政治与观念文化新统治形式的联合体。

资本主义社会对人类文明进步起过积极的历史作用。疯狂追逐剩余价值、利润的资本主义生产方式在世界历史的更广阔时空中不断为扩大再生产而奔跑，加速并拓展人类在各领域的交往联合，同时创造了巨大的生产力、物质财富，展现出"资本的伟大的文明作用"的一面，即"把生产力提高到极限"①。资本对相对剩余价值、超额剩余价值的贪欲，驱使资本不断把先进科技工艺用于生产过程，以提高劳动生产率，也在客观上促进了科技创新进步，从而创造出更多自由时间。即"从整个社会来说，创造可以自由支配的时间，也就是创造产生科学、艺术等等的时间"②。资本家的疯狂致富欲主导下的"为生产而生产"，为未来更高级自由人联合体的社会形式奠定了物质条件。马克思指出，资本家"作为价值增殖的狂热追求者，他肆无忌惮地迫使人类去为生产而生产，从而去发展社会生产力，去创造生产的物质条件；而只有这样的

---

① 《马克思恩格斯全集》第30卷，人民出版社1995年版，第390、406页。
② 《马克思恩格斯文集》第8卷，人民出版社2009年版，第86页。

条件，才能为一个更高级的、以每一个个人的全面而自由的发展为基本原则的社会形式建立现实基础。……资本家不过是这个社会机制中的一个主动轮罢了"①。此外，资本主义社会带来人的形式自由、平等与民主即政治解放，这也是一大历史进步。

《资本论》及其手稿也科学地证明了资本主义社会的必然灭亡。《资本论》从分析商品所蕴含的资本主义社会矛盾入手，深刻地剖析了资本主义社会生产社会化与私人占有的基本矛盾以及两大阶级的对抗性矛盾，指出："现在的社会不是坚实的结晶体，而是一个能够变化并且经常处于变化过程中的有机体。"② "生产资料的集中和劳动的社会化，达到了同它们的资本主义外壳不能相容的地步。这个外壳就要炸毁了。资本主义私有制的丧钟就要响了。剥夺者就要被剥夺了。"③ 即现代资本主义社会是一个过程性存在、必然灭亡的有机体。

资本主义私有制条件下的社会化大生产，造成所有权与劳动的彻底分离，成为"生产条件的所有制转化为社会所有制的必要的经过点"④。私有制条件下的物质生产、剩余价值生产完全颠倒了以人的需要为目的的生产，"靠牺牲多数来强制创造财富"，使工人阶级没有自由时间、丧失自由发展的空间，甚至不如一头载重的牲畜，完全变成一架为资本家生产财富的机器。马克思批判指出："现代工业的全部历史还表明，如果不对资本加以限制，它就会不顾一切和毫不留情地把整个工人阶级投入这种极端退化的境地。"⑤ 因此，同奴隶劳动、农奴劳动一样，资本主义社会的雇佣劳动在本质上也是一种暂时的低级的强迫的形式，并不是"自愿进行的联合劳动"。资本主义生产方式不仅使物质财富生产与人的自由全面发展相对立，而且还必然造成相对过剩的经济危机，浪费、破坏社会劳动生产力。资本与劳动的严重对立，生产社会化与私人占有的矛盾极端化，必然导致经济、政治与社会革命，"这个革命又为一个新生产方式，即扬弃资本主义生产方式这个对立形式的新生产方式

---

① 《马克思恩格斯文集》第5卷，人民出版社2009年版，第683页。
② 《马克思恩格斯文集》第5卷，人民出版社2009年版，第11—13页。
③ 《马克思恩格斯文集》第5卷，人民出版社2009年版，第874页。
④ 《马克思恩格斯文集》第8卷，人民出版社2009年版，第386页。
⑤ 《马克思恩格斯全集》第21卷，人民出版社2003年版，第204页。

创造出现实条件，这样，就为一种新形成的社会生活过程，从而为新的社会形态创造出物质基础"①。

　　从世界历史发展的视野来看，由资本主义社会生产方式造成的经济政治联合体，都是外在强制的联合体，并不是内在自愿的联合体，即不是真正的联合体。因为，它并不能使人团结起来形成创造历史的巨大合力，也不能使人得到全面的能力发展以及自由个性。资本主义社会把人变成维纳所说的蚂蚁社会，其中每个成员都只执行自己特定的职能，很像一部执行指令的计算机、一只蚂蚁，这等于"宣判了人类只该拿出远低于一半的动力前进。他们把人的可能性差不多全部抛弃掉了……也就毁掉了我们在这个地球上可以相当长期地生存下去的机会"②。资本主宰下的单一现代性社会人的单向度发展，正面临着从人的社会到"蚂蚁社会"、从人到"工蚁"的高度发展危机③，更好似一部悲惨的《雪国列车》。

　　最后，马克思的政治经济学批判证明了向共产主义社会自由人联合体发展的历史必然性。马克思把取代资本主义社会虚假共同体的共产主义社会视为真正的共同体，即一个由自由全面发展的个人组成的联合体。在《资本论》第一卷第一章"商品"中，马克思就从劳动者共同占有生产资料而展开的生产劳动视角出发，"设想有一个自由人联合体"④。在此自由人联合体中，社会化大生产与生产资料公有制紧密结合的生产劳动形式就克服了内在于资本主义社会商品生产的一系列矛盾，使私人劳动与社会劳动、具体劳动与抽象劳动、使用价值与价值等矛盾得以解决，从而使劳动关系、生产关系、分配关系等都简单明了而不再抽象，达到了人与整个社会关系和谐发展的状态。而且，人们在生产过程中有计划地一起协同劳动即协作，不仅"提高了个人生产力，而且是创造了一种生产力，这种生产力本身必然是集体力"⑤。马克思

---

　　① 《马克思恩格斯文集》第8卷，人民出版社2009年版，第547页。
　　② ［美］诺伯特·维纳：《人有人的用处：控制论与社会》，陈步译，商务印书馆1978年版，第37—38页。
　　③ 鲁品越：《鲜活的资本论——从〈资本论〉到中国道路》，上海人民出版社2016年版，第329页。
　　④ 《马克思恩格斯文集》第5卷，人民出版社2009年版，第96页。
　　⑤ 《马克思恩格斯文集》第5卷，人民出版社2009年版，第378页。

还指出："在共产主义社会，机器的使用范围将和在资产阶级社会完全不同。"① 就是说，在共产主义社会自由人联合体中，将彻底改变科技、机器等资本主义生产使用的性质，机器不再是资本统治奴役人的工具，而是变成造福于人的自由全面发展的工具。

资本主义社会抽象的自由人联合体为向共产主义社会真正的自由人联合体发展，创造了社会化大生产、联合生产交往与物质财富等物质技术条件，锻造了以工人阶级为代表的无产阶级这个肩负社会革命与人类解放新使命的强大主体。正如马克思所指出："无产阶级解放所必需的物质条件是在资本主义生产发展过程中自发地产生的。……《资本论》的唯物主义基础。"② 资本主义社会以私有制逐渐消灭生产资料的劳动者个体占有形式，为生产资料的集体公共占有形式"创造了物质的和精神的因素"，"集体所有制只有通过组成为独立政党的生产阶级或无产阶级的革命活动才能实现"③。就是说，只有革命性地变革资本主义私有制并建立社会集体所有制，才能把资本主义的虚假自由人联合体变革为共产主义的真正自由人联合体，才能实现工人阶级的解放，即不分性别、种族、地域的全人类解放。马克思把变革资本主义私有制、建立社会集体所有制即"重新建立个人所有制"④，视为一个否定之否定的历史过程，即从以单个人的劳动为基础的私有制即个人所有制，到以雇佣劳动为基础的资本主义私有制，再到以劳动者共同占有生产资料为基础的个人所有制的一个必然历史过程。

在《资本论》第三卷中，马克思关于"必然王国"与"自由王国"⑤ 的界说，对辩证历史理解共产主义社会自由人联合体具有重要的理论指导意义。按照马克思对"必然王国"与"自由王国"的时空双重维度的界说，物质生产领域属于"必然王国"，但也有限定的自由，作为目的本身的人的能力的发挥的领域属于"自由王国"；随着生产力水平的提高，必要劳动时间逐步缩短，自由时间逐步延长，建立在

---

① 《马克思恩格斯文集》第5卷，人民出版社2009年版，第451页。
② 《马克思恩格斯〈资本论〉书信集》，人民出版社1976年版，第365页。
③ 《马克思恩格斯全集》第25卷，人民出版社2001年版，第442页。
④ 《马克思恩格斯文集》第5卷，人民出版社2009年版，第874页。
⑤ 《马克思恩格斯文集》第7卷，人民出版社2009年版，第928—929页。

"必然王国"基础上的"自由王国"也随之不断拓展繁荣。由此,工作日缩短对作为目的本身的人的自由全面发展具有根本、决定性的意义,时间成为人类发展的空间。由此说来,共产主义社会自由人联合体作为人类社会历史发展的新起点,是从必然王国朝向自由王国实践迈进的一个永无止境的过程。正如恩格斯所阐发的,在社会公共占有生产资料之后,才进入真正人的生存条件,人才真正成为自然界、社会和自身的主人,"人们才完全自觉地自己创造自己的历史","这是人类从必然王国进入自由王国的飞跃"①。

自由人联合体的共产主义社会绝不意味着完美的国家、完美的社会。正如恩格斯在《路德维希·费尔巴哈和德国古典哲学的终结》一文中所指出,完美的社会、完美的国家只存在于幻想中,人类社会事实上是一个由低级到高级的发展过程。进入共产主义社会、自由人联合体意味着国家的消亡,所以以完美国家来界说共产主义社会、自由人联合体不符合马克思主义的理论逻辑。共产主义社会、自由人联合体是一个人的自由全面发展与社会发展进步的辩证历史统一体,也是真正的联合体、以人为目的的王国与美的王国的辩证统一体,一个人类美好生活的王国。因此,不能把自由人联合体理解为单纯的生产共同体,如有学者误以为"自由人联合体主要是一种生产关系,生产在其中得以进行的社会关系。或者说是组织生产的社会集团、社会关系甚至是社会本身"②。同时,更不能把共产主义社会自由人联合体错误地理解为乌托邦、宗教理想,如有国外学者就把马克思主义的现实影响力错误地归结为"是从基督教和柏拉图主义所代表的思想史系谱中产生出来的"③。

《资本论》并没有具体描绘共产主义社会自由人联合体的样貌,因为谁要是想在《资本论》中"得知共产主义的千年王国到底是什么样子。谁指望得到这种乐趣,谁就大错特错了"④。《资本论》通过批判资

---

① 《马克思恩格斯全集》第25卷,人民出版社2001年版,第412页。
② 郭继海:《〈资本论〉的社会存在理论研究》,中国社会科学出版社2016年版,第238页。
③ [日]柄谷行人:《马克思,其可能性的中心》,中田友美译,中央编译出版社2006年版,第8页。
④ 《马克思恩格斯全集》第21卷,人民出版社2003年版,第316页。

本主义社会，来论证共产主义社会、自由人的联合体。正如劳洛在《马克思主义哲学和共产主义》一文中所指出，《资本论》不是为社会主义制度下的经济描绘的乌托邦蓝图，"它是对资本主义的潜在动态变化的系统研究"；"与唯心主义和空想家的虚无主义途径相反，理解共产主义的唯一科学道路，就是辩证地理解资本主义，把它理解成一个在其'母体'中孕育着共产主义的发展过程"。① 还可以说，马克思关于共产主义自由人联合体的论证，"一方面是通过发现资本主义运动规律导致和迫使的发展趋势和方向进行的，另一方面是通过直接论述共产主义社会形态的各个基本标志和特征进行的"②。

自由人联合体的共产主义社会既不是一种教条的观念，也不是预设的现成制度。从现实性上看，自由人联合体是一种不断生成的伟大的实践运动。借用鲍曼《共同体》一书中思想的积极方面来说，自由人联合体并不是我们现实中拥有的世界，而是我们热切希望栖息的世界。同时，联合作为人类共有的热望与文化追求，它需要各民族国家的人们以平等互利、合作共赢的态度与行动去共同编织。由此，当代世界的人类社会才能在共建共享、现实兼容中逐渐实现安全幸福的美好新生活。新时代中国特色社会主义胸怀实现中华民族伟大复兴的中国梦，"为人类谋进步、为世界谋大同"的世界梦，积极推动构建人类命运共同体，就是为了实现人类世界更安全、更幸福、更美好，也就是通达自由人联合体的正道。

---

① 欧阳康主编：《当代英美哲学地图》，人民出版社2005年版，第644页。
② 聂锦芳、彭宏伟：《马克思〈资本论〉研究读本》，中央编译出版社2013年版，第314页。

第三章
《资本论》及其手稿的政治哲学方法

　　《资本论》及其手稿不仅具有丰富的政治哲学思想内容，而且蕴含着丰富的政治哲学方法。对于《资本论》的方法论，马克思曾特别指出其政治经济学批判运用了唯物、辩证、历史的分析方法，以及从抽象到具体、逻辑与历史相统一、分析与综合、归纳与演绎等辩证思维方法。在对《资本论》等著作的阐释宣传过程中，恩格斯也对《资本论》的方法进行过论说。150余年来，国内外众多学者对《资本论》的方法曾展开过持续不断的探索，尤其是对《资本论》的辩证法、历史唯物主义方法展开了密集的研究，产生了丰富的研究成果。这些研究成果为进一步具体探索《资本论》及其手稿的政治哲学方法提供了理论前提与可能性。

　　由此出发，需要进一步探索《资本论》在对现代性社会政治展开系统深刻批判过程中，所运用的具体研究方法。这些方法包括对现代性政治的宏观与微观分析相结合的总体性方法，以资本与劳动的矛盾为轴心的阶级分析方法，将现代性政治的事实分析、理性分析、价值判断、审美判断相统一的综合分析判断方法，将现代性政治批判与重建相统一的辩证历史方法等内在一致、紧密相连的方法论体系。这一系列方法是唯物辩证法、历史唯物主义方法论在现代社会经济政治批判过程中的具体运用与丰富发展，成为经济科学伟大发现、历史科学丰富发展以及人类解放的社会政治哲学完整阐释的科学方法论，并最终为无产阶级及其政党赢得科学上的胜利起到重要的保障作用。

第一节　对现代性政治宏观与微观分析
　　　　相结合的总体性方法

总体性方法既是马克思主义的一条重要方法论，也是《资本论》、马克思主义政治经济学对现代性政治批判的一个重要方法。一方面，《资本论》及其手稿对现代性政治的宏观分析，既把现代资本主义生产方式及其社会政治制度的过程性安放在世界历史的时空大坐标系中加以批判分析，又把现代性经济与政治的关系安放在社会有机体中加以批判分析；另一方面，《资本论》及其手稿对现代性政治的微观分析，具体深入资本主义社会生活的各微观领域，对其经济、政治及其观念文化的微观运行展开了批判分析。《资本论》及其手稿的总体性方法，把对现代性政治的宏观与微观分析紧密结合起来，使其批判分析呈现出系统完备、结构有序、动态开放的方法论特色。

一　总体性方法贯穿于政治经济学批判的全过程

自1844年年初确立起超越政治解放的人类解放的宏大新世界观后，马克思就开始把其现代性批判的重心转向现实的政治与经济，开展了对近代政治经济学"原本"的批判分析。马克思最初的政治经济学批判分析成果——《1844年经济学哲学手稿》（以下简称《手稿》），就明显体现了宏观与微观分析相结合的总体性方法。《手稿》把对现代性社会政治的批判，同对国民经济学、黑格尔的辩证法及整个哲学、空想社会主义的批判分析紧密结合起来，把人与自然、人与社会、人与自身的关系紧密结合起来；《手稿》还从人的物质生产劳动实践活动出发，站在整个世界历史的高度来看从资本主义向社会主义、共产主义发展的进程。进而，《手稿》把私有财产与人的自我异化的积极扬弃，即人的解放视为一个否定之否定的必然历史过程与"历史之谜的解答"。

从《手稿》开始，马克思开启了历史唯物主义与政治经济学同构之旅。苏联学者巴日特诺夫认为，《手稿》开启共产主义和唯物主义理论研究的一条"深刻方法论原则"，即"政治经济学和哲学"研究的紧密结合，使《手稿》成为马克思哲学革命性变革的开端之作，即"一开始就是同在哲学中采用社会历史的人的物质生产实践的观点有机地联系着的"①。德国马克思恩格斯研究会首席专家、《马克思恩格斯全集》历史考证版编辑埃克·考普夫通过对《资本论》系列创作文本的考证，也指出其中的政治批判与经济批判、哲学批判的紧密结合，即马克思在 1844 年写下的"手稿"标题为《政治与政治经济学批判》，其在 1845 年要创作出版的著作为《政治与政治经济学批判》②，1848 年的《共产党宣言》还把历史唯物主义哲学理论与政党政治结合起来。

1857—1865 年，马克思在对政治经济学深入系统批判研究的过程中，其整体创作计划经过五篇、六册到四卷的调整确立过程，始终把现代性社会的经济、政治与观念文化作为一个总体加以批判分析，逐步达到内容与形式的完美统一。因此，在政治经济学批判及《资本论》创作第三大手稿进入尾声之际，马克思曾致信恩格斯说自己的著作"是一个艺术的整体"③。马克思政治经济学批判及《资本论》等系列著作的总体性方法，得到列宁以及西方马克思主义创始人卢卡奇与柯尔施等的高度理解与认同。列斐伏尔还提出："马克思的思想是全方位的：它获得了一个总体，甚至是建构了一个总体。"④ 詹姆逊还把《资本论》理解为一部"对资本主义系统进行总体化分析"⑤ 的著作。

二 总体性方法在《资本论》现代性政治分析中的运用

四卷《资本论》坚持微观与宏观相结合的总体性方法，才科学地发现并阐明了剩余价值理论。而古典政治经济学家虽然也通过微观分析发现了剩余产品的具体个别形式，如工商业中的利润、银行业中的利息、农业中的地租，但是他们都没有对剩余产品部分及其具体形式进行整体上的研究，更没能对剩余产品的性质与起源做出研究。因此，古典

---

① [苏] 列·尼·巴日特诺夫：《哲学中革命变革的起源——马克思的〈1844 年经济学—哲学手稿〉》，刘丕坤译，中国社会科学出版社 1981 年版，第 101—102 页。
② 参见《马克思恩格斯生平事业年表》，人民出版社 1976 年版，第 18 页。
③ 《马克思恩格斯〈资本论〉书信集》，人民出版社 1976 年版，第 196 页。
④ [法] 亨利·列斐伏尔：《〈马克思主义的社会学〉序言》，载《马克思主义的社会学》，谢永康、毛林林译，北京师范大学出版社 2013 年版，第 1 页。
⑤ [美] 弗雷德里克·詹姆逊：《重读〈资本论〉》，胡志国、陈清贵译，中国人民大学出版社 2013 年版，第 117 页。

政治经济学家没能从总体上发现并阐明剩余价值理论。并且,古典政治经济学还形而上学、非历史地把资本、利润与地租看成永恒存在的东西,最终在庸俗政治经济学中彻底蜕变,成为维护资本主义社会经济与政治统治的虚假意识形态。

《资本论》把商品经济、自由主义政治与市民社会发达的现代英国,作为批判研究资本主义生产方式的典型国家,进而揭示出资本主义生产所必然引起的社会政治对抗,从而以铁的必然性证明了资本主义社会及国家产生、发展与灭亡的历史过程性及趋势。这是马克思以唯物辩证的历史思维"从后往前思索"所得出的科学结论。马克思指出:"工业较发达的国家向工业较不发达的国家所显示的,只是后者未来的景象。""对人类生活形式的思索,从而对这些形式的科学分析,总是采取同实际发展相反的道路。这种思索是从事后开始的,就是说,是从发展过程的完成的结果开始的。"① 马克思立足"现时代",以宽广总体性的视野"从后往前思索"人类社会历史发展规律,宗旨是面向人类解放的未来。

马克思从对资产阶级社会日常生活中最常见的"琐事"——商品交换的微观具体分析入手,以从具体到抽象、从个别到一般、从现象到本质的"抽象力",发现其中蕴含着资产阶级社会的内在矛盾。进而,《资本论》用从抽象到具体、逻辑与历史相统一的方法,清晰、系统完整地阐述商品交换所蕴含的资产阶级社会系统性矛盾。《资本论》把对商品交换从具体上升到抽象的研究方法,与对商品交换从抽象到具体的叙述方法,即两种"相反方向的认识运动"② 辩证统一起来,充分展现了"研究方法与论述体系的统一"③。进而,这种对资产阶级社会的具体微观病理解剖分析法,同对资产阶级社会政治顽瘴痼疾的宏观批判分析法相得益彰,可谓小中见大。

因此,列宁指出:"马克思在《资本论》中首先分析资产阶级社会(商品社会)里最简单、最普通、最基本、最常见、最平凡、碰到过亿万次的关系:商品交换。这一分析从这个最简单的现象中(从资产阶

---

① 《马克思恩格斯文集》第 5 卷,人民出版社 2009 年版,第 8、93 页。
② 马平:《〈资本论〉辩证法》,求实出版社 1989 年版,第 9 页。
③ 刘永佶:《〈资本论〉的逻辑》,江苏人民出版社 1987 年版,第 305 页。

级社会的这个'细胞'中）揭示出现代社会的一切矛盾（或一切矛盾的萌芽）。往后的叙述向我们表明这些矛盾和这个社会——在这个社会的各个部分的总和中、从这个社会的开始到终结——的发展（既是生长又是运动）。"① 毛泽东也指出，《资本论》对资本主义的经济分析，"总是从现象出发，找出本质，然后又用本质解释现象，因此，能够提纲挈领"②。马克思通过这种从微观到宏观的分析方法，深刻地揭示了资本主义时代社会政治问题的症结——私有制与旧的社会分工，以及被商品交换所掩盖的物化社会关系，同时也为解决资本主义时代社会政治问题指明了方向。

《资本论》把对市民社会的批判引向系统科学的政治经济学批判，从而将唯物史观与人类解放的政治哲学融为一体。马克思把政治视为经济的集中体现，把阶级斗争、意识形态斗争视为经济利益斗争、政治斗争，从对这两对社会基本矛盾的运动中批判研究资本主义经济、政治与意识形态。如果说"马克思政治哲学的全部奥秘在于唯物主义历史观"③，那么唯物史观的奥秘则在于马克思的政治经济学批判。就是说，只有深入理解马克思政治经济学批判、《资本论》，才能深入理解唯物史观，进而才能深入理解马克思政治哲学的基本观念。因为，"使马克思的理论得到最深刻、最全面、最详尽的证明和运用的是他的经济学说"④。《资本论》在批判分析资产阶级经济统治的同时，也批判揭示了伴随这种经济统治而来的政治统治，把资产阶级国家视为管理资本家事务的委员会，进而批判揭示资产阶级的意识形态蒙蔽。因此说，"《资本论》不是孤立地研究资本主义生产关系及其交换关系，而是联系生产力和上层建筑进行研究"⑤。列宁更是深刻指出《资本论》对资本主义社会经济、政治与观念的总体性批判，即"这部书使读者看到整个资本主义社会形态是个活生生的形态：有它的日常生活的各个方面，有

---

① 《列宁专题文集·论辩证唯物主义和历史唯物主义》，人民出版社 2009 年版，第 150 页。
② 《毛泽东文集》第 8 卷，人民出版社 1999 年版，第 139 页。
③ 李佃来：《政治哲学视域中的马克思》，中央编译出版社 2018 年版，第 154 页。
④ 《列宁专题文集·论马克思主义》，人民出版社 2009 年版，第 17 页。
⑤ 刘炳英：《〈资本论〉体系与实践意义研究》，中国经济出版社 2001 年版，第 8 页。

它的生产关系所固有的阶级对抗的实际社会表现,有维护资本家阶级统治的资产阶级政治上层建筑,有资产阶级的自由平等之类的思想,有资产阶级的家庭关系"①。

三 总体性方法成为解开人类解放之谜的总钥匙

对于《资本论》及马克思社会政治哲学采用的总体性方法,个别国外学者并不认同,他们认为马克思在价值观上是集体主义者、整体主义者,但其所使用的方法为方法论上的个人主义。而包括卢卡奇和柯尔施在内的很多国外学者却都认为《资本论》及马克思社会政治哲学采用了总体性方法,并且指认这种总体性方法直接源于黑格尔哲学的整体主义传统。而奥罗姆则认为马克思开创了从整体入手的实质主义的社会学方法论模式,还把马克思称为"政治社会学之父"②。其实,《资本论》以及马克思社会政治哲学的总体性方法既不是从个体出发,也不是从整体出发,而是从个体与整体的实践互动关系出发的总体性方法。

作为黑格尔辩证法与逻辑学的优秀批判继承者,马克思深知黑格尔"哲学若没有体系,就不能成为科学"③论说的含义,并把对现代性社会的经济、政治及意识形态的批判有机地安放在《资本论》中,使之成为总体性的经济科学、全新历史科学。同时,马克思还批判了黑格尔唯心法哲学整体主义国家观的虚幻性,摆脱了黑格尔思辨哲学任意制造封闭逻辑体系的缺陷。进而,通过对资本主义生产方式现实矛盾运动的总体性批判分析,马克思把握住发达的现代性社会经济政治矛盾运动的关键,也就掌握了人类社会政治历史发展之谜的钥匙。即"在一切社会形式中都有一种一定的生产决定其他一切生产的地位和影响,因而它的关系也决定其他一切关系的地位和影响。这就是一种普照的光,它掩盖了一切其他色彩,改变着它们的特点。这是一种特殊的以太,它决定着它里面显露出来的一切存在的比重"④。正如有论者所理解的,这种

---

① 《列宁选集》第1卷,人民出版社1995年版,第9页。
② [美]安东尼·奥罗姆:《政治社会学》,张华青、孙嘉明译,上海人民出版社1989年版,第10页。
③ [德]黑格尔:《小逻辑》,贺麟译,商务印书馆1980年版,第56页。
④ 《马克思恩格斯全集》第30卷,人民出版社1995年版,第48页。

"普照的光""牢牢抓住占主导地位的那一种生产方式,并以这种生产方式解释其他经济形式和经济范畴,从而准确把握社会形态的性质和主要经济结构"①。摆脱了唯心史观的"绝对精神"的笼罩,唯物史观"普照的光"成为照亮人类解放进程的一座科学灯塔。

总之,《资本论》及其手稿对现代性经济与政治的微观与宏观批判分析,实现了对现代资产阶级社会的全面彻底批判,为从政治解放到人类解放提供了一把总钥匙。这种总体性方法既深刻剖析了社会形态的经济、政治与文化的静态结构,又深刻揭示了人与社会发展历史的动态过程。作为《资本论》的辩证逻辑、大写逻辑组成部分的总体性方法,把人类解放历史必然性的宏大叙事与微观叙事紧密结合起来,使理想性与现实性相统一的马克思主义政治哲学成为开放的科学体系。

第二节 以资本与劳动的矛盾为轴心的阶级分析法

无产阶级的立场观点是马克思主义的鲜明特征。阶级分析法是马克思主义的一条重要方法论,更是《资本论》及其手稿政治哲学的一条重要方法。《资本论》及其手稿以资本与劳动的矛盾为中心线索,批判研究了发达资产阶级社会的生产关系及社会关系,揭示了无产阶级与资产阶级的阶级斗争状况及发展趋势。从而,马克思科学地指明了彻底消灭私有制,彻底消灭阶级与阶级斗争的社会革命与无产阶级专政道路,为工人阶级解放、劳动者阶级解放、人类解放指明了正确的前行方向。由此,消灭阶级成为社会革命与人类解放的社会政治哲学理论与实践的科学思想新话语,取代了"自由、平等、博爱"的近代西方资产阶级政治革命与政治解放的虚幻观念与旧口号。

一 阶级分析法在对现代性社会的政治批判中确立

无论是发现阶级,还是发现阶级斗争,都不是马克思和恩格斯的理

---

① 聂锦芳、彭宏伟:《马克思〈资本论〉研究读本》,中央编译出版社2013年版,第126页。

论贡献，而是法国复辟时期的历史学家梯叶里、基佐、米涅、梯也尔，以及法国重农学派的创始人魁奈等的理论功劳。对此，马克思和恩格斯都曾指出过。马克思通过对法国大革命历史的批判研究，尤其通过对现代资产阶级社会经济、政治与观念文化的批判研究，创新发展了阶级与阶级斗争理论，形成了马克思主义独具特色的阶级分析方法。这就是通过对资本与劳动的矛盾，即通过对资产阶级与无产阶级对抗性矛盾的历史科学、经济科学分析，来思考现代性社会政治问题的合理解决之道，得出了彻底消灭阶级与阶级斗争、实现人类解放的政治哲学结论。

1844—1852年，马克思把对阶级和阶级斗争的考察纳入历史唯物主义的科学视野，把现代社会两大阶级的斗争建立在政治经济学批判的科学研究之上，把彻底消灭阶级的无产阶级解放与人类解放运动视为科学社会主义的灵魂，创立了阶级与阶级斗争的理论方法。从17—18世纪英、美、法资产阶级"双元革命"运动的历史，到19世纪30—50年代风起云涌的工人阶级革命运动的进展，这些都在促使马克思和恩格斯思考无产阶级如何赢得对资产阶级斗争的胜利，并走上人类解放的现代文明新发展道路。这是马克思和恩格斯在1844年实现政治立场与思想观点转变后一直在思考的问题。

在《国民经济学批判大纲》中，恩格斯站在工人阶级、广大人民群众的立场，以阶级分析的方法，首先发动了对国民经济学及现代社会的经济政治批判。恩格斯率先洞见到"私有制造成的资本和劳动的分裂"，"人类分裂为资本家和工人"是"资本和劳动的最初的分开和这一分开的完成"①。而且，恩格斯还提出通过社会革命变革资本主义社会关系，来解决资本与劳动、人与自然的矛盾的宝贵思想。马克思则通过发表在《德法年鉴》上的两篇战斗檄文，以及《1844年经济学哲学手稿》，站在工人阶级、广大劳动人民的立场，以阶级分析的方法，从物质生产实践活动出发，展开对国民经济学、黑格尔辩证法、空想共产主义及现代社会的全面彻底批判。马克思以辩证唯物的历史视野，批判分析了现代社会的宗教信仰、政治经济问题，阐述了现代社会资本与劳动日益严重的分裂对抗，即资产阶级与无产阶级

---

① 《马克思恩格斯文集》第1卷，人民出版社2009年版，第70—71页。

的对抗性矛盾。而且，马克思提出超越政治解放的人类解放观，以及共产主义运动的新世界观，还把无产阶级革命运动视为实现人类解放的强大推动力与历史必然。

由此开始，马克思和恩格斯的阶级与阶级斗争观点，以及阶级分析方法，逐渐在现实阶级斗争与理论批判中走向成熟。通过《神圣家族》《英国工人阶级状况》《德意志意识形态》《哲学的贫困》《雇佣劳动与资本》等著作，马克思主义的阶级分析方法逐步确立，《共产党宣言》则成为展现马克思主义阶级分析方法的经典。1848年革命后，马克思撰写了《1848年至1850年法兰西阶级斗争》《路易·波拿巴的雾月十八日》等著作，进一步总结阐发了阶级与阶级斗争理论，成为直接论说阶级分析方法的经典之作。

正如马克思在1852年3月5日致魏德迈的信中所总结的，其阶级分析方法把无产阶级通过阶级斗争的最后一战彻底消灭阶级，视为一个辩证否定的历史过程，即一定历史阶段出现的阶级与阶级斗争必然导致无产阶级专政，无产阶级专政是达到消灭一切阶级和进入无阶级社会的过渡。以此观之，否认阶级与阶级斗争属于对历史与经济科学的无知，也属于自以为是、貌似人道主义的叫嚣，其实是"资产阶级的奴才"误把资产阶级社会当作历史发展的"最后产物""极限"，"不懂得资产阶级制度本身的伟大和暂时存在的必然性"[①] 的原因所致。

二 阶级分析法在《资本论》及其手稿中的运用阐发

《资本论》把现代社会两大阶级的对抗性矛盾斗争建立在科学的剩余价值理论之上，实现了阶级分析的立场、观点与方法的统一。站在劳动者、工人阶级的唯物史观立场，《资本论》以资本与劳动的矛盾斗争为中心线索，通过对资本与劳动的矛盾斗争在资本主义生产全过程中的发生、发展及必然结果的经济科学研究与具体解析，精彩地诠释了阶级分析方法，为无产阶级革命解放事业提供了一条重要的科学方法。可以说，《资本论》是对阶级分析法的典范运用与阐发之作。正如见田石介所说："马克思站在批判的、革命的阶级立场，解析其梦幻般的奇妙，

[①] 《马克思恩格斯〈资本论〉书信集》，人民出版社1976年版，第67页。

可以说这是《资本论》方法的重要特色。"①

马克思为科学地指导工人阶级的革命解放斗争而创作了《资本论》。从1844年开始,马克思就把为无产阶级革命解放斗争实践提供科学理论指导,作为自己理论活动的宗旨。为无产阶级政党制定科学的理论纲领与策略,科学地指导国际工人运动发展,为党赢得科学上的胜利,成为马克思政治经济学批判、创作《资本论》的强大动力。正如王亚南所指出:"马克思撰写《资本论》是为了完成一项时代所赋予他的阶级历史任务,那就是教育指导工人阶级进行革命斗争的任务。""从马克思学说发展的过程来看,《资本论》原是根据《共产党宣言》中提出的阶级历史任务来写作的。"②《共产党宣言》的世界历史传播,培育了各国工人阶级的阶级与革命意识,有力地推动了各国工人阶级运动的历史发展。为进一步教育工人,培育工人阶级形成更加自觉的阶级与革命意识以及历史使命感;清除改良主义、机会主义、工联主义、无政府主义等错误思潮对工人阶级革命运动的坏影响;有力地回击资产阶级及其理论代言人对无产阶级运动与马克思主义阶级斗争理论的攻击与污蔑;进一步促进国际工人阶级革命解放运动的联合与团结,马克思创作了《资本论》。

资本与劳动的矛盾斗争是贯穿《资本论》的中心线索。从《资本论》三卷的篇章结构来看,似乎"全书整个的辩证结构就是以资本这个范畴为中心点建立起来的。《资本论》从它的第一章开始,就存在着'资本'贯穿《资本论》整个过程的一条主线"③。但这只是贯穿《资本论》的一条明线,还有一条隐含于其中的线索——劳动。因此,更确切地说,资本与劳动的矛盾斗争才是贯穿《资本论》全篇的中心线索。1868年3月,恩格斯在书评《资本论》第一卷的文章中曾指出该书的主题,即"自世界上有资本家和工人以来,没有一本书像我们面前这本书那样,对于工人具有如此重要的意义。资本和劳动的关系,是我们全部现代社会体系所围绕旋转的轴心,这种关系在这里第一次得到

---

① [日] 见田石介:《资本论的方法研究》,张小今等译,中国书籍出版社2012年版,第218页。
② 王亚南:《〈资本论〉研究》,上海人民出版社1973年版,第18、251页。
③ 马平:《〈资本论〉辩证法》,求实出版社1989年版,第48页。

了科学的说明"①。1873年，马克思在《资本论》第一卷第二版的跋中也提到"资本和劳动之间的阶级斗争"②这条中心线索。

阶级分析法体现于资本主义生产关系的全过程。在资本主义生产关系矛盾运动过程中，资本与劳动的矛盾斗争，即资产阶级与无产阶级的矛盾斗争也在不断孕育、发展着，直至无产阶级革命与资本主义生产方式灭亡。《资本论》第一卷开篇透过商品交换这一常见经济现象，揭示了商品交换背后所蕴藏的资本主义社会矛盾，即深刻揭示了被商品交换关系所掩盖的人与人之间的关系、阶级关系，拉开了阶级分析的帷幕。正如恩格斯所指出，马克思"经济学研究的不是物，而是人和人之间的关系，归根到底是阶级和阶级之间的关系"③。在资产阶级社会，劳动力成为商品，货币转化为资本，开启了资本与劳动的矛盾斗争过程。在商品生产、剩余价值生产与社会关系的生产过程中，资本积累与无产阶级贫困化两种互相对抗的力量在正比增长。也就是说，资本与劳动、无产阶级与资产阶级的矛盾对抗斗争不断尖锐化，结果必然导致无产阶级以革命解放斗争剥夺剥夺者。

对于《资本论》第一卷的阶级分析，国内外一些学者曾做出过阐释。如卢森堡认为，"唯有关于剩余价值、工资规律和产业后备军的精确理论……才给这个实际阶级斗争提供了一个坚实的基础"④。阿尔都塞认为，《资本论》通篇都在讲被剥削者在资本积累的不同历史时期所遭受的苦难，"它的写作也是为了有助于把他们从阶级奴役下解放出来"；《资本论》还不断强调一个事实，即资本主义生产组织与工作场所不仅把工人群众集中起来、混杂在一起，"而且首先是通过把劳动与日常生活的严酷纪律强加给他们，从而强行给工人阶级上了阶级斗争的课程。工人们所蒙受的一切，结果只能被反过来在共同行动中反抗他们的雇主"⑤。王亚南认为，《资本论》"在这一切方面的阶级分析，全是

---

① 《马克思恩格斯全集》第21卷，人民出版社2003年版，第363页。
② 《马克思恩格斯文集》第5卷，人民出版社2009年版，第17页。
③ 《马克思恩格斯文集》第2卷，人民出版社2009年版，第604页。
④ [德]罗莎·卢森堡、[苏]尼·布哈林：《帝国主义与资本积累》，柴金如等译，黑龙江人民出版社1982年版，第69页。
⑤ [法]路易·阿尔都塞：《哲学与政治：阿尔都塞读本》，陈越编译，吉林人民出版社2003年版，第213、216页。

以资产阶级对劳动阶级的剥削为依据"[①]。

《资本论》第二卷也隐含着阶级分析方法。在资本扩大再生产顺利进行的过程中，阶级矛盾与阶级斗争处于平稳的蛰伏状态。但是，当资本扩大再生产不能顺利进行时，即在周期性爆发的经济危机中，阶级矛盾与阶级斗争就会爆发。《资本论》第三卷最后一章以阶级分析收尾，通过对剩余价值在资本家集团之间分配的批判研究，阐明了被资本主义生产关系所决定的分配关系的历史过程性。剩余价值为雇佣工人劳动所创造，却被资本家集团无偿无情瓜分了，雇佣工人的工资只够勉强维持其劳动力再生产，即勉强维持自身生存。因而，资本主义的分配关系、生产关系、雇佣劳动的资本主义生产方式，不仅时刻潜伏着巨大的经济矛盾危机，而且也必将在无产阶级的革命斗争中走向灭亡。

无产阶级革命解放斗争是实现人类解放的历史必然与希望所在。当时，英国是资本主义生产与交换关系发展的典型国家，也是被剥削压迫的工人阶级数量最庞大的国家，更是无产阶级运动发展的典型国家。马克思以英国的经济政治历史发展为原型创作了《资本论》，为无产阶级革命解放、人类解放提供了科学世界观与方法论。伴随着资产阶级现代化大生产的世界历史发展，世界无产阶级的革命解放力量也会不断壮大，现代资本与劳动的矛盾斗争也会不断世界历史性地拓展，经济与历史发展必然会带来无产阶级的革命解放运动。斗争是为了更好地联合，通过无产阶级的革命解放斗争，最终消灭阶级，建立一个没有阶级剥削与压迫的新世界，一个和谐发展的自由人联合体。这是人类世界的希望所在，这也是马克思阶级分析方法的奥义所在。

第三节　对现代性政治的综合分析判断法

分析与综合是马克思主义哲学辩证思维的基本方法。《资本论》是成功运用分析与综合方法的典范之作，有些学者对此做出过阐释。日本学者见田石介尤其重点研究了《资本论》的分析与综合方法，强调如

[①] 王亚南：《〈资本论〉研究》，上海人民出版社1973年版，第43页。

果老老实实地读《资本论》就会发现,"始终贯彻经济科学上正确的方法并进行分析和合理综合,是其最大特色"①。《资本论》及其手稿不仅有纯粹的经济分析与综合,还含有对现代性政治及观念文化等的分析与综合。而且,从对现代性政治批判分析的视角出发,阅读《资本论》及其手稿,还会发现其对现代性政治既有事实分析与理性综合,又有价值判断与审美判断。进一步说,《资本论》及其手稿蕴含着对现代性政治的综合分析判断法,不完全等同于分析与综合方法,更不同于形而上学的实证分析法与唯心主义的先天综合判断法,而是唯物辩证历史的方法论在现代性政治批判中的运用与发展。

一 从经济事实出发展开对现代性政治的综合分析

从事实出发,展开对国民经济学理论前提的综合分析,是马克思实现政治经济学及政治哲学革命性变革的重要方法。国民经济学是适应资本主义社会发展,并为资本主义生产方式及其社会政治制度辩护的经济学理论。通过研究,马克思发现国民经济学的理论前提与方法是需要批判的,因为,国民经济学从私有财产这个需要加以说明却没有加以说明的所谓事实出发,且以虚构的原始状态、利己主义的抽象经济人、永恒的资本与等价交换、抽象的社会契约论等,来论证资本主义社会经济政治制度的永恒性、合理性。因此,国民经济学的前提与方法是不科学、无效的,"我的结论是通过完全经验的、以对国民经济学进行认真的批判研究为基础的分析得出的","国民经济学只是使问题坠入五里雾中。……我们且从当前的经济事实出发"②。

马克思《政治经济学批判》第一分册中使用了从事实出发的综合分析方法,恩格斯在1859年曾做出过专门的阐释。恩格斯指出,政治经济学是对发达资产阶级社会的理论分析,"这种德国的经济学本质上是建立在唯物主义历史观的基础上的","只有靠大量的、批判地审查

---

① [日]见田石介:《资本论的方法研究》,张小今等译,中国书籍出版社2012年版,第7页。
② 《马克思恩格斯全集》第3卷,人民出版社2002年版,第219、267页。

过的、充分地掌握了的历史资料，才能解决这样的任务"。① 在此基础上，马克思对近代西方政治经济学以及发达资本主义社会生产关系展开批判分析，以系统完整的辩证分析方法阐释"资产阶级交换的规律"。这种辩证分析方法，完全不同于黑格尔从纯粹思维出发，即"从无通过无到无"的唯心思辨方法；而是从唯物的世界观出发，"从最过硬的事实出发"②，达到逻辑与历史的有机统一，完成了现代经济科学的革命。

《资本论》第一卷从大量的客观事实出发，展开对资本生产过程的辩证历史分析，真实描绘资本家和地主的面貌，揭示出现代社会的经济规律以及资本主义社会形态的自然史过程。《资本论》对资本主义社会的深刻彻底批判，引起当时各国学者的不同反应与评论。其中，对《资本论》应用的方法理解得很差且相互矛盾，有的学者责备马克思"形而上学地研究经济学"，同时责备马克思"只限于批判地分析既成的事实"；有的学者肯定马克思卓越的分析能力；有的学者认为马克思的研究方法属于严格的实在论，叙述方法属于德国辩证法；还有考夫曼认为"这种研究的科学价值在于阐明支配着一定社会有机体的产生、生存、发展和死亡以及为另一更高的有机体所代替的特殊规律。马克思的这本书确实具有这种价值"③。对此，马克思曾表示一定程度的认同回应，指出考夫曼的评论"所描绘的不正是辩证方法吗？"进而，马克思对其所使用的唯物辩证分析方法做出明确阐述。他指出："在形式上，叙述方法必须与研究方法不同。研究必须充分地占有材料，分析它的各种发展形式，探寻这些形式的内在联系。只有这项工作完成以后，现实的运动才能适当地叙述出来。这点一旦做到，材料的生命一旦在观念上反映出来，呈现在我们面前的就好像是一个先验的结构了。"④

事实是马克思展开现代性批判分析的出发点，由此展开从具体到抽象与从抽象到具体的理性综合分析研究与叙述。首先获取了堆积如

---

① 《马克思恩格斯文集》第 2 卷，人民出版社 2009 年版，第 597—598 页。
② 《马克思恩格斯文集》第 2 卷，人民出版社 2009 年版，第 601 页。
③ 转引自《马克思恩格斯文集》第 5 卷，人民出版社 2009 年版，第 21 页。
④ 《马克思恩格斯文集》第 5 卷，人民出版社 2009 年版，第 21—22 页。

山的实际而充分的经济及政治历史方面的数据与材料,即从事实出发而展开对政治经济学的综合分析,进而展开对现代性社会政治的综合分析,这是马克思政治经济学、社会政治哲学的重要方法论特色,即"所谓分析就是分析事实,这是从开始就一直贯彻马克思研究生涯的精神"①。在充分把握理论与现实调研材料的基础上,马克思对这些事实材料展开了辩证历史理性的分析。透过资本主义社会纷繁复杂、不断流动变幻的经济政治现象,发现了资本主义生产方式这个主宰资本主义社会经济及政治变化发展的主要矛盾,进而把握住资本主义社会运动的规律,"在主要的基本的方面指出这些变化及其历史发展的客观的逻辑"②。这体现出了马克思研究方法的唯物主义基础,即马克思在"研究经济运动规律的时候,不是从他的头脑(他自己的观念)出发,而是从事实出发"③。

国民经济学的论证方法是从对经济事实的虚构出发,到对资本主义生产方式永恒的论证,再到对资本主义社会政治永恒的论证。在《资本论》第一卷中,马克思批判盛行于古典政治经济学的"鲁滨逊的故事",即劫后余生的抽象人鲁滨逊在孤岛上"马上就作为一个道地的英国人开始记起账来"④,这完全是脱离真实历史与社会关系的虚构。就是说,近代西方经济学所采用的是与近代西方哲学相一致的历史唯心、形而上学方法。即一方面,资产阶级政治经济学不顾历史发展事实而进行主观虚构;另一方面,资产阶级政治经济学"理论上虚弱"的原因之一,"就是这门科学所采用形式逻辑的、形而上学的研究方法"⑤,"在当代西方文明中得到最高发展的技巧之一就是拆零,即把问题分解成尽可能小的一些部分。我们非常擅长此技,以致我们竟时常忘记把这

---

① [日]见田石介:《资本论的方法研究》,张小今等译,中国书籍出版社 2012 年版,第 12—13 页。
② 《列宁专题文集·论辩证唯物主义和历史唯物主义》,人民出版社 2009 年版,第 111 页。
③ 郭大力:《关于马克思的〈资本论〉》,生活·读书·新知三联书店 1978 年版,第 13 页。
④ 《马克思恩格斯文集》第 5 卷,人民出版社 2009 年版,第 94 页。
⑤ [苏]列·尼·巴日特诺夫:《哲学中革命变革的起源——马克思的〈1844 年经济学—哲学手稿〉》,刘丕坤译,中国社会科学出版社 1981 年版,第 81 页。

些细部重新装到一起"①。

与之相反，马克思的综合分析法是从对经济事实的分析出发，到对资本主义生产方式过程性的理性综合、科学揭示，再到对资本主义社会政治制度过程性的理性综合、科学揭示。这一切都是建立在对资本主义社会事实分析的基础上，把完整的表象蒸发为抽象的规定，即从具体到抽象的辩证分析综合，从而发现现实生活世界的真相，再把抽象的规定在思维行程中具体地展开，即从抽象到具体的叙述方法，彻底揭开资本社会的神秘面纱，从而为人类走出现代性囚徒的困境提供了科学方法。海尔布隆纳曾高度赞美马克思的《资本论》首创的一种"用以研究隐蔽的真实"的"考察模式"即"社会分析方法"，比斯密的《国富论》更"具有神奇的洞察力"，因为斯密"没有看到社会中的意识形态，他没有形成用以分析社会的自我'批判'思想"②。而马克思"对资本主义模式的深刻批判，我称之为社会分析——它是以历史为导向的、对资本主义的特殊制度和信仰的辩证剖析"③。《资本论》正是从事实出发，从历史唯物主义原则出发，才科学地揭示了资本主义的生产发展过程会自发地产生无产阶级解放所需要的物质条件。

二 在综合分析基础上形成现代性政治的价值判断

在综合分析事实的基础上，马克思得出了对现代社会经济与政治的科学判断，同时也含有对现代性经济与政治的价值判断。"人是自然科学的直接对象"，更是马克思经济科学、历史科学的直接关怀对象。从对人的抽象理性自由关怀，到对现实的人的自由全面发展的科学关怀，马克思在从唯心主义者、自由民主主义者转变成唯物主义者与共产主义者的过程中，以及之后的整个思想发展历程中，都始终对人以及人类社会发展充满人文关怀与科学关怀。归根结底，马克思的政治经济学批

---

① [美] 阿尔文·托夫勒：《科学和变化》，载 [比] 伊尔亚·普里戈金、[法] 伊·斯唐热《从混沌到有序》，曾庆宏、沈小峰译，上海译文出版社1987年版，第5页。
② [美] 罗伯特·L. 海尔布隆纳：《马克思主义：赞成与反对》，马林梅译，东方出版社2016年版，第2—4页。
③ [美] 罗伯特·L. 海尔布隆纳：《马克思主义：赞成与反对》，马林梅译，东方出版社2016年版，第65页。

判、《资本论》全新历史科学的根本目的、价值追求是人的自由全面发展。因此，马克思在对现代性社会经济与政治的理性综合分析、科学判断基础上，含有一个价值判断之维。这种对现代性社会政治的价值判断是与综合分析法紧密相连的方法。

在《手稿》中，马克思对现代性社会经济与政治等的批判既有科学判断又有价值判断。马克思从事实出发，综合分析批判国民经济学观念的虚假性；从价值判断、伦理道德的维度出发，批判国民经济学对现实的人漠不关心，把工人当作劳动的动物。当时，受到费尔巴哈人本学唯物主义思想影响的马克思，还高度肯定了费尔巴哈打下"整个实证的批判"与"实证的人道主义"的基础。[①] 在对社会主义、共产主义运动现实历史进程的阐述中，马克思还把共产主义视为人道主义的完成。可以说，"在《手稿》中，马克思关于社会主义必然代替资本主义的论述，既有科学判断也有价值判断，问题是这两者并没有有机地结合在一起"[②]。

通过对整个德意志意识形态的彻底清算，马克思走出费尔巴哈人本学唯物主义，形成了历史唯物主义的科学方法论。马克思指出，"在思辨终止的地方，在现实生活面前，正是描述人们实践活动和实际发展过程的真正的实证科学开始的地方。关于意识的空话将终止，它们一定会被真正的知识所代替。"[③] 这种"真正的实证科学"即历史唯物主义的科学方法论，也是马克思即将展开的经济科学。这种"真正的实证科学"方法是全新的实践哲学方法，以唯物、辩证、历史、实践相统一的思维方式，并把科学判断与价值判断融为一体，彻底走出从笛卡儿到黑格尔和费尔巴哈的近代西方哲学方法论的窠臼。可以说，马克思在《德意志意识形态》中以"真正的实证科学"实现了哲学方法论的革命。但说马克思从此"走向纯粹经验的实证方法的哲学方法论革命"[④]似乎不妥。

[①] 《马克思恩格斯全集》第3卷，人民出版社2002年版，第220页。
[②] 陈先达：《马克思和马克思主义》，中国人民大学出版社2016年版，第256页。
[③] 《马克思恩格斯文集》第1卷，人民出版社2009年版，第526页。
[④] 刘同舫、陈晓斌：《青年马克思政治哲学思想研究》，中国社会科学出版社2018年版，第169页。

因为，其一，"真正的实证科学"以辩证历史思维，批判地走出了费尔巴哈及德国"真正的社会主义"者们以抽象人道主义爱的宗教呓语所建构的乌托邦。马克思更是在《资本论》中指出："那种排除历史过程的、抽象的自然科学的唯物主义的缺点，每当它的代表越出自己的专业范围时，就在他们的抽象的和意识形态的观念中显露出来。"① 其二，以唯物历史思维的"经验科学"，即通过对政治经济学的深入具体批判分析，走出黑格尔高高在上的纯粹思辨的唯心主义哲学，即黑格尔自诩的"思辨科学"——"只有思维才配称为哲学的仪器或工具"②。其三，以能动变革世界的实践唯物主义即共产主义，把逻辑和历史的有机统一进程建立在感性实践活动基础上，超越了康德政治哲学所仰望的"应当如此"，也超越了黑格尔政治哲学理念中的"现实性""真实如此"③。就是说，把道德层面的"应如此"、认识论层面的"是如此"或"真如此"、历史层面的"必如此"、实践层面的"如此做"有机地统一起来，变成了真正的现实性。其四，以经济科学、历史科学的全新思维方法，超越以笛卡儿、洛克等形而上学为指导的近代西方经济学。马克思肯定了"笛卡儿的方法在政治经济学上的应用，开始使政治经济学摆脱了关于货币、商业等的古代神话和迷信观念……后来洛克成了英国、法国、意大利的政治经济学的主要'哲学家'"④。同时，马克思也批判近代西方政治经济学由于以这种非历史、形而上学的方法论为指导，而成为新的神话与迷信。

因此说，《德意志意识形态》中的"真正的实证科学"概念，绝不等同于现代学科分科意义上的那种强调经验、证据的实证科学，而是科学性和价值性相统一的"科学"，尤其是要看到其中所蕴含的价值性这一哲学特性和人文精神，这种"真正的实证科学"就是历史唯物主义。⑤ "真正解决科学判断和价值判断的矛盾是从《德意志意识形态》

---

① 《马克思恩格斯文集》第 5 卷，人民出版社 2009 年版，第 429 页。
② ［德］黑格尔：《小逻辑》，贺麟译，商务印书馆 1980 年版，第 47 页。
③ ［德］黑格尔：《小逻辑》，贺麟译，商务印书馆 1980 年版，第 45 页。
④ 《马克思恩格斯文集》第 5 卷，人民出版社 2009 年版，第 448 页。
⑤ 邹广文、李旻嬗：《浅析马克思的"真正的实证科学"》，《马克思主义哲学》2022 年第 5 期。

开始的……至于《资本论》,更是把关于社会主义必然代替资本主义的论断,建立在科学基础上的典范。"①

诚然,《德意志意识形态》《共产党宣言》都反对把共产主义理论视为道德说教,《资本论》也没使用"玫瑰色描绘资本家和地主的面貌",但仍可以从其客观叙述中捕捉到强烈的现实人文关怀与价值判断。《资本论》所论及的自由人联合体,既是对人类历史发展规律的科学判断,又是对人的自由全面发展的价值判断。《资本论》对资本主义剩余价值生产与分配、资本积累的论说,既是科学判断,又是对资本主义社会生产的非人道批判。《资本论》实现了对事实综合分析基础上的真理原则与价值原则的统一,把发展生产力视为人类社会历史发展的自然必然性法则,把人类解放视为历史唯物主义最根本的价值追求。有论者还曾指出,马克思的价值理论贯彻和体现了历史唯物主义的"唯物""历史""价值"原则。②

把《资本论》的研究方法仅仅理解为科学分析判断,或者仅仅理解为价值判断,都能找到一定的文本依据,也都能找到一定的支持者。同时,也就意味着这种单向度的理解不能完全说服人,或者说是片面正确的理解、并非完全正确的理解,乃至造成背离"马克思的精神"③,成为教条主义的或修正主义的理解。在马克思主义发展史上,正统派考茨基就曾把《资本论》及马克思主义看成一种纯粹经验的科学,而非哲学。列斐伏尔批判这种片面理解,认为这种理解导致马克思主义"掉入孔德的实证主义的行列中。马克思主义思想被削减,失去了锋芒"④。进而,列斐伏尔还批判了苏联官方马克思主义以实证科学解读的方式,即"官方的马克思主义在哲学措辞的掩盖下,采取了一种经验主义、实证主义的态度"⑤,把马克思主义变成教条化、实用主义化

---

① 陈先达:《马克思和马克思主义》,中国人民大学出版社2016年版,第257页。
② 牛变秀、王峰明:《价值存在和运动的辩证法——马克思〈资本论〉及其手稿的核心命题研究》,社会科学文献出版社2011年版,第61—64页。
③ 《马克思恩格斯文集》第7卷,人民出版社2009年版,第7页。
④ [法]亨利·列斐伏尔:《马克思主义的社会学》,谢永康、毛林林译,北京师范大学出版社2013年版,第13页。
⑤ [法]亨利·列斐伏尔:《马克思主义的社会学》,谢永康、毛林林译,北京师范大学出版社2013年版,第23页。

的意识形态。还有对《资本论》、马克思主义进行片面伦理道德解读的伯恩施坦，最终蜕变成修正主义者，成为"马克思学派"①讨论批判的对象。阿尔都塞试图以"断裂说""实践哲学"来合理安放马克思主义的伦理道德判断与科学判断，但也无法圆满。《资本论》是科学判断，还是价值判断，或者是科学判断与价值判断的统一，这仍是当代中外学者们聚讼不已的话题。一个更合理的理解就是，《资本论》是科学判断与价值判断的统一。

三 把理性分析、价值判断与审美判断融为一体

在对事实理性综合分析的基础上，马克思把科学判断与价值判断统一起来，把真理原则与价值原则统一起来，成为现代性批判分析及衡量人类社会历史发展的两个重要尺度。同时，马克思在对现代性进行批判分析的过程中，还有一个重要尺度——审美判断，即开启了现代性批判分析的政治美学新视界，并以政治美学之维来衡量人类社会历史发展进程。由此，马克思把理性分析、价值判断与审美判断融为一体，形成了对现代性社会经济与政治批判的综合分析判断法，达到了现代性批判思维方法的光辉顶点。

马克思审美维度的批判分析方法是人类传统与现代政治美学智慧的结晶。自政治组织形式诞生以来，对政治的审美判断一直是传统与现代政治哲学思考的重要维度，由此形成了政治美学。在中国先秦时期"天下大同""礼乐教化""仁政艺术"等传统政治智慧中，就蕴含着政治美学的根脉，有学者甚至将其称为"一种最彻底的政治美学"②。古希腊的柏拉图在《理想国》中所勾画的完美政治图景也属于政治美学，并且首次提出政治作为统治者的技艺是"真正科学地理解的统治技艺"③。中世纪的阿奎那以信仰、希望和爱的原则超验虚幻地把政治

---

① 《马克思恩格斯文集》第7卷，人民出版社2009年版，第26页。
② 张盾：《超越审美现代性：从文艺美学到政治美学》，南京大学出版社2017年版，第157页。
③ [古希腊]柏拉图：《柏拉图全集》第3卷，王晓朝译，人民出版社2014年版，第144页。

美学推向上帝之城。① 近代德国古典哲学与美学运动把政治美学推向形而上学理性思辨的高峰。可以说,"正大光明"一直是中西方传统与现代政治理论与实践所追求的目标。从传统到现代的西方政治哲学以先验的方式,把美的理念原则纳入政治评判与完美政治乌托邦的建构中,从认识论上的"是"与道德伦理学上的"应是"两个维度得出政治美学判断。这成为马克思审美维度的现代性批判分析的理论背景与前提。在此基础上,马克思以实践哲学的新范式发动了政治美学的革命性变革,从现实的人的感性实践活动出发,辩证历史地批判了旧世界之丑陋、构建人类自由全面发展的美的新王国。

在对政治经济学的深入具体批判分析过程中,马克思形成了审美维度的批判分析方法,完成了对现代性社会政治及其政治哲学理论的批判,并科学构想了自由人联合体的美的王国。在马克思看来,为资本逻辑所主宰的现代资产阶级社会一方面展现人类文明的光辉;另一方面也把"一切神圣的东西都亵渎了",把一切社会关系都淹没在利己主义的冰水中,撕裂在自由主义的丛林法则中,充分暴露了现代性社会政治丑恶的一面。如何扬弃现代性社会政治的丑恶,走上人类自觉自愿自由联合发展的文明美好新路,成为马克思现代性政治哲学批判分析的重要维度。由于"政治经济学是资本主义的政治哲学"②,马克思把对现代性政治哲学的批判转向对政治经济学的批判,从而展开对现代性社会的经济与政治批判。

从政治经济学批判的开端性著作——《1844 年经济学哲学手稿》,到政治经济学批判系列著作手稿,再到《资本论》,都有以审美维度的批判分析方法所展开的现代性社会经济政治批判。从政治经济学批判的系列手稿及《资本论》,马克思发现现代性社会政治之丑的根源在于资本主义私有制及其不合理的分工,商品、货币、资本三大拜物教共同编织起资本主义社会经济、政治与文化抽象统治的虚假自由共同体。资本主义社会生产造成劳动异化,现代科技、机器大工业生产及工厂制度不

---

① 李福岩:《福柯的政治技术论及其启示》,《江西社会科学》2021 年第 7 期。
② 张盾:《马克思与政治美学》,《中国社会科学》2017 年第 2 期。

仅使工人身体畸形，严重损害了工人的身体健康，而且严重损害了工人的心理健康与精神世界，把工人变成呆滞的机器，使人的感觉和类特性完全丧失，成为现代社会所谓"自由劳动"的奴隶。资本主义社会生产不仅造成劳动异化，人与人、人与社会关系的极度不和谐，还导致人与自然和谐图景被破坏。现代资本主义社会文明的光辉被资本及其附属国家权力之恶所严重戕害，其社会生活世界不和谐、不美好，连人的审美感觉都被剥夺了，导致"忧心忡忡的、贫穷的人对最美丽的景色都没有什么感觉；经营矿物的商人只看到矿物的商业价值，而看不到矿物的美"①。

批判资本主义旧世界的奴役丑陋，是为了发现并建立自由美好生活的新世界，即建立真正的自由人联合体、共产主义社会。可以说，马克思对现代性社会的政治美学批判把"自由联合体中每个人的全面发展"当作改变现实世界的目标，同时更是当作对制度与人性的彻底理解和更高真理。②为此，马克思实践美学、政治美学把扬弃资本主义私有制与异化劳动的无产阶级政治经济革命运动，即建立无产阶级的政治经济统治，作为通达自由人联合体美好新世界的历史必由之路。在劳动者成为生产资料、社会关系、政治国家的主人后，劳动活动才能变成人的生命的自我创造、自我实现活动，人的类感觉和类特性才能逐渐彻底解放，人类的生产才能变成合规律合目的生产，"因此，人也按照美的规律来构造"③，使美学变成现实性的伦理。从《1844年经济学哲学手稿》《共产党宣言》到《资本论》，马克思都从生产劳动出发，按照美的规律即人的自由全面发展的规律，来科学地设想共产主义社会、自由人联合体。因此，图克说："马克思的终极的共产主义概念根本上具有美学的特征……经济活动将转变为艺术活动，而工业成为最高的创造的渠道，这个星球本身将变成人类的崭新的艺术品。异化的世界让位于美学的世界。"④

---

① 《马克思恩格斯全集》第3卷，人民出版社2002年版，第305页。
② 张盾：《马克思与政治美学》，《中国社会科学》2017年第2期。
③ 《马克思恩格斯全集》第3卷，人民出版社2002年版，第274页。
④ Tucker, *Philosophy and Myth in Karl Marx*, London：Cambridge University Press, 1972, p. 158.

自由人联合体的共产主义社会，是自由的联合与联合的自由的高度统一，因而获得更大的生产力发展、更多的个人自由时间、更全面的个人能力发展、更大的社会进步，充分展现了"人类崇高精神之光"。从而，自由人联合体的共产主义社会将实现人与自然、人与社会、人与自身等关系的高度科学发展、和谐发展，人类社会生活世界会变成科学王国、目的王国与美的王国的统一体。

第四节　将现代性政治批判与重建相统一的辩证历史方法

在退出《莱茵报》编辑部后，1843年5月，马克思开始转向新世界观，提出了"彻底揭露旧世界，并积极建立新世界"[①]的理论研究方向。由此开始，批判旧世界、建立新世界，即批判现代资本主义旧社会、建立现代社会主义新社会，成为马克思毕生的事业与追求，也成为马克思整个理论探索活动的致思方向与方式。同时，这也成为马克思社会政治哲学的一条重要方法，即把对现代性社会政治的批判与重建辩证历史地统一起来。而且，从批判的维度来看，马克思还把对现代性社会政治的理论批判与现实批判辩证历史地统一起来；从建构的维度来看，马克思还把对新社会的现实性建构与理想性建构辩证历史地统一起来。归根结底，辩证法与历史唯物主义是《资本论》及其手稿的方法论之魂，是马克思现代性社会政治批判与重建相统一的方法论之魂。

一　现代性社会政治理论与现实批判的辩证历史统一

伴随着封建专制与宗教神权的历史性退场，资产阶级社会新的经济政治统治登上世界历史舞台，近代西方启蒙运动、思想解放运动也就完成了批判与建构的时代历史任务。近代西方哲学的理性怀疑与批判精神，在德国古典哲学理性自由主义运动中达到思辨浓缩的时代高峰，逐渐与现实资本主义经济政治同构为一个形而上学的封闭体系。一句话，近代西方理论家们把政治解放误作为人类解放，把资本主义生产方式及

[①]《马克思恩格斯全集》第47卷，人民出版社2004年版，第63页。

其整个社会制度视为永恒的法则与人间天堂,把广大人民群众的艰难困苦生活视为天经地义。

近代西方理论家们罔顾历史事实,形而上学地论说资本主义社会矛盾运动以及人类社会历史发展进程,这成为马克思对现存旧世界的一切进行无情彻底批判的出发点,即新科学思想解放运动的出发点。1843年9月,马克思在克罗茨纳赫致信卢格说,其新批判要把理论斗争与实践斗争紧密结合起来,"什么也阻碍不了我们把政治的批判,把明确的政治立场,因而把实际斗争作为我们的批判的出发点,并把批判和实际斗争看作同一件事情……我们是从世界的原理中为世界阐发新原理"①。进而,马克思把批判的武器与武器的批判辩证地结合起来,把解释世界与实践变革世界辩证地结合起来,抓住人类解放这个时代历史发展的根本性问题,达到问题解决的彻底性,并逐渐形成对现代性社会政治理论与现实展开批判的辩证历史新思维方式。

转向对现代社会政治理论与现实的批判,马克思发现现代政治国家的秘密在现代市民社会即"物质的生活关系总和"之中。而要揭开现代市民社会的秘密,就需要深入政治经济学批判之中去。因为,"象经济学这样一门科学的发展,是同社会的现实运动联系在一起的"②。通过对政治经济学的具体深入、辩证历史批判,马克思解开了"门上挂着'非公莫入'牌子的隐蔽的生产场所"③,及其剩余价值生产的秘密,从而揭开了打着人权、自由、平等旗帜的资本主义政治的虚伪面纱。对此,哈维指出,"《资本论》的一个关键目标,是摧毁古典自由主义的政治经济学所提出的乌托邦式的构想"④。俞吾金深刻指出,马克思批判揭示"资本形而上学既是主体形而上学,又是意志(或欲望)形而上学在现代社会中真正的谜底"⑤。

自由主义政治经济学对资本主义生产、交换、分配与消费关系的合

---

① 《马克思恩格斯全集》第47卷,人民出版社2004年版,第66页。
② 《马克思恩格斯全集》第42卷,人民出版社1979年版,第242页。
③ 《马克思恩格斯文集》第5卷,人民出版社2009年版,第204页。
④ [美]大卫·哈维:《跟大卫·哈维读〈资本论〉》第1卷,刘英译,上海译文出版社2013年版,第151页。
⑤ 俞吾金:《实践与自由》,武汉大学出版社2010年版,第345页。

理性、合法性、永恒性论证，与自由主义政治哲学对资本主义社会政治的合理性、合法性、永恒性论证内在相连、实质一致，共同构成资产阶级的虚假政治意识形态。正如阿尔都塞所指出，"'经济科学'是历史上重大政治斗争的角逐场所"①。马克思曾批判研究过的《政府论》《法哲学原理》等政治哲学著作，其中就包含着洛克与黑格尔等为论证其理想中的资本主义社会，而出版政治经济学与政治哲学同构的典型著作。韩立新曾指出，"《法哲学》就相当于黑格尔的国民经济学"②。因此，《资本论》对资本主义社会经济、政治及意识形态的辩证历史批判，也把政治经济学批判与政治哲学批判及意识形态批判有机统一起来，成为现代性批判的经典巨著。

二 新社会政治现实性与理想性建构的辩证历史统一

批判变革旧世界，是为发现并建立新世界。在对政治经济学的逐步深化批判过程中，马克思也逐渐形成并深化了唯物史观，从而确立起科学社会主义、共产主义的新社会观、新世界观。正如有学者所指出，"马克思《资本论》的创作，是对他创立的历史唯物主义的又一次科学证明。在《资本论》中把这一理论又加以具体化和进一步发展了"③。《1844年经济学哲学手稿》从物质生产实践活动出发，以否定之否定的历史辩证法首次论说社会主义与共产主义运动，是马克思迈出探索发现、理论建构新社会的第一步。至1845年春，马克思批判费尔巴哈不讲社会政治变革的抽象人道主义、旧唯物主义的立脚点仍是"市民"社会，初步提出并确立了新唯物主义的立脚点是"人类社会或社会化的人类"④，即共产主义的新社会观。进而，在《德意志意识形态》《哲学的贫困》《雇佣劳动与资本》等著作中，对共产主义社会展开更具体丰富的论证，使共产主义理论、运动、社会形式及理想信念建立在唯物辩证法与唯物史观之上。《共产党宣言》则是对共产主义社会、自

---

① [法]路易·阿尔都塞、艾蒂安·巴里巴尔：《读〈资本论〉》，李其庆、冯文光译，中央编译出版社2017年版，第208页。
② 韩立新：《从国家到市民社会：马克思思想的重要转变》，《河北学刊》2009年第1期。
③ 雍桂良：《〈资本论〉的写作与传播》，求实出版社1982年版，第158页。
④ 《马克思恩格斯文集》第1卷，人民出版社2009年版，第506页。

由人联合体的科学新社会观、新世界观的系统公开阐明。《资本论》及其系列手稿著作,是对共产主义的经济科学、历史科学的证明。

马克思对新社会、新世界观的建构,是在政治经济学批判基础上的批判性建构,是在《资本论》的经济科学、历史科学基础之上的科学建构,把个人的自由全面发展与社会进步的辩证关系纳入人类社会历史发展进程中加以建构。卡弗认为,"马克思论述个人的社会建构性的最佳著作是《资本论》第一卷"①。这种建构具有理想性,《资本论》以科学的抽象法即"理想方法"建构了"一个理想模型"②,属于面向未来的理想性建构。《资本论》对剩余价值生产、资本循环周转等的科学抽象分析,对共产主义新社会、自由人联合体的科学设想,都可以视为建构理想模型的方法。同时,这种对新社会、新世界观的建构更具有现实性,是一种建立在科学理论分析判断基础上的现实性理想,即具有现实可能性的理想。因为,《资本论》从事实出发,翔实具体而科学地分析了资本主义社会基本矛盾运动的规律与历史发展趋势,论证了从资本主义社会化大生产中所逐步积累的、无产阶级解放与新社会所需要的客观物质条件,说明了无产阶级以社会革命推翻资产阶级政治统治、消灭私有制与阶级所需要的主客观条件及历史必然性。正如郭大力所指出,《资本论》着重论证社会主义社会的必然性以及社会发展的必然趋势,"马克思没有像乌托邦主义者那样去想象这个社会的各种细节,而是实事求是地去研究社会发展的规律"③。

马克思在创建新世界观、论说共产主义新社会之初以及整个过程中,始终在强调共产主义不是"一种教条的抽象概念",不是空想的乌托邦,不是道德说教,更不是什么爱的希望的宗教。马克思指出,共产主义不是现在就能实现的理想,但它是历史的必然生成运动,尽管

---

① [美]卡弗:《政治性写作:后现代视野中的马克思形象》,张秀琴译,北京师范大学出版社2009年版,第56页。
② 张小金:《资本论与科学研究方法》,社会科学文献出版社2005年版,第41页。
③ 郭大力:《关于马克思的〈资本论〉》,生活·读书·新知三联书店1978年版,第8页。

"在现实中将经历一个极其艰难而漫长的过程"①,但"资本主义私有制的丧钟就要敲响了","重新建立个人所有制"要比资本主义私有制战胜之前的个体所有制所需要的时间要短。② 共产主义新社会观不是建立在道德论证基础上的,而是建立在经济科学论证基础上的真正人道主义的经济科学结论;共产主义新世界观并不是建立在机械的经济决定论之上的形而上学,而是建立在辩证历史决定论之上的历史科学结论。它正在路上。

三 辩证历史方法是现代性社会政治批判与重建之魂

《资本论》及其手稿紧紧围绕资本与劳动的矛盾运动这个现代性社会经济、政治与文化历史发展的焦点问题,而展开政治经济学批判研究,进而上升到现代性社会政治批判与重建。这深刻体现出马克思社会政治哲学的辩证法与历史唯物主义方法论特色。《资本论》及其手稿所批判的是被资本所主宰、极度物化分裂的虚幻自由社会的抽象形而上学逻辑,所建构的是劳动者当家作主、自由联合发展的辩证历史逻辑。说到底,《资本论》及其手稿所书写出的辩证法、历史唯物主义就是马克思社会政治哲学的根本方法论。正如列宁所指出:"虽说马克思没有遗留下'逻辑'(大写字母的),但他遗留下《资本论》的逻辑……在《资本论》中,唯物主义的逻辑、辩证法和认识论[不必要三个词:它们是同一个东西]都应用于一门科学,这种唯物主义从黑格尔那里吸收了全部有价值的东西并发展了这些有价值的东西。"③

《资本论》所应用阐发的唯物辩证法、历史辩证法、实践辩证法是"革命的代数学"(赫尔岑语),即无产阶级革命与人类解放的科学方法论。马克思曾指出,这种形态的辩证法在本质上"是批判的和革命的",是"引起资产阶级及其空论主义的代言人的恼怒和恐怖"的辩证法的"合理形态"④。而且,作为"政治经济学批判"的《资本论》,

---

① 《马克思恩格斯全集》第3卷,人民出版社2002年版,第347页。
② 《马克思恩格斯文集》第5卷,人民出版社2009年版,第874页。
③ 《列宁全集》第55卷,人民出版社2017年版,第290页。
④ 《马克思恩格斯文集》第5卷,人民出版社2009年版,第22页。

是辩证法的"应用"、"革命"和"构建"的统一。①《资本论》所揭示的辩证法是理解人类社会历史发展规律的科学方法论，在根本上是"人类自由的辩证法"②，既是"马克思主义方法论的灵魂"③，也是马克思现代性社会政治批判与重建之魂。

作为大写逻辑的《资本论》，通过对现代社会资本与劳动矛盾运动的科学批判分析，辩证地揭示了生命运动的高级形式——人类社会迈向自由王国的实践历史过程。《资本论》批判继承了黑格尔否定之否定的概念辩证法，牢牢把握住黑格尔"辩证法的灵魂"，即"生命的和精神的自身运动——最内在的源泉"④，将现实的人的自我创造、自由发展、自我实现视为一个实践历史过程，以及人类社会自由联合发展的现实性原则。由此，《资本论》把"思想的内涵逻辑"与"历史的内涵逻辑"⑤唯物辩证地统一起来，扬弃了黑格尔概念辩证法的逻辑，不仅实现了逻辑与历史的有机统一，而且实现了列宁所说的逻辑、辩证法与认识论的有机统一。广松涉还提出，"辩证法是存在论、认识论、逻辑学的三位一体的统一，而不光是方法论"⑥。

诚然，《资本论》并不是马克思辩证法的全部，但认为"《资本论》的方法是唯物辩证法的局部情况"⑦似乎也不妥当。孙正聿认为，研究马克思辩证法"最基本和最重要的文献就是《资本论》"⑧。凯德洛夫甚至认为，马克思通过《资本论》"已经实现了自己撰写辩证法的设想"⑨。作为内在超越资本逻辑抽象统治的辩证法，并不是《资本论》、

---

① 白刚：《〈资本论〉："应用"还是"构建"了辩证法？》，《哲学研究》2022年第4期。
② [法] 萨米尔·阿明：《全球化时代的资本主义》，中国人民大学出版社2005年版，第120页。
③ 刘炯忠：《〈资本论〉方法论研究》，中国人民大学出版社1991年版，第26页。
④ [德] 黑格尔：《逻辑学》下卷，杨一之译，商务印书馆1976年版，第543页。
⑤ 白音：《〈资本论〉的逻辑何以可能：马克思主义辩证法思想研究》，中国社会科学出版社2017年版，第174页。
⑥ [日] 广松涉：《资本论的哲学》，邓习议译，南京大学出版社2013年版，第16页。
⑦ 孙伯鍨、姚顺良主编：《马克思主义哲学史》第2卷，北京出版社1991年版，第340页。
⑧ 孙正聿：《怎样理解马克思的哲学革命》，《吉林大学社会科学学报》2005年第3期。
⑨ [苏] Б. М. 凯德洛夫：《论辩证法的叙述方式》，贾泽林、周国平、苏国勋译，中国社会科学出版社1986年版，第6页。

政治经济学批判的外在技术方法，而是与《资本论》内在同一的方法，且与"马克思的唯物主义历史观"① 内在统一。由此来看，辩证法、历史唯物主义方法与《资本论》是同构互解的，构成了《资本论》的方法论根基与灵魂，也实现了马克思现代性社会政治批判与重建的思维方式及话语体系的革命性变革。

---

① 《马克思恩格斯文集》第7卷，人民出版社2009年版，第20页。

第四章

《资本论》及其手稿与现代性西方政治哲学的关系

　　《资本论》及其手稿对近代西方政治哲学的批判极大地震惊了资产阶级的精神世界，科学社会主义从苏联到中国及世界的实践历史发展更是逐步压缩资本统治的空间。为镇静资产阶级的意识，现代西方政治哲学家一方面在传承改良近代西方政治哲学，另一方面又在不断批判《资本论》及其手稿的政治哲学以及社会主义国家的政治实践。伴随着现代性资本主义社会历史的逐渐展开，西方政治哲学从近代到现代的继承、发展与嬗变，始终与西方政治经济学从近代到现代的继承、发展和嬗变保持着协调同步的同构关系。正如为自由竞争资本主义制度辩护的庸俗政治经济学是对古典政治经济学的庸俗化，为垄断资本主义制度辩护的现代西方政治哲学也是对近代西方政治哲学的庸俗化。逐渐庸俗化的现代西方政治哲学所倡导的政治解放观，始终无法逾越马克思人类解放的社会政治哲学高峰。

　　至20世纪上半叶，伴随资本主义社会的经济、政治与科技文化发展，其蕴含的巨大的现代性矛盾与危机也迸发出来。由垄断资本帝国主义引发的两次世界大战给人类造成的巨大灾难，直接促发了后现代主义的现代性反思与批判。滥觞于20世纪80年代的后现代政治哲学思潮，在对近现代西方政治哲学展开批判改造的同时，也与马克思主义政治哲学发生了复杂微妙的关系。后现代政治哲学认同《资本论》对现代性政治哲学的批判，同时把政治解放与人类解放都视为宏大叙事、虚幻的乌托邦，还试图以新的概念话语替换马克思人类解放的社会政治哲学，甚至走向反马克思人类解放的社会政治哲学理路。后现代政治哲学把人的解放寄托在依稀渺茫、不确定的未来，试图超越马克思人类解放的社会政治哲学，但始终无法逾越马克思人类解放的社会政治哲学高峰。即是说，《资本论》及其手稿的社会政治哲学始终保持着对现代性西方政治哲学的超越性，《资本论》依然是现代性社会政治批判的制高点。

第一节 《资本论》及其手稿对近现代西方政治哲学的超越性

自17世纪以来，近现代西方政治哲学在300多年的理论嬗变历程中，曾涌现出众多思想流派与理论家，对促进人类政治思想解放与政治文明做出了重要历史贡献。从为资产阶级革命、理想中的资产阶级共和国与人的经济政治自由而摇旗呐喊，到为资本统治秩序、现实中的资产阶级国家及形式自由平等的民主与人权而论证，可以说，近代英、法、德的政治哲学已经达到政治解放思想的顶峰，即马克思所批判指出的"政治理智的顶点"。为适应资本主义生产方式世界历史性拓展的理论需要，现代西方政治哲学不断传承改造政治解放的基本理念，在世界历史舞台上不断挥舞着政治自由、政治解放的各色神圣教条旗帜，并试图遮蔽、驱逐马克思人类解放观的思想光芒。然而，马克思《资本论》及其手稿所批判揭示并证明的人类解放观就宛如真理的燧石，"它受到的敲打越厉害，迸发出的火花就越灿烂"[①]。

一 近现代西方政治哲学一脉相承的政治解放观

首先，为资本利益而论说是近现代西方政治哲学一脉相承的立场。近代西方政治哲学的奠基人霍布斯，是英国资产阶级思想体系形成时期的杰出代表。作为英国新兴大资产阶级和新贵族利益忠实代言人的霍布斯，其创作《利维坦》的目的是为使英国走出"战争状态"、走上其设想的强大而稳定的现代资本主义国家发展之路。被称作"英国资产阶级革命的产儿""自由主义之父"的洛克，他创作《政府论》的目的是为自由主义式资产阶级国家的现实确立与稳定运行而论证。法国启蒙思

[①] 《马克思恩格斯全集》第1卷，人民出版社1995年版，第174页。

想家孟德斯鸠的《论法的精神》以及卢梭的《社会契约论》《论人类不平等的起源和基础》等政治哲学论著，进一步改造了英国自由主义政治哲学，为法国式资产阶级理想国家而呐喊、设计，成为法国大革命及其政治解放的强大思想武器。法国大革命所催生的柏克保守主义政治哲学，是以英式自由民主模式对法国大革命激进追求的法国式自由民主模式的批判。从康德到黑格尔的德国古典政治哲学则是对英法自由主义运动的理论回声，同时也是英法政治哲学精神的理性浓缩。至19世纪，为适应自由竞争资本主义追逐利润的需要，密尔从功利主义原则出发，以《论自由》折中归纳了近代西方自由主义的论说，还以《代议制政府》为资产阶级国家系统设计理想的政府组织形式。总之，站在资本立场，为资本权益而论证，是近代西方自由主义政治哲学共同的底色。

为把资本主义各派的政治哲学主张及各党派利益调和起来，共同应对科学社会主义思想及运动的挑战，站在古典与现代自由主义分界点上的英国政治理论家阿克顿，努力平衡自由主义与保守主义的边界，实现了古典自由主义向现代自由主义的过渡。① 美国实用主义大师杜威为化解极端个人主义对资本主义社会民主政治的损毁，试图以"民主的自由主义"改进近代西方政治哲学，进而平衡个人与整体的尖锐对立。英国哲学家罗素坚持古典自由主义代议制政治的基本原则，在《社会重建原则》与《自由之路》等著作中从个人权利与自由出发，设想出改良资本主义社会制度的理想政治模型——"基尔特社会主义"。英国经济学家、政治理论家哈耶克对近代西方自由主义与保守主义进行改造与重述，既是为复兴近代自由主义政治哲学，更是为适应现代资本主义重新以自由竞争方式实现经济政治发展的需要。② 波普尔与哈耶克、弗里德曼等，共同组成了捍卫西方自由主义与资本主义、批判马克思主义与社会主义的朝圣山学会。美国新自由主义政治哲学家罗尔斯精心传承改良了近代西方启蒙政治哲学，以美式自由民主为基准，建构出一个永恒的全球化资本主义立宪民主国家的新乌托邦。③ 总之，近现代西方政治哲学也是站在资本立场上，为资本主义社会的确立、稳固发展以及世

---

① 李福岩：《从古典自由主义到现代自由主义》，《学习论坛》2011年第11期。
② 李福岩等：《哈耶克自由保守主义言说的政治解放》，《理论界》2019年第11期。
③ 李福岩：《评罗尔斯新自由主义言说的政治解放》，《新视野》2013年第2期。

界历史性拓展而展开政治哲学论说的。

其次,自由主义是近现代西方政治哲学一脉相承的政治价值观。近现代西方政治哲学在从古典自由主义、保守主义到新自由主义、新保守主义的嬗变过程中,承袭了政治解放的基本价值观。这些基本政治价值观包括私有财产与自由、形式平等与民主、永恒公平正义、市民社会与法治人权、三权分立与资产阶级代议制国家等内容。古典政治经济学为近代西方政治哲学的政治解放观提供了经济学理论支撑。配第的《政治算术》把国家富强作为价值目标,对政治经济学所展开的"政治算术"研究含有直接的政治结论;斯密的《国富论》更是"变成了一股重要的政治力量"①。近代西方政治哲学从英国的霍布森与洛克,到法国的孟德斯鸠与卢梭,再到德国的康德与黑格尔,都以不同的概念话语方式,论证阐发了既带有各自民族国家特色,又带有傲慢"普世价值"冲动的政治解放观。马克思在《资本论》及其手稿中,曾对近代启蒙政治哲学的这些基本政治价值观、政治解放观展开系统深入的批判,科学指出资产阶级政治解放观是建立在私有制及资本主义生产方式永恒的经济学谎言基础上的虚假政治价值观。

伴随着资本主义从自由竞争到国家垄断资本主义的加速发展,在资本主义先进科技、观念文化、强权军事政治的全面助攻下,资本全球化也在不断加速其世界历史性拓展。由此导致资本与劳动、传统与现代、各民族国家之间的矛盾世界化,也带来了资本主义世界各国社会内部矛盾的新变化。为适应资本主义生产方式的世界历史性拓展,调整资本主义世界体系的新矛盾,缓和资本主义社会的内在经济政治矛盾,现代西方政治哲学开始以新概念话语优化调整、改良变换近代西方政治哲学关于自由民主的政治价值观、政治解放观。由此产生新自由主义与新保守主义政治哲学言说的政治解放。从杜威把"民主作为一种生活方式"的自由民主政治哲学理想,罗素对最佳政府形式——民主代议制政治以及"国际政府"②的设想;到哈耶克以自发秩序即以自由放任的个人主

---

① [美] E. 雷·坎特伯里:《经济学的历程》,李酣译,中国人民大学出版社2020年版,第60页。

② [英] 罗素:《论历史》,何兆武、肖巍、张文杰译,生活·读书·新知三联书店1991年版,第127—128页。

义经济秩序所构想的自由主义社会政治扩展图景,波普尔以"零星社会工程"所构想的自由民主的"开放社会"及"自由世界",弗里德曼把自由市场、资本主义制度视为"政治自由的必要条件"①;再到罗尔斯以《正义论》与《政治自由主义》《万民法》等著作对"自由社会""自由与合宜人民的世界社会的可能性"②的构想与论证;等等,都属于为资本主义社会政治永恒世界拓展而重新论说的政治解放观。吉登斯曾指出,"罗尔斯的政治理论是一种解放政治观点的一个突出例子"③。波普尔的学生沃特金斯则进一步概括总结了近现代西方政治解放的文化传统与旨趣,即试图以西式民主来"建立起一个自由主义的世界秩序"④。西方政治哲学从近代到现代所接续表达的政治解放观、政治价值观并无实质的不同,只是一个不断教条化、庸俗化的过程。

最后,主观抽象历史假设是近现代西方政治哲学一脉相承的方法论。与近代西方政治经济学一样,近代英、法政治哲学也喜欢虚构历史与事实,从主观设想的自然状态、自然权利、抽象的人性、社会契约论出发,去构想各自心中理想的资产阶级"千年王国"。这些虚构的历史与事实连同英、法两国政治解放实践,在德国古典政治哲学中化作对资产阶级"千年王国"的理性思辨形式,完成了德国人心中的政治解放。康德以先验哲学、善良意志、判断力批判的方法抽象出彼岸世界的资产阶级自由王国,黑格尔则以概念辩证法整体性地建构出资产阶级政治解放精神的历史运动。对于近代西方政治哲学的主观抽象与历史假设,即历史唯心主义、唯心辩证法,《资本论》及其手稿曾进行过批判,并且把人类解放的社会政治哲学理想建立在经济科学、历史科学的方法论之上,从而超越了近代西方政治哲学的政治解放观。

剔除卢梭与黑格尔政治哲学的所谓总体理性建构主义方法与概念辩证法,现代西方政治哲学总体上承袭了近代西方政治哲学的历史唯心主

---

① [美]米尔顿·弗里德曼:《资本主义与自由》,张瑞玉译,商务印书馆2011年版,第13页。
② [美]约翰·罗尔斯:《万民法》,张晓辉等译,吉林人民出版社2001年版,第6页。
③ [英]安东尼·吉登斯:《现代性与自我认同》,赵旭东、方文译,生活·读书·新知三联书店1998年版,第250页。
④ [美]弗雷德里克·沃特金斯:《西方政治传统》,李丰斌译,新星出版社2006年版,第286页。

义方法论，除增添经验主义与分析方法外，也喜欢主观抽象假设。在杜威看来，黑格尔辩证法的整体主义建构方法属于"形式化、图式化"①理智的绝对主义，不能成为其创造新哲学的基础。因而，杜威在达尔文进化论以及詹姆士"根本的经验主义"与"多元主义"的方法影响下，形成了实验主义的技术方法，并以此工具主义的态度与方法来进行实用主义的社会政治哲学研究。在和杜威一样走出黑格尔思辨理性主义的方法论之后，罗素则以分析哲学的方法来进行自由主义的政治哲学论说。哈耶克批判卢梭与黑格尔政治哲学的整体理性建构方法为"伪个人主义"的理性滥用，而他要从抽象假设的自然状态出发，以"理性不及"②为立论基础，以洛克和孟德斯鸠的"真个人主义"方法论去进行自由主义论说。批判的理性主义者波普尔更是极力批判黑格尔整体主义、本质主义、历史主义的方法论，试图以"零星社会工程"的方式渐进其自由民主的社会政治理想。弗里德曼从近现代西方盛行的抽象自私"经济人"假说入手，展开其自诩的古典自由主义论说，而且还把"自由、私有与市场"三要素统一起来作为政治自由的永恒法则，乃至武断地认为"希腊的黄金时代和罗马时代的早期政治自由也是如此"③。罗尔斯以"原初状态""无知之幕"承袭并综合改进了近代西方政治哲学的理性虚构与先验假设方法，并把康德的道义论融入其新自由主义政治哲学的建构过程。总之，现代西方政治哲学所采用的政治解放论说方法，与近代西方政治哲学并无本质的不同，依然是马克思曾批判超越的历史唯心主义与形而上学的方法论。

二 现代西方政治哲学对马克思人类解放观的批判

马克思的《资本论》及其手稿在对现代性社会政治的辩证历史批判中，得出科学建构未来新社会的基本原则，成为西方政治传统及近代

---

① ［美］约翰·杜威：《从绝对主义到实验主义》，载涂纪亮编译《杜威文选》，社会科学出版社 2006 年版，第 29 页。
② ［英］弗里德里希·冯·哈耶克：《自由秩序原理》上，邓正来译，生活·读书·新知三联书店 1997 年版，第 24 页。
③ ［美］米尔顿·弗里德曼：《资本主义与自由》，张瑞玉译，商务印书馆 2011 年版，第 13 页。

西方政治哲学的终结者。诚如怀揣自由与共和理想的政治理论家阿伦特所言:"我们政治思想传统的发轫显然是从柏拉图和亚里士多德的学说开始的,而且这一传统也很明显是在马克思的理论中迎来了它的终结。"[①] 科学社会主义从理论到实践的不断世界历史性发展,更是极大地刺激了资产阶级政治哲学家们的神经,他们发现马克思的现代社会主义对资本主义构成严重的挑战与威胁。在19世纪,托克维尔与阿克顿等就曾提醒资产者注意防范马克思主义。自20世纪以来,为捍卫资本主义永恒统治的自由秩序,以杜威、罗素、哈耶克、波普尔、弗里德曼、罗尔斯等为代表的现代西方理论家,"复活"了近代西方政治解放的基本观念与方法,对马克思《资本论》所批判揭示的人类解放的社会政治哲学,以及社会主义从苏联到中国的实践展开了持续批判。

首先,否定劳动价值论、剩余价值论的科学性。劳动价值论、剩余价值论是马克思以"劳动的政治经济学"批判"资本的政治经济学"所取得的重大胜利,是马克思社会政治哲学的科学理论基石。现代西方政治哲学坚定地站在资本立场,以不同的话语方式对马克思社会政治哲学的科学理论基石展开批判,回到了古典政治经济学价值理论的怀抱。面对现代资本主义社会生产与消费、资本家与工人之间贫富两极分化等系列对抗性矛盾问题,带有平民主义色彩的美国实用主义哲学家杜威主张资本家与工人利益共享,倾向民主。但是,他又从主观情境、工具性的经验论出发,以拒斥抽象观念的名义否定劳动价值论,认为劳动价值论是一种源于黑格尔哲学与古典政治经济学的抽象形而上学。对于马克思的劳动价值论、剩余价值论,罗素并没有展开具体的经济学研究与批判,却从抽象的哲学维度做出了否定。他注意到马克思经济学站在雇佣劳动者的立场上,"开始代表雇佣劳动者的利益"[②],不同于代表资本家利益的古典经济学。同时,作为哲学家的马克思有"过于实际""眼界局限"两个严重缺点,造成其"过分关注在他那个时代的问题上",其眼界仅仅局限于我们的这个星球范围之内的"人类"[③]。罗素这种超时

[①] [美]汉娜·阿伦特:《马克思与西方政治思想传统》,孙传钊译,江苏人民出版社2007年版,第87页。

[②] [英]罗素:《西方哲学史》下册,马元德译,商务印书馆1976年版,第338页。

[③] [英]罗素:《西方哲学史》下册,马元德译,商务印书馆1976年版,第343页。

空、超人类的抽象世界观与价值观再次把人的自由解放引向虚幻的天国。哈耶克是古典政治经济学价值理论的拥趸,大肆宣扬流行于西方政治经济学界的谎言,即资本家不仅创造利润还养活了工人,发达资本主义国家经济发展带动了社会主义国家的经济发展。他甚至厚颜无耻、大言不惭地说:"像俄罗斯这样的共产主义国家,如果不是西方国家维持其国民生存的话,他们现在也会忍饥挨饿,虽然这些国家的领导人很难公开承认,只要我们成功地维持并改进使扩展秩序成为可能的私有财产基础,我们就能养活目前包括共产主义国家在内的世界人口。"① 波普尔认为,马克思劳动价值论源于斯密与李嘉图,不过马克思误解了李嘉图,因为李嘉图从不认为"劳动比资本具有任何更大的创造力"②,而且,商品价格是由供求关系决定的,因而劳动价值论不成立;马克思的价值及剩余价值理论"不足以解释剥削",且这种解释所附加的假定太多而被证明是"多余的",因而"是一种本质主义的或形而上学的理论"③。他还认为,自由竞争资本主义被国家垄断资本主义取代了,马克思政治经济学批判的预言像宗教神谕一样失败了。弗里德曼以主观的边际效用价值论反马克思劳动价值论。他认为,在价值判断上,马克思的劳动价值论、剩余价值论与剥削理论同资本主义道德标准相背离,是不可接受的;在事实判断上,马克思的劳动价值论、剩余价值论与剥削理论没有对劳动创造价值的意义给出充分的说明,事实上也无法说明,未全面考虑形成总产品的各种共同资源要素,"在所有合作的资源的总产品和增添的产品——用经济学的术语说,边际产品——之间加以混淆"④。他还认为,由于个人天赋能力的差异,个人收入与财富不均等是正常的。罗尔斯承袭了近现代西方政治经济学的价值理论,批判了马克思的劳动价值论与剩余价值论。他认为,"有些时候,劳动价值论是

---

① [英]弗里德里希·冯·哈耶克:《致命的自负》,冯克利等译,中国社会科学出版社2000年版,第150—151页。

② [英]K.R.波普尔:《开放社会及其敌人》第2卷,郑一明等译,中国社会科学出版社1999年版,第268页。

③ [英]K.R.波普尔:《开放社会及其敌人》第2卷,郑一明等译,中国社会科学出版社1999年版,第273页。

④ [美]米尔顿·弗里德曼:《资本主义与自由》,张瑞玉译,商务印书馆2011年版,第180页。

第四章　《资本论》及其手稿与现代性西方政治哲学的关系　261

不充分的",即使是充分的"但却是多余的"。① 他重复着马克思曾批判过的古典经济学家"三位一体"的论调,认为马克思的剩余价值理论也是虚妄的;他要继续论证"在自由竞争的条件下,资本主义制度下的财富和收入的分配是公正的"②。

其次,批判共产主义理论与实践为乌托邦、开放社会的敌人。现代西方政治哲学把英、美资本主义视为实现自由民主理想的普适样板,批判共产主义自由人联合体的科学构想为乌托邦,攻击社会主义国家的民主政治实践为极权专制。杜威从渐进改良资本主义政治自由与民主的立场出发,提出"民主共同体"的社会政治理想,试图以此来兑现资本主义政治解放的诺言,并批判超越共产主义与人类解放的宏大构想,以及苏联式"计划社会"的无产阶级专政实践。其实,杜威实用主义政治哲学所宣扬的自由民主是现代美国政治文化的缩影。罗素把共产主义视为一种可遇而不可求的完美乌托邦,认为马克思虽拒绝从道德、人道主义方面来论说"科学社会主义",却完全被社会主义的信念所支配,"所写的所有的东西里面都隐含着他的那些貌似科学的预言的感情基础"③。在《布尔什维克主义的理论和实践》一书中,罗素还对苏联社会主义实践展开批判,认为布尔什维克主义集权统治的乌托邦对人性与自由的破坏甚于西方。哈耶克一生不遗余力地攻击共产主义与苏联社会主义,他猛烈批判共产主义社会自由王国的理论设想为乌托邦,而在其理论指导下的集体主义、社会主义在实践中必然走向希特勒式的法西斯主义,以及专制独裁的斯大林式社会主义、"超法西斯主义"。他认为,现代社会主义的经济计划属于"理性的滥用"与"致命的自负",会导致人民贫困;现代社会主义还会破坏法律秩序,导致道德风尚变坏,是一条通往奴役的道路。波普尔认为,马克思主义是"在为建设一个更美好、更自由的世界"的斗争中"所犯的许

---

① [美]约翰·罗尔斯:《政治哲学史讲义》,杨通进等译,中国社会科学出版社2011年版,第344页。
② [美]约翰·罗尔斯:《政治哲学史讲义》,杨通进等译,中国社会科学出版社2011年版,第360页。
③ [英]罗素:《西方哲学史》下册,马元德译,商务印书馆1976年版,第343页。

多错误中的一个"①,"成功地制造了人间地狱"②。历史只知道今天,却无法预言明天。"错误的预言家"马克思在《资本论》第三卷中所揭示的精神生活的"自由王国""自由人联合体",在实践中却变成了俄国社会主义专制集权、集体主义的封闭社会,成为自由开放社会的敌人。虽然马克思对未来完美新世界的构想低估了道德,但其"宗教影响的秘密在于其道德呼吁","'科学的'马克思主义死了"。③ 主张自由放任资本主义的弗里德曼认为,在社会主义社会"只有一个具有无上权力的国家",没有经济自由、政治自由与民主,而且"共产主义会摧毁我们所有的自由"。④ 同哈耶克一样,弗里德曼也认为"中央计划的确是'通往奴役之路'"⑤。除批判苏联社会主义缺乏政治自由外,他还把批判矛头指向中国社会主义,认为中国社会远不是一个自由社会,"由邓小平引进的市场改革""明显地证实了我们对自由市场力量的信心","在政治自由方面甚至有了一些初步的、微小的增长的征兆,具体地表现为日益增多的农村干部的选举。中国还有很长一段路要走,但是它是朝着正确的方向前进"。⑥ 弗里德曼给中国现代化发展道路开出的药方,是从经济自由的增长入手,实现政治自由与公民自由的增长,进而实现财富增加与自由市场经济的资本主义。苏联解体后,罗尔斯聚焦批判研究马克思《资本论》及其手稿对私有制的资本主义社会制度正义问题的批判。他认为,由于马克思没有考虑到自然资源有限性对生产力的制约问题,其所设想的"各尽所能,按需分配"的共产主

---

① [英] K. R. 波普尔:《开放社会及其敌人》第1卷,郑一明等译,中国社会科学出版社1999年版,第11页。
② [英] K. R. 波普尔:《开放社会及其敌人》第1卷,郑一明等译,中国社会科学出版社1999年版,第315页。
③ [英] K. R. 波普尔:《开放社会及其敌人》第2卷,郑一明等译,中国社会科学出版社1999年版,第323页。
④ [美] 米尔顿·弗里德曼:《资本主义与自由》,张瑞玉译,商务印书馆2011年版,第25页。
⑤ [美] 米尔顿·弗里德曼:《资本主义与自由》,张瑞玉译,商务印书馆2011年版,第2页。
⑥ [美] 米尔顿·弗里德曼:《资本主义与自由》,张瑞玉译,商务印书馆2011年版,第2—3页。

义社会缺乏现实性，由此消解分配正义、批判资本主义非正义是错误的。因此，"马克思的完全的共产主义"即"超越了正义的社会"是不可能，而且也不是值得欲求的乌托邦。①

再次，批判阶级斗争与社会革命破坏了自由民主与社会进化。现代西方政治哲学一致反对马克思为彻底变革资本主义社会政治所开出的药方，都认为阶级斗争与社会革命不但破坏了社会进化，还会导致自由民主的丧失。杜威认为马克思对早期资本主义社会恶劣状态与问题的批判是贴切的，但开出阶级斗争与暴力革命的药方是危险且不可行的，充满破坏自由民主的危险，"完全是破坏、消极、不经济的力"②。因此，本着"多解决些问题、少谈些主义"的实践与实用智慧，他主张采用"理智的方法"，即以民主教育、民主的生活方式渐进社会进化与自由民主。比如，工人依靠工会等社团组织与资本家就工资、劳动时间与劳动环境条件等进行谈判，以及政府出面调解等，来解决现代社会问题，逐步实现社会进化与人的能力的全面发展。罗素反对马克思主义以暴力方式推翻资产阶级统治的社会革命思想，更反对以苏联布尔什维克的惨烈暴力方式达到共产主义的乌托邦。为避免暴力革命对人性与人类自由造成的巨大代价，他主张改良资本主义经济政治，以普适的民主代议制政治模式渐进实现社会进步、人类联合与和平发展。哈耶克自称为"自由的捍卫者"③，极力倡导自由竞争的市场资本主义，盛赞现代英美联邦国家的宪政民主模式的普适性，认为资本主义社会政治秩序具有自发进化、自然进化的合理性及永恒性，最终会实现"自由人的国家的共同体"④的理想目标，坚决反对革命与暴力改变现存资本社会政治秩序。在波普尔看来，马克思的历史哲学法则即其经济法则，把全部历史

---

① ［美］约翰·罗尔斯：《政治哲学史讲义》，杨通进等译，中国社会科学出版社2011年版，第334页。
② ［美］约翰·杜威：《杜威五大演讲》，胡适译，安徽教育出版社1999年版，第51页。
③ ［英］弗里德里希·冯·哈耶克：《自由秩序原理》下，邓正来译，生活·读书·新知三联书店1997年版，第187页。
④ ［英］弗里德里希·冯·哈耶克：《通往奴役之路》，冯兴元译，中国社会科学出版社1997年版，第223页。

都危险地"过分简化"① 为阶级斗争的历史,"他有着帮助被压迫者的强烈欲望",对社会哲学的兴趣"基本上是一种实践的兴趣"②;其宏大的经济研究没有丝毫建设性的经济政策,目的是把社会主义从乌托邦阶段发展到科学阶段,进而设计推翻一切政治国家统治的社会革命;《资本论》严密地编织论证了无产阶级革命斗争必然发生与胜利,以及无剥削、无阶级的社会主义社会,然而,"暴力的使用只是在专制的条件下才是正当的"③。就是说,马克思的阶级斗争与社会革命理论只适用于自由竞争资本无耻残酷剥削的年代,不适用于国家干预资本主义的发达阶段,因为马克思曾预言英国是可以通过和平手段避免社会革命的国家,现代资本主义的发展充分证明非暴力的渐进改革完全可以实现社会进步与自由民主。为使弱者不致绝望而激进,罗尔斯主张以平等这一正义价值的形式调节财富的分配;为化解阶级斗争与社会革命风险,罗尔斯主张以政治自由主义的公共理性商谈达成"重叠共识",即"公共理性之理想的关键是,公民将在每个人都视之为政治正义观念的框架内展开他们的基本讨论"④。这正如哈贝马斯所指出,"'重叠共识'就只是实用性的一个症候,而不再是理论正确性的一种证明","重叠共识"所关注的是如何"确保社会稳定的问题"⑤。

最后,批判唯物史观与辩证法为经济决定论、抽象形而上学。现代西方政治哲学都把对马克思社会政治哲学的批判矛头指向唯物史观与辩证法,把马克思主义社会政治哲学视为柏拉图—黑格尔理性形而上学思想方法论的结果。杜威认为马克思社会政治哲学属于缺乏实践与实用智

---

① [英] K. R. 波普尔:《开放社会及其敌人》第 2 卷,郑一明等译,中国社会科学出版社 1999 年版,第 188 页。
② [英] K. R. 波普尔:《开放社会及其敌人》第 2 卷,郑一明等译,中国社会科学出版社 1999 年版,第 141 页。
③ [英] K. R. 波普尔:《开放社会及其敌人》第 2 卷,郑一明等译,中国社会科学出版社 1999 年版,第 241 页。
④ [美] 约翰·罗尔斯:《政治自由主义》,万俊人译,译林出版社 2000 年版,第 240 页。
⑤ [德] 尤尔根·哈贝马斯:《包容他者》,曹卫东等译,上海人民出版社 2002 年版,第 63、74 页。

慧的抽象贫乏理性思维，把马克思辩证的历史决定论误读为"经济决定论"①，把马克思的唯物辩证法误读为抽象形而上学。在罗素看来，同黑格尔一样，马克思也用神秘的理性公式概括了人类进化，而且马克思"是大体系缔造者当中最后一人"，其辩证唯物主义是一种"工具主义"，"马克思的历史哲学是黑格尔哲学和英国经济学的一个掺和体"，把"人的生产方式"作为历史推动力，其"唯物论实际上成了经济学"。② 他认为，马克思的方法论错误在于，其经济学唯物主义只有对现代社会经济与财富统治权力的批判分析，并没有对现代社会政治权力做出全面批判；其神秘的历史哲学方法对具体分析社会因果关系大多不适用。在哈耶克看来，现代社会主义是知识分子滥用理性建构主义思想路线的恶果，即从卢梭、黑格尔、费尔巴哈到圣西门、孔德的理性建构主义思想路线，被马克思和恩格斯熔铸成"科学"社会主义；唯物史观"实际上是历史上各种宗教（连同它们各自的'上帝'）所提出的对秩序的泛灵解释的最新形式"③。在《历史决定论的贫困》《开放社会及其敌人》等著作中，波普侧重批判马克思主义社会政治哲学方法这个根本，他认为马克思"经济学的历史唯物主义"就是经济决定论的形而上学。这种贫困的方法属于历史主义、本质主义、整体论的"神谕哲学"方法，它源于柏拉图，经过卢梭重振，最终到孔德、穆勒、黑格尔与马克思开始风行于世。从柏拉图到黑格尔与马克思的整体理性、至善唯美、神秘建构的"乌托邦工程"方法，是一种把人类社会历史演化引向极权主义与法西斯主义之路的危险方法、辩证戏法，"马克思主义，则被看成历史主义的最纯粹的、最发达的和最危险的形式"④。马克思以形而上学的方式追问国家的本质，夸大经济权力的重要性，在民主观上的错误致命，其"乌托邦工程"方法对自由开放社

---

① John Dewey, *Individualism Old and New*, New York: Prometheus Books, 1930, p. 119.
② ［英］罗素：《西方哲学史》下册，马元德译，商务印书馆1976年版，第337—339页。
③ ［英］弗里德里希·冯·哈耶克：《致命的自负》，冯克利等译，中国社会科学出版社2000年版，第123页。
④ ［英］K. R. 波普尔：《开放社会及其敌人》第2卷，郑一明等译，中国社会科学出版社1999年版，第140页。

会充满破坏性。而适宜自由开放社会的合理性方法是"零星工程的思考方法"①,"我们要的不是整体论。它是零星社会工程学"②。杜威、哈耶克与波普尔对马克思社会政治方法的批判直接影响了弗里德曼,弗里德曼从实用主义的经济效率原则出发,反对马克思主义的理性建构与经济计划。罗尔斯不赞同马克思政治哲学的辩证历史方法,他从反本质主义、历史主义的反思平衡法入手去建构普适性的新自由主义政治哲学,实质上是一种对直觉信念、理性判断与道德原则进行综合反思的伦理学方法。

总之,现代西方政治哲学站在政治解放的狭隘视野内,以英、美为自由民主政治发展的普适样板国家,批判马克思人类解放的社会政治哲学,以及现代社会主义从苏联到中国的实践。由于世界观、历史观与价值观的狭隘性以及方法论的局限性,现代西方政治哲学只是在以新的话语方式重复着近代西方政治哲学的思想话语,并未超越马克思人类解放的政治哲学。不过,现代西方政治哲学却在对马克思社会政治哲学进行批判的过程中,把资本主义国家装扮成自由民主的开放社会、永恒自由的天堂,共同编造出一条歪曲抹黑马克思主义与社会主义国家的错误思想路线,成为当代资本主义国家的"冷战"思想路线,即柏拉图、亚里士多德—卢梭、黑格尔—马克思的共产主义乌托邦—法西斯主义与极权主义的苏联与中国—自由民主的开放社会的敌人。这是现当代西方资本主义世界共性的政治价值观。

三 马克思人类解放观对政治解放观的批判与超越

从20世纪末到21世纪初,政治解放观在新自由主义、新保守主义、社群主义等现代西方政治哲学各流派及其政客们的喧嚣鼓吹中,迎来了"不战而胜论"、"历史终结论"等盲目的自娱狂欢。以美国为代表的西式自由民主是人类自由解放的终点吗?资本主义终结了社会主义

---

① [英] K. R. 波普尔:《开放社会及其敌人》第1卷,郑一明等译,中国社会科学出版社1999年版,第292页。
② [英] K. R. 波普尔:《开放社会及其敌人》第2卷,郑一明等译,中国社会科学出版社1999年版,第212页。

吗？政治解放超越了人类解放吗？事实上，这种一厢情愿、便宜的"千年王国"梦想已被美式自由民主样板的种种世界丑行所摧毁，被新时代中国特色社会主义、中国式现代化的世界历史性发展所证伪。从理论的根本上说，源于近代西方政治哲学的政治解放理论早已被马克思人类解放理论所超越了，现代性西方政治解放的言说早已被《资本论》及其手稿批判终结了。

首先，马克思从政治解放观走向人类解放观的思想历程。纵观马克思社会政治哲学思想的发展历程，可以发现他经历过政治解放的思想发展阶段，并通过批判政治解放而走向人类解放。1843年年底到1844年年初，是马克思社会政治哲学思想发展的重要分水岭。《莱茵报》被查封之前，受到西方政治文化传统、启蒙运动等影响的青年马克思，曾在德国古典政治哲学理性自由主义的思想界限内，即在政治解放的思想界限内展开过较为激进的自由论说。《莱茵报》被查封之后，"马克思政治哲学思想从理性自由主义转向激进民主主义"[1]，依靠法国革命的激进政治哲学理论批判封建专制特权，论说人民主权与"真正的民主制"，但依然处于政治解放的思想界限内。1844年年初，发表在《德法年鉴》上的两篇文章——《〈黑格尔法哲学批判〉导言》《论犹太人问题》初步提出以人类解放彻底解决现代性社会政治问题的理想方案，这是马克思从政治解放观走向人类解放观的重要标志。

近代西方政治解放的理论与实践孕育了超越政治解放观的人类解放观。马克思的人类解放观，是在对近代西方政治解放的理论与实践批判过程中逐渐形成确立起来的。从人类解放观的提出与初步论证到公开宣布，再到科学证成，都与马克思对政治解放的整体性批判变革紧密相连。也就是说，人类解放观对政治解放观的批判变革，与唯物史观对唯心史观的批判变革，马克思主义政治经济学对自由主义政治经济学的批判变革，科学社会主义对空想社会主义的批判变革，无产阶级革命对资产阶级社会的实践变革，是内在统一、紧密相连的。一方面，马克思的人类解放观来自对处于现代化转型发展中的英、法、德三个典型国家的

---

[1] 李福岩：《马克思政治哲学发展的第二阶段》，《沈阳师范大学学报》（社会科学版）2010年第6期。

实践批判,即来自对英国的自由市场经济实践、法国大革命的自由民主政治实践、德国自由主义理性观念先行的改良现代化的实践批判;另一方面,马克思的人类解放观也来自对当时盛行于西欧的三种主要思潮——英国古典政治经济学、德国古典哲学及英法空想社会主义的理论批判。

政治经济学批判以及由此形成并确立的唯物史观,是马克思超越政治解放观、形成并确证人类解放观的关键一环。对法国大革命及其政治解放的批判研究,构成马克思人类解放的政治哲学思想发展历程的一个重要环节。① 进而,批判黑格尔法哲学在国家与市民社会关系问题上的唯心颠倒,并由此开启对市民社会以及政治经济学的批判,标志着马克思迈出超越近代西方政治哲学政治解放观的第一步。《1844年经济学哲学手稿》首次从政治经济学批判研究入手,批判现代资本主义社会的经济、政治与文化,对共产主义与人类解放展开论证。伴随着政治与政治经济学批判的深入展开,马克思在《德意志意识形态》《哲学的贫困》《雇佣劳动与资本》等著作中初步形成了劳动价值论与剩余价值论的基本观点。在此基础上,马克思深入批判现代资本主义社会并未兑现人的解放诺言,只是实现形式的自由平等,且造成尖锐的阶级对抗,更加系统地论说共产主义社会与人类解放。《共产党宣言》系统公开宣布人类解放观,即通过无产阶级暴力革命推翻资产阶级国家政权、政治统治,建立无产阶级专政的新型民主国家政权,逐步消灭私有制与阶级,实行生产资料公有制,实现劳动人民当家作主与人民民主,大力发展生产力,实现每个人的自由全面发展,建设崭新的现代人类文明形态。此后,马克思通过政治经济学批判的系列作品及手稿,尤其是以《资本论》客观评价政治解放的历史进步性、局限性及过程性,科学地证明了超越政治解放的人类解放的历史必然性。

其次,《资本论》及其手稿的现代性社会政治批判达到时代制高点。伴随英、美、法三大资产阶级革命的胜利以及工业革命的展开,世界历史发展进入资本主义时代,即进入现代性社会经济政治等一切都为

---

① 李福岩:《法国大革命的政治哲学思索》,北京师范大学出版社2011年版,第296—297页。

资本逻辑所主宰的时代。现代性资本主义社会在促进物质与政治文明进步的同时，也造成了贫富两极分化、新的奴役压迫等系统性经济政治危机及人类灾祸，资本与劳动的潜在矛盾逐渐凸显、日益尖锐。无视现代性社会的系统性矛盾危机，更无视资本与劳动的对抗性矛盾，从古典政治经济学到庸俗政治经济学，从近代西方政治哲学到现代西方政治哲学，坚持"三位一体"的经济学教条，把私有制、雇佣劳动制度、资本主义生产方式及其政治制度神圣化，持续论证并讴歌资本主义是实现经济自由、政治自由与人类幸福生活的永恒天堂。而英法三大空想社会主义者以及近现代小资产阶级社会主义者，虽然批判私有制之恶以及资本主义的经济政治弊病，但是他们没有看到资本与劳动矛盾的对抗性，更不主张彻底变革资本主义制度，只是幻想通过各种经济政治改良举措来实现其乌托邦社会政治理想。通过政治经济学批判的系列手稿及著作，尤其是通过《资本论》，马克思敏锐发现并科学阐释了资本与劳动的矛盾这一深层次、根本性、对抗性的资本主义时代问题。从而，马克思找到了彻底破解现代性资本主义经济政治等矛盾问题的总钥匙——人类解放。资本主义从自由竞争到国家垄断的百余年现代化改良发展，并未从根本上解决资本与劳动的对抗性矛盾，反而把现代性之恶充分暴露出来。这充分证明政治解放的历史局限性，也充分证明马克思人类解放观的深刻洞见与时代历史价值。

　　如果说兰盖只用"法的精神就是所有权"这样一句话，就把孟德斯鸠幻想的"法的精神"推翻了[①]，那么，《资本论》对资本主义生产方式的系统具体批判，就彻底终结了近代西方政治哲学的政治解放观。《资本论》及其手稿客观评价了资本主义生产方式及其政治制度创造了巨大的生产力、实现了政治解放。即政治解放带来宗教信仰自由，市民社会与国家相对分离，以及形式自由、民主、平等、法治、人权、三权分立与代议制民主的资产阶级国家政权。同时，《资本论》及其手稿着重批判指出政治解放观的阶级性与过程性。马克思深刻地批判指出，政治解放只是实现了少数资本家的解放，即实现了资本所有权与自由、资本平等剥削劳动的权利，建立了代表资本利益的虚幻国家共同体等，而

---

① 《马克思恩格斯文集》第5卷，人民出版社2009年版，第711页。

广大劳动人民群众并未获得实质性的解放，只不过变成形式自由的新型奴隶。而资产阶级经济学和哲学家们却把政治解放视为实现人的自由的终极形式，把资产阶级国家看成自由天堂，这充分暴露出政治解放观的非历史性与虚幻性，及其为资本的经济政治利益服务的本质。以科学的历史观，站在广大劳动人民群众立场，为实现每个人的自由全面发展，《资本论》及其手稿科学地阐述了从人的依赖性社会到物的依赖性社会即政治解放，再到人的自由全面发展的共产主义新社会，即人类解放的必然历史进程，实现了对政治解放观的超越。

  人类解放观对政治解放观的超越还体现在方法论的超越上。近现代西方政治经济以及政治哲学的政治解放观，都是采用历史唯心主义、形而上学方法所得出的错误结论。它们喜欢虚构乃至编造历史与事实，述诸永恒公平正义的抽象理念，神化私有制与资本主义生产方式，把英、美等资本主义国家装扮成自由民主的普世模板，属于典型的历史唯心主义、形而上学方法论，即一种新型的宗教末世论——资本终结论。如果说古典政治经济学家及18世纪启蒙学者的"非历史的"世界观"还可原谅"，那么，庸俗政治经济学再虚构历史"就不能这样原谅了"[1]。而且，现代西方政治经济学及政治哲学对历史与事实的虚构简直就是罪恶。与资本利益共谋，现代西方政治解放观惧怕《资本论》革命性的历史唯物主义与实践辩证法，恶意歪曲历史唯物主义与实践辩证法为经济决定论、神谕，竭力批判阶级分析法及暴力革命变革现代资本主义社会。对此，正如恩格斯晚年曾批判指出的，"根据唯物史观，历史过程中的决定性因素归根到底是现实生活的生产和再生产。无论马克思或我都从来没有肯定过比这更多的东西。如果有人在这里加以歪曲，说经济因素是唯一决定性的因素，那么他就是把这个命题变成毫无内容的、抽象的、荒诞无稽的空话。"[2] 马克思辩证的历史决定论，以及建立在唯物、辩证、历史、实践等科学方法论之上的人类解放观，终结了建立在错误方法论之上的政治解放观，实现了思想话语方式的革命性变革。正如恩格斯在《资本论》第一卷的英文版序言中所指出："一门科学提出

---

[1] 《马克思恩格斯〈资本论〉书信集》，人民出版社1976年版，第291—292页。
[2] 《马克思恩格斯〈资本论〉书信集》，人民出版社1976年版，第499—500页。

的每一种新见解都包含这门科学的术语的革命……把现代资本主义生产只看做是人类经济史上一个暂时阶段的理论所使用的术语,和把这种生产形式看做是永恒的、最终的阶段的那些作者所惯用的术语,必然是不同的。"①

最后,人类解放在实践中创造出人类文明现代化发展的新形态。能否跨越"资本主义制度的卡夫丁峡谷",怎样走出人类社会现代化发展的新路,这是马克思自1844年起就一直在思考的问题。在《〈黑格尔法哲学批判〉导言》中,通过对英、法资产阶级政治解放的现代化发展路径的批判研究,紧密联系处于从传统到现代转型发展期的德国,马克思探讨德国式新型现代化发展道路的可能性与现实性,首次提出超越政治解放的人类解放的现代文明发展新路向。这是马克思跨越"资本主义制度的卡夫丁峡谷"思想,即社会形态跨越发展思想的最初表述。②

通过对政治经济学的深入批判研究,以及对人类社会发展规律的深入探讨,马克思和恩格斯在《德意志意识形态》中初步提出人类社会发展的"五形态"说。在此基础上,在《1857—1858年经济学手稿》中又提出与"五形态"说紧密相连、内在统一的"三形态"说。《资本论》第一卷进一步科学构想自由人联合体的共产主义新社会。至此,马克思在对现代资本主义社会文明形态的批判过程中,科学地构想出人类现代化发展、人类解放的崭新理想社会形态。《哥达纲领批判》科学地描述未来新社会发展的两个阶段,并指出在政治解放与人类解放之间有一个带有资产阶级权利原则痕迹的政治上的过渡时期。这个过渡时期的国家只能在无产阶级专政基础上进一步解放政治;未来的共产主义社会才是真正人类解放的领域。③ 这启示我们,"固然要以追求人类解放为终极目标,但同时亦不能忽视政治解放本身所具有的价值"④。在人

---

① 《马克思恩格斯文集》第5卷,人民出版社2009年版,第32—33页。
② 李福岩、张红梅:《马克思社会形态跨越发展思想新探》,《学习论坛》2013年第11期。
③ 李福岩:《马克思过渡时期的政治哲学思想及其现实意义》,《马克思主义与现实》2008年第4期。
④ 参见杨晓东《马克思与欧洲近代政治哲学》,社会科学文献出版社2008年版。

类解放的实践创造与生成过程中，现实社会主义社会的政治解放、经济解放与人自身的解放是一个互动、有机结合的发展过程，而不是从政治解放到经济解放再到人自身解放的过程。

可见，马克思人类解放的社会政治哲学既兼具批判性与建设性，又兼具理想性与现实性，并因此为现代社会主义文明新形态的实践生成提供了科学的世界观与方法论。俄国十月革命的胜利，第一个社会主义国家苏联的诞生，正式开启了现代人类文明新形态的新纪元。苏联社会主义建设72年的实践探索成就辉煌、经验宝贵，充分展现了马克思列宁主义"行"，同时也有惨痛的教训。苏联惨遭解体后，错误地选择资本主义发展道路的俄罗斯以及独联体国家30余年的发展境况，证明走资本主义现代化发展道路不行，社会主义才是超越资本主义的真正现代人类文明发展的新路。百余年来，中国共产党领导的中国革命与现代化发展道路，以及新时代中国特色社会主义现代化的世界历史性发展，充分证明社会主义才是人类文明现代化发展的正道。

第二节 《资本论》及其手稿与后现代西方政治哲学的关系

世界历史发展到20世纪中叶，伴随现代性问题在西方资本主义世界的充分暴露，以及现代社会主义在实践发展中出现的曲折，一种反思批判现代性社会政治的后现代政治哲学思潮在法、美等国逐渐孕育生成。以法国的福柯、德里达、德勒兹、利奥塔、鲍德里亚，美国的罗蒂、格里芬、詹姆逊等为代表的后现代政治哲学家，以各自不同的立场、观点及概念话语重思现代性社会政治，共同激荡起后现代政治哲学思潮，即一种"微观政治学在全球兴起"[①]。在对现代性社会政治反思批判的问题上，后现代政治哲学与马克思社会政治哲学相遇了。尽管后现代政治哲学思想家族的思想话语不尽相同，甚至差异较大，但都指认政治解放与人类解放为宏大叙事的乌托邦，都试图以微观叙事渐进实现人的自由与权利。后现代政治哲学这种对个体微观自由与权利的不确定

---

① ［英］特里·伊格尔顿：《理论之后》，商正译，商务印书馆2009年版，第45页。

性追求，正如现代政治理论家阿伦特所表达的："我们不要讨论'人类历史发展'这样的宏大事务——人类历史发展极有可能会突然转向，它既不符合社会主义，也不符合资本主义，让我们希望，它的到来会让我们惊喜。"①

法国后现代哲学家福柯、德里达、德勒兹与利奥塔等，都不同程度地继承、借鉴了《资本论》政治哲学的某些思想话语及方法，最终在试图超越人类解放理论的微观理论建构中背离了马克思的社会政治哲学。② 美国新实用主义后现代政治哲学家罗蒂只是对《共产党宣言》中马克思社会政治哲学的现代性批判有所认同，与马克思社会政治哲学在根本上是异质的。③ 曾任美国后现代世界中心首任主任的格里芬，虽然自称其理论属于"建设性的或修正的后现代主义"④，但其所宣扬的政治哲学观点却属于近现代西方政治哲学传统的修补与延续，并没有认真回应《资本论》的社会政治哲学思想。在后现代政治哲学思想家族中，对《资本论》及其手稿的社会政治哲学做出过系统具体研究及反思批判的，有法国的鲍德里亚与美国的詹姆逊两位后现代理论家。基于此，我们以鲍德里亚与詹姆逊为典型，具体探讨他们与马克思社会政治哲学的关系。

一 鲍德里亚走向反马克思的后现代政治哲学

在现有对鲍德里亚后现代社会学及其哲学、政治经济学的批判阐释中，尤其是在对比研究鲍德里亚与马克思的思想关系问题上，由于缺乏对鲍德里亚后现代政治哲学维度的系统批判理解，进而导致对其批判理解失之偏颇。从政治哲学维度来看，同法国其他后现代政治哲学家与马

---

① [美]汉娜·阿伦特：《共和的危机》，郑辟瑞译，上海人民出版社2012年版，第164页。
② 参见李福岩《福柯后现代政治哲学视域中的马克思》，《江淮论坛》2019年第3期；李福岩《德里达后现代政治哲学视域中的马克思》，《江西社会科学》2020年第6期；李福岩《德勒兹后现代政治哲学视域中的马克思》，《哲学动态》2013年第3期；李福岩《论利奥塔对马克思政治哲学的选择性肯定与整体性背离》，《马克思主义研究》2016年第4期。
③ 参见李福岩《罗蒂后现代政治哲学视域中的马克思》，《人文杂志》2013年第7期。
④ [美]大卫·雷·格里芬编：《后现代精神》，王成兵译，中央编译出版社1998年版，第236页。

克思若即若离的复杂微妙思想关系有所不同，鲍德里亚是从修改马克思政治经济学批判入手，逐步走向彻底颠覆马克思政治经济学批判，以及建筑在其上的社会革命与人类解放政治哲学思想的典型。凯尔纳和贝斯特曾指出，"博德里拉以及当时的其他思想家深受1968年五月那场成分复杂的暴动的影响，断然同马克思主义的工人阶级政治进行了决裂，转而去为革命政治寻找替代性的观点"①。

（一）鲍德里亚在马克思政治经济学批判框架内的现代性批判

鲍德里亚早期曾经历过一段受马克思政治经济学批判思想影响的时期。在此阶段，鲍德里亚从其老师列斐伏尔的微观日常生活批判理论视域出发，主要依据马克思对商品社会及其异化的分析，并借鉴巴特符号学的分析方法，而展开对现代性社会政治的批判。在1968年《物体系》一书中，他对现代社会日常生活物品的层级体系、人的阶层及其所归结的文化符号系统展开分析研究，揭示了现代社会物欲文化所催生的超前、奢侈消费，进而批判了人被物品及其背后的资本所奴役，即人被"普遍符码"②而导致自由的丧失。同时，《物体系》还提出物品使用价值的内在功能被交换价值符码化为外在身份等级的标志，而且成为一种"模范的意识形态"③，即现代性文化意识形态的操控体系。这也为《消费社会》《符号政治经济学批判》的创作与思想转向埋下伏笔。

在1970年的《消费社会》一书中，一方面，鲍德里亚在马克思政治经济学批判的思想的影响下，进一步批判了现代资本主义社会在生产力加速发展的神话，即在"为生产而生产的神奇目的数字化了的逻辑"支配下，物质财富、商品与服务等不断快速增长，由此形成惊人的丰盛与消费现象，从而出现了一个主体慢性堕落、完全异化的以消费逻辑为主导的社会。另一方面，他认为在这个由编码、符号秩序所主导、极度不和谐的消费社会，实质平等的革命性追求被转换为物质财富的使用价值以及需求与满足原则的平等追求，实质民主的革命性追求被转换为消

---

① ［美］道格拉斯·凯尔纳、斯蒂文·贝斯特：《后现代理论：批判性的质疑》，张志斌译，中央编译出版社2004年版，第151页。
② ［法］让·鲍德里亚：《物体系》，林志明译，上海人民出版社2019年版，第208页。
③ ［法］让·鲍德里亚：《物体系》，林志明译，上海人民出版社2019年版，第168页。

费电视、汽车和音响等表面民主以及法律意义上的形式民主追求，消费的编码驯化暴力革命进入福利革命的新游戏规则。他说：消费社会的"福利革命"成了资产阶级革命"未能（或未愿意）从根本上加以实现的革命的遗嘱继承者或执行者"①，"在社会主义国家中，人们也能看到'福利革命'替代社会政治革命"②。持同样看法的还有其他国外学者，如日本学者柄谷行人也认为"一旦形成了消费社会，则旧有的阶级斗争就无效了，这是理所当然的事"③。

从中可见，鲍德里亚通过对消费社会的批判分析，已开始对马克思政治经济学批判进行修改，认为马克思试图通过社会政治革命来解决消费社会这一现代性问题的方案已落空。但此时的鲍德里亚还保留着马克思政治经济学批判与法国1968年学生造反运动的一些革命性理论与实践镜像，也还保留着一些彻底实践变革现代性社会的不确定性希望。他说："我们期待着剧烈的突发事件和意外的分化瓦解会用和1968年的五月事件一样无法预料但却可以肯定的方式来打碎这白色的弥撒。"④

因此可以说，鲍德里亚早期有些思想还处在马克思政治经济学批判及其现代性社会政治批判的框架内。波斯特就认为，鲍德里亚早期对资本主义商品经济的批判基本上仍是在马克思主义政治经济学和结构主义的大框架中进行的。戈特迪纳则在《客体系统与日常生活的商品化：早期的波德里亚》一文中分析鲍德里亚在20世纪60年代末至70年代初试图把马克思主义和符号学融合在一起的理论尝试，他说："鲍德里亚展示了在日常生活的改变中体现出的相对于经济变化（在这里被概念化为现代性的运动）的力量，并以此为他超越马克思主义（后来他确实成功做到了）奠定了基础。……《客体系统》是在唯物主义的符

---

① ［法］让·鲍德里亚：《消费社会》，刘成富、全志钢译，南京大学出版社2008年版，第29页。
② ［法］让·鲍德里亚：《消费社会》，刘成富、全志钢译，南京大学出版社2008年版，第30页。
③ ［日］柄谷行人：《迈向世界共和国》，墨科译，台湾：商务印书馆2007年版，第162页。
④ ［法］让·鲍德里亚：《消费社会》，刘成富、全志钢译，南京大学出版社2008年版，第203页。

号学方面的一个典型尝试。"① 鲍德里亚也曾在总结自己思想历程时说,他在70年代初、"40岁是乌托邦主义者"②。当然,他绝没有成为一个真正的马克思主义者。

(二) 鲍德里亚走出马克思政治经济学批判的社会革命理论

以1972年出版的《符号政治经济学批判》一书为标志,鲍德里亚走出了马克思政治经济学批判,开始以其符号政治经济学的一些概念话语替换马克思的政治经济学批判及其社会革命理论。《符号政治经济学批判》开篇就点明其符号政治经济学有社会经济与政治双重分析批判的用意。他要通过对操持（pratique）消费物的"符号功能与阶级逻辑的分析",来批判其所"附有的意识形态的政治功能"③。因为,现代社会对不同物的操持是划分不同阶级或阶层的标志,物的使用价值已被更根本的符号交换价值所超越。进而,鲍德里亚批判现代社会的"炫耀性消费"、消费的极度异化,揭示象征交换与符号消费已取代宗教以及现代的自由平等民主等观念,而成为一种普遍性、普适性的价值体系。他说:"消费看上去曾经是一种普适的价值体系,但实际上它不过是一种制度、一种道德而已。"④ 因为,物没有了政治经济学意义上的使用价值与交换价值,只有象征性的交换价值与符号价值,物的操持运作与等价的逻辑已被不确定、差异性的逻辑所替代主宰,器具、商品的交换与消费让位于象征、符号的交换与消费。由此,当代资本主义社会同劳动力的自由买卖、劳动力形式上的解放、抽象的消费自由等共存共生,当代社会的劳动、需要与消费彻底跌入享乐主义的幻象之中。其社会政治结果是,象征交换与符号消费体系变成当代社会的新权力机制,即"从不存在爆发性的革命,而只有一种受控的解放,一种获取最大利润

---

① ［美］道格拉斯·凯尔纳:《鲍德里亚:批判性读本》,陈维振等译,江苏人民出版社2005年版,第41页。
② ［法］让·鲍德里亚:《冷记忆2》,张新木等译,南京大学出版社2009年版,第113页。
③ ［法］让·鲍德里亚:《符号政治经济学批判》,夏莹译,南京大学出版社2009年版,第1—2页。
④ ［法］让·鲍德里亚:《符号政治经济学批判》,夏莹译,南京大学出版社2009年版,第55—56页。

的变革"①。

与马克思在政治经济学批判中揭批商品拜物教、货币拜物教的方式一样，鲍德里亚认为自己以符号政治经济学的独特方式揭批了当代社会已彻底变成符号拜物教的社会，即一个由符号统治的社会。但与马克思消灭私有制的经济基础、炸毁政治上层建筑的社会政治革命方式不同，鲍德里亚认为，当代符号拜物教社会矛盾问题的解决需要新人道主义的"无意识的革命""文化革命"，即"只有在理论的和实践的整体革命中，才能消解符号和价值，恢复象征性。符号应该被焚烧!"②"这种解放只是工业社会转变为我们所谓技术文化的结果，也就是冶金技术社会转变为符号技术社会的结果。"③

可见，象征交换、符号价值已替换马克思的使用价值与交换价值，文化革命、符号革命已替换马克思的社会政治革命，符号技术已取代马克思所说的科学技术这个"万分危险的革命家"。对此，波斯特在《批判理论与技术文化：哈贝马斯与波德里亚》一文中认为，"马克思主义因为无法破解商品的符号学，因而变成就有'意识形态'的特点，而正是在这一点上，鲍德里亚的加入使得历史唯物主义得到丰富和发展，并使其可以适应高级资本主义的形势。……在《批判》一书中，鲍德里亚的重点是放在修正马克思的观点上，而不是取代马克思。但是后马克思主义的批判理论的种子早已经播下了"④。张一兵认为，"1972年完成并出版的《符号政治经济学批判》一书，可以看作鲍德里亚从后马克思语境中以叛逆的姿态，向反马克思主义的逻辑通道的最早出走"⑤。仰海峰也认为，鲍德里亚把使用价值与交换价值的区分等同于

---

① [法] 让·鲍德里亚：《符号政治经济学批判》，夏莹译，南京大学出版社2009年版，第93页。
② [法] 让·鲍德里亚：《符号政治经济学批判》，夏莹译，南京大学出版社2009年版，第219页。
③ [法] 让·鲍德里亚：《符号政治经济学批判》，夏莹译，南京大学出版社2009年版，第253页。
④ [美] 道格拉斯·凯尔纳：《鲍德里亚：批判性读本》，陈维振等译，江苏人民出版社2005年版，第109页。
⑤ 张一兵：《反鲍德里亚：一个后现代学术神话的祛序》，商务印书馆2009年版，第7页。

符号的所指与能指的区分，试图以符号政治经济学批判消费社会意识形态，取代马克思政治经济学批判，离开了马克思。①

（三）鲍德里亚走向反马克思政治经济学批判及社会革命理论的道路

如果说《符号政治经济学批判》一书还有马克思政治经济学批判的一些影子，其符号消费思想对马克思政治经济学批判还有所补充，并为马克思主义体系增添了现代性社会政治批判的文化和符号学维度，那么1973年出版《生产之镜》一书，则标志着鲍德里亚与马克思主义的决裂，走上了反马克思政治经济学批判与社会政治革命理论的不归路。

在《生产之镜》一书中，鲍德里亚从批判解构生产劳动概念入手，来颠覆马克思主义政治经济学批判及建筑在其上的社会政治革命理论。《生产之镜》的序言戏仿《共产党宣言》的开篇句来描述马克思主义："一个幽灵，一个生产的幽灵在革命的想象中徘徊。它到处支持着没有约束的生产浪漫主义。"② 运用拉康的镜像理论，鲍德里亚把马克思及近现代西方政治经济学理想的生产主义视为一面"生产之镜"。人们正是通过这面不停运转的"生产之镜"来认识客观世界，以及自身所指的生产、劳动、价值和意义等内容。但在此幻觉认识中，人的生产劳动及其价值和意义的形式却被丢弃了，"马克思没有对生产形式进行根本分析，对表现形式他也没有做出更多的分析"③。即是说，马克思只对生产劳动的内容进行了批判分析，并没有对生产劳动的形式进行批判分析。因此，马克思对近代西方政治经济学的批判分析不彻底，其超越西方政治经济学的基础性概念及其社会政治革命理论是必须加以质疑和批判的。他说："是什么公理保证着从生产力或生产方式的辩证起源中生发出全部革命理论？""将生产力的解放混同于人的解放：这就是革命的公式或政治经济学自身的公式？……这些支配着我们的巨大隐喻体系

---

① 仰海峰：《鲍德里亚符号政治经济学批判的一般理论建构》，《江苏行政学院学报》2003年第4期。

② [法]让·鲍德里亚：《生产之镜》，仰海峰译，中央编译出版社2005年版，序言第1页。

③ [法]让·鲍德里亚：《生产之镜》，仰海峰译，中央编译出版社2005年版，序言第5页。

第四章 《资本论》及其手稿与现代性西方政治哲学的关系

正是政治经济学的神话,它再次表明,一代代革命者被这种政治经济学概念的毒素所感染,甚至在他们的政治激进主义中也是如此。"① 由此质疑批判开始,他对马克思政治经济学批判的生产劳动概念、历史唯物主义基本原理以及社会政治革命理论展开颠覆。

《资本论》及其手稿把生产劳动作为人类最基本的实践活动,把劳动与资本的矛盾对抗关系视为现代社会体系赖以旋转的轴心而展开分析,批判资本逻辑主导下的异化劳动、雇佣劳动,主张通过社会政治革命变革资本主义生产方式来实现劳动者解放与人类解放。对此,鲍德里亚提出:"正是生产的概念,需要进行根本的批判。"② 在他看来,《资本论》及其手稿没有彻底批判生产劳动本身,非但没有实现对资本主义社会及其政治经济学的批判超越任务,反而"有助于资本的诡计"③,成了资本主义社会及其政治经济学的共谋。如凯尔纳在《绪论:千年末的让·波德里亚》一文中所理解的,鲍德里亚声称"马克思主义将生产放在生活的中心地位,因此将社会的资本主义组织自然化了"④。

因为,在鲍德里亚看来,其一,现代资本主义社会体系使自身统治权力合理化的基石便是生产劳动,马克思异化劳动批判的不彻底性体现为使人们相信自己作为雇佣劳动者时是被异化的,而通过自己的劳动创造财富时是"没有异化的"。其二,在对资本逻辑的激进分析批判中,马克思把源自近代西方启蒙理性的历史进步观念"转译为物质生产的逻辑和生产方式的历史辩证法",以此理性主义的宏大普遍虚拟经济—政治—社会模式来勾画整个人类历史发展,结果导致"他用来反对资本秩序的分析工具,正是资本精心阐述的最巧妙的意识形态幻象"⑤。因为,生产方式的差异使生产力不再是不可动摇的决定性因素。其三,

---

① [法]让·鲍德里亚:《生产之镜》,仰海峰译,中央编译出版社2005年版,第1—2页。
② [法]让·鲍德里亚:《生产之镜》,仰海峰译,中央编译出版社2005年版,第3页。
③ [法]让·鲍德里亚:《生产之镜》,仰海峰译,中央编译出版社2005年版,第12页。
④ [美]道格拉斯·凯尔纳:《鲍德里亚:批判性读本》,陈维振等译,江苏人民出版社2005年版,第7页。
⑤ [法]让·鲍德里亚:《生产之镜》,仰海峰译,中央编译出版社2005年版,第14页。

马克思《资本论》对劳动的哲学思考令人含混费解,中了资产阶级"审美的和人道主义的毒素"、缺乏"革命的想象力"①,无法走出近代西方唯心主义哲学关于必然与自由的游戏。他认为,马克思对劳动的伦理学与非劳动的美学的辩证论说是含混不清的。从伦理学层面来说,劳动伦理是资本主义和社会主义的共同意识形态,马克思把劳动看作价值与目的本身、绝对命令、自然必然性,在清算资产阶级劳动功利伦理学的同时,又保留了资产阶级劳动的人道主义毒素。从美学层面来说,马克思继承了资产阶级审美的毒素,把劳动解放视为异化劳动的克服、非劳动的美学或游戏即自由,严重缺乏革命的想象力,其思想的精髓并未超越资产阶级美学。因此,马克思对劳动的含混哲学思考将永远走不出近代西方哲学、资产阶级所设定的关于"必然与自由的问题式",即无法实现劳动解放、人类解放。因此,"为了发现超越经济学价值的领域(实际上这是唯一的革命前景),就必须打破生产之镜,因为在这面镜子中反映着整个西方的形而上学"②。

进而,鲍德里亚认为,马克思对政治经济学的批判并不彻底,反而再生产出政治经济学体系的基础,带来的是"自我侮辱",其错误的根源在于辩证的唯意志论、"生产力的辩证唯心主义"。由于马克思采纳了普罗米修斯和浮士德的永恒超越观念,把人类社会进化发展视为合乎自然规律的过程,把"全部革命的希望都奠基在生产力的普罗米修斯神话上,但这种神话处于政治经济学的时空中"③。此外,马克思主义还把生产方式、阶级斗争理论普遍用于考察整个人类历史,充满由意志支配的对未来自由解放的幻想。而在现实层面,由西方文化自身矛盾所导致的世界范围内的经济与政治帝国主义,在所有现代资本主义及社会主义的西方国家都普遍实行着,这也佐证着马克思主义的非现实性。

而且,马克思社会政治革命理论已经过时,必须对之进行理论的革新。在鲍德里亚看来,当代资本主义社会不断调整社会关系所带来的新变化,证明历史唯物主义基本原理与社会革命理论过时了。他说:"难

---

① [法]让·鲍德里亚:《生产之镜》,仰海峰译,中央编译出版社2005年版,第21页。
② [法]让·鲍德里亚:《生产之镜》,仰海峰译,中央编译出版社2005年版,第29页。
③ [法]让·鲍德里亚:《生产之镜》,仰海峰译,中央编译出版社2005年版,第43页。

第四章 《资本论》及其手稿与现代性西方政治哲学的关系 281

道不是社会关系的生产决定着物质再生产的方式（生产力和生产关系的发展）吗？""马克思主义关于革命合理性的分析，既不能解释现代社会，也不能解释原始社会。"① 现代社会生活的变迁，还导致无产阶级与马克思主义理论开始渐行渐远。他还荒谬地提出马克思并不是为工人而写作的，因为在马克思眼里工业资产阶级才是革命的。自1848年革命高潮过后，马克思迫切的革命想象以及对即将到来的激进共产主义的期盼，逐渐变成需要经过很长历史阶段的辩证发展才能变为现实的深奥哲学乌托邦，"在《资本论》中，人们从革命的乌托邦走向了完全的历史辩证法，从直接的激进的反抗走向了对情境的客观思考"②。在无产阶级斗争的影响下，资本主义社会体系通过长期自我革命，逐渐走向必然的成熟，"革命被无限制地延期了"，共产主义想象不是被现实原则的符码变成"一种升华和希望的共产主义"，就是被以不断更新的未来的名义变成"当下的牺牲以及永久的革命"③。在鲍德里亚看来，只有1968年5月法国学生与知识分子的造反运动才是真正的革命，因为，这些真正的革命者以象征性的言说、乌托邦诺言来反对当代社会无限制的再生产幻象及其权力体系。

既然马克思主义政治经济学仍然处于近现代政治经济学的形式之中，已不能对当代社会进行批判分析，其映照出资本主义社会的生产之镜及社会政治革命理论已过时，就需要以新的政治经济学批判对之进行变革。为此，鲍德里亚要打碎马克思主义的"生产之镜"，以符号政治经济学批判的新构想，走向以象征交换宣告马克思及一切现代性社会政治叙事"终结""死亡"的理路。他说："沿着马克思革命活动的足迹，我们必须走向根本不同的层面，超越政治经济学批判，使政治经济学的最终消解成为可能。这个层面就是象征交换及其理论。正如马克思想到必须扫清政治经济学批判的道路，才能完成法哲学批判一样，这个领域的根本变革，首先就要批判全部意识形态范围内能指与符码的形而上

---

① [法]让·鲍德里亚：《生产之镜》，仰海峰译，中央编译出版社2005年版，第129、138—139页。
② [法]让·鲍德里亚：《生产之镜》，仰海峰译，中央编译出版社2005年版，第147页。
③ [法]让·鲍德里亚：《生产之镜》，仰海峰译，中央编译出版社2005年版，第148页。

学。由于还没有更好的术语,我们称之为符号政治经济学批判。"①

(四) 鲍德里亚最终走向反马克思的后现代符号幻象斗争道路

1976年的《象征交换与死亡》是《符号政治经济学》与《生产之镜》的综合,也是系统批判马克思及近现代西方政治经济学的大全,彻底走上颠覆马克思社会政治哲学的理论不归路。鲍德里亚认为,当代社会,夸张的生产增长已至极限,没有人再相信增长的无限性了,符号形式征服了劳动,使其变成劳动符号的仪式。无论是马克思通过价值规律所开辟的激进社会革命理路,还是精神分析通过欲望的力比多所开辟的心理革命理路,都因走向普遍化的符码操纵而丧失有效性、过时了,"重新成为遵守法则的革命"②。继而,一种不再与革命、历史规律、欲望解放等意识形态有关的新型造反,一种在各处都是毁灭和死亡的想象形式,即象征的形式、仿真原则取代以往的一切社会政治革命观念,"形而下学"的象征性交换与暴力成为反对超级现实世界的唯一策略。

当代消费社会,生产的主导地位已被消费所取代,符号确定性所指的主导地位已被符号不确定性的能指所取代,真实死亡了;马克思及近现代西方政治经济学所论说的劳动与生产终结了;马克思主义关于交换价值与使用价值、资本与劳动、生产力与生产关系的"整个生产辩证法崩溃了"③。伴随着整个符号古典时代、生产时代的终结,马克思主义关于商品生产、价值规律、剩余价值、生产方式的政治经济学理论过时了,以之为基础"废除商品价值规律"的革命要求也随之过时了,革命被资本无处不在的隐蔽统治终结了,未来不会再发生革命了。

如福柯所说,现代社会是一个监控社会。鲍德里亚说当代社会生活的各微观空间场域与所有时刻都处于资本工厂的控制之下,工厂与劳动的普遍化导致生产劳动既到处都在又到处都不在,即生产劳动已死,更

---

① [法]让·鲍德里亚:《生产之镜》,仰海峰译,中央编译出版社2005年版,第34—35页。

② [法]让·鲍德里亚:《象征交换与死亡》,车槿山译,译林出版社2012年版,前言第1页。

③ [法]让·鲍德里亚:《象征交换与死亡》,车槿山译,译林出版社2012年版,第17页。

导致反抗资本统治的阶级斗争丧失确定性的形式以及明确的斗争对象，作为政治"几何场所"的阶级斗争完全终结了。对此，诚如有学者所理解："马克思的政治经济学批判鼓动人们进行阶级斗争，而不知道当代社会真正的斗争对象是什么。"[①]曾经代表工人权利的政党和工会组织的丧钟也敲响了，因为其"体制却以资方和政府授权的形式转而反对工人"[②]。在鲍德里亚看来，无产阶级已分化、堕落、死亡，已彻底丧失了阶级与革命意识，当前无动机目的、无政治性的"为罢工而罢工"，就是对"为生产而生产"的回应，一切斗争都围绕着创造与保护就业的社会性福利问题而旋转。以往无产者反抗资产者剥削奴役的阶级斗争，已被当前劳动者为赢得"正常人"尊严身份权利的反种族性别歧视斗争所替代。而且，"劳动者站在资产者一边：即站在人类这边，站在正常人这边。这个社会的基本法不是剥削法，而是正常性法典，这是真的"[③]。当代政治体制权力以越来越多"馈赠"的方式更全面地压制和奴役社会，并以自己的目的和方式决定着社会的生存与死亡，直至个体或社会"自我摧毁"。因此，拒绝权力的"赏赐"是唯一能让"权力崩溃"的"绝对武器"[④]。

从根本上说，社会政治革命的基础是被资本通过"价值结构的革命"而摧毁终结的。这个所谓"价值结构的革命"，依据的是鲍德里亚象征交换、符码逻辑理论的核心——三级"仿象"论与"价值的结构规律"。为此，他预设了关于仿象等级与价值规律历史变化的理论，认为自文艺复兴以来，仿象与价值规律的历史变化依次经历了三个等级：第一级仿象，即仿造是从文艺复兴到工业革命的"古典"时期的主要模式，依赖的是"价值的自然规律"；第二级仿象，即生产是工业时代

[①] 王晓升：《走出后现代社会困境：〈象征交换与死亡〉导读》，社会科学文献出版社2016年版，第64页。

[②] [法]让·鲍德里亚：《象征交换与死亡》，车槿山译，译林出版社2012年版，第31页。

[③] [法]让·鲍德里亚：《象征交换与死亡》，车槿山译，译林出版社2012年版，第36页。

[④] [法]让·鲍德里亚：《象征交换与死亡》，车槿山译，译林出版社2012年版，第59页。

的主要模式,依赖的是"价值的商品规律";第三级仿象,即仿真是目前这个受代码支配的阶段的主要模式,依赖的是"价值的结构规律"。①对于三级仿象及其对应的所谓价值规律,鲍德里亚并没有加以严肃的论证,尤其是其用来展开现代政治经济学批判,以及现代性社会政治批判的独门武器——"仿真"阶段的"价值的结构规律",也只是以意象的方式、独特的语言加以描述。这种带有主观臆想、游戏色彩的新颖言说,在一定程度上揭示了生产随历史的现象级变化、影响价值变动的主观因素,说明符号由确定性、强制向不确定性、解放的历史前行。在此基础上,他试图说明"革命的黄金时代"随着"资本的黄金时代"的终结而终结②,传统与现代决定论和生产的形而上学被"非决定论和代码的形而上学"所取代,当代社会已进入符号生产、符号消费、符号绝对统治的时代。他要以此展开对现代性社会政治符号的绝对统治与全面控制权力的批判,即对资本主义新控制秩序的新文化批判。以此观之,两党轮流执政的先进民主制、代表制、左派或右派、民意调查等现代性社会政治统统不过是符号政治游戏;从柏拉图、赫拉克利特到黑格尔与马克思所"预设的伦理政治理论",都是意识形态的一种真正暴力,都如尼采所说是应该被打倒的所谓信仰真实世界的假设。今天在社会生活各领域都吸收了超级现实主义的仿真维度,可谓仿真胜生产、虚拟胜现实,"仿真原则战胜了现实原则和快乐原则"③。捷克人以改变布拉格街道的名称来迷惑俄国人,与西方城市年轻人以涂鸦运动干扰城市信号系统、打乱呼号秩序一样,"是相同的游击战"④。

不过,鲍德里亚所杜撰的"价值的结构规律"其实是对近现代西

---

① [法]让·鲍德里亚:《象征交换与死亡》,车槿山译,译林出版社2012年版,第62页。

② [法]让·鲍德里亚:《象征交换与死亡》,车槿山译,译林出版社2012年版,第77页。

③ [法]让·鲍德里亚:《象征交换与死亡》,车槿山译,译林出版社2012年版,第101页。

④ [法]让·鲍德里亚:《象征交换与死亡》,车槿山译,译林出版社2012年版,第108页。

方政治经济学主观价值论的一种新称谓、新翻版，与法国小资产阶级社会主义者蒲鲁东的构成价值论类似。实质上，鲍德里亚完全离开了交换价值的客观基础，把象征交换、符号交换的主观性夸大到极致，变成一种彻底的主观价值论。其"价值的结构规律"是对古典政治经济学价值理论的后现代反叛，把现代西方政治经济学主观价值论推演到极致而出现的反向结论，更是对马克思劳动价值论、剩余价值论及其社会政治哲学的反动。诚如赛德曼所说，鲍德里亚关于政治经济学的系列著作"旨在对马克思主义加以修正，最终却转而实施颠覆"①。因此，把鲍德里亚从对资本逻辑的批判转向对资本逻辑的表象——符号逻辑的批判，视为"对马克思《资本论》的更新与发展"②的解读是不妥当的。

跟随鲍德里亚"价值的结构规律"，进入其构建的符码仿真时代新视域，仿佛就进入现代时尚或符码的仙境，以及充满符号消费诱惑的现代性幻象。在此，马克思主义阶级斗争与社会革命的理论言说，以及全部政治秩序统统被腐蚀消除了。与马克思主义社会政治革命理论相互串通，当下精神分析的潜意识性革命只能"通过幻想成为革命主题"，都属于理性主义的因果性扭曲想象，也都会在日益合理化的社会体制审查面前变成欺骗性的符号象征。当代社会最重要的斗争不是阶级斗争，而是如何摆脱"符号控制"的斗争。为此，就要理解符号控制即仿真的象征性质，并按照象征交换的原则把它摧毁。

敞开仿真时代的新视域，运用象征交换与符码逻辑的新解构批判武器，会发现当代国家政权的绝对控制与统治形式，即对人的生命的生存与死亡的全面绝对控制；还会发现与现当代国家政权展开斗争的既往各种方式方法统统无效，唯有以象征操作的方式把生命权这一个人神圣权利的完美形式归还死亡，才能摆脱现代性社会的符码统治。他说："让生命失去死亡，这就是经济操作本身——这是残余的生命，它从此可以用价值操作和计算的术语解读。……把生命归还死亡，这就是象征操作

---

① ［美］史蒂文·赛德曼：《有争议的知识——后现代时代的社会理论》，刘北成等译，中国人民大学出版社2002年版，第147页。
② 王庆丰、蔡垚：《符号逻辑批判——鲍德里亚对马克思〈资本论〉的更新与发展》，《华南师范大学学报》（社会科学版）2018年第4期。

本身。"① 在他看来，正像教会通过对想象的死亡领域的管理而建立自己的权力，当代资本与"国家正是通过对作为客观来世的生命的管理而建立了自己的权力"②。这在马克思主义、共产主义那里同样如此。因为，从笛卡儿、康德与马克思对自由解放的理性思辨，到弗洛伊德、赖希的马克思主义非理性欲望解放的自由幻想，都遵循着相同的进步解放幻想与生产积累永恒性空想，都是同样的资产阶级问题。

从涂尔干到福柯，都曾通过讨论自杀问题来批判现代社会对人的生命权的深度全面控制。鲍德里亚继续批判指出，人没有自由支配自己生命与死亡的权利，只能在社会批准下生存或死亡，现代社会的健康医疗保障计划甚至就是对偶然性的生物学死亡自由的控制，这仿佛是美国的"自杀汽车旅馆"的历史。其实，现代医疗技术延长生命只是一种科学的幻想，只是在制造一些非生产的苟活者，更是"巩固对生命和死亡的全部控制"③。现代整个技术文化正创设一种人为的死亡环境，安全成了社会控制的最坏形式。他还别出心裁地指出现代社会禁止自杀"与价值规律的出现是一致的"，正像每个基督徒都是一个需要拯救的灵魂那样，每个人都是一点资本，自杀则是对资本和价值削减以及现代社会价值观念的反抗。如同德波景观社会所描绘的，当代社会人类变成了自己的观赏对象，被目的性的、非政治化的、激进政治美学的意识形态狂热理论景观所眩晕。其实，人类永远都无法消灭资本、消灭国家、消灭政治，将永远生活在被管制与统治之中，"只有死亡才能终结政治经济学"④。对此，波斯特在《批判理论与技术文化：哈贝马斯与波德里亚》一文中的理解是表面性的，他认为鲍德里亚"得出的令人沮丧的结论就是，只有死亡才能摆脱编码，只有死亡才是一种既没有任何对等的回报，又没有价值交换的行为。死亡标志着符号的固有可逆转性，

---

① ［法］让·鲍德里亚：《象征交换与死亡》，车槿山译，译林出版社2012年版，第183页。
② ［法］让·鲍德里亚：《象征交换与死亡》，车槿山译，译林出版社2012年版，第203页。
③ ［法］让·鲍德里亚：《象征交换与死亡》，车槿山译，译林出版社2012年版，第248页。
④ ［法］让·鲍德里亚：《象征交换与死亡》，车槿山译，译林出版社2012年版，第265页。

第四章 《资本论》及其手稿与现代性西方政治哲学的关系 287

这是一种真正意义上的象征行为,可以蔑视拟像、模型和编码构成的世界"①。我国有学者也误解说,这使鲍德里亚最终在革命路线上走向消极的象征交换理论,即采用"暴死"的方式来抵抗抽象劳动的符号化及其对人的控制。②诚然,自杀、死亡是符号对人统治的终结,但鲍德里亚绝不是在鼓动自杀与死亡,而是在以极端的方式争取生命权这一神圣的最重要的权利,即通过象征操作、象征交换赢得生命与死亡的权利,以此终结政治经济学所布下的符号统治之网,颇有一种向死而生、置之死地而后生的味道。

面对符号全面绝对统治的现代性困境问题,鲍德里亚给出的是符码仿真时代向死而生的语言文化造反策略。遵从海德格尔语言是存在之家、维特根斯坦把语言视为现代哲学本真问题的教导,为彻底终结政治经济学及其价值法则,鲍德里亚把诗歌语言符号作为终极造反策略。他说:"言领域也存在着象征交换模式,这一模式似乎是反政治经济学的核心,是消除价值和法则的场所:这就是诗歌语言。"③因为,符号已成为现代性社会新主宰,当代社会文明与文化中一切固有的区分对立及划分标准,"都在我们这种图像和符号的系统中消失了"。马克思主义通过政治经济学辩证批判所建立的对社会革命的客观分析,"是徒劳无功的整体化——科学靠这种区分而生存,随着这种区分的死亡而死亡","这也是辩证唯物主义和历史唯物主义的终结"。④现代性符号造成的幻象谋杀了实在,"影像不再能让人想象现实,因为它就是现实。影像也不再能让人幻想实在的东西,因为它就是其虚拟的实在"⑤。处于危机中的马克思主义与精神分析的主体性哲学只有被言语粉碎之后才能建立一种彻底的理论,也只有依靠诗歌语言才能走出仿真符号逻辑的

---

① [美]道格拉斯·凯尔纳:《鲍德里亚:批判性读本》,陈维振等译,江苏人民出版社 2005 年版,第 111 页。
② 何云峰、王绍梁:《鲍德里亚缘何误解马克思的劳动理论》,《北京大学学报》(哲学社会科学版) 2021 年第 6 期。
③ [法]让·鲍德里亚:《象征交换与死亡》,车槿山译,译林出版社 2012 年版,第 269 页。
④ [法]让·鲍德里亚:《象征交换与死亡》,车槿山译,译林出版社 2012 年版,第 304—305 页。
⑤ [法]鲍德里亚:《完美的罪行》,王为民译,商务印书馆 2002 年版,第 8 页。

统治。

毫无疑问，鲍德里亚最终彻底走向了反马克思主义政治哲学的理论道路，进而他在同现代性虚拟幻象符号的理论批判斗争中彻底迷失了对象与方向，"已经远远地进入了超真实领域"①。因为，他始终没理解现代性的虚拟符号幻象，只不过是《资本论》及其手稿所揭批的资本与劳动的矛盾运动所呈现的时代景观而已。最终，他深深跌入语言文化造反的超真实乌托邦，变成一个与虚拟符号幻象的风车大战的后现代版堂吉诃德。

二 詹姆逊对《资本论》的非政治再现

在后现代思想谱系中，当代美国最具代表性的后马克思主义理论家与评论家詹姆逊对马克思主义的理解独树一帜，不仅代表着当代美国人文科学的研究方向，还在一定程度上代表着当代英美马克思主义的研究方向。从文化语境来看，詹姆逊把现代性等同于资本主义，把美国视为当代资本主义最发达、最凶残的形式，试图以"乌托邦的欲望全面代替现代性的主题"，进而为反现代性文化霸权提供了新的"治疗建议"②。他对《资本论》的独特解读，就充分体现出其现代性社会政治批判的文化语境及后现代解读模式。他提出，最能体现马克思思想的《资本论》第一卷"不是一部关于政治的书，甚至不是一部关于劳动的书。它是一部关于失业的书"，并称其对《资本论》第一卷的再现只是"认知测绘和意识形态构建中的一个基本操作"。③

诚然，《资本论》不是一部政治学、哲学专著，却可以从政治、哲学等多维视野去解读，这对我国哲学界来说似乎不是问题，即使对当代美国有些学者来说，也不是问题。如哈维就从政治视角对《资本论》进行了解读，认为马克思《资本论》的"目的是将激进的政治

---

① [美]道格拉斯·凯尔纳、斯蒂文·贝斯特：《后现代理论》，张志斌译，中央编译出版社 2004 年版，185 页。
② [美]弗雷德里克·詹姆逊：《单一的现代性》，王逢振、王丽亚译，天津人民出版社 2004 年版，第 178 页。
③ [美]弗雷德里克·詹姆逊：《重读〈资本论〉》，胡志国、陈清贵译，中国人民大学出版社 2013 年版，第 2、4 页。

第四章 《资本论》及其手稿与现代性西方政治哲学的关系 289

研究,从他所认为的一种相当浅薄的乌托邦社会主义,转变为一种科学社会主义"①。卡弗认为马克思是进行政治性写作的典范,"马克思的《资本论》与其说是一部推论性地、机械地'证明'资本主义社会必然灭亡之作,毋宁说这是一部反对资本主义的广泛的政治性论著"②。年近90的詹姆逊对《资本论》的非政治再现的理论企图、目的与意义到底是什么?要解答这些问题,就得跟随詹姆逊《重读〈资本论〉》的论证,并结合他对马克思主义的后现代理解来寻找答案。

(一)《资本论》中没有政治革命性的内容

首先,通过对《资本论》第一卷共七篇、二十五章内容的考察,詹姆逊提出马克思并没有阐述政治与革命的问题。他把《资本论》第一卷第一篇前三章理解为商品货币诸范畴的游戏,即在从商品使用价值、价值、交换价值、价值形式的演变到货币的本质和职能诸范畴的漫长逻辑推演过程中,马克思通过强调劳动者自由支配时间,只是流露出"劳动将变为审美活动"的"一丝乌托邦色彩",并没有提到无产阶级的政治斗争与革命。对此,"很多阐释《资本论》的政治斗争都提出了系统和人孰先孰后这一明显哲学的或形而上学的问题,那是决定主义和自由意志之间的哲学争论在马克思问题上的翻版"③。在他看来,《资本论》的研究对象是资本积累,《资本论》中的"革命"一词总是指向技术革命,"充其量在偶尔跑题的时候,注意到工人组织可能增强政治抵抗的力量","此外,几乎没有提到无产阶级政治"。④

在他看来,《资本论》第一卷第一篇论证过程中有三个高潮:第一个高潮是"物化理论"或"商品拜物教",第二个高潮是关于过去与未来完全不同的社会形态及生产方式的短暂论述,第三个高潮是货币理论,其中都没有关于政治与革命的明确信息。对于第二个论证高潮,他

---

① [美]大卫·哈维:《跟大卫·哈维读〈资本论〉》第1卷,刘英译,上海译文出版社2013年版,第6—7页。
② [美]卡弗:《政治性写作:后现代视野中的马克思形象》,张秀琴译,北京师范大学出版社2009年版,第90页。
③ [美]弗雷德里克·詹姆逊:《重读〈资本论〉》,胡志国、陈清贵译,中国人民大学出版社2013年版,第22页。
④ [美]弗雷德里克·詹姆逊:《重读〈资本论〉》,胡志国、陈清贵译,中国人民大学出版社2013年版,第28—29页。

解释说:"如果有人想在《资本论》中发现政治训导,听到革命号召——那种完全转变或取代目前的资本主义生产方式的革命——那么这仍然就是最重要的时刻。"但是,第二个高潮却是来自其他星球的一股微弱而含混的政治与革命信息,即"来自资本主义系统及其似乎无懈可击的封闭结构之外"。① 用其在《晚期资本主义的文化逻辑》一书中的话说,这股微弱的政治与革命信息来自"实现未来或乌托邦生产模式,这种乌托邦生产模式试图从我们今天的霸权主义生产模式中脱颖而出"②。

其次,詹姆逊把《资本论》第一卷第二至七篇中的第四至二十五章理解为以"对立面的统一"的表达方式,推演论证了货币转化为资本、绝对剩余价值与相对剩余价值的生产、工资、资本积累、原始积累等问题,其间隐含或突然出现的政治与革命观点,被对立统一的严谨论证自我否定了。

一是第三篇第八章"工作日"③ 结尾高潮部分,对《资本论》"不是一本政治书"的观点提出了似乎有力的反驳。因为资本家通过延长劳动时间的绝对剩余价值这种生产方法对工人进行残酷压榨,所以马克思号召工人"必须把他们的头聚在一起,作为一个阶级来强行争得一项国家法律,一个强有力的社会屏障,使自己不致再通过自愿与资本缔结的契约而把自己和后代卖出去送死和受奴役"④。但是,马克思很快又在第四篇"相对剩余价值的生产"中,"描述了资本在这种法律通过之后采用的一些方法,这些方法甚至能保证获得更多的剩余价值。由此,这一部分自我否定地宣称了第十章所说的政治只是工联主义的策略而非革命的策略"⑤。

---

① [美] 弗雷德里克·詹姆逊:《重读〈资本论〉》,胡志国、陈清贵译,中国人民大学出版社 2013 年版,第 34 页。
② [美] 詹明信:《晚期资本主义的文化逻辑》,张旭东编,陈清侨等译,生活·读书·新知三联书店 2013 年版,第 156 页。
③ 《资本论》德文第四版第八章"工作日"与《资本论》第一卷法文版第十章"工作日"内容一致。詹姆逊在《重读〈资本论〉》中以《资本论》第一卷德文第四版为引文考证对象,但此处却以《资本论》第一卷法文版第十章为考证对象,猜测是詹姆逊弄混了文本。
④ 《马克思恩格斯文集》第 5 卷,人民出版社 2009 年版,第 349 页。
⑤ [美] 弗雷德里克·詹姆逊:《重读〈资本论〉》,胡志国、陈清贵译,中国人民大学出版社 2013 年版,第 40 页。

二是第四篇第十一章"协作"是马克思关于历史和生产的最洪亮的宣言,是将其解读为形而上学人性论的内容。"这是个人和个人主义范畴被扫地出门、被集体和集体主义范畴替代(或被提升为集体和集体主义范畴)的时刻。"① 但是,《资本论》讨论的主题不是人,而是资本主义系统,马克思所讨论的"集体协作"批判指向的是把分工作为绝对现象的新斯密主义和蒲鲁东等经济学家,"集体性在这里具有了本体论的优先性;随着资本主义对集体性的发现与发展,马克思主义关上了对更简单、更具有人性的生产方式的所有怀旧式回归的门"②。

三是在第十三章"机器和大工业"中,马克思描述了伴随着资本主义机器大工业的发展,工人阶级境况更加悲惨。"《资本论》余下部分越来越重点论述的观点——那么还必须说,阶级斗争本身,即工人自己更清晰、更自觉的反抗,也在促使资本主义生产力不断进步。"③ 但是,《资本论》在余下篇章中却没有继续讨论阶级斗争问题,而是回到对资本主义系统中的资本积累辩证法、劳动后备军等问题的讨论。

四是《资本论》第一卷中以"隐含的"方式预报了雇佣劳动的资本主义生产方式世界扩张的极限,"但它也说明,资本主义系统自身有必要对它的近期发展发出不断更新的警告('我死后哪怕洪水滔天!')"④。总之,《资本论》第一卷对资本主义系统的分析不是述诸纯粹感觉感伤的发作、煽动性的话语,也不同于第二国际修正主义者将马克思对资本主义的批判分析堕落为康德式的伦理道德判断,而是"述诸严格论证"。因此,《资本论》第一卷没有对政治与革命问题进行严格论证。

最后,詹姆逊尤其以"历史作为尾声"的专章,对《资本论》第一卷第七篇第二十四章第七节具有政治革命性的历史预言展开分析,认

---

① [美]弗雷德里克·詹姆逊:《重读〈资本论〉》,胡志国、陈清贵译,中国人民大学出版社2013年版,第41页。

② [美]弗雷德里克·詹姆逊:《重读〈资本论〉》,胡志国、陈清贵译,中国人民大学出版社2013年版,第42页。

③ [美]弗雷德里克·詹姆逊:《重读〈资本论〉》,胡志国、陈清贵译,中国人民大学出版社2013年版,第46页。

④ [美]弗雷德里克·詹姆逊:《重读〈资本论〉》,胡志国、陈清贵译,中国人民大学出版社2013年版,第53页。

为其是在主要论证任务完成之后具有独立完整性的补记与尾声，一次"更重要的断裂"①。众所周知，马克思在此关于少数剥夺者被人民群众剥夺、消灭资本主义私有制、重建个人所有制的思想具有明显的政治革命性，是在对资本主义生产方式科学批判分析基础上得出的革命性政治性结论，也是《资本论》第一卷的有机重要组成部分，更是对《共产党宣言》中曾阐述的自由人联合体社会历史理想的丰富和发展。

对此，一方面，詹姆逊也认识到马克思关于剥夺者被剥夺的预言，是对资本结构分析的结果，以"英雄高潮和田园高潮"的方式预言了资本主义制度及其价值规律的终结，即"前历史的终结"，更是无尽未来的新开端，以及所有社会主义革命主张的理论基石；另一方面，詹姆逊却认为马克思陷入社会革命的客观必然与主观意志的两难选择与断裂之中，"马克思主义政治传统中存在已久的宿命论和唯意志论的张力——等待时机成熟和通过积极介入引发渴望的系统危机之间的张力——深深地刻写在了马克思本人的《资本论》中"②。因为，根据《资本论》的科学严谨论证，社会政治革命还需要漫长艰苦的自然历史过程，"马克思想象中的那种社会主义或共产主义转型，只有在世界市场和普遍商品化出现在地平线上的时候，才能真正提上议事日程"③。不过，他也认为《资本论》对资本主义"创造性破坏"系统的批判分析，以及对未来人类解放的历史激情，把革命的政治学与"未来诗学"结合起来，为今天左派的"话语斗争"提供了未来主义与激情的思想资源。

（二）对《资本论》的三维透视及政治结论：非政治性

首先，通过对《资本论》第一卷中的时间、空间与辩证法三个维度的专门透视，詹姆逊确认其中没有政治革命性的内容。通过对《资本论》第一卷中劳动时间、生产时间、工作日等的考察，他认为马克

---

① ［美］弗雷德里克·詹姆逊：《重读〈资本论〉》，胡志国、陈清贵译，中国人民大学出版社2013年版，第58页。
② ［美］弗雷德里克·詹姆逊：《重读〈资本论〉》，胡志国、陈清贵译，中国人民大学出版社2013年版，第69页。
③ ［美］弗雷德里克·詹姆逊：《重读〈资本论〉》，胡志国、陈清贵译，中国人民大学出版社2013年版，第71页。

第四章 《资本论》及其手稿与现代性西方政治哲学的关系 293

思在时间维度上主要批判了资产阶级经济学家的历史终结论，即批判了关于资本主义永恒论的谬论，但并没有对意识形态问题展开论述，因为那是《资本论》第四卷《剩余价值理论》的任务。此外，他反对把马克思主义视为生产主义或生产的意识形态，主张马克思主义是一种生产模式。正如他在《晚期资本主义文化逻辑》一书中所说，马克思主义的生产方式"这个主导符码并不像人们有时所认为的那样是经济学或者狭义上的生产论，或者是作为局部事态/事件的阶级斗争。马克思主义的主导符码是一个十分不同的范畴，即'生产模式'本身"①。

在列斐伏尔、哈维空间理论的影响下，通过对《资本论》第一卷关于机器大生产、一般规律等章节的空间维度考察，詹姆逊解读说，"对马克思来说，未来的工厂，资本主义之外的乌托邦生产空间，应该被看做也是生产、建构主体的空间，以及方方面面的教育的基本场所"②。在他看来，即使马克思把时间作为发展空间的辩证论说，也与政治革命无关。

通过对《资本论》第一卷中辩证法运用维度的考察，詹姆逊一方面高度肯定了辩证法在《资本论》第一卷中的逻辑和科学运用，另一方面避开了马克思《资本论》第一卷关于辩证法本质"是批判的和革命的"③著名论断。他只是解释说，资本主义是一个历史现象，而作为一次内在历史辩证法实现的"《资本论》自身是一个独特的历史事件，这构成了它的辩证法"④。这样，《资本论》第一卷就对巨大复杂的资本主义系统做出了科学的逻辑的批判分析，既避免了对资本主义的朴素道德指责，又成功抵制了对资本主义做出简单主观肯定或否定的政治选择。因此，《资本论》第一卷对辩证方法的成功运用，只关乎科学与逻辑，与革命、道德及政治叙事无关。

其次，詹姆逊总结得出"《资本论》第一卷没有政治结论"的政治

---

① [美]詹明信：《晚期资本主义的文化逻辑》，张旭东编，陈清侨等译，生活·读书·新知三联书店 2013 年版，第 119—120 页。
② [美]弗雷德里克·詹姆逊：《重读〈资本论〉》，胡志国、陈清贵译，中国人民大学出版社 2013 年版，第 94 页。
③ 《马克思恩格斯文集》第 5 卷，人民出版社 2009 年版，第 22 页。
④ [美]弗雷德里克·詹姆逊：《重读〈资本论〉》，胡志国、陈清贵译，中国人民大学出版社 2013 年版，第 110 页。

结论。詹姆逊深知，一百多年来，人们普遍认为《资本论》是一部"工人阶级解放的圣经"，而作者马克思集革命家与思想家于一身，又书写过《共产党宣言》等著名政治理论基础性的著作。因此，说《资本论》没有政治结论，既不是一部政治著作，也不是经济学著作，这是需要解释的悖论。对此，他总结了以下理由。

一是《资本论》第一卷的论说不符合政治的内涵标准。按政治的含义来说，政治分为政治理论与纯粹政治，前者体现为宪法理论，宪法是阻止革命、反对革命的；后者是关于政治行动策略的。以此标准衡量，《资本论》第一卷政治维度缺失，不属于政治著作，不过其经济与政治的断然分离倒是成为其巨大的原创力量之一。他说，《资本论》第一卷没有关于更完美社会制度图景的政治理论化印迹，只有对"'自由生产者联合体'的乌托邦想象"，"这本书甚至没有从经济角度勾勒任何未来社会主义的图景的轮廓。……它预言了革命性的突变，但并没有给我们讲述太多关于突变的方式和结果的内容"。[1]

二是《资本论》第一卷属于马克思主义两套语言和编码中关于资本积累的科学语言编码。詹姆逊赞同柯尔施《马克思主义和哲学》一文中的观点，以及阿尔都塞的"断裂说"，认为《资本论》是马克思主义从哲学变为科学的典型著作。进而，他对马克思主义做出二元论的阐释，认为马克思主义在效果上拥有两套可以互相转化、互相替代的基本语言，即阶级斗争与资本积累或价值规律两套语言和编码。同样作为思想家与政治天才的马克思与列宁一直都用政治的思维思考问题，都是最典型意义上的机会主义者，也都遵从了马基雅维利的训导，再加之马克思主义是在马克思去世后由恩格斯创造的，所以"我们应该把'马克思主义'理解为既是一种意识形态，又是一种'科学'"。[2] 在他看来，带引号的马克思主义的意识形态性与科学性不是共时性的，即前期著作是意识形态性的、有些著作是意识形态性的，成熟时期的《资本论》是非意识形态性、非政治性的。如果把带引号的马克思主义都视

---

[1] [美] 弗雷德里克·詹姆逊：《重读〈资本论〉》，胡志国、陈清贵译，中国人民大学出版社2013年版，第113页。

[2] [美] 弗雷德里克·詹姆逊：《重读〈资本论〉》，胡志国、陈清贵译，中国人民大学出版社2013年版，第114页。

为意识形态与科学的统一,就容易导致对《资本论》文本的政治效应做出机会主义的夸大理解,进而衍生出许多实践性政治议程。

三是《资本论》第一卷属于一部对资本主义系统进行总体化辩证分析的著作。以总体化、辩证的方法,《资本论》第一卷对空前巨大的资本主义系统进行了客观分析,没有对资本主义或共产主义系统的好坏做出判断,其分析悖论的创新点或辩证的创新点在于"结果被证明为封闭的资本主义开放系统"①。即是说,资本主义系统的开放性来自资本积累及帝国主义无休止的扩张动力,但其疯狂吸收一切的动力也是一个必然毁灭的过程,从而走向封闭与终结。当代资本全球化的发展证明,"资本主义系统空前巨大,绝对超乎人类之上,任何可以想象的形式的个人抵抗都奈何不了它"②。对此,他还十分认同华勒斯坦关于世界体系的观点,认为"在一个特定时期,地球上只能有一种世界制度,因此我们过去认为是一种替代的制度其实只是一种反霸权政治的冲动"③。现时代,社会主义国家的解体,各种旧党派系统的消亡,除了资本主义体系,没有其他制度系统可供选择,乃至资本主义体系的批评家也只是寄希望于改良,只能让资本主义的不正义、不平等逐步减少。但是,"《资本论》的力量和构架成就无疑说明,这种'不正义、不平等'与资本主义总体系统在结构上是一致的,并且永远不能被改良"④。

四是《资本论》第一卷所讨论的核心问题是失业。围绕马克思《资本论》第一卷第七篇第二十三章所论说的"资本主义积累的绝对的、一般的规律"及"产业后备军"⑤,詹姆逊把《资本论》第一卷解读为以"资本主义生产和失业相统一"组织起来的著作,坚信"失业

---

① [美] 弗雷德里克·詹姆逊:《重读〈资本论〉》,胡志国、陈清贵译,中国人民大学出版社2013年版,第117页。

② [美] 弗雷德里克·詹姆逊:《重读〈资本论〉》,胡志国、陈清贵译,中国人民大学出版社2013年版,第116页。

③ [美] 弗雷德里克·詹姆逊:《文化研究和政治意识》,载王逢振主编《詹姆逊文集》第3卷,中国人民大学出版社2004年版,第421页。

④ [美] 弗雷德里克·詹姆逊:《重读〈资本论〉》,胡志国、陈清贵译,中国人民大学出版社2013年版,第118页。

⑤ 《马克思恩格斯文集》第5卷,人民出版社2009年版,第742页。

在《资本论》中的基本结构性核心地位"①。他认为，马克思以非政治与非意识形态的方式论述了产业后备军、失业是资本主义系统，即资本积累及扩张的必然结果。在资本主义全球化扩张发展的新阶段，资本主义结构性失业不断加剧，产业后备军日益庞大。另外，把失业作为《资本论》第一卷的核心问题加以解读，可能提供了另一新的"实践政治结论"。依据阿尔都塞《论再生产》一书的观点，马克思的思想范畴中还存在着统治范畴和剥削范畴的张力，资本主义生产方式主要是通过生产关系、剥削建立起来的，在此基础上再生产出社会政治统治。詹姆逊认为，"对剥削的强调的结果是社会主义计划，而对统治的强调的结果是民主计划，后者是一种很容易而且经常被资本主义国家拉拢的计划和语言。"② 而在现时代《资本论》第一卷所日益彰显的全球性失业问题，是与剥削即"社会主义计划"紧密相连的，"就是建立一种新型的全球层次的转换政治学所要完成的任务"③。

（三）对《资本论》非政治再现的评析

从詹姆逊对《资本论》的非政治再现中，可以发现他综合运用了马克思主义政治经济学批判、结构主义、符号学、阐释学以及精神分析等多种解读模式与方法，并紧密结合当代全球化与资本主义发展变化的实际来阐发《资本论》的当代价值。他侧重从科学性角度理解《资本论》第一卷，坚持把《资本论》第一卷视为对资本主义系统产生、发展与灭亡必然历史过程的总体化科学批判分析，并试图从全球性失业与剥削的新角度阐发《资本论》的当代意义。他还坚持认为异化思想在《1844年经济学手稿》到《资本论》第一卷中一直发挥着现代性解构与建构的重要作用，并试图以此阐发马克思的"后哲学"思想。这即是其在《单一的现代性》中曾经的理论企图，把"异化"一词转化

---

① ［美］弗雷德里克·詹姆逊：《重读〈资本论〉》，胡志国、陈清贵译，中国人民大学出版社2013年版，第119页。
② ［美］弗雷德里克·詹姆逊：《重读〈资本论〉》，胡志国、陈清贵译，中国人民大学出版社2013年版，第120页。
③ ［美］弗雷德里克·詹姆逊：《重读〈资本论〉》，胡志国、陈清贵译，中国人民大学出版社2013年版，第121页。

"成为后期资本主义'文化批判'的一个重要内容"①。但是，他在对《资本论》第一卷的非政治再现与论证中，却存在着对《资本论》、马克思主义及当代社会政治发展等的错误理解，在一定程度上代表了当代西方后马克思主义学者对《资本论》及马克思主义社会政治哲学的认知与错误理解。

首先，说《资本论》不是政治性著作，意在告别宏大社会政治革命理论。《资本论》肯定不是单纯的政治著作，但其中却充满政治性与革命性，马克思的《资本论》、政治经济学批判就是为无产阶级的阶级斗争与社会革命提供思想理论武器与行动指南的，并因此成为无产阶级与人类解放的真经。但詹姆逊却以曲解的方式撇开或去除《资本论》、政治经济学批判中蕴含的政治性革命性内容与人类解放理想，只阐释其关于生产方式、资本主义系统批判等方面的内容。他虽然认同阶级与阶级斗争的存在，却极力歪曲否认《资本论》中有关阶级斗争与社会政治革命性的内容。这种理解反映了其对现代性社会政治发展道路的判断，是其告别宏大社会政治革命理论在解读《资本论》中的再现。他认为，由于资本主义系统的消亡是个历史过程，尤其是当代资本主义体系的强大，"人们普遍感觉到在当今世界的大部分地区，严格意义上的政治斗争变得越来越没有希望了"②。再加之，"现在绝大多数社会主义已经失败，而且与资本主义的现代性相比，它们都还处于初级阶段"③。他认为，在当代西方，从冷战到消费主义文化的扩展，导致了整个社会变革时期的终结，关于社会革命与变革的"宏大集体计划"的乌托邦思考，即关于战争与革命的想象早已脱离现实。因为世界战争会导致人类毁灭是不可能的，进而社会政治革命也是不可能的，因此他要告别阶级斗争与社会革命。

其次，说《资本论》不是政治性著作是对马克思主义非整体性的

---

① [美]弗雷德里克·詹姆逊：《单一的现代性》，王逢振、王丽亚译，天津人民出版社2004年版，第99页。
② [美]詹明信：《晚期资本主义的文化逻辑》，张旭东编，陈清侨等译，生活·读书·新知三联书店2013年版，第38页。
③ [美]弗雷德里克·詹姆逊：《新马克思主义》，载王逢振主编《詹姆逊文集》第1卷，中国人民大学出版社2004年版，第365页。

理解。《1844年经济学哲学手稿》是马克思主义整体性的开端之作,作为"艺术整体"的《资本论》更是马克思主义整体性的典范力作。《资本论》集科学性与意识形态性、真理性与价值性、革命性与实践性等于一身,并为党赢得科学上彻底胜利的整体性著作,而詹姆逊却抛开意识形态性、革命性与政治性,片面地理解与断裂式再现《资本论》。《资本论》集历史唯物主义、剩余价值理论与科学社会主义于一身,而詹姆逊却否认其中的历史唯物主义与科学社会主义内容,以所谓二元论的断裂再现《资本论》。《资本论》不仅是马克思的智慧汗水结晶,还含有恩格斯的伟大合作与智慧,而詹姆逊却割裂歪曲恩格斯与马克思《资本论》的内在理论联系,更全面否定苏联对马克思主义的理论与实践贡献,从而以割裂整体性的方式非法再现《资本论》及马克思主义。

再次,说《资本论》不是政治性著作是对马克思主义理想信仰幻灭的再现。以《共产党宣言》《资本论》等为代表的马克思主义经典著作,深度全面地批判了资本主义,展望了共产主义社会理想与人类解放的光明未来。自称对马克思主义的研究只是出于学术文化研究兴趣而非信仰或真理的詹姆逊,认同马克思政治经济学批判依然有活力、对现代性文化批判有效,其关于资本主义发展经历现实主义、民族主义、帝国主义、资本全球扩张等阶段的历史分期论也来自马克思主义。但是,他认为马克思主义已不适应晚期资本主义,反对马克思主义的社会政治历史进步论,指认共产主义是关于未来的半世俗化半宗教的美学与政治乌托邦,且已在现实中失效。詹姆逊只是偏爱"乌托邦这个字眼",相信以政治解放为根基的布洛赫希望哲学与"解放神学"比"马克思主义的乌托邦形式"更有效。①

最后,说《资本论》是关于失业的著作走向后现代微观政治文化批判的生存策略。结合当代资本主义社会大众生活的实际状况,詹姆逊把《资本论》理解为一部关于失业的著作,避开对敏感而有风险的宏大社会政治革命性问题的直接讨论,即避开西方冷战自由主义思维所主导的意识形态的政治攻击风险,从而走向后现代微观政治文化解构与建

---

① [美]詹明信:《晚期资本主义的文化逻辑》,张旭东编,陈清侨等译,生活·读书·新知三联书店2013年版,第26页。

构的生存策略。他认为，面对强大而无法变革的资本霸权及其"冷战自由主义"文化霸权的统治，出于生存策略考虑的西方知识界大多采用笛卡儿的格言，即命运与秩序不可改变，只有思想能够自己支配。因而，他也采用后现代微观政治与文化革命的叙事方式，得出《资本论》是一部关于失业、没有政治结论的著作的政治判断，从而开辟其后马克思主义的新"认知测绘"与"意识形态"建构，并以此批判解构单一现代性的西方文化霸权。他说："'认知绘图'实际上只不过是'阶级意识'的符码：它的意义仅在于提出需要一种新的和到目前为止还未想象到的阶级意识，同时它也反映了后现代中所暗含的那种新的空间性发展。"① "'反霸权'就可以理解为纯粹的上层建筑概念，即精心策划一整套新观念、对立的价值观、文化样式，在'符合'一种物质基础、一种社会基础这一意义上，它们或是现实的，或是预言性的。"② 就是说，他发明创造"认知绘图"这种后现代主义政治哲学的新语言游戏，是为了像葛兰西那样继续反文化霸权，更是为了构建后现代新的阶级意识，为未来新的阶级斗争做准备。

---

① ［美］弗雷德里克·詹姆逊：《现代性、后现代性和全球化》，载王逢振主编《詹姆逊文集》第4卷，中国人民大学出版社2004年版，第217页。
② ［美］弗雷德里克·詹姆逊：《快感、文化与政治》，王逢振译，中国社会科学出版社1998年版，第118页。

第五章

《资本论》及其手稿政治哲学的时代价值

从社会政治哲学的维度来看,《资本论》及其手稿不仅有对现代资本主义社会政治的政治经济学批判,而且有对未来新社会政治的历史科学建构。《资本论》及其手稿在对政治解放观的批判过程中,所科学阐发的人类解放观既具有理想性,又具有现实性。《资本论》不仅为无产阶级政党赢得了科学理论上的胜利,而且成为国际共产主义运动的行动指南。在马克思主义人类解放的科学世界观与方法论指引下,以列宁、斯大林等为代表的布尔什维克党人在俄国革命和苏联社会主义建设过程中,创造出了马克思主义俄国化的伟大理论与实践成果,极大地推动了人类解放事业在20世纪的发展。俄国十月革命的伟大胜利,极大地促进了马克思主义人类解放理论在中国的传播发展。以毛泽东、邓小平、江泽民、胡锦涛、习近平等为代表的一代代中国共产党人,在中国革命、建设、改革开放和新时代的百余年接续奋斗过程中,持续创造出马克思主义中国化时代化的系列伟大理论与实践硕果,极大地推动了人类解放事业从20世纪到21世纪的发展。面对新时代中国式现代化发展中的新目标、新矛盾、新变局、新挑战,既迫切需要建构起中国特色的马克思主义政治哲学思想及话语体系,也迫切需要建构起中国特色的政治经济学体系。这就需要我们始终坚持以马克思主义人类解放的科学世界观与方法论为指导,不断推进《资本论》及其手稿的政治哲学立场、观点与方法中国化时代化。

第一节　对当代中国马克思主义政治哲学建构的意义①

从 2006 年开始，我国学界围绕当代中国马克思主义政治哲学的建构问题展开逐渐深入的研讨。其中，对于当代中国马克思主义政治哲学建构的必要性、迫切性、可能性、现实基础、理论前提、思想资源与基本路径等问题，更是展开了广泛研讨。就当代中国马克思主义政治哲学建构的理论前提、思想资源与基本路径来说，无疑需要自觉坚持以马克思主义政治哲学为指导，尤其需要以《资本论》及其手稿的政治哲学为指导。因为，《资本论》不仅为当代中国马克思主义政治哲学的建构提供了最经典的文本支撑②，而且还为当代中国马克思主义政治哲学思想及话语体系的建构提供了基本的立场、观点与方法。可以说，《资本论》及其手稿对当代中国马克思主义政治哲学思想及话语体系的建构，具有重要的世界观与方法论意义。

一　要始终自觉坚守人民至上的根本立场

人民至上是《资本论》及其手稿政治哲学的基本原则立场，也是当代中国马克思主义政治哲学建构必须始终自觉坚守的根本立场。"马克思在创立唯物史观、创作政治经济学批判系列手稿及《资本论》的过程中，首先解决了立场问题，即为谁写作这一原则性、根本性的前提问题。为工人阶级、无产阶级、广大劳动人民群众的自由全面发展而写作，为人类解放与社会发展而写作，是马克思在理论批判前行过程中所逐渐确立的写作原则立场。"③ 这也是《资本论》及其手稿政治哲学写作的原则立场。马克思在密切关注现实问题的理论批判研究过程中，逐步摆脱了原生家庭的小资产阶级立场。他密切关注广大下层民众现实生

---

① 此部分参见李福岩、杨青《〈资本论〉与当代中国马克思主义政治哲学的建构》，《马克思主义哲学》2024 年第 2 期。
② 白刚：《当代中国马克思主义政治哲学建构何以可能》，《求索》2020 年第 2 期。
③ 李福岩、李月男：《恩格斯协同马克思奠定〈资本论〉创作的理论基石》，《马克思主义哲学》2022 年第 1 期。

活中的经济利益问题,把理论批判与现实批判、理论建构与科学理想追求紧密结合起来,并把对广大下层民众的同情态度逐步转变为更加明确而科学的无产阶级立场、人民立场。正如拉法格所指出:"马克思虽然深切地同情工人阶级的痛苦,但引导他信仰共产主义观点的并不是任何感情上的原因,而是研究历史和政治经济学的结果。"①

在1844年的《德法年鉴》时期,马克思开始站在无产阶级立场展开理论批判研究,建构超越政治解放的人类解放的新科学世界观、历史观。从1845年的《关于费尔巴哈的提纲》《神圣家族》《英国工人阶级状况》,到1845—1847年的《德意志意识形态》《哲学的贫困》,再到1848年的《共产党宣言》,是马克思和恩格斯无产阶级立场与新世界观确立的成熟时期。他们不断为工人阶级解放而书写,公开宣布要通过消灭资产阶级私有制的社会革命,来实现无产阶级解放的鲜明立场与新世界观。可以说,"为了无产者的利益而写作"②,这是《资本论》及其手稿不断实现理论批判与建构,不断超越前行的重要理论前提与出发点;这也是马克思和恩格斯评判一切理论学说的刚性原则立场。

从此科学而崇高的新立场出发,来观照人类社会历史发展进程及未来走向,才能彻底批判近代西方哲学、国民经济学与空想社会主义的各种理论学说,暴露这些理论学说立足市民社会、维护或改良私有制,进而暴露其最终为资产阶级利益服务,即为资本主义做永恒辩护的本质与立场;也才能扬弃这些旧理论学说,最终创作出版《资本论》,为无产阶级及其政党赢得科学上的彻底胜利,使资产阶级卫道士的一切华美诺言与虚伪的空话"真相大白",从而"失去了最后的立足之地"③。

《资本论》及其手稿是为人民书写的,是为人民的美好生活书写的,也是为人民创造自由全面发展的崭新时代书写的,并最终赢得了人民的拥护和时代发展的未来。至1873年,《资本论》第一卷在德国工人中的影响日益扩大,极大地促进了广大工人的阶级觉悟与理论思维能

---

① [法]保尔·拉法格:《回忆马克思恩格斯》,马法译,人民出版社1973年版,第8页。
② 《马克思恩格斯文集》第1卷,人民出版社2009年版,第267页。
③ 《马克思恩格斯文集》第3卷,人民出版社2009年版,第461页。

力提升。正如马克思在《资本论》第一卷第二版跋中所说:"《资本论》在德国工人阶级广大范围内迅速得到理解,是对我的劳动的最好的报酬。……被认为是德国世袭财产的卓越的理论思维能力,已在德国的所谓有教养的阶级中完全消失了,但在德国工人阶级中复活了。"[①] 至1886年,伴随着《资本论》第一卷在德、法、英、美等国的日益广泛译介传播,其在工人阶级中的影响进一步扩大,被无产阶级革命者称为"工人阶级的圣经""社会主义的圣经""共产主义的圣经"。1890年8月5日,恩格斯还在给施米特的信中说:"马克思认为自己的最好的东西对工人来说也还不够好,他认为给工人提供的东西比最好的稍差一点,那就是犯罪!"[②]

站在劳动者的立场,批判资本对劳动的奴役压迫,为人类解放而呐喊,既是《资本论》以及整个马克思主义政治哲学的原则立场与理论旨归,也是当代中国马克思主义政治哲学建构应当且必须始终自觉坚守的根本立场。百余年来,中国共产党始终站在劳动者立场、广大劳动人民群众立场,带领广大人民群众走上了独立自主的现代化发展道路、中华民族伟大复兴之路。百余年中国实践历史发展告诉我们,只有始终站在劳动者、广大劳动人民群众立场,一切依靠人民、一切为了人民,才能走出中国式现代化发展的新路,开创出人类文明现代化发展的新形态,也才能够实现民族复兴伟业。

在百余年马克思主义哲学中国化、时代化的理论飞跃前行史上,中国共产党人不断传承与发展马克思主义最根本的人民立场,接续绽放出马克思主义政治哲学中国化、时代化的新智慧。从毛泽东思想到中国特色社会主义理论体系,再到习近平新时代中国特色社会主义思想,始终把广大人民群众作为开创与推动中国式现代化历史发展的根本动力与最高价值目标,书写出人民至上的全新政治哲学立场。从全心全意为人民服务到提高人民的生活水平、代表最广大人民的根本利益、以人为本,再到坚持以人民为中心等治国理政新理念,接续科学回答"依靠谁、

---

① 《马克思恩格斯文集》第5卷,人民出版社2009年版,第15页。
② 《马克思恩格斯文集》第10卷,人民出版社2009年版,第588页。

为了谁"的时代社会政治发展之问。人民至上,已成为当代中国马克思主义政治哲学建构居于主导与主流地位的最基本立场。

现时代,伴随着现代化历史发展进程的充分展开,资本与劳动不仅仍然对立[①],而且这种对立会在整个世界范围内日趋复杂、愈演愈烈。也就是说,这一现代性社会政治矛盾赖以旋转的轴心问题,是我们在全面建成中国式现代化强国的历史发展进程中,必须始终面对并需要着手解决的重大问题,也是当代中国马克思主义政治哲学建构必须回答的重大问题。只有站在劳动者立场,坚持人民至上的理念,当代中国马克思主义政治哲学建构才能占据道义与科学的双重制高点,也才能有效应对站在资本立场的自由主义政治哲学的理论挑战与围堵。对于当代中国的现实发展来说,唯有真正站在劳动者立场,广泛深入地践行人民至上的理念,才能凝聚起广大人民群众同心共筑中华民族伟大复兴中国梦的磅礴力量,实现全面建成中国式现代化强国的目标。对于人类解放事业的世界历史发展来说,只有站在劳动立场,胸怀天下,广泛联合全世界的劳动者,采取伟大的经济、政治、军事与文化斗争对抗资本帝国的新殖民掠夺,或以横向的多国间的消费者/劳动者运动来对抗资本的运动[②]等正确策略,才能在同资本强权的国际斗争中取得最终胜利。

二 要坚持朝向人类解放的政治解放观

《资本论》及其手稿在对近代西方政治解放观革命性批判的基础上,建构起事实与规范相统一的人类解放的政治哲学,既具理想性又具现实性。正如有论者所指出,《资本论》通过对资本运动逻辑的现实描述与批判,揭示了"人类解放和人的全面发展的现实道路"[③]。《资本论》及其手稿不仅为当代中国马克思主义政治哲学建构提供了人民至上的根本立场,而且提供了旨在实现人类解放的政治解放的基本观点支

---

① 李实、岳希明主编:《〈21世纪资本论〉到底发现了什么》,中国财政经济出版社2015年版,第101页。

② [日]柄谷行人:《跨越性批判——康德与马克思》,赵京华译,中央编译出版社2011年版,第256页。

③ 孙正聿等:《马克思主义基础理论研究》,北京师范大学出版社2011年版,第888页。

撑。这启示我们，在当代中国马克思主义政治哲学建构过程中，要坚持理想性与现实性相统一，始终以马克思人类解放观作为根本的政治哲学宗旨，紧密结合中国式现代化强国建设的实际，走"从理想性到现实性"[①]、从政治解放到人类解放的理论发展之路，自觉建构起朝向人类解放的中国特色社会主义政治解放观。

第一，把所有制的历史性变革作为实现劳动人民自由全面发展的根本。《资本论》及其手稿在对资本所有权、财富与自由关系深刻批判的基础上，破除近现代西方自由主义政治哲学虚假的"劳动自由"观念，指出只有逐步消灭资本主义私有制及其异化的社会生产关系，重建个人所有制，由自由联合起来的个人共同主动自觉进行生产劳动活动，才能最终实现人的自由全面发展与人类解放的社会政治哲学理想。这一社会政治哲学理想只有在经过物的依赖性社会关系充分发展，即辩证的否定基础上才能逐步变为现实，而且，在从资本主义到共产主义第一阶段的过渡时期所实施的按劳分配原则等，属于不得不与资本主义共享的一些法权原则。在没有完整经历资本主义及其市场经济发展的时期，即在生产力水平低下与物质财富匮乏的时期所建立的社会主义新中国，始终坚持以马克思人类解放理论为指导，经过对所有制、经济运行方式的70余年实践历史探索及变革创新，逐渐把握了中国特色社会主义公有制实现形式与市场经济发展规律，谱写出实现国家富强、劳动人民自由全面发展的新路。新时代，要在不断坚持、发展与完善中国特色社会主义公有制实现形式与市场经济过程中，尊重劳动、尊重知识、尊重人才、尊重创造，切实保障各类市场主体与劳动者的合法权益，构建和谐劳动关系，才能朝人类解放的自由王国不断迈进。

第二，走共同富裕之路，不断践行实质平等的社会主义价值原则。《资本论》及其手稿在对现代资产阶级社会形式平等价值原则批判研究的基础上，科学阐发未来理想社会的实质平等观，指出唯有通过彻底的社会政治革命、消灭阶级，才能具体、历史地实现人与人的真正平等。

[①] 王南湜、王新生：《从理想性到现实性——当代中国马克思主义政治哲学建构之路》，《中国社会科学》2007年第1期。

从现实层面看，一方面，在崭新的社会主义基本政治制度下，劳动人民当家作主，为实现实质平等奠定坚实的政治基础；另一方面，在社会主义初级阶段、新时代中国特色社会主义市场经济发展过程中，经济生活领域仍需要遵循平等自愿、等价有偿、等价交换的平等价值原则。在对实质社会平等的价值追求上，新时代中国特色社会主义以消灭三大差别为己任，走共同富裕之路，不断践行科学社会主义从形式平等到实质平等的价值原则。

第三，坚持超越性正义观，积极全面地践行现代社会共有的公平正义价值观。《资本论》及其手稿跳出以资本主义生产方式为基础的分配公平、公平正义的狭隘眼界与虚假观念，其关于未来共产主义理想新社会的构想为思考解决与超越现代人类社会的公平正义问题，树立起现实性与理想性、科学性与价值性等相统一的新路标。从现实性维度来看，公平正义仍是现时代人类社会共有的价值原则。在新时代中国式现代化强国的发展道路上，需要在社会生活各领域扎实全面地推进公平正义。在推动构建人类命运共同体、为世界谋大同的新征程上，新时代中国特色社会主义还需要同不合理不公正的国际经济政治秩序以及各种形式的霸权主义展开伟大斗争，积极维护国际公平正义。

第四，不断深化思想解放运动，铸牢意识形态与文化安全阵地。《资本论》及其手稿对"三大拜物教"的深刻批判，彻底揭开了资本主义意识形态的神秘面纱，以及宗教赖以生存的现代社会经济与政治基础，锻造出人类思想解放运动的强大科学武器。新时代，要继续巩固马克思主义在意识形态领域的指导地位，不断推进马克思主义意识形态理论的中国化、时代化，以及社会主义的思想文化解放运动，进一步揭批物化的现代社会关系对人的蒙蔽与操弄。更要自觉坚持以习近平文化思想为指导，以高度的文化自觉、自信、自强，展开意识形态领域的持久战、伟大斗争，铸牢新时代中国特色社会主义意识形态与文化安全阵地，为中华民族伟大复兴强基固本、凝魂聚力。

第五，不断推动构建和谐社会关系。《资本论》及其手稿通过对现代市民社会概念的批判揭示，赋予了市民社会概念价值性与事实性、批判性与建构性等相统一的新内涵，实现了市民社会概念的创造性转换与创新性发展，对深入批判认识日益分裂的现代性资本主义社会，思考当代中国和谐社会关系建设以及人类世界联合发展等，都具有重要的启示价值。不同于现代性西方资本主义社会，中国特色社会主义把和谐社会关系建构作为重要目标，把不断满足广大人民群众日益增长的物质文化生活以及美好生活需要作为社会建设的宗旨。当代中国社会建设更要积极贯彻落实以人民为中心的发展理念，在全面深化改革、统筹推进社会治理现代化的伟大实践创造中，全面推动中国社会文明的进步和发展。

第六，坚持社会革命与人类解放的真经。《资本论》及其手稿通过对无产阶级革命的经济科学、历史科学的论说，为观察思考现代西方资本主义社会资本与劳动的矛盾斗争及社会革命运动提供了基本理论遵循。当代社会革命是无产阶级以暴力或和平的方式，积极变革现代性资产阶级社会、实现人类解放的主客观相统一的必然历史运动。为此，无产阶级革命需要积极发挥国际工人运动组织，尤其是无产阶级政党组织的领导作用，充分调动广大人民群众积极参与革命运动的积极性，更需要制定与当代革命实践需要相符合的、合理的革命纲领与策略，把政治斗争、经济斗争、思想斗争有机统一起来。

第七，坚持从人类命运共同体到自由人联合体的人类解放正道。《资本论》及其手稿在批判现代资本主义虚幻共同体基础上，科学构想实现人类解放的共产主义社会自由人联合体，为无产阶级变革旧世界、创建新世界提供了行动指南。从现实性上看，自由人联合体的人类热望正在随世界历史的发展而不断生成，在 20 世纪不断变化的世界场景中"出现了致力于世界大同这个观念的新的力量"[1]。当代中国把中华民族伟大复兴的中国梦与"为人类谋进步、为世界谋大同"的世界梦密切统一起来，积极推动构建人类命运共同体、人与自然和谐共生的生命共同体、人类卫生健康共同体，正是通达自由人联合体的人间正道。

三 要遵循守正创新的方法论

与《资本论》及其手稿的政治哲学立场、观点紧密相连的，是其

---

[1] [美] L. J. 宾克莱：《理想的冲突——西方社会中变化着的价值理念》，马元德等译，商务印书馆 1983 年版，第 5 页。

总体性、阶级分析、综合分析判断、辩证历史等科学的政治哲学方法。《资本论》及其手稿全新的政治哲学方法，对当代中国马克思主义政治哲学建构具有更为根本的启示价值，为不断守正创新马克思主义政治哲学提供了基本的方法论遵循。它启示我们，在遵循与坚守《资本论》及其手稿的政治哲学方法论原则的同时，更要从中国式现代化建设的实际出发，以破解时代社会政治发展中的问题为导向，构建起理想性与现实性、事实性与规范性相统一的当代中国马克思主义政治哲学，树立起新时代的政治思维方式。

　　首先，遵循与坚守《资本论》及其手稿的政治哲学方法论原则。《资本论》及其手稿在对现代性资本主义社会进行政治批判，以及对未来理想社会图景进行科学构想的过程中，所阐发的政治哲学方法并没有过时，仍是建构当代中国马克思主义政治哲学所应遵循与坚守的基本方法。

　　一要遵循与坚守现代性政治的宏观与微观分析相结合的总体性方法。遵循与坚守《资本论》及其手稿政治哲学的总体性方法，就要从大历史观的战略思维出发，纵横考察、比较分析当代资本主义与社会主义人类两大社会政治文明形态的历史发展，把对现代政治领域问题的具体分析与对现代经济、社会、文化及生态问题的具体分析紧密联系起来，把对现代社会政治的具体批判与具体建构密切联系起来。进而才能既系统全面又微观具体地把握住当代马克思主义政治哲学建构的全局与局部、长远与当前、根本与具体等系统性问题。

　　二要遵循与坚守以资本与劳动的矛盾为轴心的阶级分析方法。现时代，伴随着国际资本主义及新帝国主义在全球范围内的流动与拓展，资本与劳动的矛盾斗争，即资本家阶级与劳动者阶级的矛盾斗争进一步加剧与扩大。而且，全球范围内的阶级斗争形势愈加复杂，因为它还常与现代民族、国家、宗教、区域性国际组织间的矛盾斗争交织在一起。在中国式现代化发展的整个过程中，一直面临着资本主义国家的外部纠缠阻碍，也一直面临着如何具体驾驭资本、协调资本与劳动的矛盾关系问题。也就是说，《资本论》及其手稿政治哲学的阶级分析法仍是全面深刻地认识与处理当代国际与国内社会政治问题的重要思维方法，也是当代中国马克思主义政治哲学建构要始终遵循与坚守的正确方法。新时代，只有树立敢于、善于进行伟大斗争的思维方式，才能牢牢掌握国内外错综复杂的各种政治斗争的历史主动权。

三要遵循与坚守对现代性政治的事实分析、理性分析、价值判断、审美判断的综合分析判断法。《资本论》及其手稿政治哲学的综合分析判断法，不仅适用于对当代资本主义经济政治的分析判断，而且适用于对当代中国特色社会主义经济政治的分析判断。这启示我们，当代中国马克思主义政治哲学建构要从当前的经济事实出发，对现代性政治进行理性分析，展开从具体到抽象，再从抽象到具体的理性综合分析研究与叙述的思维行程，形成现代性政治的价值判断、审美判断，并把对现代性政治的事实分析、理性分析、价值判断与审美判断融合为一体。由此，才能建构起事实性与规范性、现实性与理想性相统一的，集真善美为一体的新时代政治哲学思维方式。

四要遵循与坚守对现代性政治批判与重建相统一的辩证历史方法。《资本论》及其手稿把对现代性社会政治的批判与建构辩证历史地统一起来，实现了政治哲学的方法论创新。这一辩证历史方法启示我们，当代中国马克思主义政治哲学建构要遵循与坚守实践辩证法与历史唯物主义这一现代性社会政治批判与重建相统一的方法论之魂，深刻把握马克思主义政治哲学批判性建构的本性。既要把对现代性资本主义社会政治的理论批判与现实批判辩证历史地统一起来，批判借鉴现代性西方社会政治哲学思想，又要在对社会主义政治理论与实践具体批判研究的基础上，辩证历史地建构起现实性与理想性相统一的当代中国政治哲学新形态。进而，才能更好地把广大人民群众的自由全面发展与全面建设中国式现代化强国的历史发展进程辩证历史地统一起来。

其次，要不断创新发展《资本论》及其手稿的政治哲学方法。当代中国马克思主义政治哲学的建构，是一个不断推进马克思主义政治哲学中国化时代化的过程，其包含着对《资本论》及其手稿政治哲学方法的不断创新和发展。为实现《资本论》及其手稿的政治哲学方法的创新发展，需要注意以下几点。

一要从中国式现代化建设的实际出发，不断推进马克思主义政治哲学理论与中国式现代化经济政治建设实践相结合。只有遵循马克思批判揭示的人类社会现代化经济政治发展的一般规律，坚持立足中国特色社会主义现代化经济政治建设与发展的实际，即坚持从中国国情、历史、文化的实际出发，坚持中国共产党的全面坚强领导，才能探索出全面建设中国式现代化强国的理论与实践新路。新中国 70 余年经济政治建设的伟大实践，是当代中国马克思主义政治哲学思想话语及方法不断理论创新的现实基础。根植于这个现实基础，在中国式现代化强国的实践辩证历史生成过程中，即在经济解放、政治解放、社会解放与人的解放实践互动生成过程中，不断创新提炼出当代中国马克思主义政治哲学的新思维方法。

二要以破解时代经济政治发展中的问题为导向。《资本论》及其手稿以破解资本主义时代经济政治发展中的问题为导向，才以人类解放的政治哲学超越了近代西方政治解放的政治哲学。马克思指出：“真正的批判要分析的不是答案，而是问题”[1]。百余年来，中国共产党人不断正确地回答了中国革命、建设、改革开放与新时代之重大问题，才不断实现了马克思主义中国化的新飞跃，并形成了一系列中国化马克思主义政治哲学新成果。在中国特色社会主义新时代，中国共产党人坚持问题导向的世界观与方法论，不断正确回答"中国之问、世界之问、人民之问、时代之问"，时刻注意防范和化解社会经济政治等领域的系统性风险问题，逐步树立起新时代的政治思维方式方法。只有直面现实生活中经济与政治领域的根本性、深层次问题，锁定当代中国政治哲学构建的"中国问题"[2]，才能实现当代中国马克思主义政治哲学的方法创新。

三要坚持自信自立，批判借鉴、合理吸收古今中外的政治哲学智慧。当代中国马克思主义政治哲学的构建，并非要构建普世先验的形而上学理论体系，而是要构建基于现实生活实践的有限理论体系。它首先需要以高度的理论与文化自觉、自强与自信意识，来破除各种迷信教条，这也是创新发展马克思主义政治哲学的一条不可或缺的方法论。它要求我们不能把马克思主义政治哲学当作教条，也不能迷信中国传统政治哲学框框，更不能迷信西方政治哲学的"洋教条"。正如有论者所指出，当代中国政治哲学不是对西方政治哲学的"移植"，也不是对经典

---

[1] 《马克思恩格斯全集》第 40 卷，人民出版社 1982 年版，第 289 页。
[2] 李佃来：《构建当代中国政治哲学需解决的四个关键问题》，《武汉大学学报》（哲学社会科学版）2018 年第 5 期。

马克思主义政治哲学的"拷贝",而是基于当代中国政治实践,具有中国特色、中国风格、中国气派的马克思主义政治哲学。① 因此,就需要坚持以马克思主义政治哲学的方法论为指导,创造性转换与创新性发展中国传统政治哲学智慧,批判借鉴、合理吸收当代西方政治哲学的思想资源。

总之,在百余年伟大历史发展进程中,中国共产党人掌握了马克思主义理论与中国具体实际、中华优秀传统文化相结合的钥匙,胸怀天下,才把握住历史主动,形成了马克思主义政治哲学中国化时代化的系列理论飞跃成果。中国共产党人在中国式现代化、中华民族伟大复兴的实践创造中,坚持运用与创新发展马克思主义政治哲学的立场、观点与方法,为当代马克思主义政治哲学建构提供了科学理论指南。在习近平新时代中国特色社会主义思想指引下,当代马克思主义政治哲学的建构坚持解放思想、实事求是、与时俱进、求真务实、守正创新的思想路线,坚持人民至上的根本立场,紧紧围绕全面建设中国式现代化强国的历史使命任务,正在持续书写政治解放与人类解放的新篇章。

第二节 对当代中国特色社会主义政治经济学建构的意义[②]

以《资本论》为代表的马克思主义政治经济学批判系列著作传入中国百余年来,深刻影响了中国现代化发展的历史进程以及中国人的前途命运。《资本论》及其手稿对资本主义私有制、雇佣劳动生产方式的深刻批判,对资本主义社会系统性经济、政治与文化危机,及其必然灭亡的经济科学与历史科学证明,为中国共产党领导人民进行革命事业提供了强大的思想武器与理想信念支撑。同时,《资本论》及其手稿所揭示的经济规律、社会历史发展规律以及对未来理想社会的科学构想,也为中国共产党领导人民进行经济建设以及整个社会主义现代化建设事业

---

① 李海洋:《关于建构当代中国马克思主义政治哲学的几个问题》,《政治学研究》2015年第3期。

② 参见李福岩、卢萍《毛泽东对中国特色社会主义政治经济学的奠基》,《政治经济学研究》2024年第2期。

提供了科学的世界观与方法论指导。

百余年来，中国共产党带领人民不断推进马克思主义政治经济学中国化、时代化，创造了中国经济腾飞的世界奇迹，书写出中国化马克思主义政治经济学的系列理论成果。新时代，为全面建设中国式现代化强国，在理论上的重要任务之一，就是创新发展马克思主义政治经济学，建构中国特色社会主义政治经济学。正如习近平所指出："要立足我国国情和我国发展实践，揭示新特点新规律，提炼和总结我国经济发展实践的规律性成果，把实践经验上升为系统化的经济学说，不断开拓当代中国马克思主义政治经济学新境界。"[①] 建构当代中国特色社会主义政治经济学，要始终自觉坚持以《资本论》及其手稿的世界观与方法论为指导，立足社会主义初级阶段这个最大实际，深刻把握社会主义社会基本矛盾运动的规律，遵循以下八个方面的基本原则，稳妥处理生产、交换、分配与消费的关系，不断推进马克思主义政治经济学中国化、时代化。

一 不断巩固发展壮大公有制经济

生产关系是标志和彰显马克思主义理论的核心范畴。《资本论》及其手稿所书写的马克思主义政治经济学，把生产关系及其发展规律作为研究对象，科学地指出了消灭资本主义私有制及其生产方式、重建个人所有制，即建立生产资料社会主义公有制的社会变革发展新路。在马克思主义政治经济学的科学指引下，中国共产党人在新民主主义革命胜利后建立起无产阶级专政的新型社会主义国家政权，进而开启了变革私有制、建立发展公有制的历史进程。70 余年来，新中国经过社会主义"三大改造"建立起以全民所有制和集体所有制为实现形式的公有制经济基础、基本经济制度，又经过改革开放确立并完善了中国特色社会主义基本经济制度，实现了公有制的不断巩固发展与壮大。这成为新中国不断创造经济奇迹的根本经济制度密码，也成为建构中国特色社会主义政治经济学的根本性原则。

[①] 习近平：《立足我国国情和发展实践，发展当代中国马克思主义政治经济学》，《人民日报》2015 年 11 月 25 日第 1 版。

所有制的实践历史变革、不断巩固发展，同壮大公有制经济的飞跃历史同行，社会主义政治经济学在新中国 70 余年的持续书写过程中，坚持从所有制问题出发，始终把不断巩固发展壮大公有制作为根本性原则。借鉴苏联社会主义现代化建设理论与实践经验，中国特色的社会主义政治经济学的书写是从对生产关系、所有制的革命性变革开始的。毛泽东指出："一切革命的历史都证明，并不是先有充分发展的新生产力，然后才改造落后的生产关系，而是首先造成舆论，进行革命，夺取政权，才有可能消灭旧的生产关系。消灭了旧的生产关系，确立了新的生产关系，这样就为新的生产力的发展开辟了道路。……政治经济学研究的对象主要是生产关系，但是，政治经济学和唯物史观难得分家。不涉及上层建筑方面的问题，经济基础即生产关系的问题不容易说得清楚。"[1] 1959 年 12 月到 1960 年 2 月，毛泽东在读苏联《政治经济学教科书》的系列谈话中进一步指出："如果我们写社会主义政治经济学，也可以从所有制出发。先写生产资料私有制变革为生产资料公有制，把官僚资本主义私有制和民族资本主义私有制变为社会主义公有制；把地主土地所有制变为个体农民所有制，再变为社会主义集体所有制；把个体的手工业变为社会主义集体所有制。"[2] 毛泽东立足"一穷二白"、"不发达的社会主义"[3] 这一新中国实际，把马克思主义政治经济学与唯物史观所揭示的普遍真理与新中国社会主义"三大改造"、经济建设的实际紧密结合，批判借鉴苏联《政治经济学教科书》的理论成果，创造性地提出书写中国社会主义政治经济学的初步构想，从而为构建中国特色社会主义政治经济学的所有制理论奠定了思想基石。

改革开放以来，邓小平同志立足社会主义初级阶段的实际，把马克思主义的普遍真理与"中国式的现代化"[4] 建设的实际紧密结合起来，坚持"公有制占主体"[5] 地位的社会主义根本原则与改革开放的方针

---

[1] 中共中央文献研究室编：《毛泽东年谱（1949—1976）》第 4 卷，中央文献出版社 2013 年版，第 257 页。
[2] 《毛泽东文集》第 8 卷，人民出版社 1999 年版，第 137—138 页。
[3] 《毛泽东文集》第 8 卷，人民出版社 1999 年版，第 116 页。
[4] 《邓小平文选》第 3 卷，人民出版社 1993 年版，第 29 页。
[5] 《邓小平文选》第 3 卷，人民出版社 1993 年版，第 111 页。

政策，改革调整所有制结构与城乡经济体制，变革"一大二公"的单一所有制模式，鼓励和引导私营、个体与外资经济发展。改革开放的实践探索与理论创新同行，为中国特色社会主义政治经济学所有制理论的开创与确立提供了检验标准与科学指南。党的十五大把"以公有制为主体、多种所有制经济共同发展"的基本经济制度确立为中国特色社会主义的基本经济制度。党的十六大提出"两个毫不动摇"，即"毫不动摇地巩固和发展公有制经济""毫不动摇地鼓励、支持和引导非公有制经济发展"。

新时代，中国特色社会主义基本经济制度已基本定型，中国特色社会主义政治经济学的所有制理论也在守正创新中逐渐走向成熟与定型。从党的十八大到党的二十大，以习近平同志为核心的党中央不断坚持和完善中国特色社会主义基本经济制度，继续强调"两个毫不动摇"，重申党和国家对非公有制经济地位作用的认识判断及其方针政策"三个没有变"，把公有制经济与非公有制经济都视为社会主义市场经济的重要组成部分、"我国经济社会发展的重要基础"①。在此基础上，进一步强调"坚持公有制主体地位，发挥国有经济主导作用，不断增强国有经济活力、控制力、影响力"，同时"激发非公有制经济活力与创造力"，并紧紧抓住产权这一所有制的核心问题，不断完善对公有制经济与非公有制经济的同等产权保护制度②；不断深化国企改革，有效防止国有资产流失，"推动国有资本做强做优做大"，积极"发展混合所有制经济"③。

从而，习近平经济思想在所有制理论上实现了对马克思主义政治经济学的守正创新。《资本论》及其手稿告诉我们，股份制是由资本主义生产方式转化为联合的生产方式的过渡形式，只不过在资本家的企业里是消极地被扬弃，而在劳动者"合作工厂"里是积极地被扬弃。国企混改是对新中国初期公私合营理论的继承和发展，绝不是私有化及其片

---

① 习近平:《习近平谈治国理政》第二卷，外文出版社2017年版，第258—259页。
② 《中共中央关于全面深化改革若干重大问题的决定》，人民出版社2013年版，第8页。
③ 习近平:《决胜全面建成小康社会 夺取新时代中国特色社会主义伟大胜利——在中国共产党第十九次全国代表大会上的报告》，人民出版社2017年版，第33页。

面的"抓大放小",而是在新历史发展阶段再次主动充分利用非公资本,让其积极参与国有企业经营管理,以实现公有制经济与非公有制经济共同发展的新形式。由此观之,国企混改是对社会主义公有制实现形式的理论与实践新贡献,是对马克思主义政治经济学的新发展。有论者还指出:"公有制与非公有制资本相互持股,从而使多种所有制经济在同一个企业内部共同发展。建立社会主义初级阶段的基本经济制度,是一种制度创新。"①

总之,生产关系、所有制的变革是新中国政治经济的实践历史起点与理论逻辑起点,也是构建中国特色社会主义政治经济学的理论逻辑起点。新时代不断完善定型中国特色社会主义基本经济制度,不断巩固、发展壮大公有制经济在我国经济社会发展中的主体与主导地位,是对马克思主义政治经济学基本原则的守正创新。公有制经济是实现党的全面领导的经济制度压舱石,是坚持和发展中国特色社会主义伟大事业的根本,是全面建成中国式现代化强国、实现中华民族伟大复兴的根本保证。新时代,中国特色社会主义政治经济学彻底破除了现代西方自由主义政治经济学私有化的迷信神话,以更加坚定的制度自信行进在不断完善定型基本经济制度的新征程上。

二 不断解放与发展社会生产力

生产力是社会进步的客观标准、根本标准、最高标准,不断解放与发展社会生产力是马克思主义政治经济学的一条重要原则。《资本论》及其手稿通过对资本主义商品生产的全面考察,指出资本主义商品生产在对剩余价值的内在贪欲驱使下,创造了巨大的生产力与物质财富,也在客观上推动了科技创新与进步,并为未来理想社会新形态奠定了物质基础,创造了技术条件。同时,《资本论》及其手稿深刻剖析资本主义生产社会化与私人占有之间,以及资本与劳动之间的对抗性矛盾,批判资本主义社会对生产力的巨大破坏与浪费、对科技的不合理使用、对生产目的的颠倒,指出只有革命性变革资本主义私有制及生产方式,建立

---

① 洪银兴:《中国特色社会主义政治经济学的创新发展》,《红旗文稿》2016年第7期。

共产主义自由人联合体的新社会,才能彻底解放与发展生产力,使科技、机器变成造福于人的自由全面发展的工具。可以说,通过《资本论》及其手稿等系列政治经济学批判著作,马克思找到了变革资本主义私有制、发展并合理使用科技等不断解放与发展生产力的密钥。进而,马克思主义政治经济学为社会主义社会的生产力发展、科技发展与物质财富生产提供了理论与行动指南,并为构建中国特色社会主义政治经济学提供了基本原则与方法论。

深谙马克思主义政治经济学之道的毛泽东同志,在中国革命,尤其是在新中国社会主义经济建设探索过程中,密切联系生产关系、上层建筑来辩证思考生产力与科技发展等社会主义政治经济学的建构问题。1944年5月22日,毛泽东在《共产党是要努力于中国的工业化的》一文中就曾指出,共产党只有代表民族与人民的要求发展生产力,才能赢得老百姓拥护,"如果我们不能解决经济问题,如果我们不能建立新式工业,如果我们不能发展生产力,老百姓就不一定拥护我们"[1]。在探索书写中国社会主义政治经济学的过程中,毛泽东指出四点。首先,生产力要算一条,因为政治经济学不能不接触生产力方面的问题,"社会主义革命的目的是为了解放生产力"[2]。其次,要把生产力与上层建筑、经济与政治作为一个有机联系的整体去书写社会主义政治经济学,避免只注重研究生产力的技术经济学与只注重研究阶级斗争及国家的政治学两种错误倾向。毛泽东指出:"资本主义提高劳动生产率,主要靠技术进步。社会主义提高劳动生产率靠技术加政治。"[3] 再次,要发挥政治优势,以政治统帅经济与技术发展。毛泽东指出:"政治和经济的统一,政治和技术的统一,这是毫无疑义的……不注意思想和政治,成天忙于事务,那会成为迷失方向的经济家和技术家,很危险。"[4] 最后,要加快科技发展,把我国建设成为社会主义现代化强国的发展目标。

---

[1] 《毛泽东文集》第3卷,人民出版社1996年版,第147页。
[2] 《毛泽东文集》第7卷,人民出版社1999年版,第1页。
[3] 中共中央文献研究室编:《毛泽东年谱(1949—1976)》第4卷,中央文献出版社2013年版,第284页。
[4] 《毛泽东文集》第7卷,人民出版社1999年版,第351页。

1953—1964年，毛泽东和周恩来在探索中国现代化发展过程中，逐步提出农业、工业、国防与科学技术四个现代化与建设社会主义现代化强国的发展目标①，指出实现四个现代化的"关键在于实现科学技术的现代化"②。毛泽东强调："我们不能走世界各国技术发展的老路，跟在别人后面一步一步地爬行。我们必须打破常规，尽量采用先进技术，在一个不太长的历史时期内，把我国建设成为一个社会主义的现代化的强国。"③

邓小平解放思想、实事求是，深刻地洞见到和平与发展这一时代主题、世界主题，领导中国走上了改革开放、建设有中国特色的社会主义现代化发展道路，从而开启了书写中国特色社会主义政治经济学的新篇章。邓小平把发展社会生产力作为马克思主义政治经济学的基本原则，指出解放与发展生产力是社会主义的本质规定性，"搞社会主义，中心任务是发展社会生产力"④。进而，他提出要通过深化政治体制与经济体制改革来解放与发展生产力，创新性指出"改革是中国发展生产力的必由之路"⑤；他还提出要通过发展科学技术来发展生产力、以科技带动一批产业发展，精辟地指出"科学技术是第一生产力"⑥。邓小平以伟大政治家的远见卓识，把实现四个现代化作为中国最大的政治，提出"发展才是硬道理"⑦的崭新政治经济学论断。

江泽民高举邓小平理论的伟大旗帜，不断深化改革开放与体制机制创新，把不断解放和发展生产力作为一项长期的中心任务，继续书写中国特色社会主义政治经济学的新篇章。他尤其强调指出："科学技术是第一生产力，而且是先进生产力的集中体现和主要标志。……大力推进科技进步和创新，不断用先进科技改造和提高国民经济，努力实现我国

---

① 中共中央文献研究室编：《建国以来毛泽东文稿》第10册，中央文献出版社1996年版，第346页。
② 《周恩来经济文选》，中央文献出版社1993年版，第503页。
③ 《毛泽东文集》第8卷，人民出版社1999年版，第341页。
④ 《邓小平文选》第3卷，人民出版社1993年版，第130页。
⑤ 《邓小平文选》第3卷，人民出版社1993年版，第136页。
⑥ 《邓小平文选》第3卷，人民出版社1993年版，第274页。
⑦ 《邓小平文选》第3卷，人民出版社1993年版，第377页。

生产力发展的跨越。这是我们党代表中国先进生产力发展要求必须履行的重要职责。"① 胡锦涛同志继续深化改革开放与体制机制创新，继续坚持解放和发展生产力，提出科学发展观，"坚持把发展作为党执政兴国的第一要务"，不断"提高自主创新能力，建设创新型国家"②，使中国经济总量跃升至世界第二位，充分彰显出社会主义制度的优越性，继续书写中国特色社会主义政治经济学的精彩篇章。

新时代，以习近平同志为核心的党中央，不断全面深化改革开放与体制机制创新，高度重视教育、科技、人才事业发展，以大力解放和发展生产力、新质生产力，提出五大新发展理念，在全面建成小康社会、全面建设中国式现代化强国的新征程上持续书写马克思主义政治经济学的辉煌新篇章。美国学者拉德勒认为："中国再一次成为世界创新与科技发展的领导者之一。"③ 习近平同志高度重视重大原创科学技术、关键核心技术领域的自主创新对推动生产力大发展、高质量发展的关键作用。他强调："高质量发展是全面建设社会主义现代化国家的首要任务。""教育、科技、人才是全面建设社会主义现代化国家的基础性、战略性支撑。必须坚持科技是第一生产力、人才是第一资源、创新是第一动力，深入实施科教兴国战略、人才强国战略、创新驱动发展战略，开辟发展新领域新赛道，不断塑造发展新动能新优势。"④ "不断做强做优做大我国数字经济"，"推动实体经济和数字经济融合发展"⑤。

总之，不断解放与发展社会生产力是不断坚持、发展与完善中国特色社会主义伟大事业的必然要求，也是构建新时代中国特色社会主义政治经济学的重要原则。只有不断解放与发展社会生产力，才能为全面建成中国式现代化强国、实现中华民族伟大复兴奠定坚实雄厚的物质基

---

① 江泽民：《论"三个代表"》，人民出版社2001年版，第156页。
② 胡锦涛：《高举中国特色社会主义伟大旗帜　为夺取全面建设小康社会新胜利而奋斗——在中国共产党第十七次全国代表大会上的报告》，人民出版社2007年版，第15、22页。
③ ［美］斯蒂芬·拉德勒：《大浪潮——崛起的发展中世界》，黄兰淇译，中信出版集团2018年版，第153页。
④ 习近平：《高举中国特色社会主义伟大旗帜　为全面建设社会主义现代化国家而团结奋斗——在中国共产党第二十次全国代表大会上的报告》，人民出版社2022年版，第28、33页。
⑤ 习近平：《习近平谈治国理政》第四卷，外文出版社2022年版，第204页。

础，也才能充分彰显社会主义制度的优越性。新时代坚持全面深化改革与科技创新发展战略，在不断解放与发展社会生产力方面，实现了对马克思主义政治经济学基本原则的守正创新。

三 坚持以人民为中心的发展思想

马克思主义哲学把人的自由全面发展作为社会进步的最高目的、最终目的及其实现的标志。《资本论》及其手稿站在人类解放的世界历史高度与广大劳动人民群众的立场，批判为剩余价值生产而生产的资本世界观、历史观与价值观，书写劳动至上、人民至上的马克思主义政治经济学。马克思主义政治经济学把劳动者视为生产力中最活跃、决定性的因素，把广大无产阶级的解放与幸福美好生活作为最高价值目标，实现真理原则与价值原则的辩证历史统一，从而为谱写社会主义政治经济学奠定了根本立场与基本原则。在此根本立场与基本原则指导下，中国共产党人在领导经济建设过程中，始终坚持以人民为中心的发展思想，把劳动至上、人民至上原则逐渐坚实地谱写在新中国经济飞跃发展的历史上。

新中国在对社会主义经济建设的实践与理论探索中，一方面，坚持以马克思主义的群众史观、劳动价值论为指导，确立了广大工农群众的主人翁地位，把广大工农群众作为经济建设的主力军，注重激发广大工农群众生产劳动的积极性、主动性与创造性，掀起了大规模社会主义建设高潮，形成以孟泰、赵梦桃、时传祥、王进喜等一批著名全国劳动模范为代表的劳模精神；另一方面，坚持发展生产为人民的社会主义生产目的，在坚持生产资料优先增长的同时，不断满足广大人民群众日益增长的物质文化生活需要。在探索书写中国社会主义政治经济学的过程中，毛泽东非常赞同"社会主义生产服从于需要"[①]的思想，还指出"因为需要是不断被创造的"，"人民的需要是逐步满足的"[②]。

在改革开放、建设有中国特色社会主义的伟大实践与理论探索进

[①] 中共中央文献研究室编：《毛泽东年谱（1949—1976）》第4卷，中央文献出版社2013年版，第287页。

[②] 《毛泽东文集》第8卷，人民出版社1999年版，第136页。

程中,中国共产党始终坚持"一个中心、两个基本点"的基本路线图,始终坚持一切依靠人民、一切为了人民的马克思主义立场与基本原则,不断稳定推动改革发展。邓小平总体设计了改革开放的基本国策,尊重群众的首创精神,积极鼓励广大干部群众解放思想、实事求是、敢于实验探索、走出新路,紧紧依靠广大人民群众推进社会主义改革发展事业。同时,邓小平提出"三个有利于"的重要思想,其中把"是否有利于提高人民的生活水平"① 作为衡量改革发展等一切工作是非得失的最高价值标准。他强调"不改善人民生活"与"不坚持社会主义,不改革开放,不发展经济"一样,"只能是死路一条"②。江泽民的"三个代表"重要思想强调要发挥人民群众的主观能动性和伟大创造精神,来不断推动改革发展、国家富强,并把不断改善人民生活作为"'三个代表'要求的最终体现""处理好改革发展稳定关系的结合点"。③ 胡锦涛的科学发展观"第一要义是发展,核心是以人为本",进一步强调"发展为人民、发展依靠人民、发展成果由人民共享"④。正如有论者所理解的,科学发展观坚持以人为本的马克思主义基本立场,反对"以资本为本"⑤。总之,在改革开放、建设中国特色社会主义的伟大实践中,始终坚持依靠人民、为了人民的立场原则,进一步丰富和发展了马克思主义政治经济学的根本立场与基本原则。

新时代,在全面建成中国式现代化强国的新征程上,坚持马克思主义政治经济学的根本立场,更加自觉地创新发展了当代中国马克思主义政治经济学理论体系。习近平强调:"要坚持以人民为中心的发展思想,这是马克思主义政治经济学的根本立场。要坚持把增进人民福祉、促进人的全面发展、朝着共同富裕方向稳步前进作为经济发展的出发点和落脚点,部署经济工作、制定经济政策、推动经济发展都

---

① 《邓小平文选》第 3 卷,人民出版社 1993 年版,第 372 页。
② 《邓小平文选》第 3 卷,人民出版社 1993 年版,第 370 页。
③ 江泽民:《论"三个代表"》,人民出版社 2001 年版,第 90 页。
④ 胡锦涛:《高举中国特色社会主义伟大旗帜　为夺取全面建设小康社会新胜利而奋斗——在中国共产党第十七次全国代表大会上的报告》,人民出版社 2007 年版,第 15 页。
⑤ 鲁品越:《鲜活的资本论——从〈资本论〉到中国道路》,上海人民出版社 2016 年版,第 485 页。

要牢牢坚持这个根本立场。"[1] 党的二十大指出"必须坚持人民至上""坚持以人民为中心的发展思想"[2]。这些新思想就是对马克思主义政治经济学根本立场的守正创新。

总之，不同于"永不停歇、贪得无厌地榨取财富"与追逐权力[3]的资本主义生产逻辑与目的，马克思主义"劳动的政治经济学"坚持劳动至上、人民至上，为谱写中国特色的社会主义政治经济学奠定了根本立场与基本原则。在推进马克思主义政治经济学中国化、时代化的发展过程中，中国共产党人不断践行与发展劳动至上、人民至上的根本立场与基本原则，进而形成了以人民为中心的经济发展新思想。这一新思想坚持发展依靠人民，以不断满足广大人民美好生活需要为根本目的，正贯穿于新时代经济建设发展全过程，成为构建中国特色社会主义政治经济学的根本立场与基本原则。

四 坚持问题导向

不同于书斋中静观世界的思辨哲学，马克思主义哲学直面解答现代性资本主义社会发展中的现实矛盾问题，为现代社会发展与人类解放指明了新路向。《资本论》及其手稿把握住资本主义社会生产社会化与生产资料资本主义私有占有之间不可调和的矛盾问题，即无产阶级与资产阶级之间的对抗性矛盾问题，并在科学破解资本与劳动的对抗性矛盾问题过程中，书写出马克思主义政治经济学的划时代篇章。可以说，坚持问题导向是马克思主义政治经济学的鲜明特色与重要方法论。坚持问题导向，也成为中国共产党人在书写中国社会主义政治经济过程中始终坚持运用并不断丰富发展的一条鲜明特色与重要方法论。

坚持问题导向，是毛泽东构想中国社会主义政治经济学的鲜明特色与重要方法论。毛泽东特别注重把马列主义基本原理与中国革命和社会

---

[1] 习近平：《立足我国国情和发展实践，发展当代中国马克思主义政治经济学》，《人民日报》2015年11月25日，第1版。

[2] 习近平：《高举中国特色社会主义伟大旗帜　为全面建设社会主义现代化国家而团结奋斗——在中国共产党第二十次全国代表大会上的报告》，人民出版社2022年版，第19、27页。

[3] ［美］罗伯特·L.海尔布隆纳：《资本主义的本质与逻辑》，马林梅译，东方出版社2013年版，第19页。

主义建设过程中所面临的实际问题相结合。"毛主席经常说,'读书是为了更好地解决实际问题''不解决问题,读书干什么'。毛主席就是从《反杜林论》中学习马列主义的立场、观点、方法的。"① 在构想中国社会主义政治经济学的过程中,毛泽东指出,党和国家事业发展需要创新发展马列主义,"我们已进入社会主义时代,出现了一系列的新问题,如果单有《实践论》、《矛盾论》,不适应新的需要,写出新的著作,形成新的理论,也是不行的"②。他还批评苏联的《政治经济学教科书》没有从矛盾问题出发的抽象教条写法,指出:"特别是写法不好,不从生产力和生产关系的矛盾、经济基础和上层建筑的矛盾出发,来研究问题,不从历史的叙述和分析开始自然得出结论,而是从规律出发,进行演绎。"③ 正是坚持问题导向,实事求是,中共党的八大才牢牢把握住国内的主要矛盾,即落后的经济文化和人民需要之间的矛盾;正是坚持问题导向,实事求是,毛泽东才写出包括经济建设这个主要内容在内的社会主义建设的纲领性文献——《论十大关系》,以及《关于正确处理人民内部矛盾的问题》等经典文献。

坚持问题导向,也是邓小平谱写有中国特色的社会主义政治经济学的鲜明特色与重要方法论。为纠正社会主义经济建设中的"左"倾教条错误,邓小平坚持问题导向,既准确把握住和平与发展的世界、时代发展主题,又准确把握住社会主义初级阶段的主要矛盾,从而制定出改革开放的科学决策。正是坚持问题导向,解放思想、实事求是,党的十二届三中全会才制定通过了《中共中央关于经济体制改革的决定》,"写出了一个政治经济学的初稿,是马克思主义基本原理和中国社会主义实践相结合的政治经济学"④。坚持问题导向,江泽民同志"三个代表"重要思想与胡锦涛同志科学发展观不断解放思想、实事求是、与时俱进、求真务实,在推进改革开放以及破解改革、发展与稳定关系问

---

① 吴亮平:《吴亮平文集》上,中共中央党校出版社 2009 年版,第 482 页。
② 《毛泽东文集》第 8 卷,人民出版社 1999 年版,第 109 页。
③ 中共中央文献研究室编:《毛泽东年谱(1949—1976)》第 4 卷,中央文献出版社 2013 年版,第 301 页。
④ 《邓小平文选》第 3 卷,人民出版社 1993 年版,第 83 页。

题的过程中,继续推进中国特色社会主义政治经济学的稳定发展。

坚持问题导向,更是习近平新时代中国特色社会主义思想的重要世界观与方法论,也是谱写新时代中国特色社会主义政治经济学的重要方法论。新时代,中国共产党人坚持问题导向,不断守正创新,准确把握住我国社会主要矛盾的转化,并科学制定"以中国式现代化全面推进中华民族伟大复兴"①这一中国共产党在新时代的中心任务。为此,中国共产党人聚焦全面深化改革、发展与稳定过程中存在的深层次矛盾问题,即聚焦中国式现代化经济发展中存在的各种不平衡不充分发展问题,并在不断解决真问题的过程中创新发展了当代中国化时代化的马克思主义政治经济学。

马克思指出:"问题就是公开的、无畏的、左右一切个人的时代声音。问题就是时代的口号,是它表现自己精神状态的最实际的呼声。"②时代与实践的发展会不断产生各种新问题,坚持问题导向的中国特色社会主义政治经济学也在不断创新和发展。直面解决、聚焦破解全面建设中国式现代化强国过程中的各种风险挑战与重大理论与实践问题,新时代,中国特色社会主义政治经济学必将谱写出辉煌新篇章。

五 辩证处理市场和政府的关系

《资本论》及其手稿充分肯定了资本、市场经济对推动生产力发展与社会进步等发挥积极作用的一面;同时也深刻揭批了资本与市场经济罪恶的一面,即像"吸血鬼"一样的资本对高额利润的疯狂追求会残酷压榨雇佣劳动、无恶不作,"现代工业的全部历史还表明,如果不对资本加以限制,它就会不顾一切和毫不留情地把整个工人阶级投入这种极端退化的境地"③。而且,《资本论》及其手稿还破除了商品经济、市场经济万能论及永恒论的古典政治经济学神话迷信。因为,自由资本主义市场经济"看不见的手"的盲目自发运转,必然引发系统性的经济

---

① 习近平:《高举中国特色社会主义伟大旗帜 为全面建设社会主义现代化国家而团结奋斗——在中国共产党第二十次全国代表大会上的报告》,人民出版社2022年版,第21页。
② 《马克思恩格斯全集》第40卷,人民出版社1982年版,第289—290页。
③ 《马克思恩格斯全集》第21卷,人民出版社2003年版,第204页。

危机与社会政治危机，必然导致资本主义的灭亡。在从自由竞争向国家垄断的发展过程中，资产阶级政府意识到自由市场经济盲目自发作用对资本家集团利益所带来的严重危害，开始运用"看得见的手"即计划、行政手段等调控经济运行。这在一定程度上缓解了资本主义社会的系统性危机，但无法根治其自由市场失灵、系统性危机背后的私有制经济及政治制度病灶。这也必然导致资本主义在疯狂追逐经济增长与资本增殖中走向系统性的危机与终结。

《资本论》及其手稿启示我们，建构社会主义政治经济学必须辩证处理好政府和市场的关系，才能使经济社会健康发展。与马克思对未来理想社会的理论构想不完全相同，现实中的苏联和新中国社会主义国家政权与公有制都是建立在资本与市场经济没有得到充分发展基础上的。这就历史而现实地对社会主义经济建设提出了一系列重大理论与实践问题。要不要发展私人资本？要不要发展自由市场经济？社会主义市场经济与资本主义市场经济有何异同？社会主义国家如何才能使资本与市场趋利避害？即如何做到既"承认资本、发展资本，为人的发展奠定坚实的物质基础"，又"驾驭资本、限制资本，努力减少资本对人的发展的负面影响"①。这一系列问题的关键在于怎样正确认识处理政府和市场的关系。经过长期实践探索，中国共产党人逐渐从理论到实践上辩证地把握住政府和市场的关系，实现马克思主义政治经济学的中国化时代化。

在探索新中国社会主义经济建设过程中，毛泽东率先提出驾驭资本、发展商品生产与自由市场为社会主义服务的思想，为正确认识处理政府和市场的关系奠定了思想前提与理论基础。新中国成立初期，毛泽东从中国近代资本主义很不发达的历史事实出发，提出建立在此基础上的共产党领导的人民当家作主的社会主义国家政权"不要怕资本主义，因为不会再有资本主义"②。而且，他还提出："中国现在的资本主义经济其绝大部分是在人民政府管理之下的，用各种形式和国营社会

---

① 陈宝：《资本·现代性·人——马克思资本理论的哲学意蕴及其当代意义》，安徽人民出版社2007年版，第244、246页。
② 陈晋主编：《毛泽东读书笔记精讲·壹·战略卷》，广西人民出版社2017年版，第328页。

主义经济联系着的，并受工人监督的资本主义经济。……这种新式国家资本主义经济是带着很大的社会主义性质的，是对工人和国家有利的。"① 进而，毛泽东批评一些人把商品生产混同于资本主义的错误观点和糊涂认识，提出中国目前还很落后，需要大力发展商品经济为社会主义服务。他在读《苏联社会主义经济问题》第二章"关于社会主义经济制度下的商品生产问题"之后说："怕商品生产做什么？不要怕，我看要大力发展商品生产。商品生产，要看它同什么经济制度相联系，同资本主义制度相联系就是资本主义的商品生产，同社会主义制度相联系就是社会主义的商品生产……不要怕，不会引导到资本主义，因为已经没有了资本主义的经济基础。商品生产可以乖乖地为社会主义服务，把五亿农民引导到全民所有制。商品生产是不是有利的工具？应当肯定说：是。"② 他还指出：自由市场要"与国家市场成双成对"，"俄国新经济政策结束得早了"，"现在要利用商品生产、商品交换和价值法则，作为有用的工具，为社会主义服务"③。

在探索有中国特色的社会主义经济建设过程中，邓小平继承发展了毛泽东关于发展商品生产与自由市场为社会主义服务的思想。邓小平指出，中国的发展离不开世界，需要引进和利用外资；社会主义和市场经济之间不存在根本矛盾，计划和市场都是方法，"只要对发展生产力有好处，就可以用。它为社会主义服务，就是社会主义的；为资本主义服务，就是资本主义的"。"计划经济不等于社会主义，资本主义也有计划；市场经济不等于资本主义，社会主义也有市场。计划和市场都是经济手段。"④ 在邓小平建设有中国特色的社会主义理论指引下，党的十三大提出有计划的商品经济是公有制基础上的有计划的商品经济、国家调控市场、市场引导企业，党的十三届五中全会提出计划经济与市场经济相结合，党的十四大提出市场在资源配置中起基础性作用，党的十四

---

① 中共中央文献研究室编：《毛泽东年谱（1949—1976）》第2卷，中央文献出版社2013年版，第130页。
② 中共中央文献研究室编：《毛泽东年谱（1949—1976）》第3卷，中央文献出版社2013年版，第504—505页。
③ 《毛泽东文集》第7卷，人民出版社1999年版，第170、435页。
④ 《邓小平文选》第3卷，人民出版社1993年版，第203、373页。

届三中全会提出建立社会主义市场经济的经济体制改革目标。对此，法国经济学家阿尔贝评价说："大欧洲创造了社会市场经济，大中国创造了社会主义市场经济。二者之间自然有许多不同之处。但是，在我看来，二者之间也有某些相似之处，如果它们能够融会在一起，必会成为21世纪的几大法宝之一。"①

在全面建设社会主义现代化国家的新时代新征程上，以习近平同志为核心的党中央坚持守正创新，辩证处理政府和市场的关系，全面构建高水平社会主义市场经济体制。党的十八届三中全会提出"经济体制改革是全面深化改革的重点，核心问题是处理好政府和市场的关系，使市场在资源配置中起决定性作用和更好发挥政府作用"②。对此，习近平指出："提出使市场在资源配置中起决定性作用，是我们党对中国特色社会主义建设规律认识的一个新突破，是马克思主义中国化的一个新的成果，标志着社会主义市场经济发展进入了一个新阶段。"③习近平以辩证的思维方式认识处理政府与市场的关系问题，强调把"看得见的手"和"看不见的手"有机统一起来用好，充分发挥"有为政府"和"有效市场"的合力作用，努力推动经济社会健康发展。他还特别指出，中国特色社会主义市场经济的一个重要特征是坚持党的领导，"党的坚强有力领导是政府发挥作用的根本保证"④。

辩证处理政府和市场关系，以及对社会主义市场经济本质地位做出的科学新定位，是习近平对马克思主义政治经济学的创新发展。这一"国家主导型的市场原则"⑤，进一步从理论与实践相结合的高度打破了西方新自由主义的谬论，如米塞斯关于"市场是资本主义私有制度的天生儿……它是不能在社会主义制度下'人为地'模拟的"⑥的谬论。

---

① ［法］米歇尔·阿尔贝：《资本主义反对资本主义》，杨祖功等译，社会科学文献出版社1999年版，第4页。
② 《中共中央关于全面深化改革若干重大问题的决定》，人民出版社2013年版，第5页。
③ 习近平：《习近平谈治国理政》，外文出版社2014年版，第116页。
④ 习近平：《习近平谈治国理政》，外文出版社2014年版，第118页。
⑤ 程恩富：《要坚持中国特色社会主义政治经济学的八个重大原则》，《经济纵横》2016年第1期。
⑥ ［奥地利］路德维希·冯·米塞斯：《社会主义：经济与社会学的分析》，王建民等译，中国社会科学出版社2008年版，第141页。

对此，我国有学者评价说：“坚持使市场在配置资源中起决定作用，更好发挥政府作用，破解了政治经济学关于公有制和市场经济能否相容的理论难题。”①

继续破除现代西方市民社会、私有制与市场经济一体化的迷信教条，我国走出了一条新时代中国特色社会主义市场经济发展的文明新路。目前亟须探索解决的重大问题是如何引导与规范资本健康发展。正如习近平总书记所指出："在社会主义市场经济条件下规范和引导资本发展，既是一个重大经济问题、也是一个重大政治问题，既是一个重大实践问题、也是一个重大理论问题，关系坚持社会主义基本经济制度，关系改革开放基本国策，关系高质量发展和共同富裕，关系国家安全和社会稳定。""在社会主义制度下如何规范和引导资本健康发展，这是新时代马克思主义政治经济学必须研究解决的重大理论和实践问题。"②

规范和引导资本健康发展的重点，在于如何以完备的金融监管体系规范和引导民营资本，尤其是如何规范和引导国际金融垄断资本在我国的健康发展。因为"金融很重要，是现代经济的核心"③。在当代西方，国际垄断"金融资本挟持了政府，甚至整个经济"④，愈益成为一种独立化和抽象化的统治权力。当代西方新自由主义强势价值观、政治操控的数字信息网络技术、美元霸权与军事霸权这四者的媾和，已成为以美国为轴心的资本新帝国在全球实施金融垄断资本巧取豪夺与新殖民统治的新工具，对全球金融与经济安全稳定发展带来巨大风险与破坏。代表金融垄断资本利益的美联储不断滥发美元货币，成为全球财富的收割机，使全球经济处于虚拟经济日益膨胀的巨大泡沫风险之中。有学者曾统计，"1980 年，全球虚拟经济与全球国内生产总值之比刚刚越过100%，2005 年突破 316%，2010 年突破 338%"⑤。对此，新时代要继续破除私有化、市场化、自由化的教条迷信，不断增强驾驭金融资本、

---

① 张迎春：《习近平新时代中国特色社会主义经济思想破解政治经济学若干难题》，《辽宁师范大学学报》（社会科学版）2021 年第 2 期。
② 习近平：《习近平谈治国理政》第四卷，外文出版社 2022 年版，第 217、219 页。
③ 《邓小平文选》第 3 卷，人民出版社 1993 年版，第 366 页。
④ 王庆丰：《〈资本论〉的再现》，中央编译出版社 2015 年版，第 203 页。
⑤ 向祚松：《新资本论：全球金融资本主义的兴起、危机与救赎》，中信出版社 2015 年版，第 369 页。

虚拟经济、数字经济服务实体经济的能力，以积极的宏观调控措施与行政手段严防国际金融垄断资本操纵国计民生，阻止其侵吞人民的劳动果实；防止脱实向虚，时刻警惕避免虚拟经济、数字经济、数字货币以高新科技形式对劳动形成更残酷无形的压榨和掠夺。

六 构建"双循环"新发展格局

《资本论》及其手稿对扩大再生产与资本积累的分析批判、论证推演，是对已经考虑到的"对外贸易""世界市场"进行必要舍像后，将资本积累放在纯粹状态中进行的研究，得出符合现实资本主义生产方式的科学逻辑。这一理论模型既符合资本再生产在其国家界限内循环周转的现实，又符合并蕴含着资本再生产在世界贸易大循环周转的现实，即资本积累也有一部分是在世界市场中实现的。正如列宁所理解的，马克思实现论的主要结论是资本主义生产的扩大，"因而也就是国内市场的扩大"，依靠"生产资料的增长超过消费品的增长"来实现；"资本主义国家必须有国外市场，决不取决于社会产品（特别是额外价值）的实现规律"，而是超出国家界限的资本主义商品流通、资本主义生产方式世界历史性拓展的必然。①

马克思主义政治经济学关于扩大再生产与资本积累理论及其对外贸易与世界市场的思想，不仅适用于资本主义社会，而且适用于社会主义社会，对社会主义社会扩大再生产、畅通经济循环、形成新发展格局等具有重要理论指导价值。在两种主要社会制度、两种主要社会生产方式并存的世界历史发展过程中，资本主义扩大再生产与社会主义扩大再生产在各自民族国家界限内循环周转的同时，也必然要在世界市场循环周转的大舞台上形成交集。也就是说，社会主义社会扩大再生产要在立足国内循环周转的同时，开放国内市场、积极参与世界市场与经济全球化的世界历史进程，由此才能建成经济富强的社会主义现代化国家。在中国社会主义现代化经济建设的实践探索过程中，中国共产党人不断推进马克思再生产理论与世界市场思想中国化，逐渐形成了"双循环"新发展格局的新思想。

毛泽东立足贫穷落后、人口最多的中国现代化发展基础的实际，以

---

① 《列宁专题文集·论资本主义》，人民出版社2009年版，第23、34—35页。

马克思主义的世界历史眼界和开放发展格局，提出中国社会主义现代化经济建设首先要坚持独立自主、自力更生的原则，同时要坚持平等互利原则同一切国家展开广泛的贸易交流。一方面，要坚持独立自主、自力更生。1945年1月10日，毛泽东在《必须学会做经济工作》一文中指出，"我们是主张自力更生的"[1]。1956—1958年，毛泽东在总结"一五"计划经验教训、制订"二五"计划过程中，反复强调要以独立自主、自力更生为主。另一方面，要同世界各国展开自由平等的贸易。早在1944年7月14日，毛泽东在同英国记者斯坦因的谈话中就指出："我们要以同一切国家进行自由平等的贸易政策，来代替日本把中国沦为殖民地的政策。"[2] 在《论十大关系》中，毛泽东还指出，要努力把"国内国外的一切积极的因素"全部调动起来，"把我国建设成为一个强大的社会主义国家"[3]。1959年12月，毛泽东胸怀开放发展的长远战略格局，指出两大世界体系之间的经济关系"不搞关门主义，是对的"[4]。这些宝贵的思想由于中国当时所处西方封锁、美苏争霸等不利国际环境而未能得以全面贯彻实施，却为中国制定独立自主、自力更生与改革开放的发展战略奠定了思想理论基础。

邓小平敏锐判断、准确把握和平与发展的时代与世界发展主旋律，英明果断地实施改革开放战略，拉开了"双循环"新发展格局的理论与实践序幕。建设有中国特色的社会主义一方面坚持对内搞活商品经济，破除地方保护主义，建立循环畅通的国内市场；另一方面坚持对外开放，不断吸引外资技术、扩大对外贸易，为全面进入世界贸易大循环奠定了坚实基础，创造了良好国际环境。邓小平指出，一方面，"关起门来搞建设是不能成功的，中国的发展离不开世界。当然，像中国这样大的国家搞建设，不靠自己不行，主要靠自己，这叫做自力更生"；另一方面，世界的发展也离不开中国，"从世界的角度来看，中国的发展对世界和平和世界经济的发展有利。……世界市场的扩大，如果只在发

---

[1] 《毛泽东选集》第3卷，人民出版社1991年版，第1016页。
[2] 《毛泽东文集》第3卷，人民出版社1996年版，第186页。
[3] 《毛泽东文集》第7卷，人民出版社1999年版，第44页。
[4] 中共中央文献研究室编：《毛泽东年谱（1949—1976）》第4卷，中央文献出版社2013年版，第279页。

达国家中间兜圈子,那是很有限度的"。①

在邓小平改革开放与新发展格局战略思想指引下,江泽民和胡锦涛继续谱写中国特色社会主义国内国际发展新格局。江泽民强调:一方面,要积极发挥我国国内市场广阔的最大优势,"坚持扩大内需,是我国经济发展的一项长期战略方针。以国内需求为主促进经济发展,是由我国的基本国情决定的"②。另一方面,加入世界贸易组织标志着我国对外开放、参与经济全球化进入一个新的发展阶段,"要更加积极主动地参与国际合作与竞争","进一步开拓国际市场"③。胡锦涛同志统筹兼顾国内国际两个大局、两个市场,强调全面提高开放水平,形成消费、投资与出口协调拉动经济增长的新格局,"更加注重提高自主创新能力,提高'国际竞争力'"④;"使经济发展更多依靠内需特别是消费需求拉动"的同时,"完善互利共赢、多元平衡、安全高效的开放型经济体系"⑤。

新时代,习近平总书记立足百年未有之大变局,坚持自信自立、胸怀天下的世界观与方法论,明确系统提出构建"双循环"发展新格局,谱写中国特色社会主义政治经济学的辉煌新篇章。党的十九届五中全会明确提出构建"以国内大循环为主体、国内国际双循环相互促进的新发展格局"⑥。面对经济全球化过程中出现的贸易保护主义等逆全球化潮流,为维护多元稳定的国际经济格局和经贸关系,推动世界经济一体化、合理化进程,习近平指出:"构建新发展格局最本质的特征是实现高水平的自立自强。""构建新发展格局,实行高水平对外开放,必须具备强大的国内经济循环体系和稳固的基本盘。"⑦ 在加快建设高效规范、公平竞争、充分开放的全国统一大市场,畅通国内经济循环的基础

---

① 《邓小平文选》第3卷,人民出版社1993年版,第78—79页。
② 江泽民:《论"三个代表"》,中央文献出版社2001年版,第79页。
③ 江泽民:《论"三个代表"》,中央文献出版社2001年版,第88页。
④ 胡锦涛:《高举中国特色社会主义伟大旗帜 为夺取全面建设小康社会新胜利而奋斗——在中国共产党第十七次全国代表大会上的报告》,人民出版社2007年版,第21页。
⑤ 胡锦涛:《坚定不移沿着中国特色社会主义道路前进 为全面建成小康社会而奋斗——在中国共产党第十八次全国代表大会上的报告》,人民出版社2012年版,第20、24页。
⑥ 《中共十九届五中全会在京举行》,《人民日报》2020年10月30日,第1版。
⑦ 习近平:《习近平谈治国理政》第四卷,外文出版社2022年版,第177页。

上，打造开放共赢的合作模式，"依托我国超大规模市场优势，以国内大循环吸引全球资源要素，增强国内国际两个市场两种资源联动效应，提升贸易投资合作质量和水平"①。

构建"双循环"新发展格局是对马克思主义政治经济学的丰富和发展，为解决经济全球化过程中的矛盾问题提供了中国智慧方案。构建"双循环"新发展格局，不仅有利于推动实现中国经济高质量发展，而且也有利于推动世界经济高质量发展。正如美国学者拉德勒所评价，作为发展中国家，中国的快速经济发展，"西方也是受益者"，"世界领先大国的经济持续增长也将日渐依赖发展中国家的进步与繁荣"，"最终将会促进全球收入的增长"，"中国的经济增长率不会骤然下降，而是逐渐趋缓，中国将持续发挥全球经济'稳定锚'的作用"②。

七 坚持共同富裕的分配原则

《资本论》及其手稿批判揭示资本主义社会财富分配两极分化的现象问题，指出资本主义社会不断地扩大再生产日益造成少数资本家财富积累同绝大多数劳动者贫困积累的矛盾对抗。进而，《资本论》及其手稿批判揭示了资本主义社会财富分配两极分化现象问题的私有制生产方式根源，设想了朝向"自由人联合体"的共产主义社会发展过程中旨在实现共同富裕的按劳分配与按需分配两原则，为现实中的社会主义社会坚持共同富裕的分配原则奠定了思想理论基石与实践行动指南。坚持共同富裕的分配原则，也成为不断推动马克思主义政治经济学中国化时代化，不断谱写中国社会主义政治经济学的一条基本原则。

建立在生产力落后、人口众多、普遍贫困基础上的农业大国——新中国，坚持走生产资料公有制基础上的摆脱贫困、共同富裕的发展正道。1955 年 10 月 11 日，毛泽东指出："要巩固工农联盟，我们就得领导农民走社会主义道路，使农民群众共同富裕起来，穷的要富裕，所有

---

① 习近平：《高举中国特色社会主义伟大旗帜 为全面建设社会主义现代化国家而团结奋斗——在中国共产党第二十次全国代表大会上的报告》，人民出版社 2022 年版，第 32 页。

② [美]斯蒂芬·拉德勒：《大浪潮——崛起的发展中世界》，黄兰淇译，中信出版集团 2018 年版，第 22—24、309 页。

农民都要富裕，并且富裕的程度要大大超过现在的富裕农民。"① 同年10月29日，毛泽东在讲话中又指出我国有把握"一年一年走向更富更强"，"这个富，是共同的富，这个强，是共同的强"。② 1956年12月7日，毛泽东在《同民建和工商联负责人的谈话》中说："韩愈有一篇文章叫《送穷文》，我们要写送穷文。中国要几十年才能将穷鬼送走。"③

为"将穷鬼送走"、实现人民生活富裕，在改革开放、建设有中国特色的社会主义伟大事业过程中，邓小平始终把最终实现共同富裕作为社会主义的本质特征和必须坚持的一个根本原则。在先富带后富、实现共同富裕的发展道路上，逐渐出现了社会贫富分化问题。对此，邓小平严肃地指出："少数人获得那么多的财富，大多数人没有，这样发展下去总有一天会出问题。分配不公，会导致两极分化，到一定时候问题就会出来。这个问题要解决。过去我们讲先发展起来。现在看，发展起来以后的问题不比发展时少。"④ 同时，邓小平强调"只要我国经济中公有制占主体地位，就可以避免两极分化"⑤。

在中国特色社会主义市场经济发展过程中，如何把蛋糕做大并加以公平分配成为实现共同富裕需要直面解决的核心问题。坚持"效率优先、兼顾公平"原则，有力地推动了中国经济的高效快速发展，但同时也使公平分配与共同富裕的问题凸显出来。甚至有学者夸张地说，"在中国，在新自由主义的误导下，政府全面退出公共产品部门，从而造成了房改之后住不起房，教改之后上不起学，医改之后看不起病的社会不公正现象"⑥。对于我国的分配与共同富裕问题，胡锦涛同志指出："公平正义是中国特色社会主义的内在要求。""共同富裕是中国特色社

---

① 中共中央文献研究室编：《毛泽东年谱（1949—1976）》第2卷，中央文献出版社2013年版，第449页。
② 《毛泽东文集》第6卷，人民出版社1999年版，第495页。
③ 《毛泽东文集》第7卷，人民出版社1999年版，第171—172页。
④ 中共中央文献研究室编：《邓小平年谱（1975—1997）》下，中共中央文献出版社2004年版，第1364页。
⑤ 《邓小平文选》第3卷，人民出版社1993年版，第149页。
⑥ 郎咸平、杨瑞辉：《资本主义精神和社会主义改革》，东方出版社2011年版，第6页。

会主义的根本原则。"① 中国特色社会主义要逐步实现权利、机会、规则等的公平，保障人民平等参与、发展的权利，保持效率与公平之间"同向变动的互促关系"②，不断深化收入分配制度改革，以使改革发展的成果惠及全体人民。

新时代，伴随着中国消灭绝对贫困、全面建成小康社会伟大历史任务的完成，全面建成中国式现代化强国、共同富裕的新征程已开启。"中国式现代化是全体人民共同富裕的现代化。共同富裕是中国特色社会主义的本质要求"③，这意味着实现共同富裕的艰巨历史任务已成为新时代迫切而重大的理论与实践课题。实现共同富裕这一中国式现代化发展目标的伟大实践创造，也必将是中国特色社会主义政治经济学共同富裕思想的新谱写。

总之，坚持共同富裕的分配原则是谱写中国特色社会主义政治经济学的一项基本原则。只有坚持这一原则，才能保证中国式现代化强国总体目标的实现，也才能奠定广大人民群众幸福美好生活的坚实物质基础，构建出新时代的和谐劳动关系。为此，首先，要在发展生产力的基础上，不断巩固发展实现共同富裕的公有制经济主体与主导地位，避免两极分化。因为，中国改革开放以来贫富差距扩大以及两极分化趋势的形成，"所有制结构上和财产关系中的'公'降'私'升和化公为私，财富积累迅速集中于少数人，才是最根本的"④。就连贫富两极分化的美国的新自由主义经济学家萨缪尔森也承认，财产所有权是决定收入差别的首要因素，即"收入的差别最主要是由拥有财富的多寡造成的"，"个人能力的差别是微不足道的"。其次，要实践贯彻以人民为中心共享改革发展成果的新发展理念。共享发展强调全民共享、全面共享、共建共享和渐进共享，分别从主体维度、内容维度、动力维度、过程维度

---

① 胡锦涛：《坚定不移沿着中国特色社会主义道路前进　为全面建成小康社会而奋斗——在中国共产党第十八次全国代表大会上的报告》，人民出版社2012年版，第14—15页。

② 程恩富：《要坚持中国特色社会主义政治经济学的八个重大原则》，《经济纵横》2016年第1期。

③ 习近平：《高举中国特色社会主义伟大旗帜　为全面建设社会主义现代化国家而团结奋斗——在中国共产党第二十次全国代表大会上的报告》，人民出版社2022年版，第22页。

④ 刘国光：《中国社会主义政治经济学的若干问题》，济南出版社2017年版，第157页。

构成新时代中国特色社会主义政治经济学创新发展的逻辑。① 最后，要不断改革完善收入分配制度以提高劳动者的劳动收入。劳动收入是我国绝大多数家庭最主要的收入来源，而目前我国劳动收入占 GDP 的比重却明显低于西方发达国家。有经济学家研究指出，美国"过去一个世纪以来，劳动者一生的工作时间降低了大约一半，而实际工资却上升了 8 倍"②。从实际出发，践行劳动价值论，贯彻按劳分配的基本原则，需要不断改革完善收入分配制度，逐渐提高劳动者的劳动收入。这是缩小贫富差距的一个现实性举措、必然的选择。

八 兼容并蓄中西经济思想文化资源

《资本论》及其手稿通过对人类思想文化精华的批判吸收，尤其通过对西方传统与近代政治经济学成果的批判吸收，破除了西方资产阶级政治经济学意识形态的种种迷信教条，划时代地构建起马克思主义政治经济学。马克思主义政治经济学以唯物、辩证、历史的方法论，兼容并蓄人类思想文化精华，坚决反对教条主义，才实现了政治经济学的思想解放与理论创新。这启示我们，要建构起中国特色社会主义政治经济学的理论体系与话语体系，也需要在不断解放思想、破除各种迷信教条的基础上，兼容并蓄中西经济思想文化资源。

首先，坚持马克思主义政治经济学与中国式现代化经济建设的实际相结合，反对教条主义的马克思主义。《资本论》及其手稿所批判揭示的劳动价值论、剩余价值论、商品生产的基本价值规律、社会资本再生产理论、平均利润与生产价格理论、资本积累理论等，不仅适用于正确认识与把握资本主义社会的经济运行规律，而且也在不同程度上适用于正确认识与把握社会主义社会的经济运行规律。因此，构建中国特色社会主义政治经济学必须遵循马克思主义政治经济学所揭示的基本原理。同时，还要时刻注意把这些基本原理与同中国式现代化经济建设实际紧密结合起来，坚决反对教条主义的马克思主义，不断推进马克思主义政

---

① 沈佩翔、蒋锦洪：《共享发展：新时代中国特色社会主义政治经济学的逻辑主线》，《西安财经学院学报》2019 年第 3 期。

② 卫兴华：《再论深化对劳动和劳动价值论的认识》，《宏观经济研究》2001 年第 3 期。

治经济学的中国化时代化。据恩格斯回忆，马克思曾对19世纪70年代末法国机械教条的马克思主义者气愤地说过："我只知道我自己不是马克思主义者。"① 在对中国社会主义经济建设的实践与理论探索过程中，毛泽东曾反复强调："最重要的是要独立思考，把马列主义的基本原理同中国革命和建设的具体实践相结合。……不要再像过去那样迷信了。其实，我们过去也不是完全迷信，有自己的独创。现在更要努力找到中国建设社会主义的具体道路。"② 在改革开放、建设有中国特色的社会主义经济建设过程中，从邓小平到江泽民、胡锦涛，都始终坚持推动马克思主义与中国式现代化建设的实际相结合，反对教条主义，从而结出了中国特色社会主义政治经济学的累累硕果。总结百年马克思主义中国化时代化的历史经验，习近平指出："中国共产党为什么能，中国特色社会主义为什么好，归根到底是马克思主义行，是中国化时代化的马克思主义行。"③

其次，兼容并蓄中华优秀传统经济思想，实现创造性转化与创新性发展。任何一种现代政治经济学理论的构建，都离不开优秀传统经济思想。马克思在《资本论》及其手稿的创作中，也批判吸收了古希腊思想家柏拉图与亚里士多德等人的优秀传统经济思想。中华优秀传统文化在5000年绵延不断的发展历程中，也孕育出优秀的经济思想，为构建中国特色社会主义政治经济学提供了深厚而宝贵的思想文化资源。毛泽东曾指出："为了搞经济学，要参考一下古代人怎样搞学问。"④ 习近平指出："我们要特别重视挖掘中华五千年文明中的精华，把弘扬优秀传统文化同马克思主义立场观点方法结合起来，坚定不移走中国特色社会主义道路。"⑤ 中国特色社会主义政治经济学的构建也要植根于

---

① 《马克思恩格斯〈资本论〉书信集》，人民出版社1976年版，第496页。
② 中共中央文献研究室编：《毛泽东年谱（1949—1976）》第2卷，中央文献出版社2013年版，第557页。
③ 习近平：《高举中国特色社会主义伟大旗帜 为全面建设社会主义现代化国家而团结奋斗——在中国共产党第二十次全国代表大会上的报告》，人民出版社2022年版，第16页。
④ 中共中央文献研究室编：《毛泽东年谱（1949—1976）》第4卷，中央文献出版社2013年版，第285页。
⑤ 习近平：《习近平谈治国理政》第四卷，外文出版社2020年版，第315页。

中华优秀传统经济思想，并使其焕发出新时代的生机与活力。中华优秀传统经济思想中的"劳而富""治国之道，必先富民""国之称富者，在乎丰民""经世济民"、"以民为本"，经济与文化一体、与伦理道德同构，经济与生态和谐统一，以及整体思维、辩证思维、和合思维等宝贵经济思想文化资源①，至今仍具有宝贵价值与深厚影响。这些宝贵的传统经济思想构成了中国特色理论经济学的重要民族底色，对其加以创造性转化与创新性发展，就成为构建中国特色社会主义政治经济学的重要思想文化资源。

最后，兼容并蓄现代西方政治经济学思想资源，破除新自由主义的迷信教条。马克思主义政治经济学的创立，直接源于对西方古典自由主义政治经济学的批判吸收。中国特色社会主义政治经济学的构建，同样离不开对现代西方政治经济学的批判吸收、兼容并蓄。中国共产党始终以开放兼容的胸怀、不断学习的态度与辩证吸收的方法论对待西方等一切国家的经济建设经验与理论成果。斯诺很早就发现，延安的抗日军政大学开设有政治经济学课程，同时吸收了社会主义苏联与西方资本主义的因素，变为"中国式的特点"②。在对中国社会主义建设的探索过程中，毛泽东更是反复强调要广泛地向一切民族国家的长处学习。他指出："我们去学习资本主义国家的先进的科学技术和企业管理方法中合乎科学的方面。工业发达国家的企业，用人少、效率高，会做生意，这些都应当有原则地好好学过来，以利于改进我们的工作。"③ "中国是个很穷的国家，世界各国什么地方有好东西，统统学来。"④ 在改革开放以及新时代中国特色社会主义经济建设的探索过程中，中国共产党人不断兼容并蓄现代西方发达资本主义国家经济建设的经验与理论成果，续写中国特色社会主义政治经济学的新篇章。

---

① 赵春玲：《中华优秀传统经济思想与中国特色社会主义政治经济学的建设》，《当代经济研究》2022年第10期。
② ［美］埃德加·斯诺：《西行漫记》，董乐山译，生活·读书·新知三联书店1979年版，第338页。
③ 《毛泽东文集》第7卷，人民出版社1999年版，第43页。
④ 中共中央文献研究室编：《毛泽东年谱（1949—1976）》第3卷，中央文献出版社2013年版，第332页。

中国特色社会主义政治经济学的构建在学习借鉴国外、西方政治经济学理论成果的同时，也要十分注意批判地学习，更反对迷信教条地机械搬用，尤其要破除西方新自由主义政治经济学的迷信教条。这是在西方政治经济学中国化伊始就一直存在的问题。毛泽东曾尖锐地指出，由于历史的原因，一些国家、一些人对西方产生迷信，"迷信的第一条就是怕帝国主义"①。因此，"一定要破除迷信，打倒贾桂！贾桂（即奴才）是谁也看不起的"②。当代中国政治经济学在发展过程中，也存在对现代西方新自由主义经济学思想话语、数学方法等的种种迷信教条。因此，也需要在新时代中国特色社会政治经济构建过程中加以破除。事实上，"对许多人而言，美国和西欧如今已经不再是值得效仿的榜样"③。

正如习近平总书记所指出："科学社会主义基本原则不能丢。丢了就不是社会主义。同时，科学社会主义也绝不是一成不变的教条。我说过，当代中国的伟大社会变革，不是简单延续我国历史文化的母版，不是简单套用马克思主义经典作家设想的模板，不是其他国家社会主义实践的再版，也不是国外现代化发展的翻版。"④ 新时代，建构中国特色社会主义政治经济学新的理论版本，既不能妄自菲薄，也不能夜郎自大，更不能海客谈瀛洲。唯有以守正创新的科学世界观与方法论为指导，才能不断开辟当代中国马克思主义政治经济学、21 世纪马克思主义政治经济的新境界。

---

① 中华人民共和国外交部、中共中央文献研究室编：《毛泽东外交文选》，中央文献出版社、世界知识出版社 1994 年版，第 411 页。
② 中共中央文献研究室编：《建国以来毛泽东文稿》第 7 册，中央文献出版社 1992 年版，第 231 页。
③ ［美］斯蒂芬·拉德勒：《大浪潮——崛起的发展中世界》，黄兰淇译，中信出版集团 2018 年版，第 278 页。
④ 习近平：《习近平谈治国理政》第三卷，外文出版社 2020 年版，第 76 页。

参 考 文 献

一 中文著作、译著

《马克思恩格斯全集》第10卷，人民出版社1998年版。
《马克思恩格斯全集》第11卷，人民出版社1997年版。
《马克思恩格斯全集》第12卷，人民出版社1962年版。
《马克思恩格斯全集》第12卷，人民出版社1998年版。
《马克思恩格斯全集》第13卷，人民出版社1962年版。
《马克思恩格斯全集》第13卷，人民出版社1998年版。
《马克思恩格斯全集》第16卷，人民出版社1964年版。
《马克思恩格斯全集》第17卷，人民出版社1963年版。
《马克思恩格斯全集》第18卷，人民出版社1964年版。
《马克思恩格斯全集》第19卷，人民出版社1963年版。
《马克思恩格斯全集》第19卷，人民出版社2006年版。
《马克思恩格斯全集》第1卷，人民出版社1956年版。
《马克思恩格斯全集》第1卷，人民出版社1995年版。
《马克思恩格斯全集》第21卷，人民出版社1965年版。
《马克思恩格斯全集》第21卷，人民出版社2003年版。
《马克思恩格斯全集》第25卷，人民出版社2001年版。
《马克思恩格斯全集》第26卷，人民出版社2014年版。
《马克思恩格斯全集》第26卷第1册，人民出版社1972年版。
《马克思恩格斯全集》第26卷第2册，人民出版社1973年版。
《马克思恩格斯全集》第26卷第3册，人民出版社1974年版。

《马克思恩格斯全集》第 28 卷，人民出版社 2018 年版。
《马克思恩格斯全集》第 2 卷，人民出版社 1957 年版。
《马克思恩格斯全集》第 30 卷，人民出版社 1995 年版。
《马克思恩格斯全集》第 31 卷，人民出版社 1972 年版。
《马克思恩格斯全集》第 31 卷，人民出版社 1998 年版。
《马克思恩格斯全集》第 32 卷，人民出版社 1998 年版。
《马克思恩格斯全集》第 33 卷，人民出版社 2004 年版。
《马克思恩格斯全集》第 34 卷，人民出版社 2008 年版。
《马克思恩格斯全集》第 35 卷，人民出版社 2013 年版。
《马克思恩格斯全集》第 36 卷，人民出版社 2015 年版。
《马克思恩格斯全集》第 37 卷，人民出版社 2019 年版。
《马克思恩格斯全集》第 38 卷，人民出版社 2019 年版。
《马克思恩格斯全集》第 39 卷，人民出版社 1974 年版。
《马克思恩格斯全集》第 3 卷，人民出版社 1960 年版。
《马克思恩格斯全集》第 3 卷，人民出版社 2002 年版。
《马克思恩格斯全集》第 40 卷，人民出版社 1982 年版。
《马克思恩格斯全集》第 42 卷，人民出版社 1979 年版。
《马克思恩格斯全集》第 42 卷，人民出版社 2016 年版。
《马克思恩格斯全集》第 43 卷，人民出版社 2016 年版。
《马克思恩格斯全集》第 44 卷，人民出版社 2001 年版。
《马克思恩格斯全集》第 45 卷，人民出版社 2003 年版。
《马克思恩格斯全集》第 46 卷（上），人民出版社 1979 年版。
《马克思恩格斯全集》第 46 卷（下），人民出版社 1980 年版。
《马克思恩格斯全集》第 46 卷，人民出版社 2003 年版。
《马克思恩格斯全集》第 47 卷，人民出版社 2004 年版。
《马克思恩格斯全集》第 48 卷，人民出版社 2007 年版。
《马克思恩格斯全集》第 49 卷，人民出版社 2016 年版。
《马克思恩格斯全集》第 4 卷，人民出版社 1958 年版。
《马克思恩格斯生平事业年表》，人民出版社 1976 年版。
《马克思恩格斯文集》第 1—10 卷，人民出版社 2009 年版。

《马克思恩格斯选集》第1—4卷，人民出版社1995年版。
《马克思恩格斯选集》第1—4卷，人民出版社2012年版。
《马克思恩格斯选集》第1卷，人民出版社1972年版。
《列宁全集》第55卷，人民出版社2017年版。
《列宁文集》（两卷集）第2卷，人民出版社1950年版。
《列宁选集》第1—4卷，人民出版社1995年版。
《列宁专题文集·论辩证唯物主义和历史唯物主义》，人民出版社2009年版。
《毛泽东文集》第3卷，人民出版社1996年版。
《毛泽东文集》第7—8卷，人民出版社1999年版。
《毛泽东选集》第3卷，人民出版社1991年版。
《周恩来经济文选》，中央文献出版社1993年版。
《邓小平文选》第2卷，人民出版社1994年版。
《邓小平文选》第3卷，人民出版社1993年版。
《习近平谈治国理政》，外文出版社2014年版。
《习近平谈治国理政》第二卷，外文出版社2017年版。
《习近平谈治国理政》第三卷，外文出版社2020年版。
《习近平谈治国理政》第四卷，外文出版社2022年版。
习近平：《高举中国特色社会主义伟大旗帜　为全面建设社会主义现代化国家而团结奋斗——在中国共产党第二十次全国代表大会上的报告》，人民出版社2022年版。
习近平：《决胜全面建成小康社会　夺取新时代中国特色社会主义伟大胜利——在中国共产党第十九次全国代表大会上的报告》，人民出版社2017年版。
白暴力：《劳动创造价值论》，中国人民大学出版社2004年版。
白音：《〈资本论〉的逻辑何以可能：马克思主义辩证法思想研究》，中国社会科学出版社2017年版。
鲍金：《〈资本论〉哲学的新解读》，中国人民大学出版社2016年版。
薄一波：《若干重大决策与事件的回顾》上卷，中共中央党校出版社1991年版。

陈其人：《〈资本论〉中的政治学原理》，上海人民出版社 2011 年版。

陈先达：《马克思和马克思主义》，中国人民大学出版社 2016 年版。

段忠桥：《马克思的分配正义观念》，中国人民大学出版社 2018 年版。

冯景源：《新视野——〈资本论〉哲学新探》，中央编译出版社 1990 年版。

葛四友：《分配正义新论：人道与公平》，中国人民大学出版社 2019 年版。

郭继海：《〈资本论〉的社会存在理论研究》，中国社会科学出版社 2016 年版。

郝晓光、郝孚逸：《〈资本论〉（哲学卷）手稿：马克思主义剩余价值哲学提纲》，天津人民出版社 2017 年版。

洪银兴：《中国特色社会主义政治经济学的创新发展》，济南出版社 2017 年版。

郎咸平、杨瑞辉：《资本主义精神和社会主义改革》，东方出版社 2011 年版。

李佃来：《政治哲学视域中的马克思》，中央编译出版社 2018 年版。

厉以宁：《资本主义的起源》，商务印书馆 2003 年版。

刘国光：《中国社会主义政治经济学的若干问题》，济南出版社 2017 年版。

刘炯忠：《〈资本论〉方法论研究》，中国人民大学出版社 1991 年版。

刘同舫、陈晓斌：《青年马克思政治哲学思想研究》，中国社会科学出版社 2018 年版。

聂锦芳、彭宏伟：《马克思〈资本论〉研究读本》，中央编译出版社 2013 年版。

欧阳英：《马克思政治哲学思想探析》，中国社会科学出版社 2018 年版。

邱海平：《21 世纪再读〈资本论〉》，人民邮电出版社 2016 年版。

任平：《当代视野中的马克思》，江苏人民出版社 2003 年版。

孙伯鍨：《探索者道路的探索》，北京师范大学出版社 2017 年版。

孙伯鍨、姚顺良主编：《马克思主义哲学史》第 2 卷，北京出版社 1991 年版。

孙正聿等：《马克思主义基础理论研究》，北京师范大学出版社 2011 年版。

汪信砚：《马克思主义哲学中国化》，北京师范大学出版社 2017 年版。

王南湜：《从领域合一到领域分离》，山西教育出版社 1998 年版。

王新生：《马克思政治哲学研究》，科学出版社 2018 年版。

王旭东、姜海波：《马克思〈克罗茨纳赫笔记〉研究读本》，中央编译出版社 2016 年版。

王亚南：《〈资本论〉研究》，人民出版社 1973 年版。

吴晓明等：《马克思主义社会思想史》，复旦大学出版社 1996 年版。

张一兵：《反鲍德里亚：一个后现代学术神话的祛序》，商务印书馆 2009 年版。

[奥地利] 西格蒙德·弗洛伊德：《一种幻想的未来 文明及其不满》，严志军、张沫译，上海人民出版社 2007 年版。

[奥地利] 路德维希·冯·米塞斯：《社会主义：经济与社会学的分析》，王建民等译，中国社会科学出版社 2008 年版。

[德] 尤尔根·哈贝马斯：《包容他者》，曹卫东等译，上海人民出版社 2002 年版。

[德] 尤尔根·哈贝马斯：《合法化危机》，刘北成、曹卫东译，上海人民出版社 2009 年版。

[德] 尤尔根·哈贝马斯：《交往行为理论：行为合理性与社会合理化》，曹卫东译，上海人民出版社 2004 年版。

[德] 黑格尔：《法哲学原理》，范扬、张企泰译，商务印书馆 1961 年版。

[德] 马克斯·霍克海默、西奥多·阿多诺：《启蒙辩证法——哲学断片》，渠敬东、曹卫东译，上海人民出版社 2006 年版。

[德] 阿克塞尔·霍耐特：《物化——承认理论探析》，罗名珍译，华东师范大学出版社 2018 年版。

[德] 马克思：《1844 年经济学哲学手稿》，人民出版社 2000 年版。

[德] 弗朗茨·梅林：《保卫马克思主义》，吉洪译，人民出版社 1982 年版。

［德］卡尔·施米特:《政治的概念》,刘宗坤等译,上海人民出版社2004年版。

［德］马克斯·韦伯:《新教伦理与资本主义精神》,于晓等译,陕西师范大学出版社2006年版。

［俄］尼·布哈林:《食利者政治经济学》,郭连成译,商务印书馆2005年版。

［法］米歇尔·阿尔贝尔:《资本主义反对资本主义》,杨祖功等译,社会科学文献出版社1999年版。

［法］路易·阿尔都塞:《论再生产》,吴子枫译,西北大学出版社2019年版。

［法］路易·阿尔都塞、艾蒂安·巴里巴尔:《读〈资本论〉》,李其庆、冯文光译,中央编译出版社2017年版。

二 中文期刊论文、译文

白刚:《当代中国马克思主义政治哲学建构何以可能》,《求索》2020年第2期。

白剑波:《当代中国政治哲学的兴起与马克思主义哲学研究方式的转换》,《河南社会科学》2011年第5期。

陈岱孙:《边际原理的应用与发展》,《读书》1988年第2期。

陈学明:《国家、阶级与革命:评"西方马克思主义"的政治理论》,《江苏行政学院学报》2003年第3期。

陈晏清:《政治哲学的时代使命》,《求是学刊》2006年第3期。

程恩富:《加快完善社会主义市场经济体制的"四个关键词"》,《经济研究》2013年第2期。

邓正来、景跃进:《构建中国的市民社会》,《中国社会科学季刊》1992年创刊号。

丁晔:《只有社会主义道路才能摆脱依附与危机——访埃及著名经济学家萨米尔·阿明》,《马克思主义研究》2016年第3期。

段志平:《马克思市民社会理论的历史起点——读〈1844年经济学哲学手稿〉》,《理论探索》2012年第3期。

段忠桥：《关于分配正义的三个问题——与姚大志教授商榷》，《中国人民大学学报》2012年第1期。

房广顺：《论马克思恩格斯正义思想的深刻内涵》，《马克思主义研究》2019年第2期。

冯波：《马克思拜物教批判中抽象与物化的关系》，《哲学研究》2021年第10期。

付文军：《〈资本论〉的意识形态批判及其辩证张力》，《马克思主义研究》2021年第9期。

张秀琴：《〈资本论〉中的意识形态思想文本研究》，《南京政治学院学报》2009年第3期。

张一兵：《拜物教：人跪倒在自己的创造物面前——析马克思对资本主义社会的一种理性批判》，《福建论坛》（文史哲版）1996年第1期。

赵春玲：《中华优秀传统经济思想与中国特色社会主义政治经济学的建设》，《当代经济研究》2022年第10期。

赵茂林：《马克思和罗宾逊的剥削理论范式比较研究》，《经济问题》2008年第12期。

钟锡进：《马克思与皮凯蒂经济平等观的比较研究》，《伦理学研究》2020年第1期。

周可：《马克思主义哲学中国化视域中的中国〈资本论〉哲学研究70年》，《马克思主义哲学研究》2021年第1期。

庄三红：《〈资本论〉及其手稿分配伦理思想研究的再认识》，《科学社会主义》2019年第5期。

邹积贵：《马克思关于"自由人联合体"的设想——学习〈资本论〉》，《齐鲁学刊》1983年第6期。

邹平林：《马克思平等观的三重意蕴》，《马克思主义与现实》2016年第6期。

三 外文文献

A. Wood, *Karl Marx*, London: Routledge and Kegan Paul, 1981.

A. Wood, *Marx, Justice, and History*, Princeton University Press, 1980.

Christopher J. Arthur, *The New Dialectic and Marx's Capital*, Boston: Brill Leiden, 2004.

Cohen. Self-Ownership, *Freedom, and Equality*, Cambrige, Mass: Havard University Press, 1995.

Deleuze and Guattari, Anti-Oedipus: *Capitalism and Schizophrenia*, University of Minnesota Press, Minneapolis, 1983.

Derrida, *Eperons, Les styles de Nietzsche*, Paris, 1978.

Douglas Kellner, *Herbert Marcuse and the Crisis of Marxism*, London: Macmillan, 1984.

Françios Laruelle, *Pranciples of Non-Philosophy*, Trans by Nicola Rubczak & Anthony Paul Smith, London: Bloomsbury Publishing, 2013.

Harry Clenver, *Reading Capita Politically*, Leeds and San Francisco: Anti/Thesis and AK Press, 2000.

Herbert Marcuse, *Counter—Revolution and Revolt*, Boston: Beacon Press, 1972.

Herbert Marcuse, *Five Lectures*, Boston: Beacon Press, 1970.

John Dewey, *Individualism Old and New*, New York: Prometheus Books, 1930.

Leon Trotsky, *The History of the Russian Revolution*, Ann Arbor: University of Michigan Press, 1957.

Mark Poster, Jean Baudrillard, *Selected Writings, A Introduction*, Standford University Press, 1988.

Peter Lind, *Marcuse and Freedom*, Croom Helm Limited, Bechenham, 1985.

Rudolf Hilferding, *Bohm-Bawerk's Criticism of Marx*, Paul M. Sweezy ed., New York: Augustus M. Kelley, 1966.

R. Tucker, *Philosophy and Myth in Karl Marx*, Transaction Publisher, 2001.

Tucker, *Philosophy and Myth in Karl Marx*, London: Cambridge University Press, 1972.

后　　记

　　历经近八年寒来暑往、身心煎熬，此书终于在此时能定稿了。这本书的主题酝酿、初步思考始于 2017 年春。紧紧围绕《资本论》的政治哲学问题，2018—2019 年，"《资本论》的政治哲学研究""《资本论》及其手稿的政治哲学研究"的选题，先后获得辽宁省社科规划基金重点项目、国家社科规划基金一般项目的资助。出于个人兴趣，出于专业热爱，出于学术追求，也出于被信任与责任，压力、动力以及使命感与紧迫感纷至沓来。

　　随着研究的深入，我越发认识到"《资本论》及其手稿的政治哲学研究"课题任重道远。这是一个有人探索但未有专题著作成果的全新领域。经过近八年刻苦读书与研究思考，从 2019 年下半年至 2024 年春，笔者作为项目负责人初步创作发表了期刊论文 15 篇，出版相关著作 6 部，完成"《资本论》及其手稿的政治哲学研究"课题直接研究专著成果。从 2023 年 9 月项目研究成果提交结题申请，到 2024 年 3 月项目通过全国社科工作办的验收结项，我对"《资本论》及其手稿的政治哲学研究"专著成果的修改完善一直未停止过，尤其是对其中的错别字与表述等进行了多次修改完善。根据鉴定意见，再一次对全文进行了校对完善。

　　本书对于理解和研究政治哲学、马克思政治哲学以及马克思政治经济学批判系列著作手稿（远不止四卷《资本论》及"四大手稿"）、马克思政治哲学与现代性西方政治哲学的关系、《资本论》及其手稿政治哲学的当代价值等，具有重要意义。政治哲学在中国兴起已有 20 多年了，《资本论》及其手稿在中国的翻译出版、传播及研究已有 100 年，对《资本论》及其手稿的政治哲学问题进行广泛的专业学术理解还需时日，对政治哲学、《资本论》及其手稿的大众化普及仍在路上。由于笔者已在前期研究过程中发表了一些文章，尤其是在两部专著《法国大革命的政治哲学思索》（北京师范大学出版社，2011年）、《马克思政治哲学与后现代政治的关系》（中国社会科学出版社，2012年）中，对什么是政治哲学、马克思及《资本论》政治哲学与近现代、后现代西方政治哲学的关系等问题做出过探讨，为避免不必要的重复以及本书篇幅过长，故在本书只做出专章有重点的简要新阐释。

感谢马克思、恩格斯创作了人间不朽的经典著作！感谢150年来不同语言文化背景下的相关《资本论》及其手稿政治哲学的阐释者！感谢此书中引用、质疑批判过的作品话语所激起的思想火花！

感谢本书的责任编辑——中国社会科学出版社的杨晓芳编辑、赵丽编辑！你们的肯定、鼓励与支持，以及辛勤的编校付出，成为本书面世有力的保障！

对于这本书，我倾注了极大的精力，但是囿于学识智慧、眼力脑力的不足，错讹在所难免，欢迎读者认真批评指正，希望本书能起到抛砖引玉的作用。

李福岩
2024年10月